ŒUVRES COMPLÈTES

DE

SAINT-AMANT

Paris. — Impr. GUIRAUDET et JOUAUST, 338, rue Saint-Honoré.

OEUVRES COMPLÈTES

DE

SAINT-AMANT

NOUVELLE ÉDITION

Publiée sur les manuscrits inédits et les éditions anciennes

Précédée d'une Notice et accompagnée de notes

PAR M. CH.-L. LIVET

Tome I

A PARIS
Chez P. Jannet, Libraire
—
MDCCCLV

SAINT-AMANT

SA VIE ET SES OEUVRES

1594 — 1661.

Marc-Antoine de Gérard, écuyer, sieur de Saint-Amant (ainsi le désigne le privilége de ses œuvres), naquit en Normandie, dans le voisinage de la fameuse abbaye de Saint-Amant de Rouen, et c'est de là qu'il prit ce nom, sous lequel on l'a toujours connu; mais le nom de sa famille étoit de Gérard. La date de sa naissance, ignorée ou fixée sans preuve par ses biographes, est 1594. En effet, dans une de ses pièces, où il rapporte des faits de l'année 1649, le débordement de la Seine entre autres (13 janvier 1649), il dit :

> Quand l'an qui court se fermera,
> J'ouvriray mon douzième lustre,

c'est-à-dire, en prose : J'aurai cinquante-cinq ans à la fin de 1649. Il est donc né à la fin de 1594.

Tallemant prétend que Saint-Amant étoit huguenot. Si cette assertion est vraie, — mais nous n'en connoissons aucune preuve, — il n'est pas étonnant que son nom ne figure pas sur les registres des paroisses, les seuls de cette époque conservés à Rouen. Cependant, sur l'indication de Farin, nous avons trouvé dans l'église Saint-Laurent de Rouen un tombeau élevé à Jacques Gérard, écuyer, conseiller du roi, qui paroît être de sa famille.

Nous ne prétendons toutefois conclure de là ni que Saint-Amant ait été catholique de naissance, bien qu'il l'ait été certainement plus tard, ni surtout qu'il fut d'une illustre origine. Tallemant affirme que « c'est peu de chose que sa noblesse. »

Le nom de Saint-Amant étoit à la fois celui d'une seigneurie, d'une baronnie et d'un marquisat, triple souche d'où sortirent des branches qui n'ont rien de commun avec celle de notre poëte. Il étoit étranger aussi à la famille de ce Saint-Amant, riche d'argent, pauvre de titres, qui donna sa fille au comte de Grignan, petit-fils de Mme de Sévigné, et mit, selon l'insolente expression de Saint Simon, du fumier sur une bonne terre.

Rouen n'a conservé aucun souvenir bien précis de la famille de Saint-Amant; nous ne la connaissons que par ce qu'il en dit lui-même.

Il eut deux frères, qui tous deux tombèrent aux mains des Mahométans. Ils alloient ensemble chercher aux Indes orientales la fortune qu'ils ne trouvoient pas au logis; mais, à l'entrée de la mer Rouge, leur navire fut attaqué par un vaisseau malabare qui venoit de la Mecque. L'un d'eux fut tué; le cadet, après l'avoir généreusement vengé, parvint à se sauver à la nage, et depuis servit dans la cavalerie sous le comte de Mansfeld, fut cornette-colonel d'un régiment françois en Suède, commanda un vaisseau sur l'escadre du comte d'Harcourt, et mourut glorieusement, dans l'île de Candie, au service de la république de Venise, qui fit écrire à Saint-Amant une épître flatteuse pour sa mémoire.

Son père, après avoir commandé pendant vingt-deux ans une escadre de la reine Elisabeth d'Angleterre, fut trois ans prisonnier dans la Tour-Noire à Constantinople, et revint mourir en France. Un de ses oncles resta long-temps aussi prisonnier des Turcs, acharnés par je ne sais quelle fatalité contre la famille de Saint-Amant, peut-être, comme il le dit, parcequ'elle portoit « le nom de ce grand Gérard qui fut le célèbre instituteur de ce bel ordre de Saint-Jean-de-Jérusalem. » C'est là une hypothèse de son orgueil que nous même n'aurions jamais imaginée.

A son retour en France, si l'on en croit quelques auteurs, le père de Saint-Amant auroit pris la gestion d'une verrerie : c'est une erreur. On a appliqué au père une épigramme qui raille un gentilhomme verrier quelconque, et qui, contre l'assertion du Menagiana, démentie dans l'Anti-Baillet, est l'œuvre non de Théophile, mais de Maynard. Théophile, mort en 1626, faisoit déjà le plus grand cas de Saint-Amant, qu'il eut d'ailleurs peu le temps de connoître; Maynard, mort en 1646, put avoir avec Saint-Amant beaucoup plus de rapports. Toutefois, cette épigramme, que nous avons vainement cherchée dans ses œuvres, figure dans le *Cabinet satirique*, imprimé en 1618, et cette date ne laisse pas supposer que l'auteur ait eu en vue Saint-Amant, à peine âgé de vingt-cinq ans et encore inconnu. La voici :

> Votre noblesse est mince,
> Car ce n'est pas d'un prince,
> Daphnis, que vous sortez.
> Gentilhomme de verre,
> Si vous tombez à terre,
> Adieu vos qualitez !

Il est peu probable que le père de Saint-Amant ait été un de ces privilégiés qui devoient être gentilshommes pour être admis parmi les ouvriers verriers, et pouvoient exercer sans déroger leur aristocratique industrie. Ce qui est bien certain seulement, c'est que lui-même adressa, vers 1638, au chancelier Séguier, pour obtenir le privilége d'une verrerie, un placet dont le ton léger montre assez que cette faveur lui dut être facile à obtenir. Une lettre inédite de lui et datée de la verrerie, à Rouen, et l'hymne qu'il chanta en l'honneur du chancelier dans la pièce du *Cidre*, nous apprennent qu'il l'obtint en effet.

Le père de Saint-Amant, presque toujours éloigné de

sa famille, au milieu des tracas de sa vie si agitée, ne put veiller sur l'enfance de son fils. Livré à lui-même, Saint-Amant préluda de bonne heure à sa vie de débauché. La liberté, qu'il subit avant d'en pouvoir goûter le charme, fut plus d'une fois sur le point de lui être funeste. A trois reprises différentes, il faillit perdre la vie dans la Seine, et la première fois, en 1607, quand il avoit à peine quatorze ans. Lui-même nous retrace ces souvenirs de son enfance dans le dernier recueil de ses poésies.

Son éducation se ressentit de l'abandon où il vécut, et la même cause explique ses goûts aventureux, son penchant à mener joyeuse vie et son ignorance des langues anciennes.

Comme Homère, Saint-Amant n'apprit, dit-il, que la langue de sa nourrice. Plus tard, ses liaisons avec nombre d'*honnestes gens* et de littérateurs, ses voyages en Europe, en Afrique et jusqu'en Amérique, ses lectures, enfin, dans des traductions d'auteurs grecs et latins et dans nos vieux auteurs, Marot, Rabelais, du Bartas, qu'il cite parfois, lui donnèrent un savoir réel, qui seconda son inclination pour la poésie. On en trouve des preuves frappantes dans sa lettre inédite à M. Bochart.

« Quoyqu'il ne sût ni grec ni latin, dit Urbain Chevreau, l'auteur de *l'Escolle du Sage*, il entendoit l'anglois, l'espagnol, l'italien, le caractère des passions, l'usage du monde, et fort bien la fable. »

A tous ces talents de Saint-Amant, ajoutez son habileté à jouer du luth et à réciter ses vers. Lui-même dit, dans *le Contemplateur* :

> La sainte harpe de David
> Preste à mon luth son harmonie ;

et, comme pour prouver que c'est du luth du musicien, et non de celui du poète, qu'il veut parler, il écrit ces beaux vers des *Visions* :

> Si, pour me retirer de ces creuses pensées,
> Autour de mon cerveau pesamment amassées,
> Je m'exerce parfois à trouver sur mon luth
> Quelque chant qui m'apporte un espoir de salut,

> Mes doigts, suivans l'humeur de mon triste génie,
> Font languir les accents et plaindre l'harmonie.
> Mille tons délicats, lamentables et clairs,
> S'en vont à longs soupirs se perdre dans les airs;
> Et, tremblans au sortir de la corde animée,
> Qui s'est dessous ma main au dueil accoutumée,
> Il semble qu'à leur mort, d'une voix de douleur,
> Ils chantent en pleurant ma vie et mon malheur.

Ces vers eux-mêmes sont déjà d'assez belle musique; mais il paroît qu'il savoit, comme Bois-Robert, que l'on surnommoit l'abbé Mondory, et comme plus tard Boileau et Racine, admirablement faire valoir ses poèmes par l'art avec lequel il les débitoit. C'est ce qui lui attira même, dit-on, cette épigramme, attribuée à Gombauld :

> Tes vers sont beaux quand tu les dis;
> Mais ce n'est rien quand je les lis.
> Tu ne peux pas toujours les dire :
> Fais-en donc que je puisse lire.

Avec tous ces talents, « dès sa jeunesse, Saint-Amant, ami de la débauche et de la bonne chère, s'estoit familiarisé avec les grands, qui estoient ravis de l'avoir à leur table; et, quoiqu'il fût très libre, il n'abusoit point de l'estime singulière qu'ils avoient pour luy. » Des goûts d'épicurien, des réparties vives et heureuses, un esprit railleur, de l'entrain, tels étoient les mérites de Saint-Amant à table. Aussi fut-il un des convives les plus recherchés de ces seigneurs bruyants qui, jusqu'à l'avénement de Richelieu, égayèrent la cour si mal disciplinée de Louis XIII. Sa réserve même étoit un mérite auprès des grands, lesquels lui témoignoient d'autant plus d'amitié qu'ils craignoient moins de le voir en abuser.

Toujours aimable, accommodant ses goûts à ceux de ses amis, esprit sans fiel, mais jamais parasite flatteur ou ambitieux, notre jeune poète étoit un homme de bonne société; il s'applaudissoit fort de jouir de la « conversation familière » des gentilshommes, de ceux même qui, comme le duc de Retz, tenoient le plus à l'avoir auprès d'eux, et il se croyoit obligé à des remercîments publics.

Ce fut à la suite de ce dernier seigneur que Saint-Amant se rendit à Belle-Isle, domaine que le père du duc, soutenu par Catherine de Médicis, sa parente, avec laquelle il avoit quitté Florence, avoit forcé les moines à lui vendre à vil prix. Sans doute il fut à la cour du duc de Retz ce que Bois-Robert étoit à celle de Richelieu, ce que Marigny étoit à celle de l'abbé de Gondy : un bel esprit chargé d'amuser sur gages son patron. A ces nouveaux successeurs non titrés des Triboulet et des l'Angély, tout étoit permis, même cette audace qui fit la perte de Théophile et de Constantin de Renneville. Leur rôle même leur donnoit le droit d'impunité, et Saint-Amant pouvoit maudire, sans trop craindre le bûcher, ces villes où l'on voyoit

..... plus de trente églises
Et pas un pauvre cabaret,

et présenter les peintures les plus hardies dans les termes les moins ménagés : personne ne songeoit même à l'inquiéter. Il faut le reconnoître d'ailleurs, à cette époque les personnes même les plus sévères ignoroient cette pruderie des mots qui sert plutôt de vernis au vice que d'ornement à la pudeur; cet avis est nécessaire pour la lecture de certains passages de Saint-Amant.

La première pièce que nous connoissions de ce poète est *la Solitude*. Je ne sais quel indiscret ami — les poètes ont si volontiers d'indiscrets amis ! — la fit imprimer à son insu et avec des fautes qui la déparoient. Il s'inquiétoit un peu de livrer ses vers à l'impression et de se prostituer aux yeux du populaire : aussi se plaint-il de cette sorte de trahison. Ce que je crains surtout, dit-il, dans son style de boutade où il est passé maître, c'est

Qu'on me crie au Palais pour un auteur insigne
Que d'un bruit immortel tout le monde croit digne,
Et qu'après, d'un badaud, pour moins d'un quart d'écu,
J'aille courir hasard d'être le torche-cul.

Sa *chère Solitude*, ce *noble coup d'essay, fantasque tableau, poésie pleine de licence et d'ardeur*, il la dédie à Bernières, sous le nom allégorique d'Alcidon. Cependant, elle est imprimée en entier dans le corps des œuvres de Théophile, parmi les « œuvres envoyées à luy par ses amis. » Nous n'en saurions dire la date précise ; mais à coup sûr elle est antérieure à la pièce où Théophile, sorti de prison en 1624, sollicite son élargissement. Déjà alors ce poète reconnoît que « Saint-Amant sçait polir la ryme », éloge que lui donnèrent aussi tous ses contemporains.

Cette ode, quelque riche de rime qu'elle soit, et quoiqu'elle ait paru à Boileau le meilleur ouvrage de Saint-Amant, est loin d'être parfaite dans son ensemble : le vers est de huit syllabes, et le poète n'a pas su lui donner assez de noblesse ; les stances d'ailleurs se terminent rarement d'une manière heureuse. Les épithètes ici sont trop fréquentes et trop peu *significatives* : ce défaut lui est commun avec son siècle. C'est ce qui, joint à l'usage trop fréquent des conjonctions et des participes, en prose surtout, rend le style de cette époque si lent et si lourd.

Malgré ces défauts, qui semblent devoir étouffer toutes qualités, il y a dans ce petit poème de fort belles choses, et quelques détails respirent une observation vraie de la nature, aimée pour elle, et non décrite sur un calque emprunté aux Italiens.

Cette pièce, dès son apparition, obtint un immense succès, et mérita plusieurs fois, comme plus tard la *Rome ridicule*, les honneurs de l'imitation. Nous citerons comme fort belle l'ode d'Arnauld d'Andilly sur le même sujet. Sur le même sujet encore, avec le même nombre des stances de la pièce, des vers de la stance, des syllabes du vers, Vion Dalibray composa une *Horreur du désert* qu'il donne comme un hommage rendu à Saint-Amant. « La meilleure preuve, dit-il, qu'on puisse donner de l'estime qu'on fait de quelqu'un, c'est de l'imiter ; et le plus grand témoignage de son esprit, c'est quand on n'en sçauroit approcher que de bien loin. Ainsy cet essay servira du moins à la louange de celuy des vers duquel j'ay suivy le subject et la forme, mais sans avoir pu exprimer la majesté de son langage, ni la force de ses pensées. » Théophile écrivit aussi une *Ode sur la solitude*. Elle est d'une foiblesse extrême, et, si on la compare à celle de Saint-Amant, on conçoit l'exagération de Faret, le *fidèle ami*, qui la vante dans sa plus belle prose. « Qui peut voir, s'écrie-t-il, cette belle Solitude, à qui toute la France a donné sa voix, sans estre tenté d'aller resver dans les déserts ! Et si tous ceux qui l'ont admirée s'estoient laissés aller au premier mouvement qu'ils ont eu en la lisant, la solitude même n'auroit-elle pas été détruite par sa propre louange, et ne seroit-elle pas aujourd'huy plus fréquentée que les villes ? » Tel est le style des panégyristes du temps. Il plaisoit fort. Je me garderai bien de le défendre.

On ne se borna pas à imiter ce poème ; j'en sais une traduction en vers latins, qui se trouve dans les *Horæ subsesivæ* d'Etienne Bachot, célèbre médecin,

> Bachot, qui, sans comparaison,
> Vaut mieux que la nef enchantée
> Où ce grand coquin de Jason,
> Quand il eut volé la toison,
> Enleva la fille d'Ætée.
>
> (Gomberville.)

Quel étoit donc ce fameux poème de la Solitude qui jouit d'un si grand succès ? C'est la vision fantastique d'un esprit rêveur, d'une imagination exaltée ; un tableau bien noir dans le fond, avec des rochers escarpés, des arbres séculaires, des torrents fougueux, des ruines peuplées de magiques apparitions, de sorciers, de hiboux, de lutins ; la mer est là, mugissant encore après la tempête ; un ruisseau s'y jette ; le temps s'est calmé ; la naïade sort de sa grotte humide ; Philomèle égaie le silence ; le zéphir fait trembler le rameau fleuri de l'aubépine ; sous une grotte fraîche qu'il aperçoit, le poète vient provoquer l'écho par la céleste harmonie de son luth enchanteur, et, l'âme attendrie, donne un souvenir à un ami absent.

Telle est l'idée poétique de l'ode de Saint-Amant. Que de traits gracieux ! que d'idées fraîches ! que de caprices heureux ! Mais pourquoi une forme si peu limpide pour un sujet si poétique ? Saint-Amant, son époque plutôt, qu'il étoit trop faible pour entraîner, mais qu'il a suivie, ignora trop la science d'asservir les mots à l'idée. La langue n'est souvent alors, au moins dans les sujets graves, qu'un voile uniforme, à travers lequel il faut deviner la beauté. L'écrivain peut imprimer son cachet à ses idées, rarement à son style monotone.

L'ode sur la Solitude fut composée à Belle-Isle, dans cette grotte peut-être qui, plus d'un siècle après, portoit encore le nom de grotte de Saint-Amant, et où il se retiroit, dit M. Roger dans une lettre adressée à Desforges-Maillard, « quand il étoit malade à force d'avoir bu. » Dans la même lettre se trouvent, sur le séjour de Saint-Amant à Belle-Isle, quelques particularités curieuses dont l'authenticité paroît certaine. L'auteur, commissaire de la marine à Belle-Isle, avoit dans sa famille de vieux parents auxquels un de ses ancêtres, sénéchal de l'île, ami intime de Saint-Amant, avoit transmis ces détails.

« Saint-Amant, dit M. Roger, vint à Belle-Isle, non pas seul, mais à la suite du duc de Retz, comme de sa maison, en qualité de bel-esprit... Ce poète y demeura bien des années. Il y composa une grande partie de ses ouvrages, et surtout sa *Solitude*, qui est le meilleur de tous. Son sonnet qui commence par ce vers : *Assis sur un fagot, une pipe à la main*, fut fait chez un cabaretier du bourg de Sauzon nommé La Plante, dont la postérité existe encore.

« Saint-Amant étoit un débauché. La nature seule l'avoit fait poète. Le vin lui donnoit de l'enthousiasme. » — Aussi, le vin, c'est le vin seul qu'il célèbre. Ne cherchez pas dans ses vers le nom des liqueurs à la mode, du populo, de l'hypocras ou du ratafia : il n'en dit mot, et il oublie même le rossoly. — Mais je reprends ma citation.

« Souvent le maréchal de Belle-Isle et lui montoient sur une vieille crédence où ils avoient une petite table chargée de bouteilles de vin. Là, chacun étant sur sa chaise, ils y faisoient des séances de vingt-quatre heures.

« Le duc de Retz les venoit voir de temps en temps dans cette attitude. Quelquefois la table, les pots, les verres, les chaises, les buveurs, tout dégringoloit du haut en bas. »

Ces chutes ne m'étonnent pas. Un bourgeois, après son dîner, aux grands jours, se permettoit parfois une bouteille de bordeaux ou de champagne; mais un homme de qualité buvoit souvent, avant de se lever de table, un grand seau de vin. En doutez-vous? lisez dans l'abbé de Saint-Pierre le discours préliminaire des Annales politiques, cité et confirmé par Monteil.

Quelques efforts que l'on fasse pour relever un peu l'opinion sur ces cabarets où l'on vendoit la folie par bouteilles, où Saint-Amant aimoit à *grenouiller*, moins le temps des offices, bien entendu : — il n'auroit pas voulu exposer aux galères le cabaretier qui pendant ce temps l'auroit gardé chez lui ; — où Racan, jeune et pauvre, logea si long-temps ; où Chapelle enivra Boileau, qui lui faisoit un sermon sur l'ivrognerie ; où Mezeray composoit tous ses écrits ; où Racine, encore en 1666, abrégeoit les ennuis de son séjour à Babylone (Chevreuse) en y allant deux ou trois fois le jour ; où Linière chansonnoit Boileau en dépensant l'argent qu'il venoit de lui emprunter ; où du Perron, avant d'être élevé à la dignité de cardinal, se prit de querelle avec un étranger qu'il poignarda plus tard, si l'on est forcé de convenir qu'ils pouvoient être souvent des lieux de réunion fort innocents, une sorte d'anticipation du café Procope, on ne peut nier au moins que les gens de lettres qui s'y rendoient ne fussent d'un laisser-aller fort peu décent : je ménage mes termes. Mais certainement peu d'ecclésiastiques aujourd'hui auroient l'indulgence de l'évêque de Nantes, Philippe Cospeau, homme d'un grand talent et d'une piété profonde, qui portoit à Saint-Amant un vif intérêt et lui donnoit de sages conseils.

Tout débauché qu'il étoit, Saint-Amant avoit toujours conservé pour la religion un respect qui ne le quitta jamais, et il savoit trouver le temps, entre le broc et la pipe, de mûrir de grandes pensées, de nobles sentiments, dont il est agréable de retrouver l'expression dans ses œuvres. Sa pièce du *Contemplateur* nous paroît supérieure à ses autres ouvrages, sans en excepter la *Solitude*; elle témoigne à la fois d'un esprit plus profond, d'un cœur plus tendre. On peut la citer presqu'en entier, et l'on y remarquera même assurément ces vers sublimes où il dit :

> J'escoute, à demy transporté,
> Le bruict des aisles du Silence
> Qui vole dans l'obscurité.

Cospeau avoit demandé au poète quels étoient ses amusements. Celui-ci lui répond, dans une large et riche poésie, quelles sont ses pensées.

Faret regarde « ce divin *Contemplateur* comme une « sublime leçon de la plus haute philosophie chrétienne « et morale. » Sans partager d'une manière absolue son opinion, nous reconnoîtrons que cette pièce forme dans le recueil des œuvres de Saint-Amant une heureuse exception, et que cette sorte d'isolement la rend plus remarquable encore.

Le *Contemplateur* est suivi de trois pièces dont le sujet, le sujet seul, a été tiré d'Ovide. — Comme la plupart des poètes de son temps, Saint-Amant avoit de grandes prétentions à l'originalité, et repoussoit avec une susceptibilité pointilleuse le reproche d'imitation.

L'exemple encore récent de l'exagération où étoit tombé Ronsard et son école en voulant imiter de l'antiquité, non pas seulement les tournures de style que l'usage consacra dès l'origine de notre littérature, mais jusqu'au vocabulaire, que le génie de la langue repoussoit; le souvenir des leçons inflexibles de Malherbe, l'autorité de ce goût trop sévère pour être juste qui biffa successivement une moitié, puis l'autre, des vers de Ronsard; le nouveau goût du siècle enfin, rendoient les auteurs extrêmement timides, quelquefois effrontés plagiaires. Parceque Ronsard avoit trop fait, ils n'osoient pas faire assez. Ronsard, du Bartas, et les autres imitateurs serviles de Pindare, trébuchèrent de haut; Saint-Amant se tient sur ses gardes; il ne prend à Ovide que son sujet, pour l'embellir à sa façon. Ne ressemble-t-il pas à un homme qui, au lieu de cueillir une fleur, détacheroit le bouton voisin, au risque de ne pas le voir éclore ?

Personne ne poussa si loin que Saint-Amant la crainte d'une accusation de plagiat. Ecoutez-le : « Si je ly, dit-il, les œuvres d'un autre, ce n'est que pour m'empescher de me rencontrer avec luy en ses conceptions. » Dans ce cas particulier, voulez-vous savoir comment il distingue sa part de celle d'Ovide ? — Ecoutez-le encore : « Ovide, dit-il, a traité devant moy les fables que j'ay escrites après luy, je le confesse ; mais je n'ay pris de luy que le sujet tout simple, lequel j'ay manié et conduit alors selon ma fantaisie ; que s'il se rencontre en quelque endroit des choses qu'il ait dites, c'est que je les ay trouvées si convenables et si nécessaires que la matière me les eût fournies d'elle-même quand il ne m'en auroit pas ouvert le chemin, et que je ne les pouvois ôter sans faire une faute. »

Toutes ces créations (ce n'est pas sans scrupule que je me résigne à ce mot) sont assez pâles. La première, Andromède, est écrite en vers de huit syllabes, comme les pièces qui précèdent.

La strophe, ici, ne manque pas d'harmonie ; mais Saint-Amant semble gêné par son mètre, et ses vers font souvent l'effet de véritables bouts-rimés, sans vigueur et sans éclat.

Nous préférons de beaucoup la *Métamorphose de Lyrian et de Sylvie*, où se trouvent quelques passages fort heureux, quoique souvent gâtés par des traits de mauvais goût, des vers prosaïques et communs, enfin des détails recherchés, — mais non trouvés, — effet inévitable de ce faux goût pour les pointes molles du madrigal italien.

L'*Arion*, rapproché des poésies qui précèdent, atteste encore un certain progrès. Il y a de beaux vers, biens sentis, et du meilleur effet. Ainsi, lorsqu'il chante Arion

> Qui revoit ondoyer, par un décret fatal,
> La fumée à flots noirs sur son vieux toit natal [1],

---

1. Ces vers rappellent ceux de Du Bartas, sur les migra-

ce souvenir donné au vieux toit natal, cette poésie des ondes de fumée qui s'en échappent, ne sont-ce pas de belles idées?

Ces trois poèmes, l'*Andromède*, la *Métamorphose de Lyrian et de Sylvie*, l'*Arion*, se rattachent aux études faites par Saint-Amant avant la composition du *Moïse sauvé*. Ce sont, à ses yeux, autant « de petits essais de poëmes héroïques dont le cavalier Marin nous a donné l'exemple dans son livre intitulé la *Sampogna*. »

On ne s'aperçoit que trop de l'influence du modèle dans les froids lazzis qui déparent ces morceaux, les seuls du reste où Saint-Amant ait sacrifié son originalité, les seuls sur lesquels puisse s'appuyer l'opinion de ceux qui rangent Saint-Amant parmi les imitateurs constants de l'école italienne.

Dès la première édition de ses œuvres, Saint-Amant annonce qu'il a commencé un grand poëme héroïque en l'honneur du roi : « Ce sera là que je tâcherai de comparer les exploits de ce prince incomparable aux travaux de Samson, et où j'emploierai autant de force d'esprit qu'il eut de vigueur en ses bras. »

Ce poëme de *Samson* n'a jamais été imprimé. L'auteur nous apprend lui-même dans le *Dernier recueil* de ses œuvres quel en fut le sort.

Le roi dont ce poëme devoit être l'éloge allégorique étoit Louis XIII; mais sans doute, comme toutes ces œuvres dédiées *au Roy*, commencées pour l'un et terminées sous l'autre, il devoit être fait à la mesure de tous les rois possibles, et être présenté au dernier vivant avec cette assurance qu'il feroit passer son nom à

---

tions des poissons :

> « Semblables au François, qui, durant son jeune âge,
> Et du Tybre et du Pô fraye le beau rivage;
> Car, bien que nuit et jour ses esprits soyent flattez,
> Du pipeur escadron des douces voluptez,
> Il ne peut oublier le lieu de sa naissance;
> Ains chaque heure du jour il tourne vers la France
> Et son cœur et son œil, se faschant qu'il ne voit
> La fumée à flots gris voltiger sur son toict. »

(5ᵉ *jour de la Sepmaine*, édit. de 1591, p. 353.)

la postérité. L'auteur du *Berger extravagant*, « Charles Sorel, nommé Science universelle » — c'est un vers de l'abbé de Marolles, — dans ses remarques sur le xe livre de son ouvrage, condamne avec raison cette coutume alors générale.

La négligence de Saint-Amant, sa facilité à prêter, sans se donner la peine d'en prendre copie, les manuscrits de ses poésies à ses amis, non moins étourdis qu'il l'étoit lui-même, lui firent égarer un autre poème encore, dont il nous fait connoître la perte dans la préface du dernier recueil de ses œuvres.

Parlerai-je enfin, parmi les études de Saint-Amant, d'un poème de *Joseph et ses frères en Egypte?* Celui-là n'a jamais été perdu, il n'a jamais été terminé non plus; mais, tout inachevé qu'il étoit, il avoit semblé assez intéressant pour qu'il en courût de mauvaises copies. Saint-Amant avoit enclavé quelques uns des fragments qui lui restoient dans le *Moïse*; il se crut obligé de faire imprimer les autres en 1658, et, dans l'avis qui précède, il dit que ce poème étoit alors composé depuis trente ans et plus.

En suivant l'ordre chronologique, qui souvent sert à reconstruire la vie morale d'un écrivain, nous trouvons une pièce intitulée *les Visions*: c'est un cauchemar, c'est le tableau des visions qui obsèdent le poète jour et nuit, avec des fantômes, des spectres, des suaires, des sorciers.

Saint Amant étoit alors revenu à Paris; il venoit de perdre un de ses aïeuls et aussi son ami Molière d'Essartine: l'image funèbre de cette double mort fait le double sujet de ce poème.

Ce fut sans doute pour se consoler qu'en 1627 il chanta la vigne. Le choix d'un tel sujet étoit dans les allures de Saint-Amant. Son début est très poétique; mais dans la seconde partie il se montre tel qu'il est, trop souvent licencieux, obligé même de voiler sous des caractères grecs ces mots obscènes qui charmoient ses bruyants amis, le baron de Saint-Brice, Chassaingrimont, Maricourt, Butte, La Motte, Chateaupers, et aussi le joyeux *Marigny, rond en toutes sortes*, sans doute le

Marigny-Mallenoë à qui il dédia sa *Chambre du Débauché*.

D'autres pièces de moindre importance ne trahissent pas moins son penchant à mener joyeuse vie, et aussi, avec une certaine philosophie, sa tendance à jeter sur l'avenir un regard aventureux et inquiet : nous voulons parler de ses sonnets, de ces charmants petits poèmes que son siècle prisoit si fort.

Le sonnet, une des plus belles fleurs du parterre des Muses, dit Colletet, vit sa culture encouragée par les gratifications annuelles accordées par les villes de Caen et de Rouen aux auteurs qui s'y étoient signalés. Saint-Amant étoit de cette dernière ville. Son insouciance, la crainte d'être vaincu par d'illustres compatriotes dans cette lice poétique, l'empêchèrent-elles de se présenter au concours? Je ne sache pas qu'aucun de ses sonnets y ait été destiné.

Le premier de tous, comme la plupart des sonnets contemporains, n'est qu'un madrigal. Dans le second, il dit, en parlant de sa maîtresse, ces deux vers gracieux :

> Son visage est plus frais qu'une rose au matin,
> Quand, au chant des oiseaux, son odeur se réveille.

Pourquoi faut-il qu'au vers suivant la rime appelle le nom de la bergère Catin? — Le goût inflexible de Boileau ne permettoit pas de changer ainsi,

> . . . . . Sans respect de l'oreille et du son,
> Lycidas en Pierrot et Philis en Toinon ;

et s'il appeloit les enfants de Racine, son illustre ami, Babet, Fanchon, Madelon et Nanette, comme leur père lui-même, ce n'étoit pas dans ses vers.

Mais la fraîcheur du joli passage que nous citions doit disposer à l'indulgence. Les vers qui suivent, tirés du *Soleil levant*, n'ont pas moins de grâce légère et facile :

> L'abeille, pour boire des pleurs,
>   Sort de sa ruche aimée,
> Et va succer l'âme des fleurs
>   Dont la plaine est semée.

Il parle plus loin du gentil papillon,

> Qui porte, de la part du lys,
> Un baiser à la rose.

Qui songeroit à attribuer de tels vers à l'auteur de la *Crevaille* ou de la *Chambre du Debauché*, à ce joyeux ami des orgies, du tabac, du vin et des femmes?

Car c'étoit un rude admirateur de la beauté que Saint-Amant, toujours prêt à quitter Belise pour Amaranthe, et celle-ci pour Philis. En 1631, il étoit en Angleterre, où il chantoit l'amour de leurs sérénissimes majestés d'une façon, selon moi, fort indiscrète. Je ne sais jusqu'à quel point le cœur de Saint-Amant étoit ouvert à l'amour :

> Je n'ay point sitost dit que j'ayme
> Que je sens que je n'ayme plus

Etoit-ce l'habitude de son temps ou de ses compatriotes? Saint-Amant ne tenoit guères plus à paroître sincère que le grand Corneille; il va jusqu'à nous prémunir contre l'effet de ses larmes.

Malgré cet avis qu'il nous donne pour nous mettre en garde, nous croirions volontiers à cet amour qu'il a chanté pour une Amaranthe avec un luxe de sincérité, avec un charme de poésie vraiment supérieur : on en jugera à la lecture de l'élégie qu'il lui adresse.

Je ne connois qu'une passion à laquelle Saint-Amant soit resté fidèle : c'est celle qu'il a chantée si souvent pour la bouteille; et sa réputation étoit bien établie, puisque Vion Dalibray, le mordant auteur des soixante-treize épigrammes de l'Anti-Gomor, assied son renom de buveur sur celui de Saint-Amant :

> Je me rendray du moins fameux au cabaret;
> On parlera de moy comme on fait de Faret.
> Qu'importe-t-il, amy, d'où nous vienne la gloire?
> Je la puis acquérir sans beaucoup de tourment,
> Car, grâces à mon Dieu, déjà je sais bien boire,
> Et j'ay fait la débauche avecque Saint-Amant.

Dans un autre sonnet, il s'adresse à Saint-Amant lui-même : Toi, lui dit-il,

> Toi qui, comme Bacchus, as bu par tout le monde,

Et qui dînes souvent avec des Suédois,
Apprends-moy, Saint-Amant.....

Dans le *Roman comique*, le poète de la troupe veut étaler, dans tout leur éclat, ses brillants mérites aux yeux des beaux-esprits de la ville; il « se tuoit de leur dire qu'il avoit fait la débauche avec Beys et Saint-Amant. » — Un homme si altéré n'étoit point fait, sauf erreur, pour obtenir en amour de brillants succès.

Dépourvu de ces qualités qui excitent les grandes passions ou les entretiennent, Saint-Amant avoit un moyen du moins de provoquer les caprices. Sa conversation étoit si entraînante, ses réparties si fines! J'aime à le voir au milieu de ses joyeux amis, improvisant ses rimes faciles. Son vers est-il assez alerte? a-t-il assez ses coudées franches? Voyez-le au cabaret, drapé dans son insoucieuse sécurité : c'est là qu'il trouve ce génie que Boileau lui reconnoît pour les ouvrages de débauche et de satire outrée. Si l'on se reporte, en effet, au temps et au lieu où ont été composés les *Cabarets* et la *Chambre du Débauché*, ces pièces sont le chef-d'œuvre du genre. Lorsqu'il les écrivoit, comme le poète ivre de Martial, ou comme maître Adam, sur un mur, avec un charbon, sans suite, par boutades, au milieu des éclats de rire, des quolibets, du choc des verres, l'auteur ne songeoit guère à Boileau, et moins encore au précepte que le satirique donna plus tard aux écrivains :

Ajoutez quelquefois et souvent effacez.

Il écrivoit toujours, ne corrigeoit jamais, et se gardoit bien d'effacer; et quand l'inspiration venoit à lui manquer, il falloit entendre les folles remarques de ses amis, non moins bavards, non moins *languards* que lui, comme dit Regnier! il falloit voir leurs plaisantes grimaces! Un nouveau broc payoit sa peine, une nouvelle pipe rallumoit ses idées, et tous à la fois, sans s'écouter ni s'entendre, relisoient, citoient, reprenoient, refaisoient tel vers qui se présentoit à leur riante imagination;

> Et sembloit que la gloire, en ce gentil assaut,
> Feust à qui parleroit non pas mieux, mais plus haut.

Je me permets de citer Regnier en parlant de Saint-Amant; nul autre nom ne peut s'accoler mieux à celui du poète que nous examinons. Boileau disoit que Saint-Amant s'étoit formé du mauvais de Regnier, comme Benserade du mauvais de Voiture : opinion fausse qu'il seroit inutile de discuter.

En vérité, en lisant Saint-Amant on croit assister à la composition de ses œuvres; il semble qu'on le provoque. Sa verve s'allume, et le voilà qui griffonne ses vers. Ses compagnons l'écoutent, mais sans cesser de *biffer* et sans respecter sa part. — *Holà ! gourmands, attendez moi !* — On ne l'écoute pas; il se presse un peu plus; sa pièce s'achève; il la termine volontiers par un cri de buveur : *A boire !* A la fin de sa pièce du *Fromage*, par exemple, il dit :

> Fromage, que tu vaux d'escus !
> Je veux que ta seule mémoire
> Me provoque à jamais *à boire*.

Ce dernier cri, il le jette à pleine voix; le laquais accourt : — *Verse, laquais !* Et ces mots qui échappent à sa bouche échappent à son crayon; le papier les reçoit, l'impression les reproduit, et ils viennent jusqu'à nous comme une preuve et de la soif et de la négligence *du bon gros Saint-Amant !*

Une fois, il boit à la santé du comte d'Harcourt; à la fin de sa pièce il crie *Vivat !* et ce mot, qui glisse de sa langue à sa plume, nous le répétons après lui.

Il n'est pas étonnant que des vers ainsi composés aient de la vie et du mouvement, qu'on y trouve des tours d'une grande énergie et d'une facilité extrême, que les transitions y soient si naturelles et si variées, la rime si nette.

Je voudrois que l'on comparât Saint-Amant aux autres

écrivains contemporains de sa jeunesse; je voudrois que l'on comprît bien aussi son rôle parmi les fondateurs de notre gloire littéraire.

Dire que notre littérature a commencé à Malherbe, c'est méconnoître la nature de l'esprit humain, qui n'arrive jamais sans avoir marché. Nous avions avant Malherbe une série d'œuvres dont le caractère bien tranché se détache complétement de celui qu'il imprima à ses poésies.

Ecrivains pleins d'élan et de verve, capricieux, badins et folâtres, les prédécesseurs de Marot et ses successeurs jusqu'à Ronsard, dans leurs poésies si légères et si malignes, étoient fidèles au vieux caractère gaulois : ils étoient eux-mêmes. Leur pensée s'étendoit sans contrainte et sans entraves; leur vers se produisoit facile et spontané, copie exacte de la pensée, non dans sa forme précise et définie, mais dans son élaboration lente et successive, habile à détacher le trait caustique d'une mordante ironie, impropre à retracer les grands sentiments dans leur majestueuse gravité.

Vint Ronsard, vint du Bellay, vint Baïf, toute une pléiade enfin de jeunes et savants écrivains qui, désireux de donner à la langue une dignité qui lui manquoit, la clouèrent sur le lit de Procuste d'une littérature étrangère. Audacieux pour détruire, timides pour réédifier, ils crurent avoir à renverser le monument qu'ils devoient achever. Exclusifs dans leur système, faux comme tout système, au lieu de greffer sur l'arbre sauvage des écrivains gaulois le rameau cultivé par les poètes grecs et latins, ils essayèrent de l'abattre : entreprise au dessus de leurs forces. Vaincu, mais non soumis, l'esprit familier et populaire de nos premiers écrivains reparut, mûri par l'âge, dans les vers de Régnier, tandis que le génie d'une imitation plus intelligente, fécondée par son admiration pour les modèles de l'antiquité, se perpétuoit à son insu dans les vers de Malherbe. Héritier de ces deux écoles antagonistes, Saint-Amant marcha à la fois sur les traces de Malherbe et sur celles de Régnier : élève du premier dans les poèmes sérieux qui l'occupèrent à la fin de sa vie, disciple du second dans ses pièces de débauche et de satire outrée.

C'est à son mérite bien reconnu dans les deux camps et à sa liaison avec les premiers fondateurs de l'Académie françoise que Saint-Amant dut de faire, dès l'origine, partie de cette société, sans avoir même songé à solliciter cet honneur.

Les premiers membres des réunions de Conrart avoient été Godeau, Gombauld, Giry, Chapelain, Philippe Habert de Montmort et son frère Germain Habert de Cerisy, Conrart, Serisay et Malleville; à eux se joignirent Faret, Desmarets et Bois-Robert; puis, lorsque le cardinal en voulut former un corps, on y ajouta à la fois Bautru, Silhon, Sirmond, Bourzeys, Méziriac, Maynard, Colletet, Gomberville, Colomby, Baudoin, L'Estoille, Porchères d'Arbaud et enfin Saint-Amant.

Dans sa réunion du 2 janvier 1635, l'Académie avoit ordonné que chacun de ses membres, dans un ordre déterminé par le sort, liroit un discours sur telle matière qu'il lui plairoit. Trois académiciens sans plus, dit Pellisson, « se dispensèrent de faire cette sorte de discours à leur tour, quoiqu'ils en fussent très capables » : Serisay, Balzac et Saint-Amant; mais ce dernier — vouloit-il donner une preuve de zèle? — offrit de recueillir pour le dictionnaire les termes d'abord appelés crotesques ou grotesques, puis par Sarasin bourlesques, de l'italien *burlesco*, et enfin burlesques.

Ce travail d'érudition étoit facile à Saint-Amant; ces termes lui étoient familiers, et, s'il faut l'en croire, il étoit le premier à avoir composé dans le genre burlesque des poèmes suivis. Les paroles de Saint-Amant contredisent l'opinion de ceux qui regardent le poème de *Typhon ou la Gigantomachie*, par Scarron, comme le premier en date de tous les ouvrages de cette espèce.

Quant au genre créé par Saint-Amant, il obtint rapidement en France une faveur qu'expliquent et sa nouveauté, et le caractère plaisant des œuvres de Scarron, qui l'adopta aussitôt. Bientôt les libraires ne voulurent rien accepter qui ne portât ce nom de burlesque, et l'étendirent, pour abuser le public, aux ouvrages les plus sérieux, comme le poème de *la Passion de Notre Sei-*

gneur Jésus-Christ, dès qu'ils étoient composés en petits vers. Ce livre est de 1649. En 1648, le nouveau dictionnaire des rimes, publié chez Courbé, fait aussi une concession au burlesque. « Le volume n'auroit pas esté si gros, dit l'avertissement, si le bourlesque ne m'eust obligé à mettre beaucoup de mots qui ne sont plus en usage qu'en ce genre-là. »

Malgré le dédain de quelques bons esprits, le burlesque comptoit de nombreux partisans. Ce genre d'écrits, disoient ceux-ci, a un but moral; il déconcerte la vanité humaine, en présentant les plus grandes choses et les plus sérieuses d'un côté ridicule et bas. Le travail de Saint-Amant avoit donc son utilité; mais un ouvrage collectif marche lentement, et pour Saint-Amant ce ne fut pas une grande fatigue de se tenir au courant; et encore s'y tenoit-il? Je crois qu'il n'y songeoit guère, et qu'il n'étoit pas moins disposé que Bois-Robert à railler un établissement qu'ils avoient l'un et l'autre contribué à fonder.

En 1643, suivant la Bibliothèque des théâtres, fut faite, et en 1650 selon Pellisson, fut imprimée une comédie en trois actes et en vers qui mérite plutôt le nom de farce que celui de comédie, mais qui n'est pas sans esprit et qui a des endroits fort plaisants : c'est la *comédie de l'Académie*, des *académiciens* ou encore des *académistes*, que nous trouvons parmi les ouvrages de Saint-Evremont, mais que « quelques uns ont voulu attribuer à un académicien même, parceque cet ouvrage ne se rapporte pas mal à son style, à son esprit et à son humeur, et qu'il y est parlé de lui comme d'un homme qui ne fait guère d'état de ces conférences. » Ce faux frère qui attaquoit les académiciens, dans la pensée de Pellisson, c'étoit Saint-Amant. Calomnie! Et puis, voyez les erreurs! Faret est mis aussi au rang des personnages négligents. Mieux que personne, Saint-Amant savoit que Faret étoit un des académiciens les plus influents et les plus zélés, et qu'on faisoit dans la compagnie grand cas de son talent de *prosiste*.

La pièce s'ouvre par une scène entre Saint-Amant et Faret; ils ne sont là que pour médire : ils n'ont d'égards

ni pour l'orgueilleux petit abbé Godeau, ni pour le fat
et ridicule Chapelain. Selon eux,

> Colletet est bonhomme et n'écrit pas trop mal...
> Bois-Robert est plaisant autant qu'on sauroit l'être...
> Gombauld, pour un châtré, ne manque pas de feu...

L'auteur confond Gombauld avec Berthaut (ou Berthod)
le musicien, Berthaut l'incommodé, comme on disoit.
Gombauld n'avoit de ridicule que la façon de sa barbe.

Godeau paroît pendant ce conciliabule : voilà nos bavards en fuite. Saint-Amant s'écrie en partant :

> Nous reviendrons tantost. Allons, mon cher Faret,
> Trouver proche d'ici quelque bon cabaret.

Et, de fait, ils reviennent à la deuxième scène du troisième et dernier acte, tous deux ivres-morts. « *Enfin*,
ils sont partis ! » C'est alors seulement que l'Académie
peut reprendre ses puériles discussions et donner ses
décisions prétentieuses.

Quelque peu d'estime que Saint-Amant ait pu avoir
pour l'Académie, il n'étoit pas homme à faire, pour la
railler, un travail de cette importance. Il étoit toujours
prêt à en médire, mais en passant.

Dans les *cabarets*, les *chambres des débauchés*, les
galères du comte d'Harcourt, Saint-Amant étoit libre.
Aussi étoient-ce ces lieux, plutôt que l'Académie, qu'il
aimoit à fréquenter : c'est là qu'il passoit sa vie. Il descend en droite ligne des héros de Rabelais, et se plaît,
comme eux, à « cauponiser ès tavernes ». Il y *chinquoit*, il y *biffoit*, il y rimoit, il y fumoit; que dis-je ?
car il avoit toutes les mauvaises habitudes possibles,
il y *maschoit de fin tabac*.

Admis à faire partie des flottes royales sur l'escadre
du comte d'Harcourt, il se trouva avec Faret, secrétaire des commandements du prince, et nous devons l'y
suivre. Tous trois étoient inséparables ; entre eux point
d'étiquette, point de gêne. Dans leurs réunions, le comte
d'Harcourt n'est plus que *le Rond*, Saint-Amant *le Gros*,
et Faret *le Vieux*; ainsi Richelieu nommoit Bois-Robert
le Bois. Et remarquez que cette liaison n'étoit un mystère pour personne. L'indiscret Tallemant des Réaux

nous eût trahi le secret de ces noms monosyllabiques si Saint-Amant n'avoit pris la peine de nous en instruire.

Le poète, dans la préface de la pièce où il décrit le *Passage de Gibraltar*, nous apprend qu'il la composa « à l'aspect des estoilles qui nous regardoient boire, et le verre, non la plume, à la main ».

Arrivé heureusement à la côte de Provence, le comte d'Harcourt contribua à la prise des îles Saint-Honorat et Sainte-Marguerite, s'empara d'Orestani, en Sardaigne, et eut tout l'honneur de cette expédition.

Cette campagne d'Italie et d'Espagne a tracé dans la vie de Saint-Amant un sillon qu'il a semé de pièces nombreuses. — A Paris, il avoit chanté le printemps dans un sonnet; il chante l'été à Rome, l'automne aux Canaries, l'hiver aux Alpes : il a des sonnets pour toutes les saisons. A Cazal, qu'il secourt avec un sonnet, il félicite le comte d'Harcourt de ses victoires dans les îles du Levant, et

> Il pense avec raison qu'enfin toute la terre
> Sera, comme la mer, trop étroite pour lui.

Mais notre histoire a marché comme le comte d'Harcourt : il nous faut revenir sur nos pas.

Un an après s'être embarqué, Saint-Amant revint à Paris. En effet, en 1638, lorsque maître Adam Billaut, cet homme qui, dit Baillet, fait plus d'honneur aux menuisiers qu'aux poètes, vint à Paris, ce fut à Saint-Amant d'abord qu'il voulut être présenté. Saint-Amant lui consacra une épigramme et un impromptu, sans lui donner trop de ces éloges si souvent mendiés par les auteurs.

De retour l'année suivante (1639) en Piémont, il alla avec l'armée du comte secourir Cazal (1640), et assista à la bataille d'Ivrée (1641), où le cardinal de Savoie fut vaincu par d'Harcourt. En 1643 il étoit à Rome, où il avoit déjà fait un premier voyage sur les galères du maréchal de Créquy, en 1633, lorsque le maréchal alla négocier avec le pape Urbain VIII la dissolution du premier mariage de Gaston d'Orléans.

Ce fut là même qu'il composa sa *Rome ridicule*, qui fut depuis si souvent imitée.

Elle avoit paru à Paris en 1643, sans nom d'auteur ni d'imprimeur. Le libraire qui la vendit fut seul puni : il perdit la liberté ; il auroit pu y perdre la vie. Le libraire éditeur du *Custode de la reine*, satire de Blot, de Marlet ou de Morlet, fut pendu, et l'imprimeur, s'il eût été pris, étoit passible du même châtiment.

Après un court séjour à Rome, le comte d'Harcourt fut envoyé (1643) en Angleterre. Saint-Amant l'y suivit. Le comte étoit chargé de proposer la médiation de la France entre Charles Ier et le parlement, mission stérile, comme devoit l'être aussi, en 1645, celle de l'ambassadeur Montreuil.

Saint-Amant aimoit le roi et suivoit avec intérêt les événements. Il fit sur Fairfax, le général du parlement, ce qu'il appelle une *épigramme endiablée*, où il prétend que « le prince des sabats » ne l'a pas encore emporté, parceque

> . . . . . Il craint que, par quelque attentat,
> Que par quelque moyen oblique,
> Fairfax n'aille du moins renverser son état
> Pour en faire une république.

Lorsqu'il apprit la mort du roi, Saint-Amant, comme l'Europe entière, fut indigné et sincèrement affligé. Dans trois de ses sonnets, il exprime l'impression que ce crime lui avoit laissée; mais il semble que ce sentiment va s'affoiblissant de plus en plus dans son esprit, si l'on en juge par l'argument brutal de l'ordre dans lequel il les a disposés.

C'est par la renommée que Saint-Amant connut le martyre de Charles Ier. En effet, le comte d'Harcourt avoit été rappelé et remplacé, en 1645, par Montreuil, puis envoyé en Catalogne pour succéder au maréchal de la Mothe. Saint-Amant le suivit-il dans cette expédition? Nous ne pouvons rien affirmer à cet égard. En 1647 il étoit à Collioure, port de mer du Roussillon ; mais, en 1645, nous croirions volontiers qu'il étoit resté à Paris.

Il n'avoit pas été plus heureux en Angleterre que Bois-Robert, lorsqu'il accompagna le duc et la duchesse de Chevreuse au mariage du prince de Galles, depuis Charles Ier, avec Henriette-Marie de France. Bois-Robert, dit crûment Tallemant des Réaux, n'étoit allé là que « pour y attraper quelque chose ». Il n'en rapporta rien qu'une maladie.

Ce ne fut pas son seul malheur : un jour qu'il étoit « panse pleine », qu'il « en tenoit un peu », on vola sa bourse pendant son sommeil, et, *horresco referens!* « Bacchus trahit Saint-Amant! »

Une autre fois, je ne sais quel maladroit petit barbier ou *barberot*, comme il l'appelle, « roy des vilains museaux », entreprit de l'écorcher sous nom de le raser. Grande colère, grand désespoir de Saint-Amant! A la fin du *Barberot*, il s'écrie avec dépit :

> Je perds tout en Angleterre,
> Poil, nippes et liberté ;
> J'y perds et temps et santé,
> Qui vaut tout l'or de la terre ;
> J'y perdis mon œil, que prit
> Un bel œil dont il s'éprit
> Sans espoir d'aucun remède,
> Et je crois, si Dieu ne m'ayde,
> Qu'enfin j'y perdrai l'esprit.

Bois-Robert n'eut jamais plus longue rancune contre le *climat barbare* qui l'exposa à tant de malencontres. Saint-Amant fit pour l'Angleterre ce qu'il avoit fait pour Rome : il composa un poème de *l'Albion* qui fait partie des manuscrits de la Bibliothèque impériale. C'est une attaque virulente contre les Anglois, et souvent si mordante qu'il n'osa pas la publier ; nous la donnons pour la première fois.

L'ALBION, *caprice héroï-comique*, est dédié par l'auteur à Monseigneur le maréchal de Bassompierre ; il se compose de cent vingt et une stances de sept vers, et se termine par un *c'est fait* énergique, qui témoigne du plaisir avec lequel l'auteur a terminé son ouvrage, ou au moins le manuscrit, si nettement exécuté, qu'il a fait, à la date du 12ᵉ *febvrier* 1644, des soixante et une page in-4º qui le composent.

Le séjour de Saint-Amant à Paris fut plus agréable, ou du moins plus fructueux. En 1645, en effet, Marie-Louise de Gonzague accepta la main et le trône de Ladislas-Sigismond, roi de Pologne, lequel mourut peu après. Son frère, l'ex-jésuite et cardinal Casimir, fut son successeur comme roi et comme époux : il prit pour femme, en 1649, la veuve de Ladislas. L'abbé de Villeloin, le sieur de Marolles, jouissoit alors d'une immense réputation et d'une non moins grande influence auprès de la nouvelle reine, dont il avoit été le précepteur. Il mit son crédit au service de ses amis, entre autres de Saint-Amant. Dans ses Mémoires, en effet, à la date de 1645, on lit : « La reine de Pologne mit en considération l'estime que je luy avois toujours faite des vers de M. de Saint-Amant, qu'elle avoit ouï quelquefois de ses poèmes sérieux avec beaucoup de plaisir, et le retint au nombre des gentilshommes de sa maison, avec une pension de trois mille livres, qu'elle lui octroya par brevet et qu'elle fit expédier exprès. »

Ainsi, voilà Saint-Amant à la reine de Pologne, comme il avoit été au duc de Retz le bonhomme, puis au comte d'Harcourt; mais toute sa vie il se regarda comme indépendant. Ainsi, un jour qu'il dînoit à la table du coadjuteur, il put se permettre, dit Tallemant, cette parole, devant une assemblée de valets : « J'ai cinquante ans de liberté sur la tête. »

La reine de Pologne avoit pour secrétaire de ses commandements M. des Noyers, ami du poète, qui ne le servit pas moins que l'abbé de Marolles auprès de leur protectrice commune. Saint-Amant contracta envers la reine de Pologne, des Noyers et l'abbé de Marolles, une triple dette, qu'il paya en pièces de toute sorte.

Dans un *Sonnet à la reine de Pologne*, il parle de l'amour qu'elle a inspiré « au plus grand roy du pôle », mais ne dit mot des visites nocturnes qu'elle recevoit de Cinq-Mars, ni des lettres qu'elle lui écrivit, et qui faillirent tant la compromettre lorsqu'il mourut.

L'*Epistre à l'hyver sur le voyage de sa sérénissime majesté en Pologne* est écrite dans un style plein de dignité ; quelques vers même sont de la plus grande beauté, celui-ci, par exemple, où l'on voit Borée

> Ployer l'orgueil qui couronne sa teste.

Nous ne citons que pour mémoire :
Sonnet à la S^{me} R^{ne} de Pologne, en luy envoyant une partie du Moïse. — *Sonnet à la Santé, pour le second mariage de la S. R. de P.* (1649).

Lorsqu'il fit son *Epître diversifiée à Monsieur Des Noyers*, Saint-Amant étoit à Collioure, port de mer du Roussillon, dont le gouverneur étoit Tilly, son ami intime. Dans son épître, il remercie Des Noyers de lui attirer tant de faveurs de la reine ; il lui raconte ses plaisirs. — Plus loin il prétend

> . . . Que l'usage en chaque nation
> Porte avec soy son approbation.

Et, pour preuve, il montre le ridicule de la mode en France. Ce passage est une véritable gravure de mode : rien n'y manque ; nulle part ailleurs on ne trouveroit une meilleure satire du costume, ni qui le fasse mieux connoître.

Saint-Amant revint à Paris peu de temps après, et il y trouvoit au temps de la Fronde. C'est alors qu'il composa contre Condé cette chanson satirique qui le fit bâtonner par ce prince sur le pont Neuf, et qu'il fit paroître ses triolets sur les affaires du temps.

Ce genre de poésie est fort ancien, puisqu'on en trouve un exemple dans le *Cléomadès* d'Adenez le Roi, et puisque dans notre vieux théâtre les triolets tenoient la place des couplets de nos vaudevilles ; il ne fut pas remis en honneur par Marot, comme le prétend Boileau, qui en eût vainement cherché un dans les œuvres de ce poète ; mais, pendant la Fronde, ils se font jour de nouveau. Déjà, à la date de 1648, le recueil de Maurepas en contient quelques uns ; en 1649, le nombre en est infini. Saint-Amant en formula les règles et en donna de nombreux exemples. Il se montra moins favorable au rondeau, autre ancien genre de poésie remis en vogue quelque temps avant le triolet. Saint-Amant fit contre le succès usurpé de nombreuses pièces de ce genre une longue satire qu'il intitule *la Pétarrade aux rondeaux*.

Une idée assez bouffonne du sieur de la Croix, auteur d'un volume intitulé *l'Art de la poésie françoise et latine* (Lyon, 1694, in-12), c'est d'avoir, dans l'énumération des divers genres de poésie, regardé comme des noms de poèmes certains titres de pièces. Ainsi Sarasin avoit fait une glose du sonnet de Job. L'auteur donne place à la *glose*, à côté de la fable, pas trop loin du cantique. Saint-Amant a fait une pièce qu'il intitule *l'Enamouré*, une autre qu'il nomme *Crevaille* : ce sont deux genres distincts pour le docteur.

Nombre de pièces légères de Saint-Amant portent le nom de *caprices*. Dans beaucoup d'auteurs de son temps, et même de l'âge suivant, on retrouve des poèmes sous le même titre. Ce mot *caprice* s'appliquoit aux pièces de poésie, de musique, d'architecture et de peinture un peu bizarres et irrégulières, et qui réussissoient plutôt, dit Furetière, par la force du génie que par l'observation des règles de l'art. A cette époque, on parloit des Caprices de Saint-Amant comme des Caprices ou grotesques de Callot le graveur.

Plusieurs de ces Caprices pourroient faire passer leur auteur

> Pour satirique agréable et cuisant ;

mais ces poèmes ne peuvent se comparer ni aux satires de Boileau ni à celles de Regnier. Il a dans les pièces de cette sorte une indulgence à lui particulière. Dans l'avant-satire, voici comment il définit le genre : c'est un poème, dit-il,

> .... Où l'on mord plaisamment,
> Où l'on verse à flots noirs de l'encre seulement,
> Où la plume est l'espée avec quoy l'on s'escrime,
> Où de joyeux brocards la sottise on réprime ;
> Bref, où ceux que l'on blesse, au lieu de s'en fascher,
> Sont pour leur propre honneur contraints d'en riocher.

Saint-Amant n'a jamais fait une satire entière ; mais a laissé de nombreux traits piquants dans ses œuvres

Le vers, sans manquer d'une certaine verve et de quelque fermeté, n'a pas le caractère farouche, la résistance nerveuse des *Tragiques* de d'Aubigné, la brutale et trop inégale vigueur des satires de Courval-Sonnet, ou la mordante et leste ironie de Regnier.

Les poésies de Saint-Amant ont cependant ce mérite qu'elles sont en général aussi fournies que celles des plus beaux génies ses contemporains. De plus, il eut la discrétion de taire le nom de ses ennemis; ainsi il ne nomme pas même, dans son *Poète crotté*, Marc de Maillet, ce ridicule poète qu'il paroît avoir eu en vue, selon Tallemant des Réaux. — Il est souvent à regretter que Boileau n'ait pas eu la même réserve. Lorsqu'il attaquoit Saint-Amant, celui-ci étoit mort, et les coups du satirique n'atteignoient plus que sa mémoire; peut-être eût-il été convenable de la respecter, de ne pas railler la pauvreté, heureusement imaginaire, d'un poète qui avoit racheté par sept ou huit années de sérieuse piété les folles erreurs de sa jeunesse.

Les traits de Saint-Amant atteignirent aussi les ruelles, mais toujours sans personnalité blessante. Nous n'avons point à parler ici de l'hôtel de Rambouillet et de la ruelle fameuse d'Arthénice; Saint-Amant y étoit connu sous le nom de Sapurnius, et on lui savoit gré des tours nouveaux qu'il avoit introduits dans la langue. Avoir *l'ame roide aux soucis*, troupes *faisant un grand débordement dans la plaine*, l'eau appelée *miroir céleste, le mot me manque*, bonnes ou mauvaises, ces locutions sont de Sapurnius, et Somaize lui en a conservé la gloire, ou du moins la propriété.

Sapurnius-Saint-Amant étoit vu aux ruelles avec estime; ses œuvres y avoient leur entrée au même titre que la *Sophonisbe* ou le *Cinna*. Ainsi Scarron dit *à ses vers*:

> Adieu donc, rimes ridicules...,
> Vous qui croyez qu'être volume
> Vaut mieux qu'être écrit à la plume,
> Que tout le monde vous lira,
> Que chacun de vous parlera
> Comme on fait des pièces nouvelles

Que vous aurez dans les ruelles
Presque autant d'estime qu'en a
La *Sophonisbe* ou le *Cinna*,
Ibrahim ou la *Marianne*,
Alcyonée ou la *Roxane*,
Et les œuvres de Saint-Amant,
Au style si rare et charmant.

Nous sommes étonnés de voir rapprocher le *Cinna* des autres pièces : le crible du temps, comme dit quelque part Mme de Sévigné, les a bien séparées.

Lorsque Saint-Amant fut revenu de ses voyages et de ses excès, il donna à la religion des pensées devenues plus graves; il adressa à Corneille, son compatriote et son ami, des vers sur sa traduction de l'Imitation, et s'occupa, selon le goût des ruelles, de cette géographie allégorique que l'on aimoit à y cultiver. Ainsi vers 1656, il entreprit une « carte du pays de Raison », que nous avons perdue. Chevreau, dans une lettre qu'il lui écrit de Loudun, le félicite d'avoir entrepris cette carte, et lui conseille de ne pas l'étendre « généralement au deçà de Loire. »

On sait quelle vogue avoient alors les allégories; les romans étoient des histoires travesties. L'abbé d'Aubignac, Mlle de Scudéry, le père Lemoyne, s'étoient exercés dans ce genre. Après la *Relation du royaume de Coquetterie*, on vit paroître la *Carte de Tendre*, la *Carte de la Cour*, puis le *Royaume des Précieuses*, puis la *Carte du Jansénisme*, puis la *Description de la grande île de Portraiture*, et mille autres pièces de ce genre.

La Rochefoucauld dit dans ses *Maximes* que « quelques découvertes que l'on fasse dans le pays de l'Amour Propre, il y restera toujours bien des terres inconnues. » Ce pays de l'Amour-Propre étoit inconnu lui-même avant l'invention des allégories. Scarron parle de la Scarronnerie, comme Malherbe de Balbut en Balbutie d'où il se prétendoit originaire.

Ainsi, lorsque Saint-Amant s'exerçoit à ces descriptions, il suivoit le goût du siècle : peut-être l'intérêt de sa fortune lui en faisoit-il une loi. Cependant, avec les revenus de la verrerie dont il avoit le privilége, ave la pension qu'il recevoit de la reine de Pologne, avec le produit de ses ouvrages, fort estimés avant Boileau, avec l'amitié qu'avoient pour lui le duc d'Arpajon, les divers membres de la famille de Retz, et bien d'autres grands seigneurs, nous avons peine à croire qu'il ait été dans cette misère noire que lui ont généreusement prêtée plusieurs satires.

Enfin, si Saint-Amant ne trouvoit pas en France la fortune, il avoit un asile ouvert à la cour de la reine de Pologne, qui faisoit de lui une estime particulière. Lorsqu'il se rendit auprès d'elle, il y trouva, avec de bons appointements, le titre de conseiller d'État de la reine et de gentilhomme ordinaire de sa chambre. Le désir de présenter à sa protectrice son poème du Moïse sauvé, auquel il travailloit depuis long-temps, l'avoit décidé à faire ce voyage.

Pour se rendre à Varsovie, il passa par la Flandre ; mais il fut arrêté et conduit à Saint-Omer, où il resta quelque temps en prison. On fouilla ses papiers ; le Moïse fut saisi, et, sans le nom de la reine qu'il invoqua, « le Moïse sauvé — c'est lui qui parle — étoit le Moïse perdu. »

A Amsterdam, il rencontra Chanut, ambassadeur près la reine de Suède, un des compagnons d'étude au collége de la Marche. Ils se lièrent bientôt d'amitié sous le patronage de leur ami commun, et de là des vers à Chanut.

L'accueil qu'il trouva en Pologne fit oublier à Saint-Amant et son arrestation à Saint-Omer, et les fatigues du voyage, et les désagréments des hôtelleries. Il resta en route jusqu'à l'entrée du carême ; il arriva à temps pour faire des stances sur la grossesse de la reine de Pologne, et, avec les stances, des prédictions qui ne réussirent pas.

« La reyne de Pologne estoit accouchée d'une fille ; sur quoy monsieur de Saint-Amant fit des vers qui nous furent envoyés de Varsovie, où il estoit alors. Mais l'augure qu'il fit pour la naissance de la princesse royale ne fut pas accomply selon ses souhaits et les nôtres, puis qu'elle mourut bientôt après, aussi bien qu'un frère que le ciel lui avoit donné; mais il se contenta de montrer l'un et l'autre comme deux astres qui paroissent en même temps qu'ils descouvrent leur splendeur. » (*Mémoires* de Marolles.)

Saint-Amant eut tort d'oublier les prédictions malencontreuses de Marot et le *si qua fata aspera rumpas* de Virgile. Sa pièce, d'ailleurs, ne méritoit pas un meilleur succès. Ses stances sur la grossesse, ses sonnets sur les prochaines couches de la reine et sur la naissance du prince de Pologne, n'ont rien de remarquable.

Saint-Amant passa deux années en Pologne. Il ne rentra en France qu'en 1651, après avoir fait, de la part de Marie de Gonzague, un voyage de Stockholm, qui lui profita peu, pour assister au couronnement de la reine de Suède. Il revint par la Hollande, et, forcé par le vent contraire d'attendre douze ou quinze jours à l'embouchure de la Meuse, il composa un *caprice marinesque* intitulé *la Rade*, où il se plaint fort du capitaine de son vaisseau :

C'est, en Bartas, un donne-ennuy,

c'est-à-dire, dit-il dans une note de la table, en style de du Bartas, — « raillerie sur les épithètes composez de du Bartas. »

Il se mit, dès son retour, à corriger son Moïse, et le refit presque entièrement. L'ouvrage fut « achevé d'imprimer pour la première fois le 22 novembre 1653 », et put être mis en vente cette même année, puisqu'il avoit son privilége depuis le 20 octobre. Cette date contredit l'assertion du savant M. de Montmerqué, qui dit, dans une de ses notes sur Tallemant : « Le Moïse ne fut imprimé qu'en 1660, et le privilége avoit été accordé dès le 20 octobre 1653. » (Édit. in-18.)

Saint-Amant, malade alors, n'avoit pu surveiller l'impression de son livre : c'est ce qu'il dit lui-même dans une lettre inédite à M. Bochart du 5 mars 1654. Lorsqu'il l'écrivit, il étoit à Rouen, et y faisoit valoir cette verrerie dont le chancelier Séguier lui avoit accordé le privilége.

De Rouen, où il boit du cidre et l'ose chanter, lui qui,

> Comme Bacchus, a bu par tout le monde,

nous le voyons écrire plusieurs fois en Pologne. L'épitre qu'il adressa en 1654 à l'abbé de Marolles répond à tout ce qu'on a pu dire de la prétendue misère de Saint-Amant. Voici en quels termes il lui parle. D'abord sa cassette,

> . . . . en sa capacité,
> N'a jamais veu l'aspre nécessité;

Puis il ajoute qu'il n'a jamais eu

> D'éclipse entière en son petit trésor.

La reine de Pologne, paroît-il, ne l'oublioit pas; il a reçu d'elle une lettre de change, et il est dans un grand embarras pour lui faire des remercîments en rapport avec un tel bienfait.

Après tout, l'argent est reçu. Saint-Amant, reconnoissant, se propose de donner en retour à la reine quelque ouvrage digne d'elle. Mais quel ouvrage lui présenter? Déjà c'est à elle qu'est dédié le Moïse; il a chanté toutes ses grossesses; il se décide à écrire une seconde idylle héroïque, *la Généreuse*.

Ce second poème est peu connu. Il fut composé en 1656 à l'occasion du combat de Varsovie, où la reine de Pologne elle-même commanda les canons pendant trois jours et aida son mari Casimir à se raffermir sur le trône. Lorsque cette pièce parut, en 1658, l'auteur écrivit à la princesse palatine, sœur de la reine Marie-Louise, une épître dédicatoire où, après l'avoir priée de faire parvenir *la Généreuse* à la reine, il ajoute : « Elle apprendra par là qu'un de ses vieux et plus fidelles domestiques vit encore... pour souhaiter qu'elle se voye et bientost et de tout point retablie au fleurissant et paisible état où il a eu le bonheur de la voir autrefois. Ce n'est point, Madame, par la bouche de l'intérêt que je parle : ce n'est point mon foible, Dieu mercy ; et j'oseray dire avec une honorable fierté que ceux qui me connoissent jusqu'au fond du cœur me tiennent assez généreux et assez détaché de la fortune pour n'avoir jamais offert l'encens à son idole, pour ne lui avoir jamais lâchement sacrifié mes soins et mes peines, et enfin pour n'en avoir jamais voulu faire le moindre de mes désirs. »

Saint-Amant fut bien inspiré en conservant sa fidélité pour une reine malheureuse, mais il oublia que sa vieillesse un peu affoiblie n'avoit plus sa verve ni ses accents d'autrefois. *Ce second idylle* est écrit en stances irrégulières de neuf vers.

Bien supérieures sont deux autres pièces de caractère tout différent : l'une, plaisante satire contre la bosse du duc de Savoie ; l'autre, adressée à Corneille sur son *Imitation*.

La première, *le Gobbin*, lui « fut expressément commandée de la part du feu roy, par son altesse feu Monseigneur le Prince et par Son Eminence feu Monseigneur le cardinal duc de Richelieu, au voyage de Sa Majesté en Piémont, un peu après la fameuse action du Pas de Suze. » Cette satire est en stances de dix vers, dont chacune a son épigramme sur la difformité du duc.

La seconde lui fut inspirée par des sentiments de piété sincère qui déjà lui avoient dicté une méditation sur le crucifix dont le style ne manque pas de la sévérité nécessaire au sujet.

Mais toutes ces pièces de la vieillesse de l'auteur, écrites sur des sujets convenables à son âge, sont loin d'avoir l'entrain prodigieux qui animoit les autres. Son poème de *Moïse*, son œuvre capitale, a des beautés de premier ordre, malheureusement cachées dans le dédale d'un plan assez mal entendu et dans un grand nombre de vers oisifs qui allongent le texte sans développer la pensée. Ses contemporains en ont fait grand cas, et les éditions s'en succédèrent assez rapidement. On vit dans cet ouvrage non pas un poème épique, solennel et tendu comme pouvaient l'être le Saint Louis, l'Alaric ou la Pucelle, mais simplement ce que l'auteur y voyoit lui-même, une idylle, astreinte à moins de majesté, accessible à plus de détails d'une vérité familière que les épopées de Chapelain ou du Père Lemoine. C'est faute d'avoir voulu juger le Moïse d'après son titre que Boileau se moque, en vers charmants, du passage où l'auteur

> Peint le petit enfant qui va, saute, revient
> Et joyeux à sa mère offre un caillou qu'il tient.

Ce n'étoient pas des critiques de ce genre qu'adressoit à Saint-Amant le savant Samuel Bochart. Lorsque parut le Moïse, il lui envoya ses observations, non plus aiguisées par une ironie piquante, du moins si elle étoit déplacée, mais hérissées de citations polyglottes dont le pédantisme dut terriblement alarmer Saint-Amant. Toutefois, le poète tint grand compte des remarques critiques du savant, et entra avec lui dans une discussion que nous publions pour la première fois à la suite du Moïse.

Il nous reste à disculper Saint-Amant du crime qu'on lui a fait d'avoir composé un poème inédit, un poème inconnu, dont le nom seul nous a été transmis par Loret et plus tard par U. Chevreau et par Brossette, *La Lune parlante*.

La Muse historique de Loret, consacrant le souvenir de Saint-Amant, dit :

> Sa muse estoit d'un noble étage,
> Ayant fait pour dernier ouvrage,
> Sur la naissance du Daufin,
> Un poème galant et fin,
> Et de construction charmante,
> Intitulé : « Lune parlante »,
> Que l'on vend (je croy) chez Sercy...

M. Paulin Pâris, à l'obligeante érudition duquel on ne fait jamais appel en vain, nous fait remarquer à ce sujet que « Loret seul, des contemporains, en a parlé ; encore ne dit-il pas absolument que la pièce soit imprimée : le *je croy* témoigne qu'il n'en étoit pas sûr. »

Le dauphin étoit né le 1er novembre 1661 ; Saint-

Amant mourut peu après, et sans doute après sa mort Sercy, qui s'étoit chargé de l'impression, ne publia même pas un poème qui n'avoit d'autre mérite peut-être que son opportunité. Brossette prétend que l'auteur y félicitoit Louis XIV de savoir nager, et semble trouver cette louange fort ridicule. Nous croyons que la poésie n'a pas moins de privilége que la prose, et qu'il n'est aucune idée, aucun sentiment, que les vers ne puissent rendre ; les termes seuls de l'éloge et la place qu'il occupe dans le poème peuvent le disculper ou le condamner. Mais cet ouvrage est perdu, et nous n'en pouvons parler que par ouï-dire.

On prétend que l'accueil fait par le roi à la *Lune parlante* abrégea les jours de Saint-Amant. Nous ne croyons pas plus à ce conte qu'à la mort de Racine avancée par un coup d'œil de Louis XIV. Lorsqu'il mourut, Saint-Amant avoit soixante-sept ans ; mais les folies de sa jeunesse, les fatigues de ses voyages, l'avoient usé, et il sembloit plutôt âgé de 74 ou 75 ans. C'est ce que nous apprend une note curieuse extraite d'un journal de Colletet le fils, et que nous avons été le premier à publier en 1852, d'après une communication du savant M. Rathery, de la bibliothèque du Louvre :

« Le jeudi, 29ᵉ décembre 1661, jour de saint Thomas de Cantorbéry, mourut chez monsieur Monglas, son ancien hôte, qui étoit décédé huit jours avant, le sieur Saint-Amant, âgé de 74 ou 75 ans, après une maladie de deux jours. Il reçut les sacrements et mourut un peu devant midy. Monsieur l'abbé de Villeloin l'assista en ce dernier moment, et luy rendit ce dernier devoir. Il est inhumé à..... » (Incomplet.)

Ces quelques mots, en même temps qu'ils nous apprennent la date exacte de la mort de Saint-Amant, prouvent encore combien est erronée l'assertion de Tallemant des Réaux, qui prétend que l'auteur du *Moïse* étoit huguenot, comme Conrart et Gombauld. Saint-Amant étoit catholique, et si sa jeunesse fort orageuse ne prouve pas une bien vive piété, ses dernières années nous le montrent revenu à résipiscence, et sa mort fut celle d'un chrétien.

Dirai-je maintenant quel fut Saint-Amant, son caractère, son rôle parmi ses contemporains? C'est surtout par des comparaisons qu'il est possible de juger les hommes; l'isolement où les biographes placent nécessairement leur héros semble augmenter toujours les véritables proportions qu'il doit avoir; pour nous, qui nous faisons de l'impartialité une loi absolue, nous ne voulons point exagérer l'importance d'un poète qui faisoit lui-même assez bon marché de ses œuvres[1].

Saint-Amant, bien supérieur aux Tristan, aux Maillet, aux Pelletier et aux autres poètes de son temps n'est inférieur qu'à Corneille. Représentant d'une école toute libérale, dont Marot transmit les traditions à nos romantiques du XIXe siècle par l'intermédiaire de Molière, de La Fontaine, des contes de Voltaire, Saint-Amant écoute volontiers son caprice et se laisse facilement voir sous ses vers. Il a dû surtout son succès à une originalité puissante, à une verve sans égale, à l'allure vive, ardente, qu'il a su donner à ses vers; et, dans des genres tout opposés, aucun n'a eu plus de grâce facile et délicate. S'il eût vécu du temps de Boileau et de Racine, il auroit gagné sans doute à suivre les traces de ces grands maîtres; mort avant leurs premiers écrits, il a mérité au dessus de ses contemporains une place qu'il n'a pas eue, et que l'on pourra maintenant lui assigner, preuves en main, sur cette première édition complète de ses œuvres.

Ch. L. Livet.

[1]. Saint-Amant a été, dans ces derniers temps, l'objet d divers travaux : M. Philarète Chasles lui a consacré une étude sérieuse ; M. Théophile Gautier lui a donné une large place parmi ses *Grotesques*; enfin, M. Xavier Aubryet a fait des recherches et recueilli des matériaux pour un livre en ce moment sous presse.

AVIS SUR L'ORTHOGRAPHE DE CETTE ÉDITION.

Nous avons rigoureusement suivi l'orthographe de Saint-Amant ; ce n'est donc point par erreur qu'on lira *j'espere* pour j'espère ; *aime-t'il* pour aime-t-il ; *dequoy* pour de quoi, etc. — L'E devant l'r étoit naturellement ouvert ; le T euphonique devoit être précédé du trait d'union, suivi de l'apostrophe (Voy. la grammaire de Oudin) ; de quoi ne se trouve guère qu'en un mot, depuis Regnier, où il est substantif, — *avoir dequoi* —, jusqu'à Richelet et Furetière, qui l'accueillent dans leur dictionnaire sous cette forme (1re édit.)

Nous nous sommes permis seulement de distinguer le J et le V de l'I et de l'U. Par une conséquence qui nous a semblé nécessaire, et dont il est tenu compte ici pour la première fois, bien qu'elle n'ait pas échappé au dernier éditeur de Tallemant des Réaux, nous avons supprimé sur l'U ou sur l'E suivant le tréma (··) qui n'avoit pas d'autre objet que d'empêcher la confusion : « V marqué des deux points est voyelle : *loüer, ioüer,* etc. Quelques uns les mettent sur l'ë qui le suit, ce que je ne trouve pas à propos. » (Oudin, 1656.)

Nous avons donc donné un texte conforme à l'orthographe grammaticale du temps ; mais quand Saint-Amant, qui vouloit la rime aussi exacte pour l'œil que pour l'oreille, a cru devoir s'affranchir des règles, nous avons respecté toutes les concessions qu'il imposoit aux mots sans tenir assez compte de leur forme régulière.

Enfin nous avons suivi, pour les trois premières parties, l'édit. in-4° de 1651 ; pour la 4°, l'édit. de 1658, in-4°, la seule que nous connoissions, et qui n'est pas même reproduite dans les éditions postérieures ; pour le Moïse, l'édit. de 1659, et pour les autres poèmes, les éditions originales ou les manuscrits.

Ch.-L. L.

LES ŒUVRES
DU SIEUR DE
SAINT - AMANT

PREMIÈRE PARTIE

A MONSEIGNEUR LE DUC DE RETS[1]

Pair de France, etc.

ONSEIGNEUR,

Je me suis souvent estonné comme parmy tant de grands esprits qui ont pris plaisir à tirer de l'ancienne poësie des preceptes pour enrichir la philosophie morale, pas un n'ait remarqué ce qui se peut dire de l'aventure de Deucalion et de Pirrhe, lesquels se sauvèrent de l'inondation generale de toute la terre sur le mont Parnasse, qui seul fut respecté du deluge. Cela ne fait-il pas voir clairement, Monseigneur, que ceux qui aiment les lettres ne perissent jamais, et ne semble-t'il pas que ces philosophes, comme envieux de la gloire des poëtes, ayent eu quelque dessein de leur derober l'avantage qu'ils ont de pouvoir donner l'immortalité?

1. Henri de Gondi, duc de Retz, pair de France, chevalier des ordres du roi, né en 1590, mourut le 12 août 1659. — Il avoit épousé, le 15 mai 1610, Jeanne de Scepeaux.

En effect, qui ne jugera par cet exemple que, si ces deux illustres reliques du genre humain n'eussent esté en la protection des Muses, elles n'eussent daigné les recevoir en leur saincte demeure pour les garantir d'un si pitoyable desastre, et conserver en eux la race des hommes, qui s'en alloit faire naufrage avec tout le reste de l'univers? Ce n'est pas, Monseigneur, que je presume rien de mon esprit, ny que je pense que vostre nom ait besoin de moy pour se mettre à couvert des outrages que le Temps fait aux plus belles choses. Vos vertus sont trop eclattantes pour emprunter d'ailleurs quelque lumière; il n'est point d'honneste-homme[1] *qui ne les estime; et moy, qui me figure les avoir connues plus particulierement qu'aucun autre, en l'honneur que vous m'avés faict de me permettre vostre familiere conversation, j'avoue que je me sens incapable de les louer assès dignement. Aussi, bien loin de croire que mes ouvrages puissent rendre votre renommée plus celebre qu'elle n'est, je m'attends plutost à recevoir de vous ce que je pourrois donner à un autre. Neantmoins, Monseigneur, la vanité dont mes amis me flattent, que mes vers ne mourront pas avecques moy, et qui se fortifie principalement par la bonne opinion que vous m'en avez fait concevoir, me persuade que j'auray peut-estre la gloire de vivre avecques vous longtemps après que je ne seray plus au monde, si*

---

1. L'honnête homme, c'est l'homme de bonne société. (V. Walckenaër, *Mém. sur Mme de Sévigné, notes.*) Faret a écrit un volume sous ce titre.

vous avez agreable que le commencement de ce livre soit honoré de vostre nom, qui luy doit servir de protecteur. Je m'en vay en un voyage où j'auray loisir de mediter des choses que j'espère qui me rendront plus digne que je ne suis à present de l'amitié dont il vous plaist m'obliger ; et, bien que ce soit vers ces pays où l'on va chercher les tresors, j'ose me promettre que nos vaisseaux n'en rapporteront rien de plus precieux que ce que mes imaginations y auront produit, pourveu que vous m'en donniez le courage. Mais parmy toutes les agreables resveries qui entretiendront mon esprit dans l'oisiveté de la mer, je vous proteste que je n'auray rien de si cher ny de si doux que le continuel souvenir de vos rares qualitez, et du nombre infiny des faveurs dont vous m'avés comblé, qui m'obligent à estre,

Monseigneur,

*Votre très-humble, très-obeissant
et très-fidelle serviteur,*

SAINT-AMANT.

PRÉFACE

SUR LES

ŒUVRES DE MONSIEUR DE SAINT-AMANT

Par son fidelle amy FARET[1].

Il y a des choses qui sont d'une condition si relevée et d'une essence si pure, qu'elles ne peuvent rien souffrir de bas ny de commun; et celles particulierement qui n'ont point d'autre object que de plaire sont ordinairement d'une nature si noble, que c'est les violer que ne leur donner pas toute la grace dont elles sont capables. La mediocrité les detruit, et, lorsqu'elles ne sont pas

---

1. Nicolas Faret, né en Bresse, ami de Saint-Amant, de Bois-Robert, de Vaugelas, auquel il ouvrit sa bourse, fut après la publication de *l'Honnête homme*, présenté par Malleville au petit cercle qui se réunissoit alors chez Conrart, et qui devint l'*Académie françoise*. Secrétaire du comte d'Harcourt, il l'accompagna avec Saint-Amant dans son expédition des îles Sainte-Marguerite et Saint-Honorat. Il rédigea les *Mémoires* de ce prince, qui sont restés inédits. — L'Académie françoise, qui faisoit grand cas de son mérite, l'avoit chargé de « dresser le projet de l'Académie ». — Faret mourut à l'âge de 46 ans, en 1646. « Il avoit l'esprit bien fait, beaucoup de pureté et de netteté dans le style, beaucoup de génie pour la langue et pour l'éloquence. » (Pellisson, *Hist. de l'Académie*. — Guichenon, *Hist. de Bresse*.)

excellentes, on peut dire qu'elles sont très-imparfaites. Si la peinture ne trompe les yeux, elle les offence ; si la musique ne charme les oreilles, elle les blesse ; et, si la poësie ne nous ravit et n'eslève l'ame au dessus de sa matière, elle est d'autant plus ridicule qu'elle est digne d'admiration lorsqu'elle est montée à ce poinct qui la fait nommer le langage des dieux. Aussi n'a-t'elle rien que de sublime : ses ornemens sont tous riches, et, bien que ses graces soient dans la naïfveté et que ses beautez soient toutes naturelles, si est-ce qu'elle veut tousjours estre accompagnée d'esclat et de pompe. Elle a je ne sçay quels rayons de divinité qui doivent reluire partout, et, lorsque ce feu manque de l'animer, elle n'a plus de force qui la puisse rehausser au dessus des choses les plus vulgaires. Ceste chaleur, que les anciens ont appellée genie, ne se communique qu'à fort peu d'esprits, et ne se fait principalement remarquer qu'aux descriptions, qui sont comme de riches tableaux où la nature est représentée : d'où vient que l'on a nommé la poësie une peinture parlante. Et de faict, comme elle est le plus noble effort de l'imagination, on peut dire aussi que son plus noble chef-d'œuvre est celuy de bien descrire. C'est ceste partie qui ne se peut acquerir, non plus que ces graces secretes qui nous ravissent sans que nous sçachions la cause de nostre ravissement ; et c'est par là que ces grands hommes qui ont mérité les tiltres de divins et de sacrez sont montez à ceste gloire immortelle qui refleurit en tous les siecles. Il ne faut voir que les vers de Monsieur de Saint-Amant pour connoistre qu'il a pris dans le ciel plus subtilement que Promethée ce feu divin qui brille dans ses ouvrages. Neantmoins, cette ardeur d'esprit et ceste impetuosité de genie qui surprennent nos entendemens et qui entraisnent tout le monde après elles ne sont jamais si desreiglées qu'il n'en soit tousjours le maistre. Son jugement et son imagination font un si juste temperament et sont d'une si parfaite intelligence, que l'un n'entreprend rien sans le secours de l'autre. Aussi sont-ce deux parties dont l'union est tellement necessaire que, quand l'une des deux vient à manquer, ce n'est plus ou que sterilité ou que confusion. En effet, l'on void ordinairement que ces esprits violents, de qui les secondes pensées n'ont jamais corrigé les premieres, ressemblent à ces torrents qui se precipitent pour ne faire que du mal ; mais ceux qui, produisant beaucoup, font regner l'ordre au milieu des belles matieres, sont comme ces grands fleuves qui portent la fertilité dans les campagnes et l'abondance dans les villes. Nostre amy se peut vanter d'estre de ceux-là et d'avoir toutes les grandes qualitez requises à un vray poëte. Ses inventions sont hardies et agreables ; ses pensées sont hautes et claires ; son elocution est nette et vigoureuse, et, jusques au son et à la cadence de ses vers, il se trouve une harmonie qui peut passer pour sœur legitime de celle de son luth. Lors qu'il descrit, il imprime dans l'ame des images plus parfaites que ne font les objects mesmes. Il fait tousjours remarquer quelque nouveauté dans les choses qu'on a veues mille fois, et ce qui est particulierement à considerer en luy, c'est qu'il n'achève jamais ces beaux portraits sans y donner un traict de maistre, et sans y laisser un éguillon à la fin qui chatouille l'esprit long-temps après qu'il en a esté picqué. Lors qu'il veut estre serieux, il semble qu'il n'ait jamais hanté que des philosophes, et, quand il veut relascher son style dans la liberté d'une honneste raillerie, il n'est point d'humeur si stupide qu'il ne resveille, ny si severe dont il ne dissipe le chagrin et à qui il n'inspire des subtils sentimens de joye. Son esprit paroist sous toutes les formes, et c'est une chose admirable, et qui ne s'est peut-estre jamais veue, qu'une mesme personne ait pû en un eminent degré reussir egalement en deux façons d'escrire qui sont d'une nature si differente et qui semblent estre opposées. Et certes, qui peut voir ceste belle Solitude, à qui toute la France a donné sa voix, sans estre tenté d'aller resver dans les deserts ? et si tous ceux qui l'ont admirée s'estoient laissé aller aux premiers mouvemens qu'ils ont eus en la lisant, la Solitude mesme n'auroit-elle pas esté destruicte par sa propre louange, et ne seroit-elle pas aujourd'huy plus frequentée que les villes ? Ce divin Contemplateur, qui ne peut estre assez dignement loué que par celuy mesme qu'il loue, je veux dire par ce grand et sainct prelat à qui il est dedié, n'est-ce pas mesme une sublime leçon de la plus parfaite sagesse et de la plus haute philosophie chrestienne et morale ? Quel courage assez hardy pourroit ouyr reciter ses Visions melancoliques, dont le tiltre seul a je ne sçay quoy d'effroyable, sans fremir d'horreur ? Et quelle ame assez austere pourroit lire le Palais de la Volupté sans estre touchée de quelque desir d'en gouster les delices? L'Andromede et l'Arion, sont-ce pas d'assez hardis essais de ce fort genie pour faire esperer à nostre langue un poëme heroïque? Enfin, tant d'autres beaux poëmes, ou pour l'amour ou pour la joye, et qui sont par tout embellis des vrays ornemens de l'art et des richesses de la nature, doivent-ils pas faire confesser à tout le monde que monsieur de Saint-Amant merite autant qu'aucun autre qui ait jamais esté le tiltre de vray poëte?

L'estroite amitié qui s'est inviolablement conservée entre nous depuis plusieurs années ne sçauroit, devant de bons juges, rendre ce discours suspect d'aucune flatterie. Je voudrois bien que ce fust icy un lieu à propos de parler aussi bien de la bonté de ses mœurs comme de la bonté de ses œuvres; mon inclination s'estendroit bien volontiers sur ce sujet. Et combien qu'il m'ait fait passer pour vieux et grand beuveur dans ses vers, avec la mesme injustice qu'on a escrit dans tous les cabarets le nom de Chaudière[1], qu'on dit qui ne beut jamais que de l'eau, si est-ce que, pour me venger agreablement de ces injures, je prendrois plaisir à publier qu'il a toutes les vertus qui accompagnent la generosité. Mais il m'arrache luy mesme la plume de la main, et sa modestie me defend d'en dire davantage.

1. Je n'ai rien trouvé sur ce personnage, qui, comme Voiture, ne buvoit que de l'eau.

ADVERTISSEMENT AU LECTEUR.

Le juste despit que j'ay de voir quantité de petits poëtes se parer impudemment des larcins qu'ils ont faits dans les ouvrages qu'on a des-ja veus de moy, et la crainte que j'ay eue que quelque mauvais libraire de province n'eust l'effronterie de les faire imprimer sans mon consentement, comme j'en estois menacé, m'ont fait à la fin resoudre à les prevenir, plustost qu'aucun desir d'acquerir par là de la gloire : encore que, si j'en puis pretendre par mes vers, je ne suis pas si severe à ma reputation que je ne la veuille faire vivre qu'après ma mort. C'est une philosophie un peu trop scrupuleuse, et que pas un de tous ceux qui nous la preschent ne voudroit observer, s'il avoit fait quelque chose qui meritast de voir le jour. La louange qu'on nous donne quand nous ne sommes plus au monde nous est fort inutile, puis que nous ne nous en soucions plus ; au contraire, quand nous y sommes, le blasme nous peut servir à l'amendement : de sorte que, si l'on fait bien, il est très-raisonnable qu'on en reçoive le salaire durant la vie, et si l'on fait mal, on est encore en estat de s'en corriger. Quelques uns, poussez d'une humeur si jalouse du contentement d'autrui qu'ils voudroient que le soleil n'esclairast que pour eux, ont tasché de me dissuader de ce dessein, m'alleguant que les choses, pour excellentes qu'elles puissent estre, deviennent presque mesprisables depuis qu'on les rend communes ; mais quand ils me monstreront qu'on estime moins Ovide ou Horace (sans me comparer à eux) depuis qu'ils ont été imprimez qu'on ne faisoit lors qu'ils n'estoient écrits qu'à la main, je seray de leur avis. Après avoir assemblé toutes les pièces que j'avois composées, j'y ay remarqué une diversité qui, peut-estre, ne sera pas treuvée desagreable ; et particulierement j'ay pris quelque plaisir à de certains petits essais de *poëmes heroïques, dont parmy les modernes le Cavalier Marin* [1] *nous a donné les premiers exemples dans son livre intitulé* La Sampogna. *Ce sont des descriptions de quelques aventures celebres dans la Fable ancienne, qui s'appellent en grec* Idilios, *à ce que j'ay ouy dire : car, Dieu mercy, ny mon grec ny mon latin ne me feront jamais passer pour pedant ; que si vous en voyez deux ou trois mots en quelques endroits de ce livre, je vous puis bien asseurer que ce n'est pas de celuy de l'Université. Mais une personne n'en est pas moins estimable pour cela, et tous ceux qui sçauront que Homère, sans entendre d'autre langue que celle que sa nourrice luy avoit enseignée, n'a pas laissé d'emporter le prix sur tous les poëtes qui sont venus après luy, ne jugeront pas qu'un bon esprit ne puisse rien faire d'admirable sans l'ayde des langues estrangeres. Il est vray que la conversation familiere des honnestes gens, et la diversité des choses merveilleuses que j'ay veues dans mes*

---

1. Né à Naples en 1569, Marini, plus connu sous le nom de Cavalier Marin, cultiva de bonne heure la poésie, et fut de bonne heure, pour ce fait, chassé par son père. A Rome, il trouva l'appui du cardinal Pier Aldobrandini ; à Turin, il eut à soutenir d'ardentes discussions littéraires au sujet de la fâcheuse confusion qu'il avoit osé commettre de l'Hydre de Lerne et du Lion tué par Hercule. Dans sa haine jalouse, Murtola attaqua ses œuvres et même sa personne. Marini, sauvé par miracle, raconte ainsi dans l'*Adone* son aventure :

> Girò l'infausta chiave, e le sue strane
> Volgendo intorno e spaventose rote
> Abbassar fe la testa al fero cane
> Che in bocca tien la formidabil cote,
> Sicchè toccò le macchine inumane
> Onde avvampa il balen che altrui percote,
> E con fragore orribile e rimbombo
> Avventò contro me globi di piombo.
>
> Ma fosse pur del ciel grazia seconda
> Che innocenza e bontà sovente aita...,
> Fui riserbato à più tranquilla vita.

Marini obtint la grâce du coupable, lequel ne lui pardonna pas de l'avoir forcé à la reconnoissance, et l'accusa d'avoir composé contre le duc de Turin un poème, la *Cuccagna*, publié à Na-

ADVERTISSEMENT.

voyages, tant en l'Europe qu'en l'Afrique et en l'Amérique, jointes à la puissante inclination que j'ay eue dès ma jeunesse à la poesie, m'ont bien valu un estude. Au reste, une langue n'est pas une science; les parties dont l'ame est composée se trouvent aussi bien aux François qu'aux Romains. L'imagination, l'entendement et la mémoire n'ont point de nation affectée, et pourveu qu'on les vueille cultiver avec quelque soin, elles portent du fruict indifferemment en toutes sortes de climats. J'avoue qu'il faut qu'un advocat sçache le latin pour alleguer les lois de Justinian, qu'un grammairien soit consommé dans les langues pour enseigner l'etymologie des mots, et qu'un docteur de Sorbonne ait appris le grec et l'hébreu, pour puiser dans leur propre source les textes formels de l'Ecriture saincte. Mais pour ce qui est d'un poëte, d'un philosophe moral ou d'un historien, je ne crois pas qu'il soit absolument necessaire. Je dy cecy pour certaines gens à la vieille mode, qui lors que la verité les contraint d'approuver ce que je fay, n'ont rien à dire sinon : C'est dommage qu'il n'ait point estudié ! Je le dy encore pour ceux qui, au lieu d'essayer à faire quelque chose d'eux-mesmes, s'amusent non seulement à imiter, mais à prendre laschement tout ce que l'on voit dans les autres autheurs. Encore leur pardonneroy je en quelque façon, s'ils le faisoient avecques dexterité ; mais ils le font si grossierement, et le sçavent si mal deguiser, que, comme l'on dit, on leur reconnoist aussi tost le manteau sur les espaules. Ces Messieurs-là eussent esté bien souvent punis en la Republique de Lacedemone : car

ples avant que l'auteur connût ce prince. Emprisonné et bientôt élargi, Marini vint à Paris, où l'appeloit la reine Marguerite, première femme de Henri IV.

> Quindi l'Alpi varcando, il bel paese
> Giunsi a veder dello contrado Franca
> Dove i gran gigli d'oro ombra cortese
> Prestaro un tempo alla mia vita stanca.
> Le virtù vidi e la beltà francese.
> Vi abbonda onor, nè cortesia vi manca...

Il obtint une pension de 1500 écus, qui fut bientôt portée à deux mille, et composa alors son fameux poëme de l'*Adone*, qui parut en 1623, précédé d'une « lettre ou discours de M. Chapelain, portant son opinion sur le poème d'Adonis du chevalier Marino. » — Le cavalier Marin mourut deux ans après, 1625. Malgré son enflure et ses obscénités, on ne peut lui refuser une riche et brillante imagination.

on les eust bien souvent pris sur le faict. Pour moy, si j'estois subject à ce vice, je ne m'arresterois point à desrober des pensées ; je voudrois faire quelque bon larcin qui me peust enrichir pour toute ma vie ; mais je l'abhorre tellement, que, mesme si je ly parfois les œuvres d'un autre, ce n'est que pour m'empescher de me rencontrer avec luy en ses conceptions, et y suis si religieux, que, quand j'en pourrois faire couler quelques-unes parmy les miennes, sans qu'on s'en peust appercevoir, il m'est advis que ma conscience, me le reprochant secretement, me feroit rougir lors que je viendrois à les reciter, ou que les louanges qu'on me donneroit me seroient autant d'accusations de mon crime. Outre tout cela, je ne sçay quel honneur on espere recevoir de ces serviles imitations : car, comme entre les peintres le moindre original d'un Freminet [1] est beaucoup plus prisé que n'est la meilleure coppie d'un Michel Ange [2], tout de mesme entre les bons esprits l'invention, estant accompagnée de toutes les choses requises à la vraye poésie, est tousjours preferée à toutes les autres parties d'un ouvrage. Il me semble desjà que je vous oy dire que je ne laisse pas pourtant d'imiter, et qu'Ovide a traitté devant moy des fables que j'ay escrites après luy. Je le confesse ; mais je n'ay pris de luy que le suject tout simple, lequel j'ay conduit et manié selon ma fantaisie ; que s'il s'y rencontre en quelque endroit des choses qu'il ait dites, c'est que je les y ai trouvées si convenables et si necessaires, que la matière me les eust fournies d'elle-mesme, quand il ne m'en auroit pas ouvert le chemin, et que je ne les en pouvois oster sans faire une faute.

J'ay commencé un grand poëme heroïque à l'honneur de nostre Grand Roy [3], que Dieu semble avoir suscité pour abysmer en la

---

1. Né à Paris en 1567, étoit peintre ordinaire du roi Henri IV ; on lui doit les peintures de la chapelle de Fontainebleau. Louis XIII lui donna l'ordre de Saint-Michel. Son fils, Martin Freminet, fut aussi un peintre habile. — Régnier a dédié à Freminet le père sa 12e satire, la 10e et dernière de l'édit. de 1608.

2. Que dire de lui qui ne soit connu ? Rappelons seulement que Voiture, écrivant « à Mme de Rambouillet sous le nom de Callot, excellent graveur », lui dit : « Il est arrivé beaucoup de fois qu'en vous jouant vous avez fait des desseins que Michel-Ange ne desavoueroit pas. » (Lettres de M. de Voiture, l. V, p. 14, édit. de 1681).

3. Louis XIII.

gloire de ses hautes entreprises celle de tous les monarques du monde. Ce sera là que je tascheray de comparer les exploits de ce prince incomparable aux travaux de Sanson [1] , et où j'employeray autant de force d'esprit qu'il eut de vigueur en ses bras, pourveu que le bon accueil que j'espère que vous ferez à ce livre m'oblige d'achever ce hardy project, et que vous confessiez que, pour un homme de ma profession et de la vie que je meine, ce n'est pas tant mal s'escrimer de la plume.

1. Ce poème a été perdu. (*Voir la notice sur Saint-Amant.*)

ELEGIE[1]

A Monseigneur le Duc de Rets, sur ce que l'on avoit mal imprimé ma Solitude.

Helas! quand je vous voy, mes vers, mes [chers enfants,
Vous que l'on a trouvez si beaux, si triom- [phants,
Errer parmy le monde en plus triste equipage
Qu'un prince mal-aisé qui marcheroit sans page ;
Quand je voy vos pieds nuds, vos membres mutilez,

---

1. « Il y en a qui font différence entre epistres et elegies ; à la verité, si l'epistre est en prose et l'elegie en vers, il y a différence ; mais si toutes deux sont en vers, il n'y en a point... Voyons si Ronsard faict difference entre l'epistre et l'élegie : non, car il nomme tout elegie... Or donc l'epistre et l'elegie n'est qu'un. Elle se faict coustumierement en rime platte, et si elle est en autre rime, c'est plutost epigramme ou ode que epistre ou elegie. Les vers de dix syllabes y sont fort propres, et pour cet effet sont appellez elegiaques, combien que aussi on use de vers alexandrins. » (*L'Art poétique françois*, de Pierre Delaudun Daigaliers. Paris pour Anth. du Breuil, M.D.XCVII, in-12, liv. 2, chap. 8.) — Furetière (*Dict.*) réclame pour l'élégie le vers alexandrin, et la distingue de l'épître par le sujet. Le P. Mourgues (1729) dit que « il n'y a rien encore de bien établi sur le caractère de l'élégie françoise. » (P. 271.)

Et vos attraits sans pair flestris et desolez
Par l'avare desir d'un infame libraire,
Qui, sous l'espoir du gain, pour chanter me fait braire,
J'avoue, en la douleur de ma tendre amitié,
Que j'ay de vostre estat une extresme pitié,
Ou plustost qu'en tel poinct j'ay peine à reconnaistre,
Vous voyant si changez, que je vous ay fait naistre.

 O grand, ô rare DUC, qui, prenant leur party,
M'avez de leur desastre aussi tost averty,
Vistes-vous sans regret l'honneur de mon estude,
Mon noble coup d'essay, ma chère Solitude,
Ainsi defigurée en ses traits les plus beaux,
Trotter comme une gueuse en de sales lambeaux,
Elle que l'univers a veue avec extase
N'aller jamais qu'en pompe à cheval sur Pegase ?
Non, je croy que son sort toucha vos sentiments,
Que le cœur vous saigna de voir ses ornements,
Confondus en maints lieux, à la honte des Muses,
Avoir en leurs deffauts besoin de vos excuses,
Et que, si vous teniez le maraut d'imprimeur
Qui resveille en mes sens la bilieuse humeur,
Vous luy feriez dancer, à l'ombre d'une eschelle,
Le bransle qu'on prepare aux gens de la Rochelle.
Pour moy, je luy promets que sur son hocqueton
Mon bras fera pleuvoir tant de coups de baston,
Qu'il croira que du ciel, qu'à sa perte j'oblige,
Il pleuvra des cottrets, par un nouveau prodige.

 Ha ! je m'apperçois bien que, malgré ma raison,
Qui vouloit que mes vers gardassent la maison,
Sans se prostituer aux yeux du populaire,
Il faudra qu'à la fin je me force à luy plaire ;
Que de mon cabinet je les fasse partir,
Que j'endure la presse aussi bien qu'un martir,
Qu'on barbouille mon nom, qu'on m'imprime sans boire,
Si ce n'estoit du jus de l'encre la plus noire ;

ELEGIE.

Que je devienne livre, et que mon casaquin
Soit de peau de mouton, ou bien de marroquin;
Qu'on me crie au Palais comme un autheur insigne,
Que d'un bruit immortel tout le monde croit digne;
Et qu'après, d'un badaut, pour moins d'un quart d'escu,
J'aille courir hazard d'estre le torche-cu.
Miserable destin bien souvent d'un Virgile,
Voire mesme par fois de la saincte Evangile,
Chose qu'avec horreur en maint infame lieu
J'ay veue, ô sacrilege ! au grand mespris de Dieu;
Ce qu'on devroit punir comme le plus noir crime
Dont l'enfer par nos mains contre le ciel s'escrime.
   Et toutesfois encore estimeroy-je autant,
Dans le soucy d'honneur qui me picque en chantant,
Voir mes vers au privé, que les voir en la bouche
D'un censeur ignorant, qui, pour pierre de touche,
N'aura rien que le goust de son cerveau mal-sain,
Ou de quelque envieux, qui, cherchant à dessein
Quelque chose à reprendre aux plus parfaits ouvrages,
Leur fera, quoy qu'à tort, de sensibles outrages;
Car je connois un peu nos petits rimailleurs :
Ils s'aheurtent toujours aux endroits les meilleurs;
La raison n'est jamais de leur intelligence;
La richesse d'autruy choque leur indigence;
Leur lousche entendement est un traistre animal.
Pour avilir un vers, ils le prononcent mal;
Ils ont l'oreille fausse à la juste harmonie;
Leur esprit est crevé sous le faix du genie;
L'excez de la splendeur leur offusque les sens,
Et, bien que criminels, ils sont fort innocens.
Aussi leur pardonnay-je en quoy qu'ils veuillent dire,
Faisant desormais vœu de n'en faire que rire.
Il est bien vray, mon DUC, mon souverain appuy,
Que je ne pense pas qu'il se trouve aujourd'huy
Rien qui puisse ternir ma gloire legitime,

Puisque j'ay le bon-heur d'estre dans votre estime.
Conservez-y moy donc, soyez mon protecteur,
Et je vous feray voir que, sans estre flatteur,
Publiant vos vertus, je sçay rendre le change,
Avec double interest, d'une juste louange.
Peut-estre dira-t'on que je suis bien hardy
D'entreprendre le chant du haut nom de GONDY,
Veu qu'Appollon luy-mesme auroit assez à faire,
Dans les plus graves airs que sa lyre profère,
De parvenir au but d'un si divin projet,
Manque de suffisance, et par trop de sujet;
Mais j'aime mieux qu'on voye aux fruits de mon estude
De la temerité, que de l'ingratitude.

LA SOLITUDE.

A Alcidon[1].

O que j'ayme la solitude!
Que ces lieux sacrez à la nuit,
Esloignez du monde et du bruit,
Plaisent à mon inquietude!
Mon Dieu! que mes yeux sont contens
De voir ces bois, qui se trouverent
A la nativité du temps,
Et que tous les siecles reverent,
Estre encore aussi beaux et vers,
Qu'aux premiers jours de l'univers!

Un gay zephire les caresse
D'un mouvement doux et flatteur.
Rien que leur extresme hauteur
Ne fait remarquer leur vieillesse.
Jadis Pan et ses demy-dieux
Y vindrent chercher du refuge,

---

1. Ce nom allégorique désigne Bernières. Le poëme de la *Solitude* a été imité par Théophile, Vion Dalibray, Arnaud, le P. de Bussières, Chaulieu, de Villiers, etc. — Dans les œuvres de Théophile on trouve, parmi les pièces qui lui furent envoyées par ses amis, un texte du poëme de Saint-Amant différent du texte imprimé dans les éditions de l'auteur.

Quand Jupiter ouvrit les cieux
Pour nous envoyer le deluge,
Et, se sauvans sur leurs rameaux,
A peine virent-ils les eaux.

Que sur cette espine fleurie,
Dont le printemps est amoureux,
Philomele, au chant langoureux,
Entretient bien ma resverie !
Que je prens de plaisir à voir
Ces monts pendans en precipices,
Qui, pour les coups du desespoir,
Sont aux malheureux si propices,
Quand la cruauté de leur sort
Les force à rechercher la mort !

Que je trouve doux le ravage
De ces fiers torrens vagabonds,
Qui se precipitent par bonds
Dans ce vallon vert et sauvage !
Puis, glissant sous les arbrisseaux,
Ainsi que des serpens sur l'herbe,
Se changent en plaisans ruisseaux,
Où quelque Naïade superbe
Regne comme en son lict natal,
Dessus un throsne de christal !

Que j'aime ce marets paisible !
Il est tout bordé d'aliziers,
D'aulnes, de saules et d'oziers,
A qui le fer n'est point nuisible.
Les nymphes, y cherchans le frais,
S'y viennent fournir de quenouilles,
De pipeaux, de joncs et de glais[1] ;

---

1. Glaïeuls. Ce mot, qui manque dans la plupart des lexiques, se trouve dans Cotgrave.

Où l'on voit sauter les grenouilles,
Qui de frayeur s'y vont cacher
Si tost qu'on veut s'en approcher.

Là, cent mille oyseaux aquatiques
Vivent, sans craindre, en leur repos,
Le giboyeur fin et dispos,
Avec ses mortelles pratiques.
L'un, tout joyeux d'un si beau jour,
S'amuse à becqueter sa plume;
L'autre allentit le feu d'amour
Qui dans l'eau mesme se consume,
Et prennent tous innocemment
Leur plaisir en cet element.

Jamais l'esté ny la froidure
N'ont veu passer dessus cette eau
Nulle charrette ny batteau,
Depuis que l'un et l'autre dure;
Jamais voyageur alteré
N'y fit servir sa main de tasse;
Jamais chevreuil desesperé
N'y finit sa vie à la chasse;
Et jamais le traistre hameçon
N'en fit sortir aucun poisson.

Que j'ayme à voir la décadence
De ces vieux chasteaux ruinez,
Contre qui les ans mutinez
Ont deployé leur insolence!
Les sorciers y font leur sabat;
Les demons follets s'y retirent,
Qui d'un malicieux ébat
Trompent nos sens et nous martirent;
Là se nichent en mille troux
Les couleuvres et les hyboux.

L'orfraye, avec ses cris funebres,

Mortels augures des destins,
Fait rire et dancer les lutins
Dans ces lieux remplis de tenebres.
Sous un chevron de bois maudit
Y branle le squelette horrible
D'un pauvre amant qui se pendit
Pour une bergère insensible,
Qui d'un seul regard de pitié
Ne daigna voir son amitié.

Aussi le Ciel, juge équitable,
Qui maintient les loix en vigueur,
Prononça contre sa rigueur
Une sentence epouvantable :
Autour de ces vieux ossemens
Son ombre, aux peines condamnée,
Lamente en longs gemissemens
Sa malheureuse destinée,
Ayant, pour croistre son effroy,
Tousjours son crime devant soy.

Là se trouvent sur quelques marbres
Des devises du temps passé ;
Icy l'âge a presque effacé
Des chiffres taillez sur les arbres ;
Le plancher du lieu le plus haut
Est tombé jusques dans la cave,
Que la limace et le crapaut
Souillent de venin et de bave ;
Le lierre y croist au foyer,
A l'ombrage d'un grand noyer.

Là dessous s'estend une voûte
Si sombre en un certain endroit,
Que, quand Phebus y descendroit,
Je pense qu'il n'y verroit goutte ;
Le Sommeil aux pesans sourcis,

Enchanté d'un morne silence,
Y dort, bien loing de tous soucis,
Dans les bras de la Nonchalence,
Laschement couché sur le dos
Dessus des gerbes de pavòs.

Au creux de cette grotte fresche,
Où l'Amour se pourroit geler,
Echo ne cesse de brusler
Pour son amant froid et revesche.
Je m'y coule sans faire bruit,
Et par la celeste harmonie
D'un doux lut, aux charmes instruit,
Je flatte sa triste manie,
Faisant repeter mes accords
A la voix qui luy sert de corps.

Tantost, sortant de ces ruines,
Je monte au haut de ce rocher,
Dont le sommet semble chercher
En quel lieu se font les bruïnes;
Puis je descends tout à loisir,
Sous une falaise escarpée,
D'où je regarde avec plaisir
L'onde qui l'a presque sappée
Jusqu'au siege de Palemon,
Fait d'esponges et de limon.

Que c'est une chose agreable
D'estre sur le bord de la mer,
Quand elle vient à se calmer
Après quelque orage effroyable !
Et que les chevelus Tritons,
Hauts, sur les vagues secouées,
Frapent les airs d'estranges tons
Avec leurs trompes enrouées,
Dont l'eclat rend respectueux
Les vents les plus impetueux.

Tantost l'onde, broüillant l'arène,
Murmure et fremit de courroux,
Se roullant dessus les cailloux
Qu'elle apporte et qu'elle r'entraine.
Tantost, elle estale en ses bords,
Que l'ire de Neptune outrage,
Des gens noyez, des monstres morts,
Des vaisseaux brisez du naufrage,
Des diamans, de l'ambre gris,
Et mille autres choses de pris.

Tantost, la plus claire du monde,
Elle semble un miroir flottant,
Et nous represente à l'instant
Encore d'autres cieux sous l'onde.
Le soleil s'y fait si bien voir,
Y contemplant son beau visage,
Qu'on est quelque temps à sçavoir
Si c'est luy-mesme, ou son image,
Et d'abord il semble à nos yeux
Qu'il s'est laissé tomber des cieux.

Bernières, pour qui je me vante
De ne rien faire que de beau,
Reçoy ce fantasque tableau
Fait d'une peinture vivante.
Je ne cherche que les deserts,
Où, resvant tout seul, je m'amuse
A des discours assez diserts
De mon genie avec la muse;
Mais mon plus aymable entretien
C'est le ressouvenir du tien.

Tu vois dans cette poësie
Pleine de licence et d'ardeur
Les beaux rayons de la splendeur
Qui m'esclaire la fantaisie :

Tantost chagrin, tantost joyeux,
Selon que la fureur m'enflame,
Et que l'objet s'offre à mes yeux,
Les propos me naissent en l'ame,
Sans contraindre la liberté
Du demon qui m'a transporté.

O que j'ayme la solitude !
C'est l'element des bons esprits,
C'est par elle que j'ay compris
L'art d'Apollon sans nulle estude.
Je l'ayme pour l'amour de toy,
Connoissant que ton humeur l'ayme ;
Mais, quand je pense bien à moy,
Je la hay pour la raison mesme :
Car elle pourroit me ravir
L'heur de te voir et te servir.

LE CONTEMPLATEUR.

A Messire **Philippes Cospean**[1], *evesque de Nantes.*

Vous par qui j'espere estre exemt
De choir en l'eternelle flâme,
Apostre du siecle present,
Cause du salut de mon ame,
Divin prelat, sainct orateur,
Juste et souverain destructeur
Des infernales heresies;
Grand esprit, de qui tout prend loy,
Et dont les paroles choisies
Sont autant d'articles de foy;

Vous qui gardez d'un soin si dous
Le cher troupeau de vostre maistre,
Luy donnant, en despit des lous,
Le sacré pain de grace à paistre;
Vray ministre d'estat du Ciel,
Cœur debonnaire, homme sans fiel,

---

1. Le vrai nom de l'évêque de Nantes étoit Philippe Cospeau. Voir, sur cet éloquent prélat, le volume que nous avons publié chez Alvarez en 1854 : *Cospeau, sa vie et ses œuvres*. — Nous y avons joint le texte de sa remarquable oraison funèbre de Henri IV.

Qui vivez comme font les anges,
Et meritez qu'en chaque lieu
On vous fasse part aux louanges
Que vous-mesme rendez à Dieu ;

Vous, dis-je, qui, daignant cherir
Les nobles travaux de la muse,
Avez voulu vous enquerir
A quoy maintenant je m'amuse ;
Je vous le veux dire en ces vers,
Où d'un art pompeux et divers
Je feray briller mes pensées ;
Et croy que les plus grands censeurs
Les verront si bien agencées,
Qu'ils en gousteront les douceurs.

Loin, dans une isle qu'à bon droit
On honora du nom de Belle [1],
Où s'eslève un fort qui tiendroit
Contre l'Anglois et le rebelle,
Je contente à plein mon desir
De voir mon Duc [2] à mon plaisir,
Sans nul object qui m'importune,
Et tasche à le garder d'ennuy,
Sans songer à d'autre fortune
Qu'à l'honneur d'estre auprès de luy.

Là, par fois consultant les eaux
Du sommet d'une roche nue,
Où pour voir voler les oyseaux
Il faut que je baisse la veue,

---

1. Cette île, érigée en marquisat en 1573, fut donnée par Charles IX au comte de Retz. Elle resta dans sa famille et dans celle de Fouquet, à qui elle avoit été cédée, jusqu'en 1718, qu'elle revint à la couronne par suite d'un échange.
2. Le duc de Retz.

LE CONTEMPLATEUR.

Je m'entretiens avec Thetis
Des poissons et grands et petis
Que de ses vagues elle enserre,
Et ne puis assez admirer,
Voyant les bornes de la terre,
Comme elle les peut endurer.

Mais elle m'en dit la raison :
C'est que le respect qu'elle porte
A Dieu, qui l'a mise en prison,
Ne luy permet pas qu'elle en sorte.
Il suffit qu'elle ait autrefois
Logé ses monstres dans les bois
Pour aider à punir nos crimes,
Et qu'elle ait surpassé les monts,
Pour nous plonger dans les abismes
Où trebucherent les demons.

Là dessus, me representant
Les tristes effets du deluge,
Quand au premier logis flotant
Le genre humain eust son refuge,
Je feins un pourtrait à mes yeux
Du bon Noé chery des cieux,
Pleurant pour les pechez du monde,
Et m'estonne, à voir tout perir,
Qu'enfin, au lieu d'accroistre l'onde,
Des larmes la firent tarir.

Puis, voyant passer devant moy
Une colombe à tire-d'aile,
Aussi tost je me ramentoy
L'autre qui luy fut si fidele ;
J'estime que le sainct Esprit
Dèslors cette figure prit
Pour r'asseurer sa foy craintive,
Et qu'entre cent arbres espais

Il choisit le rameau d'olive,
Pour luy-mesme annoncer la paix.

 Tantost, faisant agir mes sens
Sur des sujets de moindre estofe,
De marche en autre je descens
Dans les termes du philosophe;
Nature n'a point de secret
Que d'un soin libre, mais discret,
Ma curiosité ne sonde;
Ses cabinets me sont ouvers,
Et, dans ma recherche profonde,
Je loge en moy tout l'univers.

 Là, songeant au flus et reflus,
Je m'abisme dans cette idée;
Son mouvement me rend perclus,
Et mon ame en est obsedée.
Celuy que l'Euripe engloutit
Jamais en son cœur ne sentit
Un plus ardent desir d'apprendre;
Mais quand je veux bien l'esplucher,
J'entens qu'on n'y peut rien entendre,
Et qu'on se pert à le chercher.

 Là, mainte nef au gré du vent
Sillonnant la plaine liquide
Me fait repenser bien souvent
A la boussole qui la guide;
La miraculeuse vertu
Dont ce cadran est revestu
Foule ma raison subvertie,
Et mes esprits, en ce discort,
S'embrouillent dans la sympatie
Du fer, de l'aymant et du nort.

 Là, considerant à loisir
Les amis du temps où nous sommes,

Une fureur me vient saisir
Qui s'irrite contre les hommes.
O mœurs! dis-je, ô monde brutal!
Faut-il que le plus fier metal
Plus que toy se montre sensible!
Faut-il que, sans te reformer,
Une pierre dure au possible
Te fasse honte en l'art d'aymer!

Mais ô pourquoy me plains-je ainsi
Du peu d'amitié qui se trouve,
Si ce grand Duc qui règne icy
Pour moi tout le contraire prouve!
Ne reçoy-je pas tous les jours
Autant en effets qu'en discours
Des marques de sa bien-vueillance,
Et n'aquerrois-je pas le nom
Du cœur le plus ingrat de France
Si ma bouche disoit que non?

Voylà comme en me reprenant
Avec ces dernieres parolles
Sur mon bon-heur m'entretenant,
Je rends les premières frivolles;
Voylà comme, selon l'objet,
Mon esprit changeant de projet,
Saute de pensée en pensée.
La diversité plaist aux yeux,
Et la veue en fin est lassée
De ne regarder que les cieux.

Tantost comme un petit batteau
Dans la bonace non suspecte,
J'apperçoy voguer sur cette eau
Le nid que l'orage respecte:
Pour luy le flot amer est doux,
Aquilon retient son couroux,

Saturne a l'influence heureuse,
Et Phebus, plein de passion,
Aide, en sa chaleur vigoureuse,
A faire éclorre l'alcyon.

Tout ce qu'autrefois j'ay chanté
De la mer, en ma Solitude,
En ce lieu m'est representé,
Où souvent je fay mon estude.
J'y voy ce grand homme marin [1]
Qui d'un veritable burin
Vivoit icy dans la memoire.
Mon cœur en est tout interdit,
Et je me sens forcé d'en croire
Bien plus qu'on ne m'en avoit dit.

Il a le corps fait comme nous,
Sa teste à la nostre est pareille,
Je l'ay veu jusques aux genous,
Sa voix a frappé mon oreille,
Son bras d'escailles est couvert,
Son teint est blanc, son œil est vert,
Sa chevelure est azurée.
Il m'a regardé fixement,
Et sa contenance assurée
M'a donné de l'estonnement.

Un portrait qui n'est qu'ebauché
Represente bien son visage ;
Sous du poil son sein est caché.
Il a des mains le libre usage ;
De la droitte il empoigne un cor
Fait de nacre aussi rare qu'or,
Dont les chiens de mer il assemble.
Je puis croire un Glauque aujourd'huy ;

---

1. Comparez le *Géant du cap*, de Camoëns.

Bref, à nous si fort il ressemble,
Que j'ay pensé parler à luy.

 De mainte branche de coral,
Qui croist sous l'eau comme de l'herbe,
Et dont Neptune est liberal,
Il porte un pennache superbe;
Vingt tours de perles d'Oriant,
Riches d'un lustre variant,
En guise d'echarpe le ceignent;
D'ambre son chef est parfumé,
Et, quoy que les ondes le craignent,
Il en est pourtant bien-aymé.

 Tantost, lassé d'estre en repos
Sur un si haut et si dur siege,
Cherchant un lieu plus à propos,
Je tens aux lapins quelque piege;
Tantost je tire aux cormorans,
Qui bas dans les flots murmurans
Tombent percez du plomb qui tue;
Ils se debattent sur ce bort,
Et leur vie en vain s'esvertue
D'eschaper des mains de la Mort.

 Tantost, nous allant promener
Dans quelque chaloupe à la rade,
Nous laissons après nous traisner
Quelque ligne pour la dorade.
Ce beau poisson, qui l'apperçoit,
Pipé de l'espoir qu'il conçoit,
Aussi tost nous suit à la trace.
Son cours est leger et bruyant,
Et la chose mesme qu'il chasse
En fin l'attrape en le fuyant.

 Quelquefois, bien loing ecarté,
Je puise, pour apprendre à vivre,

L'histoire ou la moralité
Dans quelque venerable livre ;
Quelquefois, surpris de la nuit
En une plage où pour tout fruit
J'ay ramassé mainte coquille,
Je reviens au chasteau, resvant,
Sous la faveur d'un ver qui brille
Ou plustost d'un astre vivant.

O bon Dieu ! m'escriay-je alors,
Que ta puissance est nompareille
D'avoir en un si petit corps
Fait une si grande merveille !
O feu qui, tousjours allumé,
Brusles sans estre consumé !
Belle escarboucle qui chemines,
Ton éclat me plaist beaucoup mieux
Que celuy qu'on tire des mines,
Afin d'ensorceler nos yeux !

Tantost, saisi de quelque horreur
D'estre seul parmy les tenebres,
Abusé d'une vaine erreur,
Je me feins mille objets funebres ;
Mon esprit en est suspendu,
Mon cœur en demeure esperdu,
Le sein me bat, le poil me dresse,
Mon corps est privé de soustien,
Et, dans la frayeur qui m'oppresse,
Je croy voir tout, pour ne voir rien.

Tantost, delivré du tourment
De ces illusions nocturnes,
Je considère au firmament
L'aspect des flambeaux taciturnes ;
Et, voyant qu'en ces dous desers
Les orgueilleux tyrans des airs

Ont appaisé leur insolence,
J'escoute, à demy transporté,
Le bruit des ailes du Silence,
Qui vole dans l'obscurité.

   Treuvay-je au retour couvert mis,
J'entretiens mon DUC à la table,
En tant comme il me l'est permis,
De quelque propos delectable ;
Je le fay rire de ma peur,
Je luy dy quel spectre trompeur
J'ay creu s'estre offert à ma veue,
Et, pour noyer tout mon soucy,
Sur un grand verre je me rue,
Où le vin semble en rire aussi.

   Là, suivant les sujets du temps,
Tantost nous parlons de la digue
Où, vray prophete, je m'attens
De voir crever la jeune Ligue [1] ;
Tantost, les cœurs tous rejouis,
Nous celebrons du Grand LOUYS
L'heur, la prudence et le courage,
Et disons que le Cardinal
Est à la France dans l'orage
Ce qu'au navire est le fenal.

   Tantost, sur le bruit que l'Anglois
Une visite nous prepare,
Nous projettons tous les exploits
De quoy la Victoire se pare.
Tenez-vous donc pour assuré
Que cet ennemy conjuré

---

1. Il s'agit ici du siége de la Rochelle, où *la jeune ligue* sera détruite par *le cardinal de Richelieu*.

Qui tant de faux desseins embrasse
En ce lieu propre à l'en punir
Sera receu de bonne grace,
S'il nous oblige d'y venir.

 Tantost, après minuict sonné,
Ayant chez moy fait la retraitte,
D'un soing aux muses adonné,
J'escry comment Amour me traitte.
Tantost mesprisant son pouvoir,
Quoy que sans yeux, je luy fay voir
Par quel moyen on le surmonte,
Je me guery des maux souffers,
Et d'une genereuse honte
Ma raison brise tous ses fers.

 Tantost, d'un son qui me ravit
Et qui chasse toute manie,
La saincte harpe de David
Preste à mon lut son harmonie.
Puis, jusqu'à tant que le sommeil,
Avec un plaisir sans pareil,
Me vienne siller la prunelle,
Je ly ces sacrez Testamens
Où Dieu, d'une encre solemnelle,
Fait luire ses hauts mandemens.

 Tantost, levé devant le jour,
Contre ma coustume ordinaire,
Pour voir recommencer le tour
Au celeste et grand luminaire,
Je l'observe au sortir des flos,
Sous qui la nuit, estant enclos,
Il sembloit estre en sepulture;
Et, voyant son premier rayon,
Beny l'autheur de la nature,
Dont il est comme le crayon.

LE CONTEMPLATEUR.

Ainsi, dis-je en le regardant,
Verra-t-on, quoy que l'oubly face,
Au point du dernier jour ardant
Ressusciter l'humaine race ;
Ainsi, mais plus clair et plus beau,
Verra-t-on, comme ce flambeau,
Monter au ciel le corps du juste,
Apres qu'avecques majesté,
Dieu, seant en son trosne auguste,
L'aura par sa bouche arresté.

Lors, d'un soucy grave et profont
Me ramassant tout en moy-mesme,
Comme on tient que nos esprits font
Pour faire quelque effort extresme,
L'immortelle et sçavante main
De ce fameux peintre romain [1]
N'a rien tracé d'émerveillable
Que ce penser de l'advenir,
Plein d'une terreur agreable,
Ne ramene en mon souvenir.

Là, resvant à ce jour prefis
En qui toute ame saine espère ;
Jour grand, où l'on verra le fils
Naistre aussi tost comme le père,
Je m'imagine au mesme instant
Entendre le son éclattant
De la trompette serafique,
Et pense voir en appareil
Espouvantable et magnifique
JESUS au milieu du soleil.

A ce bruit, que je doy nommer
La voix de la seconde vie,

---

1. Michel-Ange. Allusion au tableau du Jugement dernier.

Qui semble desjà ranimer
Celle que la Parque a ravie ;
A ce ton qui de bout en bout
Icy bas resveillera tout,
Et pour le dueil, et pour la joye,
Il n'est posture, quant au corps,
En quoy mon œil esmeu ne croye
Voir sortir du tombeau les morts.

L'un m'apparoist un bras devant ;
L'autre ne montre que la teste,
Et, n'estant qu'à moitié vivant,
Force l'obstacle qui l'arreste.
Cestuy-cy s'esveille en sursaut ;
Cestuy-là joint les mains en haut,
Implorant la faveur divine ;
Et l'autre est à peine levé
Que d'un cœur devot il s'incline
Devers l'agneau qui l'a sauvé.

Près de là, le frère et la sœur,
Touchez de ce bruit dont tout tremble,
D'estre accusez d'inceste ont peur,
Pour se trouver couchez ensemble.
Icy, la femme et le mary,
Objet l'un de l'autre chery,
Voyans la clarté souhaittée,
Semblent s'estonner et gemir
D'avoir passé cette nuictée
Sans avoir rien fait que dormir.

Tel, qui n'eust sceu quasi marcher
Autrefois, travaillé des goutes,
Court maintenant et va chercher
Du ciel les glorieuses routes.
Tel, de qui le seul ornement
Fut d'estre vestu richement

Et d'avoir des valets sans nombre,
Esbahy de sa nudité,
N'est plus suivy que de son ombre,
Encore va-t-elle à costé.

L'un de parler est tout ravy,
Veu qu'il manquoit jadis de langue,
Et fait à Dieu, qu'il a servy,
Son humble et premiere harangue;
L'autre, qui jamais du soleil
N'avoit veu l'éclat nompareil,
Pour estre aveugle de naissance,
Admire à present sa couleur,
Dont il ignoroit la puissance,
Bien qu'il en connust la chaleur.

Bref, en cette apparition,
Ceux qui bien-heureux doivent estre
Sans aucune imperfection
Je me figure voir renestre.
Mais les meschans desesperez,
Pour qui desjà sont preparez
De l'enfer les tourmens enormes,
Ne se representent à moy
Que si hideux et si difformes
Que mon ame en transit d'effroy.

Il m'est advis qu'en mesme endroit
Je voy la divine balence
Peser et le tort et le droit
Sans faveur et sans violence.
Après ce jugement final
Donné sur le sainct tribunal
Devant qui Dieu veut qu'on responde,
Je croy que le haut element
Ne fait desjà de tout le monde
Qu'un globe de feu seulement.

Les estoilles tombent des cieux,
Les flâmes devorent la terre,
Le mont Gibel[1] est en tous lieux,
Et par tout gronde le tonnerre.
La salemandre est sans vertu,
L'asbeste[2] passe pour festu,
La mer brusle comme eau-de-vie,
L'air n'est plus que soufre allumé,
Et l'astre dont l'aube est suivie
Est par soy-mesme consumé.

Les metaux, ensemble fondus,
Font des rivieres precieuses ;
Leurs flots bouillants sont espandus
Par les campagnes spacieuses.
Dans ce feu, le dernier des maux,
Tous les terrestres animaux
Se consolent en quelque sorte,
Du déluge à demy vengez,
En voyant ceux que l'onde porte
Aussi bien comme eux affligez.

L'unique oyseau[3] meurt pour tousjours,
La nature est exterminée,
Et le Temps, achevant son cours,
Met fin à toute destinée.
Ce vieillard ne peut plus voler ;
Il se sent les ailes brusler
Avec une rigueur extresme ;
Rien ne le sçauroit secourir ;

---

1. Etna, volcan de Sicile. Le mot *gibel*, en arabe, signifie déjà montagne.
   Amiante, matière textile indestructible par le feu.
3. Le phénix.

Tout est destruit, et la Mort mesme
Se voit contrainte de mourir.

 O Dieu! qui me fais concevoir
Toutes ces futures merveilles,
Toy seul à qui, pour mon devoir,
J'offriray les fruits de mes veilles,
Accorde-moy par ta bonté
La gloire de l'eternité,
Afin d'en couronner mon ame;
Et fay qu'en ce terrible jour
Je ne brusle point d'autre flame
Que de celle de ton amour.

 Et vous, dont les discours sont tels,
Accompagnez des bons exemples,
Que par leur fruit les vrais autels
Triomphent de tous les faux temples;
Vous, dis-je, à qui j'escry ces vers,
Où dans la mort de l'univers
Un haut renom s'immortalise,
Vueillez estre leur protecteur,
Et permettez-moy qu'on y lise
Que je suis vostre adorateur.

L'ANDROMEDE[1].

A Monseigneur, *frère unique du Roy* [2].

Epris d'une ardeur nouvelle
De monter jusqu'au sommet
Où la Muse qui m'appelle
La guirlande me promet,
Il me plaist que mon genie,
Dans cette douce manie,
Chante aujourd'huy pour les dieux
La fable presque estouffée
De la fille de Cephée,
Qui luit maintenant aux cieux.

Digne frère d'un monarque
Dont les armes et les lois
Sauvent des mains de la Parque
L'honneur du sceptre gaulois;
Noble sujet de l'histoire,
Grand heros, de qui la gloire

---

1. Sans parler de l'*Andromède* de Racan, ou de la tragédie à machines de P. Corneille (1650), je citerai, dans les *Tapisseries et peintures poétiques* du P. Lemoine, une pièce sur le même sujet (V. la notice sur Saint-Amant).

2. Il s'agit ici de Gaston d'Orléans, frère de Louis XIII. Le titre habituel du frère du roi, c'est *Monsieur*. On appeloit *Monseigneur*, absolument, le Dauphin ou fils aîné du roi.

N'entrera point au cercueil,
Et par qui dans cet empire
La vertu seule respire
L'air d'un gracieux accueil;

Prince, à qui les destinées
Ont tissu de filets d'or
Les plus illustres années
Dont le temps face thresor,
En attendant que ma plume
Dans un precieux volume
Vous monstre à tout l'univers,
D'une faveur nompareille,
Grand Gaston, prestez l'oreille
Aux doux accens de ces vers.

Le jeune et vaillant Persée,
Aussi viste qu'un esclair,
D'une aile au vent balancée
Fendoit le vague de l'air,
Lorsque la triste Andromede,
Sans espoir d'aucun remede
A la mort qu'elle attendoit,
Se descouvrit à sa veue
D'autant de beautez pourveue
Que sa mère en pretendoit.

Là, pour expier le crime
Qu'un autre avoit perpetré,
Et que jamais on n'exprime
Qu'on n'en ait le cœur outré,
Cette vierge infortunée,
Au pied d'un roc enchaisnée,
Offroit son corps à Thetis,
Et devoit, sans cet Alcide,
Saouler d'un monstre homicide
Les furieux appetis.

Ses parens, un peu loing d'elle,
De longs cris perçans les cieux,
D'une passion fidelle
Demandoient secours aux dieux;
Et voyans, à leur priere,
Par cette vaste carriere
Ce hardy prince voler,
Croyoient que ce fust Mercure
Qui fendist la nue obscure
Pour les venir consoler.

Aux charmes de ce visage,
Où deux astres esclattoient,
Il pensa perdre l'usage
Des plumes qui le portoient;
Et peu s'en fallut que l'onde,
D'une œillade vagabonde
Contemplant cet amoureux,
Ne luy vist, comme un Icare,
Noyer en son sein barbare
Ses desirs trop genereux.

Enfin, r'appellant son ame
De ce long ravissement,
Devers l'objet qui l'enflâme
Il s'abbaisse doucement;
Puis, imprimant sur l'areine
D'une allure autre qu'humaine
La distance de ses pas,
Plein de respect il s'approche
De l'impitoyable roche
Où l'on voyoit tant d'appas.

Ce chef-d'œuvre de nature,
Ce miroir de chasteté,
Qui mesme en cette posture
Observoit l'honnesteté;

Cette innocente victime,
Qu'un oracle illegitime
Vouoit à ce triste sort,
Eut soudain, à sa venue,
Plus de honte d'estre nue
Que de crainte de la mort.

   Aussi la pudeur atteste
Que, sans ses fers inhumains,
Sur son visage modeste
Elle auroit porté les mains,
Et qu'à l'heure on vit les roses
En ce beau visage escloses
Prendre la place des lis,
Qui, sous cette aymable honte,
Dont l'honneur fait tant de conte,
Furent presque ensevelis.

   Cette pudeur virginale,
Luy rendant le teint pareil
A la clarté matinale
Qui devance le soleil,
Jointe aux pitoyables charmes
De son poil baigné des larmes
Qu'on luy voyoit espancher,
Garda qu'elle ne fut prise
Par ce beau nepveu d'Acrise,
En tel lieu, pour un rocher.

   Il est bien vray que sans peine
Il auroit pu desjà mieux
Sortir d'une erreur si vaine
Par les rayons de ses yeux;
Mais, quoy qu'ils fissent paroistre,
Ne pouvoit-ce pas bien estre
Quelques diamants aussi,
Qui sur la roche natale

Où Nature les estale
Reluisoient à l'heure ainsi ?

D'ailleurs estoit-il croyable,
Et pouvoit-on concevoir,
Qu'en un climat effroyable
Rien de si doux se peust voir ?
Ny qu'au milieu de l'Afrique
A qui le chaut qui la pique
Noircit mesme jusqu'au sang,
Parmy des visages sombres
Où les corps passent pour ombres,
Il s'en trouvast un si blanc ?

Pendant qu'il la considere,
Bien que la discretion
En tous ses regards modere
La trop libre intention,
Elle pleure, elle souspire,
Tournant en bas, sans rien dire,
Ses yeux de honte animez ;
Et pense, au dueil qui l'emporte,
Se cacher en quelque sorte
Quand elle les a fermez.

Quelle influence perverse,
Luy dit-il, plein de pitié,
Dessus vostre teste verse
Sa cruelle inimitié ?
Dites-moy quelle fortune
Ose vous estre importune,
Beauté dont je suis espris,
Et me declarez encore
Sous quel nom on vous adore,
Si vous n'estes point Cypris.

O cieux ! quelle barbarie !
Quel execrable attentat !

Quel demon, quelle furie
Vous a mise en tel estat?
Helas! pourroit-on bien croire
Que celle de qui la gloire
Seroit cherie aux enfers,
Et dont les beautez extresmes
Captiveroient les dieux mesmes,
Fust maintenant dans les fers?

 A cette juste semonce
Faite avec mille regrets,
Elle ne rend pour responce
Que gemissemens secrets;
Mais son cœur en ce silence,
D'une douce violence
Faisant mouvoir son beau sein,
Semble, tant ce poinct le touche,
S'en fascher contre sa bouche,
Et s'enfler à ce dessein.

 Il craint qu'il ne soit capable
De faire croire, en effet,
Qu'elle puisse estre coupable
De quelque horrible forfait;
Et pour prevenir le blasme
Que peut engendrer en l'ame
Un si dangereux soupçon,
Après s'estre un peu forcée,
Elle addresse au beau Persée
Sa plainte en cette façon:

 — Qui que vous soyez, dit-elle,
Que le sort guide en ces lieux,
Soit de la race mortelle,
Soit de la troupe des dieux;
Je dy le sort, non l'envie
De venir sauver ma vie

Du peril où je la voy,
Car le Ciel m'est trop severe
Pour penser qu'en ma misere
On daigne avoir soin de moy.

   Là, les sanglots et les larmes
Interrompent ce discours,
Et sa voix, pleine de charmes,
En reprend ainsi le cours :
Ne croyez pas que ces chaisnes
Me facent souffrir les gesnes
D'un supplice merité ;
L'innocence vous oblige,
En la peine qui m'afflige,
D'en ouyr la verité.

   La reyne d'Etiopie,
Que ma mere, à mon malheur,
Je dois nommer, quoy qu'impie,
Est cause de ma douleur ;
Sa vanité fut bien telle
D'oser se dire plus belle
Que les Nymphes de la mer,
Qui, pour venger cet outrage,
Monstrent bien que leur courage,
Comme leurs flots, est amer.

   Ces deïtez courroucées,
Portans le ressentiment
De leurs beautez offencées
Au delà du chastiment,
Ont voulu qu'un monstre enorme,
Un poisson d'horrible forme,
Vint affliger ce pays,
Et que mesme sur la terre
Sa cruauté fist la guerre
A nos peuples esbahis.

Pour empescher ses ravages,
Qui nous ont fait tant de mal,
Et delivrer nos rivages
D'un si funeste animal,
Soudain l'oracle on consulte,
On le prie en ce tumulte
De nous vouloir secourir ;
Mais sa fatale ordonnance
Trop dure à ma souvenance,
Ne parle que de mourir.

Il faut, dit-il, qu'on octroye
Par un tribut annuel
Une noble fille en proye
A ce monstre si cruel.
Là ses mandements s'achevent,
Là mille plaintes s'eslevent
Dont tout le temple fremit ;
L'idole sort de sa place,
D'effroy la lampe se glace,
Et l'autel mesme en gemit.

En fin le sacré concierge
Commande qu'on jette au sort,
Pour connoistre quelle vierge
On doit livrer à la mort ;
Et moy, l'unique heritiere
Presque de l'Afrique entiere,
O lamentable destin !
Las ! je suis la malheureuse
Que cette loy rigoureuse
Prend pour son premier butin.

Comme sa bouche plaintive
Ce dernier mot prononçoit,
On voit bien loin de la rive
Le monstre qui paroissoit.

La frayeur reprend son ame;
Elle crie, elle se pasme
Dans les bras du desespoir,
Et le nocher de la Parque
Croit que bien tost dans sa barque
Son ombre se fera voir.

Le triste et desolé pere,
Arrachant ses blancs cheveux,
Quoy que nulle ayde il n'espere,
Redouble à ce coup les vœux;
Et la mere repentante,
D'une main fiere et tremblante
Voulant punir sa beauté,
De son sang signe en sa joue
Comme son cœur desadvoue
Ce qu'a dit sa vanité.

Est-ce là tout le remede,
Dit Persée, approchant d'eux,
Que l'innocente Andromede
Doit attendre de vous deux?
N'avez-vous point d'autres armes
Que les complaintes, les larmes,
Les vœux et l'estonnement?
Et verrez-vous sans obstacle,
D'un si perilleux spectacle
Le tragique evenement?

Non, non, je suis trop sensible,
Et trop plein d'amour aussi:
A ma valeur invincible
Laissez-en tout le soucy;
Seulement, en recompense
Des maux où, pour sa defense,
Je m'en vay me hazarder,
Vostre foy me soit donnée

Que sous un sainct hymenée
Je la pourray posseder.

Que si le temps qui nous presse
Et ma genereuse ardeur
Souffroient que de ma noblesse
Je vous disse la grandeur,
Vous sçauriez comme ce prince
Dont le ciel est la province
Et les dieux sont les subjets
Est mon pere veritable,
Qui m'a rendu redoutable
En tous mes fameux projets.

Vous sçauriez comme, pour guide
N'ayant que l'aveugle amour,
Ce monarque en or liquide
Se coula dans une tour;
Que Danaé prisonniere
En ceste estrange maniere
Dans sa couche le receut;
Et que, me faisant connestre,
Je puis seul me vanter d'estre
L'heureux fruict qu'elle conceut.

D'ailleurs, si de mes victoires
J'osois vous entretenir,
Vous en sçauriez des histoires
Dignes d'un long souvenir :
Là, je vous ferois entendre
Qu'en mon âge le plus tendre
J'ai poussé dans le cercueil,
Par les labeurs incroyables,
Ces Gorgonnes effroyables,
Qui s'entreprestoient un œil.

Bref, vous sçauriez que Meduse
Aux hideux crins de serpens,

Ma juste et mortelle ruse
A sentie à ses despens ;
Et s'il vous estoit possible
De voir son visage horrible
Sans perir au mesme instant,
Ma main seroit toute preste
De vous en monstrer la teste
Que je cache en la portant.

Il se teut là, pour entendre
Du triste roy, qui pleuroit,
Qu'il avoit droit de s'attendre
A plus qu'il ne requeroit,
Car, outre sa chere fille,
Seul honneur de sa famille,
Que l'on luy vouloit oster,
Ses biens, sa personne mesme
Et son propre diadesme
Il le prioit d'accepter.

Muse, laisse là Persée
S'apprester à recevoir
Ce monstre qu'à ma pensée
Tes mysteres ont fait voir,
Et, tournant icy ta veine,
Qui d'ardeur est toute pleine,
Vers ce prodige des flots,
Vueille si bien le dépeindre
Qu'il se fasse encore craindre
Aux plus hardis matelots.

Sa teste affreuse et superbe,
Aux marques qu'elle portoit,
Du sang tombé sur de l'herbe
Vivement representoit ;
Ses prunelles embrasées
Ressembloient à ces fusées

Qui font leur effet dans l'eau,
Et jettoient tout droit en l'ame
A longues pointes de flame,
La froide horreur du tombeau.

Tout ainsi qu'une baleine,
Il avoit dessus les yeux
Deux tuyaux qui pour haleine
Souffloient de l'eau jusqu'aux cieux;
Sa gueulle de crocodile
Estoit un gouffre mobile ;
La mer s'abismoit dedans,
Et souvent sa langue noire
Se dardoit entre l'ivoire
Du triple rang de ses dents.

De mainte coquille dure
Qui sur le dos luy croissoit,
Comme d'une espaisse armure
Sa peau s'enorgueillissoit ;
Une espouventable queue
Moitié jaune et moitié bleue
Luy tournoyoit sur le corps,
Et par fois, en frappant l'onde,
Sembloit menacer le monde
De ses merveilleux efforts.

Ses pieds, qui du vieux Nerée
Sillonnoient les vastes champs,
Dans cette plaine azurée
Fichoient des ongles trenchants.
A le voir sur l'eau s'estendre,
Sa grandeur l'auroit fait prendre
Pour un vaisseau renversé,
Ou pour quelque isle flotante,
Ainsi que la Grèce chante
Qu'elle en vit au temps passe.

Les vagues, d'horreur esmeues,
Autour de luy blanchissoient;
Les airs, se couvrans de nues,
Le jour en obscurcissoient;
Le ciel en suoit de crainte;
La terre en estoit contrainte
D'esbranler ses fondemens;
Bref, une fiere tempeste,
A l'aspect de cette beste,
Troubloit tous les elemens.

Comme aux lieux où Mars domine,
Pendant quelque horrible assaut,
Une foudroyante mine
Emporte quelqu'un en haut :
Tout de mesme en cet orage,
De l'ardeur de son courage
Persée estant emporté,
Haut sur le monstre s'eslance,
Aussi tost comme il s'avance
Vers le butin souhaitté.

Il fend l'air la main armée
D'un coutelas flamboyant;
Sous luy, la beste animée,
S'enfle et gronde en le voyant.
Elle court, la gueule ouverte,
D'où sort une escume verte,
Après l'ombre du guerrier,
A qui, de cette entreprise,
La Gloire, en son ame esprise,
Offre desja le laurier.

Tel que descend le tonnerre
Sur quelque arbre audacieux,
Qui, de la part de la Terre,
Semble defier les Cieux;

Tel, en fureur, il se jette,
Plus viste qu'une sagette,
Sur son ennemy cruel,
Et d'une profonde playe,
Courageusement essaye
A terminer ce duel.

Le monstre, tout en desordre
Du grand coup qu'il a receu,
Saute après luy pour le mordre,
Mais son espoir est deceu.
Alors la Nue, irritée
De se voir ainsi heurtée,
Se ramasse en tourbillons;
Puis, soudain, quand il retombe,
La mer, qui sous luy succombe,
Pirouette à gros bouillons.

Tantost jusqu'au fond d'un gouffre
La rage le fait plonger,
Tantost les peines qu'il souffre
Hors de l'eau le font nager.
Il s'arreste, il se tourmente ;
La douleur qui s'en augmente
Luy fait pantheler le flanc,
Et par sa mortelle atteinte
L'onde d'alentour est teinte
De venin meslé de sang.

Toutes ces costes resonnent
De mugissements affreux,
Les Dieux marins s'en estonnent
Dans leurs antres les plus creux.
Ce bruit, venant en l'ouye
D'Andromede esvanouye
A soy la fait revenir ;
Ses fers à demy se laschent,

Et l'on diroit qu'ils se faschent
De la pouvoir retenir.

En la peur qui delibere
De la vaincre à cette fois,
Elle croit que de Cerbere
Ces longs cris sont les abois.
Alors, pensant estre morte,
Sa frayeur devient si forte
Qu'elle n'ose ouvrir les yeux,
Tant la chetive aprehende
De voir l'infernale bande
Remplir de spectres ces lieux.

Durant tout cela, Persée,
D'un effort impetueux,
Redonne à teste baissée
Sur le poisson monstrueux,
Et, luy perçant les entrailles,
Malgré ses dures escailles,
En ce martial esbat,
Son bras en deux coups acheve
Ce qui defaut à son glaive
Pour triompher du combat.

Mais afin que la memoire
En dure éternellement,
Et qu'on chante sa victoire
Par tout solemnellement,
Meu d'une louable envie,
Il veut, avant que de vie
Ce monstre soit despouillé,
En laisser des marques telles,
Que de les voir immortelles
Le Temps soit esmerveillé.

Lors, de la fatale teste
A cet effet il se sert,

Aux yeux mourants de la beste
L'opposant à descouvert.
Aussi tost en cette place
Un certain esprit de glace
Lui gaigne et fixe le corps,
Augmentant ainsi le nombre
Des rochers qui de leur ombre
Couvrent la mer en ces bords.

Toutesfois de sa figure
Rien n'est metamorphosé ;
Elle en garde la structure,
Et l'on en est abusé :
Car d'abord le plus habile,
De ce qu'elle est immobile,
S'esbayt plus à la voir
Qu'il ne feroit en soy-mesme
Si, par un miracle extresme,
Il la voyoit se mouvoir.

Lors, comme sur un trophée,
Le vainqueur se met dessus ;
Les regards du bon Cephée
Soudain s'en sont apperçus ;
Il en saute d'allegresse.
La reine, à ce signe, addresse
Sa course en haste à l'escueil.
Elle en asseure Andromede ;
Mais l'erreur qui la possede
Luy fait tousjours fermer l'œil.

Encore que de sa mere
Elle entende lés accents,
Et que cette voix tempere
L'effroy qui trouble ses sens,
Elle pense estre trompée,
Ou que de Cassiopée

Le destin est racourcy :
Car, ayant commis le crime,
La raison veut qu'elle estime
Qu'elle en est punie aussi.

Est-ce vous donc, ô chère Ombre?
Dit-elle en ouvrant les yeux.
Mais quoi! dans l'Averne sombre
Voit-on la clarté des cieux?
Je m'abuse, poursuit-elle.
O dieux! sous vostre tutelle
Mes jours ont donc esté mis?
Il est donc vray que la vie
Ne m'a point esté ravie,
Et que vous m'estes amis?

Ouy, ma fille, il le faut croire,
Dit la mere en l'embrassant;
Vous en devez rendre gloire
A leur secours tout puissant.
Un d'entre eux, en forme d'homme,
Que tout l'univers renomme;
A daigné vous assister :
C'est celuy qui sur la nue,
Par une route incognue,
Nous est venu visiter.

D'une valeur sans seconde
Le Monstre il a combattu;
Ce cruel tyran de l'onde
A fleschi sous sa vertu,
Sous l'effort de son espée
Son audace est dissipée,
Rien ne l'en a garanty;
Et mesme on croit que Neptune,
Touché de vostre infortune,
A sa mort a consenty.

Au reste, ô bonheur estrange !
Cet admirable vainqueur
Dessous vos beautez se range,
Et vous veut donner son cœur.
Amour, dont nul ne s'exente,
Tout ainsi qu'il le presente
Dit qu'il l'accepte pour vous.
Vostre bon pere l'approuve,
Et, quant à moy, je le trouve
Aussi juste qu'il est dous.

Ainsi cette belle reine
La princesse entretenoit,
Pour chasser du tout sa peine,
Tandis qu'on la deschainoit.
Ces mots lui flattent l'oreille,
Une douceur nompareille
L'engage à de nouveaux fers,
Et son ame en fin se noye
Dans une discrette joye
Des biens qui luy sont offerts.

Cependant qu'elle s'habille
D'un precieux vestement,
Qui semble, à l'or dont il brille,
Parler de contentement,
Le Roy, tout transporté d'aise,
D'autre part baise et rebaise
La main de son defenseur,
Et d'un cœur loyal ordonne
Que d'elle et de sa couronne
Isoit fait le possesseur.

De vouloir icy decrire
Les propos longs et charmans
Qu'a l'abord se purent dire
Ces beaux et parfaits amans,

C'est une chose où la Muse,
Se treuvant toute confuse,
N'a point d'assez hauts discours :
Il suffit qu'un hymenée,
Malgré le jaloux Phinée,
Recompensa leurs amours.

LA METAMORPHOSE

DE LYRIAN ET DE SYLVIE[1].

A Me D. L. B.

Cruel et beau sujet de peines obstinées !
A quoy m'ont reservé les noires destinées,
Pour me faire souffrir en l'empire amoureux
Tout ce que les enfers ont de plus rigoureux ?
Puis que vous refusez à l'ennuy qui m'afflige
Le moindre allegement dont l'espoir nous oblige,
Puis que mesme les pleurs en secret epandus
Par vos severitez m'ont esté defendus,
Permettez qu'en ces vers, où je me veux depeindre
Sous un nom emprunté, mon cœur se puisse plaindre,
Et que mes passions vous content aujourd'huy
La grandeur de mon mal par la bouche d'autruy.
Je vous veux reciter la plus estrange histoire
Qui sur l'oubly mortel ait jamais eu victoire.
Facent les justes cieux qu'en fin, sans vous fascher,
Le merveilleux progrez vous en puisse toucher.

---

1. A l'imitation d'Ovide, plusieurs poètes, avant et après Saint-Amant, ont fait de ces sortes de pièces. Une des plus célèbres est la *Métamorphose des yeux de Philis en astres*, par Germain Habert de Cérisy. V. aussi le *Temple des muses*, 3e partie, publié en 1611, par Raphaël de Petit-Val, et les *OEuvres* du P. Lemoine.

Sous le plaisant climat des Isles de Fortune,
Où tous les habitans font hommage à Neptune,
Un aymable berger demeuroit autrefois;
Trop heureux si d'amour il n'eust suivy les lois.
Lyrian fut son nom, et celuy de la belle
Qu'à sa longue recherche il treuva si rebelle,
Sylvie, ainsi que vous, qui par la cruauté
Luy ressemblez aussi comme par la beauté.
On tient en ce pays, où vit sa renommée,
Qui jamais par les ans ne sera consommée,
Qu'au doux art qu'Apollon enseigne aux bons esprits,
Sur tous les plus diserts il emportoit le prix.
Mais ny tous ses discours ny son merite extresme,
Que l'envie etonnée admiroit elle-mesme,
Ne peurent disposer l'objet de ses desirs
A changer ses ennuis en autant de plaisirs.
Les prez delicieux et les bois solitaires,
Qui luy servoient alors de loyaux secretaires,
Sont encore tesmoins, et le seront tousjours,
De la fidelité de ses chastes amours.
C'estoient eux seulement qui connoissoient sa flame,
C'estoient eux seulement qui soulageoient son ame,
Quand, au fort des douleurs qui le persecutoient,
Avec quelque pitié sa plainte ils escoutoient.

 O Dieux! combien de temps fut-il à se resoudre,
Bien qu'il vit que son cœur s'alloit reduire en poudre,
A descouvrir sa peine aux yeux qu'il adoroit,
Tant la discretion en ses mœurs operoit!
Et, quoy qu'il peust souffrir, je croy que le silence
Auroit de son ardeur eteint la violence
Par le coup desiré d'une subite mort,
Avant qu'à son respect il eut fait tel effort.
Aussi nul n'en sceut rien jusqu'à ce que les arbres
Et les endroits unis des plus solides marbres
L'offrirent à la veue, escrite de sa main,

A cette belle Nymphe au courage inhumain.
   Elle s'en offença. Dieux! est-il bien croyable
Qu'une telle amitié luy fut desagreable;
Qu'un orgueilleux dedain, comme absolu vainqueur,
Luy fit naistre aussi-tost la haine dans le cœur;
Que ces chiffres d'amour si remplis de mysteres
Ne furent à ses yeux que de vains caracteres,
Et qu'elle les pût lire avecques ce penser
De ne les plus revoir que pour les effacer!
Las! il n'est que trop vray, mais cette ame farouche
Ne s'en contenta pas : il fallut que sa bouche,
S'accordant à son cœur, plus dur qu'un diamant,
En prononçât l'arrest à ce fidelle amant.
Que ne luy dit-il point pour luy servir d'excuse!
Quelles vives couleurs n'employa point sa muse
A luy representer que cette affection,
S'autorisant en luy par la perfection
Des rares qualitez qui reluisent en elle,
Ne se pouvoit qu'à tort appeler criminelle,
Si la justice mesme et la raison aussi,
Qui font aimer les dieux, ne s'appeloient ainsi;
Que l'astre souverain, dont la haute puissance
Regissoit les mortels au poinct de sa naissance,
Par un decret fatal ordonné dans les cieux,
Le voulut destiner à servir ses beaux yeux;
Et que, quand son vouloir s'y fust rendu contraire,
Ses sentimens forcez n'eussent pu s'en distraire;
De sorte que son ame, en sa captivité,
Ne faisoit qu'obeir à la necessité!
Ce n'est pas, disoit il, qu'au milieu de ses chaisnes
D'un esprit tout content il n'en benist les gesnes;
Qu'il n'estimast ce joug si doux et si plaisant,
Que la plus libre humeur l'eust treuvé peu pesant,
Et que, malgré le sort, de qui la violence
S'opposoit à son bien avec tant d'insolence,

Ce ne fut son desir d'aimer jusqu'au cercueil
L'objet qui luy faisoit un si mauvais accueil.
Mais ses intentions, si justement conceues,
Quoy qu'il peust alleguer, ne furent point receues.
Au contraire, on eust dit, à voir son fier maintien,
Qu'elle se deplaisoit en ce doux entretien,
Ce qu'elle confirma par une promte fuite,
De peur, comme je croy, qu'elle n'en fust seduite,
Tant il avoit de grace et d'eloquens appas,
A prouver qu'en l'aymant il ne l'offençoit pas.
Il essaya depuis, par mille bons offices,
N'espargnant aux destins ny vœux ny sacrifices,
A fleschir son humeur et luy faire sentir
Le profond mouvement de quelque repentir.
Ses douleurs, ses regrets, ses soupirs et ses larmes
Monstrans à tous propos leurs pitoyables charmes,
Y firent leur devoir et n'oublierent rien
Qui luy peust à la fin causer un si grand bien.
Cependant son amour trouva tout inutile,
Et mesme jusqu'aux vers dont l'admirable stile
Luy fit avoir le bruit d'immortel escrivain
Devant cette beauté se montrerent en vain.
  Six ans estoient passez sans aucune esperance
De la pouvoir gaigner par la perseverance,
Quand il la rencontra comme elle alloit chasser
Un chevreuil que ses chiens venoient de relancer.
Quiconque a veu l'honneur des nymphes bocageres
Au milieu des genests, des houlx et des fougeres,
En queste d'un sanglier qu'avec ardeur et soing
Elle appelle au combat, l'arc et la flesche au poing,
Se peut imaginer l'aspect grave et celeste,
L'équipage, l'habit, la stature et le geste
De la belle Sylvie entrant dedans le bois
Pour atteindre la proye et la mettre aux abois.
  Soudain que Lyrian, comblé d'inquietude,

Eust ainsi decouvert en cette solitude
Celle à qui ses douleurs demandoient du secours,
En courant apres elle il lui tint ce discours :

    As-tu donc resolu, Sylvie,
    De fermer l'oreille à mes cris
    Et les yeux à mes doux escrits,
    Qui parlent si bien de ta vie?
    As-tu fait avecques mon sort
    Que mon avanture soit telle,
    Pour t'avoir rendue immortelle,
    Qu'il faille me donner la mort?

    Mon triste cœur, qui se lamente,
Conte que le monde et le temps
Sont presque envieillis de sept ans
Depuis que l'amour me tourmente.
Crois-tu que ce peu de vigueur
Qui paroit en ma resistance
Me puisse fournir de constance
Contre une eternelle rigueur?

    Te verray-je tousjours farouche
Errer dans ce bois ecarté,
Que ton insensibilité
Pourroit accroistre d'une souche?
Helas! je ne puis plus courir,
Tant la douleur me rend debile;
Insensible, sois immobile
Seulement pour me voir mourir.

    Au moins declare-moy, de grace,
Qui te meine en ces sombres lieux,
Où le ciel avec tous ses yeux
Ne sçauroit voir ce qui s'y passe.
Est-ce pour cacher la splendeur
Des astres de ton beau visage,
Ou ne cherches-tu de l'ombrage
Que pour conserver ta froideur?

En vain ta rigueur inflexible
Te porte à ce mauvais dessein,
Que tout esprit qui sera sain
N'estimera jamais possible ;
Si ce n'est que la verité
Nous fasse voir par quelque preuve
Que devant le soleil on treuve
La fraischeur et l'obscurité.

Hé ! ne crains-tu point la furie
De ces animaux enragez,
Qui tant de fois ce sont chargez
De l'honneur de ma bergerie ?
Non, tu les verrois sans effroy,
Et leur irois faire la guerre,
Sçachant bien qu'en toute la terre
Rien n'est cruel au prix de toy.

Fiere Nymphe, qui fais trofée
D'un naturel sans amitié,
Et triomphes de la pitié
Dessous ton orgueil estouffée,
Quoy ! tu ne veux pas revenir !
Et les ronces, en m'oyant plaindre,
Afin que je te pusse attaindre
Ont tâché de te retenir !

Dieux ! qui vit jamais telle chose !
On peut bien dire maintenant
Que l'espine en te retenant
A plus de douceur que la rose.
Je te compare à cette fleur
Par ta beauté qui lui ressemble,
Bien qu'elles different d'ensemble
En la cause de la couleur.

Car cette agreable merveille
Que Flore met à si haut pris

De la piqueure de Cypris
Est devenue ainsi vermeille;
Mais la rougeur de ton beau teint,
Où j'ay lu mon triste salere,
Ne provient que de la colere
Dont au vif ton cœur est atteint.

Sylvie, en quoy t'ay-je offencée
Pour t'irriter comme tu faits?
Le souvenir d'aucuns forfaits
Ne revient point dans ma pensée.
Si ton jugement animé
Contre ma flamme legitime
Tien que tout excez est un crime,
J'ay failly, car j'ay trop aimé.

Mais mon humeur est incapable
De reprouver cette action,
Et par l'extrême affection
Je fay gloire d'estre coulpable;
Mesme je tiendray pour constant,
Quoy qu'à l'encontre on me rapporte,
Que tout peché de cette sorte
Ne s'amende qu'en s'augmentant.

Miserable! où vont ces paroles!
Helas! à quoy t'amuses-tu!
Tes raisons n'ont point de vertu,
Et tes complaintes sont frivoles.
Dieux! après tant de maux souffers
Dont mon cœur peut montrer les marques,
Viendra-t'il point une des Parques
M'ouvrir la porte des enfers!

Ha! je sens faillir mon courage,
Mes esprits se vont consommer;
Je ne sçay plus que reclamer

Au fort d'un si cruel orage.
Profondes horreurs du trespas,
Gouffres beants, noirs precipices,
Si vous voulez m'estre propices,
Presentez-vous devant ses pas.

Quand j'aurois l'une de ces pommes
Dont Hippomene se servit,
Et par qui cet amant se vit
Le plus heureux de tous les hommes,
Celle à qui j'ay veu rejetter
L'empire entier de tout le monde
A sa simple figure ronde
Ne se voudroit pas arrester.

Elle est une roche en sa haine,
Et moy, qui suis un feu d'amour,
Je la suivray donc nuit et jour,
Et ma poursuite sera vaine !
O nature ! écoutez un peu
Ce qu'à bon droict je vous reproche !
Comment ! vous souffrez qu'une roche
Soit plus legere que du feu !

Vous endurez, à vostre honte,
Que l'on viole ainsi vos loix !
Cette roche entendra ma voix,
Et n'en fera donc point de conte !
Que mon jugement se confont !
S'il estoit vray qu'elle fust telle,
Pourquoy ne me repondroit-elle,
Comme toutes ces autres font ?

Ainsi, las de courir et vaincu de tristesse,
De voir que par sa dame il l'estoit en vistesse,
Le pauvre Lyrian s'abandonne aux regrets,
Lasche de sa vigueur les mouvemens secrets,
Renonce à la constance, et, dans son ame outrée

Le sanglant desespoir ayant fait son entrée,
Comme fait un tyran dans quelque lieu forcé
Où la confusion a tout bouleversé,
Invoque les demons, profere maint blaspheme,
Conservant toutesfois en cette rage extreme
Le respect de Sylvie, et faisant son effort
A faire vivre Amour au milieu de la mort.
Celuy qui pour Dafné se vit en mesme peine,
Et ce dieu des bergers qui jadis, hors d'haleine,
Pensant prendre Syringue au bord des claires eaux,
N'embrassa pour un corps que de fresles roseaux,
Eurent tant de pitié de ce qu'en son martire
Un juste sentiment alors luy faisoit dire,
Qu'eveillans leur colere à ce tragique objet,
Ils jurerent soudain d'en punir le sujet.
L'effet suit la menace : on la voit transformée,
Cette ingrate beauté, si vainement aimée ;
Chacun de ses cheveux se herisse en rameau,
Et de superbe nymphe elle devient ormeau.
Durant qu'en cet estat ses pieds prennent racine,
Lyrian, assisté d'une faveur divine,
A le temps de l'atteindre et le bien de la voir,
Premier qu'il expirast, reduite en son pouvoir.
Dieux ! ce dit-il alors, qui par cette avanture
Enseignez à mes yeux ce que peut la nature,
Faites qu'à ce beau tronc si dur à la pitié
Mon cœur puisse à jamais montrer son amitié !
Il finit par ce mot pour en estre l'exemple,
Et son corps s'attachant à l'arbre qu'il contemple
Se change en mille bras tournoyans à l'entour,
Dont il acquit le nom de symbole d'amour ;
Bref, ce fidelle amant n'est plus qu'un beau lierre,
Qui, sur la tige aimée, en s'elevant de terre,
Cherche en sa passion, qu'il tasche d'appaiser,
La place où fut la bouche, afin de la baiser.

Chaque feuille est un cœur qui montre en sa verdure
Comme il l'avoit requis, que son amitié dure ;
La preuve s'en confirme en ses embrassemens,
Et tout se perd en luy, hormis les sentimens ;
Car on diroit, à voir ses branches enlacées,
Que, se ressouvenant de ses peines passées,
Et voulant conserver son bien present aussi,
De peur qu'il ne s'echappe, il l'environne ainsi.
  Orgueilleuse Sylvie, à qui ces vers s'adressent
Que je serois heureux, dans les maux qui m'oppressent,
Si j'osois esperer qu'au moins après la mort
J'obtinsse quelque jour un pareil reconfort !
Mais, au contraire, helas ! vos rigueurs sont si grandes,
Que j'ay beau les flater des plus dignes offrandes ;
Je croy qu'elles voudroient que je fusse immortel,
Afin tant seulement que mon ennuy fust tel.

L'ARION.

A Monseigneur le Duc de Montmorency[1].

Les sens pleins de merveille et remplis d'allé-
[gresse,
J'entrepren de chanter ce beau chantre de
[Grèce,
Qui, malgré la rigueur des farouches nochers,
Dont les cœurs en la mer sont autant de rochers,
Passa sur un daufin l'empire de Neptune,
Fit de son avanture estonner la Fortune,
Et revit ondoyer, par un decret fatal,
La fumée à flots noirs sur son vieux toit natal.
Grand duc, grand admiral, ornement de la France,
De qui les hauts exploits surpassent l'esperance
Qu'en tes plus tendres ans tout le monde eut de toy,
Brave Montmorency, de grace, écoute-moy;
Escoute ces accors qu'Arion te dedie;
Contemple un peu son lut, gouste sa melodie,
Et, regissant l'estat de l'ocean gaulois
Sous le joug glorieux de nos augustes lois,

---

1. Il s'agit de Henri II de Montmorency, né en 1495, pair et maréchal de France, amiral depuis 1613, qui fut décapité à Toulouse le 30 octobre 1632. Protecteur des gens de lettres, le généreux duc n'abandonna jamais Théophile, à qui il faisoit une pension.

Empesche desormais qu'un dessein si barbare
Qu'est celuy que j'exprime en ce stile assez rare
Ne naisse dans l'esprit d'aucun des matelots
Que ta charge institue au commerce des flots.
   Quand il se vit comblé de richesse et de gloire,
Ce fameux Arion, digne de ta memoire,
Qui par les tons mignars d'une amoureuse vois
Doucement alliez aux charmes de ses dois,
Ostoit l'ame aux humains pour la donner aux marbres,
Domtoit les animaux, faisoit marcher les arbres,
Arrestoit le soleil, precipitoit son cours,
Prolongeant, à son choix, ou les nuits ou les jours,
Réveilloit la clemence, endormoit le tonnerre,
Abaissoit la fierté du demon de la guerre,
Et banissoit des cœurs qui s'approchoient de luy,
Mesme au fort des tourmens, la douleur et l'ennuy ;
Un naturel desir de revoir sa patrie,
Où l'on le reveroit avec idolatrie,
Flattant ses sentimens en ce lointain sejour,
Le vint solliciter d'y faire son retour.
D'ailleurs, estant mandé du sage Periandre,
De qui le seul vouloir l'y faisoit condescendre,
Il s'appreste à partir du rivage latin,
Pour s'en aller en Grece achever son destin,
Use de diligence à chercher un navire
Qui tende à la contrée où son dessein aspire ;
En trouve un de Corinthe à cela preparé ;
Serre son lut d'yvoire en son estuy doré,
Prend congé, non sans pleurs, bien qu'entremeslez d'aise,
De ses plus chers amis, les embrasse, les baise,
S'embarque en leur presence, et, par un long adieu,
Temoigne du regret d'abandonner ce lieu.
   On leve aussitost l'ancre, on laisse choir les voilles,
Un vent frais et bruyant donne à plein dans ces toilles ;
On invoque Thetis, Neptune et Palemon,

L'Arion.

Les nochers font jouer les ressorts du timon,
La nef sillonne l'eau, qui, fuyant sa carriere,
Court devant et tournoye à gros bouillons derriere.
Le peuple de Tarente, epandu sur le port,
Souhaitte que le Ciel luy serve de support,
En fait cent mille vœux, et, la perdant de veue,
La contenance morne et l'ame toute emeue,
S'en retourne au logis, comblé d'un deuil amer,
Tournant à chaque pas la teste vers la mer.
 Avec quelles couleurs, quels traits et quels ombrages
Representant au vif les plus mortels outrages,
Muse, depeindras-tu l'enorme trahison
De ces maudits nochers, infectez du poison
D'une aspre convoitise en leur sein allumée,
Qui, poussant dans leur ame une epaisse fumée,
La pût rendre si noire, et leur fit machiner
Ce qu'on ne peut sans crime encore imaginer!
Bons dieux! de quel courroux fut la mienne saisie,
Quand on me recita l'horrible frenesie
Qui porta ces voleurs contre ce chantre saint,
Et de quelle pitié me vy-je à l'heure attaint!
 Jamais Polymestor, ce lasche roy de Thrace,
Qui de la triste Hecube accomplit la disgrace,
Ne sembla si coupable aux Troyens mal heureux,
Lors qu'un injuste sort, trop acharné sur eux,
O spectacle cruel! leur livra Polidore,
Couché mort sur la rive, et tout sanglant encore
Des coups que ce bourreau, pour avoir ses tresors,
En meurtrissant sa foy, luy donna dans le corps.
Desjà le prompt effort d'un gracieux zephire
Avoit bien loin de terre emporté le navire,
Et desjà pour objet qui s'offrist à ses yeux,
Arion n'avoit plus que la mer et les cieux,
Quand ces fiers matelots, ces perfides courages,
Qu'un vil espoir de gain abandonne aux orages,

Qui sont le plus souvent bien moins qu'eux inhumains,
Au dessein de sa mort appresterent leurs mains.
Mais luy, qui s'apperceut de leur brutale envie,
Desirant celebrer le terme de sa vie
Comme le cygne fait, lorsque d'un cœur constant
Les bornes de la sienne il predit, en chantant,
Prend ses plus beaux habits, ses temples environne
D'un laurier immortel en guise de couronne ;
Et, se voyant coupé tout chemin de salut,
Pour la derniere fois, recourant à son lut,
Leur dit d'une parole assez haut prononcée
Que certains mouvemens induisoient sa pensee
A prier Apollon qu'il les vint proteger,
Preservant par son soin leur vaisseau de danger ;
Que, pour un tel sujet, il sçavoit un cantique
Qu'il avoit fait luy-mesme en fureur poëtique ;
Et que, si de l'entendre ils prenoient le loisir,
Ils en recevroient tous et profit et plaisir.
 Ces traîtres, à ces mots, reprimans l'insolence
Qui pousse leurs esprits à tant de violence,
Remettant à la nuict l'heure de son trespas,
Pour jouir de ce bien, qu'ils ne meritent pas,
Cachent d'un faux semblant un effroyable crime,
Approuvent son dessein, le disent legitime,
Par de grossiers discours l'invitent à chanter,
Et s'imposent silence afin de l'écouter.
Alors, jettant les yeux sur la face de l'onde,
Où l'on voyoit glisser leur maison vagabonde,
Il reclame en son cœur toutes les deïtez
Dont ces gouffres marins sont par tout habitez,
Accorde bien son lut, en ajuste les touches,
L'essaye avec sa voix, dont il émeut les souches,
Puis, montant sur la poupe en superbe appareil,
Donne air à ces propos, tourné vers le soleil.

O ! le plus beau des dieux, et le plus adorable,
Toy qui, par ta valeur, aux mortels favorable,
Fis que l'affreux serpent expira sous tes coups,
  Hélas ! pren soin de nous.

Phebus, que les neuf Sœurs reconnoissent pour maistre,
Prince de la lumiere, à qui tout doit son estre,
Grand et nompareil astre aux flamboyans cheveux,
  Sois propice à nos vœux.

Supreme deïté dont les sacrez oracles
Dans le temple de Delphe annoncent des miracles,
Seul arbitre du temps, qui sans toy ne peut rien,
  Travaille à nostre bien.

Dissippe la fureur de ces noires tempestes,
Que le malheur prepare à foudroyer nos testes ;
Et, pour nous retirer de la nuict du tombeau,
  Preste-nous ton flambeau.

Nous sommes bien certains qu'Eole te revere ;
Si ta faveur l'ordonne, au lieu d'estre severe,
Il montrera pour nous autant d'affections
  Que pour ses Alcions.

Il calmera les flots que son sceptre gouverne,
Enchaisnera Borée au fond de sa caverne,
Et laissera courir Zephire seulement
  Sur ce vaste element.

 Il n'avoit pas encore achevé son cantique
Que le soleil se plonge en la mer Atlantique,
Que le Peloponese apparoît à leurs yeux,
Et que l'obscurité leur derobe les cieux.
  Soudain que ces accors sur les eaux s'estendirent,
Mille et mille poissons en foule se rendirent
Autour de ce vaisseau, mais sans bruit toutesfois,
Pour gouster de plus prez une si belle vois.

Là, pour l'entendre mieux, l'effroyable baleine,
Aussi bien que les vents retenoit son haleine;
Là, ceux que la nature a fait naistre ennemis,
Et dont les sentimens furent lors endormis,
Sans qu'aucune dispute y semast des alarmes,
Se laissoient pesle-mesle attirer à ces charmes;
Là, les eaux et les airs demeuroient en repos,
De crainte d'interrompre un si divin propos;
Là, le ciel, attentif à ces douces merveilles,
Eust bien voulu changer tous ses yeux en oreilles;
En fin l'on y voyoit, d'un et d'autre costé,
Reservé les humains, tout plein d'humanité :
Car ces ames de bronze, ô chose bien estrange
Ces corsaires cruels, que nul objet ne change,
Aucun trait de douceur ne pouvans concevoir,
Ny pour tous ces beaux chants tant soit peu s'émouvoir,
Les glaives nuds au poing, inspirez des furies
Qui portent les humeurs dedans les barbaries,
Courent vers Arion d'un violent effort
Pour luy ravir ses biens et luy donner la mort.
Le bon pilote, emeu du mal qu'il en presage,
Ainsi que fit le ciel, se cacha le visage,
Et detourna la teste afin de ne voir pas
De ses yeux innocens ce criminel trepas.

 Comme on voit des roseaux la souple obeyssance
Fleschir facilement sous la fiere puissance
Des aquilons emeus, soufflans de toutes pars,
Qui pourroient ebranler les plus fermes rampars,
Tout de mesme on voyoit Arion sur la pouppe,
Ceder à la fureur de cette avare trouppe,
Et par des actions pleines d'humilité,
Essayer d'attendrir leur dure cruauté.
Mais, voyant à la fin qu'il n'estoit pas possible
De toucher, quoy qu'il fist, leur courage inflexible,
Et, ne sçachant non plus en quel lieu se cacher,

Pour éviter la mort, il s'en va la chercher,
Troublé de desespoir, se precipite en l'onde,
Où la bonté du Ciel, bien plus qu'elle profonde,
Permet qu'un grand daufin le reçoive à l'instant,
Et que droit vers la terre il tire en le portant.

   Quand je me represente une telle avanture,
Quoy que de tous costez il vist sa sepulture,
Je pense qu'il n'eut pas tant de peur de mourir,
Qu'il eut d'etonnement de se voir secourir.

   Les dieux qui font dans l'eau leur mobile demeure,
L'y regardans tomber et considerans l'heure,
Creurent tous, ebahis par un commun abus,
Que Thetis recevoit en son lict deux Phebus.

   Tel que marche en triomphe, apres mainte conqueste,
Quelque grand capitaine, un laurier sur la teste,
Monté haut sur son char, les trompettes devant,
Accompagné de peuple à longs cris le suivant;
De toutes qualitez, de tout sexe et tout âge,
Qui, devanceant ses pas pour le voir davantage,
Saute à l'entour de luy d'aise tout transporté,
Admirant sa façon pleine de majesté,
Tel estoit Arion sur sa vivante barque,
Son luth entre ses bras, triomphant de la Parque,
Laissant derriere soy les vents les plus legers,
Et bravant la fortune au milieu des dangers.

   Les Tritons, à l'envy, faisant bruire leurs trompes,
Comme devant Neptune en ses divines pompes,
D'un rang bien ordonné devant luy cheminoient,
Et de leurs tons aigus tous les cieux etonnoient.

   La deesse aux trois noms, l'inconstante Planette,
Sous un voile d'argent se montrant claire et nette,
Pour le favoriser fit de la nuit le jour,
Luy decouvrant à plein les terres d'alentour.

   Tous les autres flambeaux de la voûte celeste
Laissant toute influence importune et funeste,

Plus brillans que jamais, sembloient rire à ses yeux,
Et dire qu'il estoit en la grace des dieux.
Mais entre tous on tient que la lyre d'Orfée,
De l'amour de son lut vivement échauffée,
Ayant de ses rayons tout nuage écarté,
Le rejouit beaucoup avecques sa clarté.

 En un tel accident, qui n'eut jamais d'exemple,
Ravy de son bon-heur, en doute il se contemple,
Croit n'estre pas soy-mesme, et qu'il est trop abjet
Pour de tant de faveurs estre le digne objet.
Tantost il se figure estre en l'erreur d'un songe,
Où son esprit trompé fantasquement se plonge;
Tantost il prend cela pour quelque enchantement,
Et n'en a pas pourtant moins de contentement;
Toutesfois, à la fin, il le croit veritable,
Jugeant avec raison que le Ciel équitable,
Qui de nostre innocence est le plus seur appuy,
Montre les doux effets de sa justice en luy.

 Lors, pour n'estre accusé d'extrême ingratitude,
Vice qui dans son cœur n'eut jamais d'habitude,
Mille remercimens il en fait au destin,
Luy consacrant sa voix, son lut et son butin
Pour en faire construire un autel à sa gloire,
Où l'on verroit au long depeinte son histoire;
Et pour le confirmer et de l'ame et du corps,
Sa main, au lieu de signe, en passe mille accors.

 Ses doigts de plume et d'encre en ce sujet luy servent,
Les airs comme tesmoins la promesse en conservent,
Le temps les enregistre, et dit qu'à l'advenir
Il le conseillera de s'en ressouvenir.

 Aux tremblemens subtils de sa main delicate,
Sous qui la chanterelle en mille tons s'eclate,
Le daufin, qui sous luy couloit si promptement,
Pour l'ouyr plus long-temps vogant plus lentement,
Nage moins dans la mer qu'il ne fait dans la joye,

Et, decouvrant la rive où le Destin l'envoye,
Hesite à l'aborder, tant il sent de douceur
D'estre d'un tel plaisir encore possesseur.
Mais, preferant enfin, sans plus le faire attendre,
Le bien de le sauver à celui de l'entendre.
Il tire droit au port avec legereté,
Et, mettant en effet toute dexterité,
Evite sagement les funestes approches
Des bancs et des écueils, des gouffres et des roches,
Où l'effroy, le peril, le naufrage et la mort
Brassent à mainte nef un deplorable sort.
Arion, tout ravy de gaigner le rivage,
Vouant aux immortels un fidelle servage,
Regarde autour de luy fourmiller les poissons,
Qui, suivant jusqu'au bord ses divines chansons,
S'elancent haut en l'air d'allegresse infinie,
Et, pour prendre congé de sa douce harmonie,
Au plus profond de l'eau tout à coup se noyans,
Agitent sa surface en cercles ondoyans,
Qui petit à petit de ses yeux disparoissent,
Se perdans l'un dans l'autre à mesure qu'ils croissent.
Celuy qui sur son dos l'a sauvé de danger,
D'un faix si glorieux se voulant decharger,
Quoy que par ce moyen de bonheur il se prive,
Plein d'aise et de regret s'approche de la rive,
Le pose doucement au plus commode lieu,
Et, faisant un grand saut, luy semble dire adieu.
Ainsi, par un secours si puissant et si rare,
Se voyant mettre à terre au pied du mont Tenare,
Après tant de hazards et de malheurs souffers,
Il trouva son salut aux portes des enfers.

Invincible heros, dont la valeur m'etonne,
Reçoy ces nouveaux fruits que ma muse te donne;
Estime-les un peu, prens-y quelque plaisir :
C'est le plus beau loyer où butte mon desir;

Et cependant la Gloire, ordonnant à ma plume
De peindre tes vertus en un parfait volume,
Portera ton renom, celebré dans mes vers,
Plus haut que le flambeau qui dore l'univers.
 Enfin toute la France, à ton bras obligée,
Au sortir des travaux qui l'ont tant affligée,
Fera mille souhaits pour ta posterité,
Et, desirant bien moins que tu n'as merité,
Chose qu'on voit desjà par une prescience,
Attendra comme moy, non sans impatience,
Que tu sois quelque jour, par la faveur des cieux,
Ce que furent jadis tes illustres ayeux.

LES VISIONS[1].

A Damon.

Le cœur plein d'amertume et l'ame ensevelie
Dans la plus sombre humeur de la melancolie,
Damon, je te decris mes travaux intestins,
Où tu verras l'effort des plus cruels destins
Qui troublerent jamais un pauvre miserable,
A qui le seul trespas doit estre desirable.
Un grand chien maigre et noir, se traisnant lentement,
Accompagné d'horreur et d'epouventement,
S'en vient toutes les nuits hurler devant ma porte,
Redoublant ses abois d'une effroyable sorte.
Mes voisins, éperdus à ce triste resveil,

---

1. La croyance aux fantômes, aux magiciens, aux sorciers, au diable, étoit alors presque générale V. à ce sujet une plaisante histoire racontée par le cardinal *de Retz* (t. 1, p. 58, édit. Genève, 1751). — Desmarets de S.-Sorlin dit dans le discours qui précède la 3ᵉ édition de son *Clovis*: « C'est une chose qui n'est que trop commune... que des magiciens et des sorciers qui sçavent faire la grêle et les tempêtes. » — Cyrano a écrit *sur les sorciers* sa douzième lettre, que Nodier aimeroit mieux, dit-il, avoir faite que les Provinciales — René Bary, dans son journal de cour, fait soutenir la même croyance. Tristan a écrit une pièce du même genre, *les Terreurs nocturnes*. (Œuvres du sieur Tristan l'Hermite, 1648, in-4, p. 383.)

N'osent ny ne sçauroient r'appeller le sommeil ;
Et chacun, le prenant pour un sinistre augure,
Dit avec des soûpirs tout ce qu'il s'en figure.
Moy, qu'un sort rigoureux outrage à tout propos,
Et qui ne puis gouster ny plaisir ny repos,
Les cheveux herissez, j'entre en des resveries
De contes de sorciers, de sabaths, de furies ;
J'erre dans les enfers, je raude dans les cieux ;
L'ame de mon ayeul se presente à mes yeux ;
Ce fantosme leger, coiffé d'un vieux suaire,
Et tristement vestu d'un long drap mortuaire,
A pas affreux et lents s'approche de mon lit ;
Mon sang en est glacé, mon visage en paslit,
De frayeur mon bonnet sur mes cheveux se dresse,
Je sens sur l'estomach un fardeau qui m'oppresse.
Je voudrois bien crier, mais je l'essaye en vain :
Il me ferme la bouche avec sa froide main ;
Puis d'une voix plaintive en l'air evanouye,
Me predit mes malheurs, et long-temps, sans siller,
Murmurant certains mots funestes à l'ouye,
Me contemple debout contre mon oreiller.
Je voy des feux volans, les oreilles me cornent ;
Bref, mes sens tous confus l'un l'autre se subornent
En la credulité de mille objets trompeurs
Formez dans le cerveau d'un excez de vapeurs,
Qui, s'estant emparé de nostre fantaisie,
La tourne moins de rien en pure frenesie.

    Souvent tout en sueur je m'esveille en parlant,
Je saute hors du lit, l'estomach pantelant,
Vay prendre mon fuzil, et d'une main tremblante
Heurtant contre le fer la pierre estincelante,
Après m'estre donné maint coup dessus les dois,
Après qu'entre les dents j'ay juré mille fois,
Une pointe de feu tombe et court dans la meiche,
R'avivant aussi-tost cette matiere seiche,

J'y porte l'allumette, et n'osant respirer
De crainte de l'odeur qui m'en fait retirer,
Au travers de ce feu puant, bleuastre et sombre,
J'entrevoy cheminer la figure d'une ombre,
J'entens passer en l'air certains gemissemens,
J'avise en me tournant un spectre d'ossemens;
Lors, jettant un grand cry qui jusqu'au ciel transperce,
Sans poux et sans couleur je tombe à la renverse.
Mon hoste et ses valets accourent à ce bruit,
Mais de tout leur travail ils tirent peu de fruit;
Ils ont beau m'appeller, et d'un frequent usage
Me repandre à l'abord de l'eau sur le visage,
M'arracher les sourcils, me pincer par le nez,
Et s'affliger autant comme ils sont etonnez,
Je ne puis revenir non plus que si la Parque
M'avoit desja conduit dans la fatale barque.
Je suis tellement froid, que mon corps au toucher
Ne se discerne point d'avecques le plancher,
Où gisant de mon long, toute force abatue,
On diroit, à me voir, que je suis ma statue.
 Il me souvient encore, et non pas sans terreur,
Bien que je sois certain que ce fut une erreur,
Que la premiere nuit qu'au plus fort des tenebres
S'apparurent à moy ces visions funebres,
M'estant esvanouy, comme je l'ay descrit,
De l'extreme frayeur qui troubla mon esprit,
Et ces gens essayans d'une inutile peine
A me restituer la chaleur et l'haleine,
Un d'entr'eux s'avisant de me donner du vin,
Bacchus, que j'ay tenu tousjours plus que divin,
Resveillant tout à coup ma vigueur coustumiere,
Fit resoudre mes yeux à revoir la lumiere.
Alors, comme en sursaut je me leve tout droit,
Representant au vif un mort qui reviendroit;
Puis, regardant partout d'une veue egarée,

Je m'efforce à leur dire en voix mal assurée :
Fantosmes (car d'effroy je les prenois pour tels),
Quel plaisir avez-vous à troubler les mortels ?
Quel sujet vous ameine à ces heures nocturnes ?
Qui vous a fait quitter vos manoirs taciturnes ?
Mes badauts, esbahis d'entendre ce propos,
Haut allemant pour eux, jouans au plus dispos,
En chemise et nuds pieds, sans m'user de langage,
Vers le degré prochain troussent viste bagage,
Disent que je suis fou, qu'il y fait dangereux,
Emportent la chandelle et barrent l'huis sur eux,
Si qu'à peine mon œil les put bien reconnestre,
Que comme un tourbillon il les vit disparestre.
 La lune, dont la face alors resplendissoit,
De ses rayons aigus une vitre perçoit,
Qui jettoit dans ma chambre, en l'epesseur de l'ombre,
L'éclat frais et serain d'une lumiere sombre,
Que je trouvois affreuse, et qui me faisait voir
Je ne sçay quels objets qui sembloient se mouvoir.
Cette nouvelle erreur, dedans ma teste emprainte,
Me rendant à la fin hardy par trop de crainte,
Je mets flamberge au vent, et, plus prompt qu'un esclair,
J'en fay le moulinet, j'en estocade l'air,
Imitant la valeur du brave dom Quichote,
Quand au fort du sommeil, coiffé de sa marote,
Pensant prendre au collet un horrible geant,
Et dans un tourne-main le reduire au neant,
Il exploita si bien, comme chante l'histoire,
Que sur les cuirs de vin son glaive eut la victoire.
 Mais je m'engage trop dans ce plaisant discours,
Muse, je t'en conjure, arrestons-en le cours ;
Reprenons tristement nostre stile funeste,
Et, si cela se peut, disons ce qui nous reste.
Voilà donc, cher Damon, comme passe les nuis
Ton pauvre Clidamant, comblé de mille ennuis,

Et toutefois, helas ! ce ne seroit que roses
Si les jours ne m'offroient de plus horribles choses.
    Cet astre qu'on reclame avec tant de desirs
Et de qui la venue annonce les plaisirs,
Ce grand flambeau du ciel, ne sort pas tant de l'onde
Pour redonner la grace et les couleurs au monde,
Avec ses rayons d'or si beaux et si luisans,
Que pour me faire voir des objets deplaisans.
Sa lumiere, inutile à mon ame affligée,
La laisse dans l'horreur où la nuit l'a plongée ;
La crainte, le soucy, la tristesse et la mort,
En quelque lieu que j'aille, accompagnent mon sort.
Ces grands jardins royaux, ces belles Tuilleries,
Au lieu de divertir mes sombres resveries,
Ne font que les accrestre et fournir d'aliment
A l'extreme fureur de mon cruel tourment.
Au plus beau de l'esté je n'y sens que froidure,
Je n'y voy que ciprès, encore sans verdure,
Qu'arbres infortunez tous degouttans de pleurs,
Que vieux houx tous flestris et qu'espines sans fleurs.
    L'echo n'y repond plus qu'aux longs cris de l'orfraye,
Dont le mur qui gemit en soy-mesme s'effraye ;
Le lierre tortu qui le tient enlacé,
En fremissant d'horreur, en est tout herissé ;
Semblable en sa posture à ces enfans timides
Qui, le corps tout tremblant et les yeux tous humides,
Embrassent leur nourrice alors que quelque bruit
Les va dedans leur couche epouventer la nuit.
Si j'y rencontre un cerf, ma triste fantaisie
De la mort d'Actéon est tout soudain saisie ;
Les cygnes qu'on y void dans un paisible estang
Me semblent des corbeaux qui nagent dans du sang ;
Les plaisans promenoirs de ces longues allées,
Où tant d'afflictions ont esté consolées,
Sont autant de chemins à ma tristesse offers

Pour sortir de la vie et descendre aux enfers.
Le Louvre, dont l'éclat se fait si bien parestre [1],
N'est à mes yeux troublez qu'un chasteau de Bicestre ;
Le fleuve qui le borde est à moy l'Acheron,
J'y prend chaque batteau pour celuy de Caron,
Et, me croyant parfois n'estre plus rien qu'une ombre
Qui des esprits sans corps ait augmenté le nombre,
D'une voix langoureuse appellant ce nocher,
Je pense à tous moments qu'il me vienne chercher.
 Si je prens quelque livre en mon inquietude,
Et tasche à dissiper cette morne habitude,
Marot, en ses rondeaux, epistres, virelais [2],

1. L'*éclat* du Louvre, dont parle Saint-Amant, étoit loin d'atteindre le degré où il a été porté depuis par Louis XIV. Le *vieux Louvre*, c'est-à-dire l'œuvre de P. Lescot, embellie par Jean Goujon, augmentée sous Louis XIII d'un pavillon dû à J. Le Mercier, et ornée des caryatides de Sarazin, copie de celles qu'avait sculptées Jean Goujon, dans la salle des Cent-Suisses, n'avoit pas encore reçu les développements que donna à ce monument Perrault. On sait que les dessins de cet architecte furent préférés à ceux du cavalier Bernin, que Louis XIV avoit fait venir d'Italie, et qui reçut du roi, outre une gratification de 150,000 livres, une pension de 6,000 livres et 100 livres par chaque journée de séjour à Paris.

2. S'il a été permis à Boileau de parler des triolets de Marot, qui n'en a jamais composé, on peut bien pardonner à Saint-Amant d'avoir prêté au même auteur des virelais, quoiqu'on n'en trouve aucun dans ses œuvres. P. Delaudun-Daigaliers, dans son chapitre *Du lay et virelay*, dit : « L'usage est si rare de ces deux sortes de poëmes, qu'il y a fort peu de personnes qui les cognoissent, et ne trouve pas qu'aucun des bons poëtes s'y soit amusé. » Aussi le naïf auteur est-il obligé de citer pour exemple un virelay de lui-même. On sait que la Fronde remit en honneur, entre autres anciens genres, le triolet et le rondeau. L'*Art poétique françois* du sieur de la Croix n'a pas oublié le virelai, et en cite un exemple moderne.

Le mocqueur Lucian et le fou Rabelais,
Se metamorphosans par certains tours magiques,
Ne sont remplis pour moy que d'histoires tragiques.
Ovide en l'Art d'aimer m'epouvante à l'abort;
Amour, avec son dard, y passe pour la Mort;
Avec son dos ailé, pour un oiseau funeste;
Avec son mal fievreux, pour une horrible peste,
Et pour une furie avecques son flambeau,
Qui ne sert qu'à guider les hommes au tombeau.
 Si, pour me retirer de ces creuses pensées,
Autour de mon cerveau pesamment amassées,
Je m'exerce parfois à trouver sur mon lut
Quelque chant qui m'apporte un espoir de salut,
Mes doigts, suivans l'humeur de mon triste genie,
Font languir les accens et plaindre l'harmonie;
Mille tons delicats, lamentables et clairs,
S'en vont à longs souspirs se perdre dans les airs,
Et, tremblans au sortir de la corde animée,
Qui s'est dessous ma main au dueil accoustumée,
Il semble qu'à leur mort, d'une voix de douleur,
Ils chantent en pleurant ma vie et mon malheur.
 Si je vay par la ville, aux plus beaux jours de feste,
Le sort, dont la rigueur pend tousjours sur ma teste,
Donnant mesme aux plaisirs de noirs evenemens,
Ne me fait rencontrer partout qu'enterremens,
Que pasles criminels que l'on traisne au supplice;
Et lors, m'imaginant quelque enorme injustice,
Je m'escrie à l'abord, les sens de peur transis:
Dieux! seroit-ce point là mon pauvre amy Tirsis?
Non, non, ce n'est pas luy, ma veue est insensée;
Vostre gloire en sa mort seroit interessée,
Et l'equité celeste ayme trop l'innocent
Pour le payer si mal des peines qu'il ressent.
 Puis, quand il me souvient de l'horrible avanture
Qui mit tout mon bon-heur dedans la sepulture,

En y mettant Lysis, et qu'il m'est defendu
De chercher seulement le bien que j'ay perdu,
Je m'abandonne aux pleurs, je trouble tout de plaintes,
Un mortel desespoir me donne mille attaintes,
Et, parmy les tourmens qui m'ostent le repos,
Songeant à ses escrits, je dis à tous propos:
O belle Polixene[1]! amante infortunée!
Tu dois bien regretter sa courte destinée,
Puis qu'une telle fin t'interdit d'esperer
Celle des longs travaux qui te font souspirer!
O precieux enfant d'une si rare plume!
Beau livre! grand tresor, mais trop petit volume!
Ouvrage que la mort empescha de finir!
Je croy que t'ayant veu, tout bon sens doit tenir
Que la plus belle chose, en quoy que l'on souhaitte,
Se pourra desormais appeller imparfaite,

1. François de Molière, sieur d'Essartine, mourut assassiné, jeune encore, en 1628. Lenglet-Dufresnoy, dans sa *Bibl. des romans*, ne cite que la *Polyxène*, dont il indique les édit. de 1632 et de 1643; j'en possède une de 1623. Outre la *Polyxène*, vantée aussi par Racan, Molière a composé quelques lettres, qui se trouvent dans le recueil de Faret. Sorel, dans ses *Remarques sur* le Berger extravagant, se moque du début amphigourique de *Polyxène* (*Berger extrav.*, 3ᵉ partie, Rouen, 1646, p. 255 des *Remarques* qui suivent). — A la page 19 des mêmes *Remarques*, Sorel cite un autre ouvrage, peu connu, de Molière, *la Semaine amoureuse*, dont il blâme « les noms à la grecque ».
La *Polyxène* est dédiée à la princesse de Conty. Le privilége, daté de 1622, semble donner l'ouvrage comme complet dans ses quatre livres. Les quatre pages d'errata qui suivent sont curieuses, et montrent quelle importance l'auteur attachoit à son style — Ce livre est un des nombreux romans qui sont venus, à la remorque de l'*Astrée*, escompter la gloire de cet ouvrage. A vrai dire, c'en est un épisode. — En 1627, un sieur de Molière étoit lieutenant d'artillerie au siége de l'île de Ré. (*Hist. de Richelieu*, par Aubery, p. 57.)

Si plustost on ne dit que, pour estre divin,
O livre nompareil! tu n'as point eu de fin.
Et je n'en mettray point à l'ennuy qui me ronge,
Car, soit que ton autheur me vienne voir en songe,
Ou que je pense à luy comme je fais tousjours,
Mes larmes et mes cris auront un mesme cours;
Ma pitié luy veut rendre à jamais cet hommage;
En tous lieux où j'iray sa vaine et pasle image,
Visible à moy tout seul, et regretable à tous,
Me contera sa mort, me monstrera ses coups,
Et, m'inspirant au cœur ce que pour allegeance
Luy pourra suggerer une horrible vengeance
Contre cet assassin rempli de trahison
Qui termina ses jours en leur verte saison,
Me mettra dans les mains les plus pesantes chaisnes,
Les feux les plus ardens et les plus longues gesnes,
Pour en punir ce monstre, et faire un chastiment
Que l'on puisse esgaler à mon ressentiment.

LA PLUYE.

A Monsieur Deslandes-Payen[1], *conseiller en la cour de Parlement de Paris.*

Enfin, la haute Providence
Qui gouverne à son gré le temps,
Travaillant à nostre abondance,
Rendra les laboureurs contens.
Sus, que tout le monde s'enfuye !
Je voy de loing venir la pluye,
Le ciel est noir de bout en bout,
Et ses influences benignes
Vont tant verser d'eau sur les vignes,
Que nous n'en boirons point du tout.

L'ardeur grilloit toutes les herbes,
Et tel les voyoit consumer

---

1. Pierre Payen-Deslandes fut le 49ᵉ prieur de la Charité, dans le Nivernois. Il succéda, juillet 1646, au cardinal de Lyon, frère de Richelieu. Il mourut en 1664, après avoir résigné en faveur de Jacques Martineau d'Hornoir. Payen-Deslandes étoit doyen des conseillers de la grand'chambre du parlement de Paris. — Dans la Fronde, il proposa (7 février 1651) de défendre aux cardinaux l'administration des affaires, et sa proposition fut suivie de l'arrêt qui proscrivoit Mazarin et les siens. Le 27 avril, il osoit seul accepter au parlement la protestation de la princesse de Condé contre la détention des princes. (V. Œuvres de Maître Adam, éditées par M. Ferd. Wagnier.) — Scarron (Œuvres, Paris, 1700, p. 149) adresse une longue épître et de grands éloges à M. Deslandes-Payen.

Qui n'eust pas creu tirer des gerbes
Assez de grain pour en semer ;
Bref, la terre en cette contrée,
D'une beante soif outrée,
N'avoit souffert rien de pareil
Depuis qu'une audace trop vaine
Porta le beau fils de Climene
Sur le brillant char du Soleil.

Mais les dieux, mettant bas les armes
Que leur font prendre nos pechez,
Veulent temoigner par des larmes
Que les nostres les ont touchez.
Dejà l'humide Iris estale
Son beau demy-cercle d'opale
Dedans le vague champ de l'air,
Et, pressant mainte epaisse nue,
Fait obscurcir à sa venue
Le temps qui se monstroit si clair.

Ces pauvres sources epuisées
Qui ne couloient plus qu'en langueur,
En tressaillent comme fusées
D'une incomparable vigueur ;
Je pense, à les voir si hautaines,
Que les eaux de mille fontaines
Ont ramassé dedans ces lieux
Ce qui leur restoit de puissance,
Pour aller, par reconnoissance,
Au devant de celles des cieux.

Payen, sauvons-nous dans ta sale,
Voilà le nuage crevé.
O comme à grands flots il devale !
Dejà tout en est abbreuvé.
Mon Dieu ! quel plaisir incroyable !
Que l'eau fait un bruit agreable,

Tombant sur ces fueillages verds !
Et que je charmerois l'oreille,
Si cette douceur nompareille
Se pouvoit trouver en mes vers !

Çà ! que l'on m'apporte une coupe,
Du vin frais : il en est saison.
Puis que Cerès boit à la troupe,
Il faut bien luy faire raison ;
Mais non pas avec ce breuvage
De qui le goust fade et sauvage
Ne sçauroit plaire qu'aux sablons
Ou qu'à quelque jeune pucelle
Qui ne bust que de l'eau comme elle,
Afin d'avoir les cheveux blons.

Regarde à l'abry de ces saules
Un pelerin qui se tapit :
Le degoust perce ses espaules,
Mais il n'en a point de dépit.
Contemple un peu dans cette allée
Thibaut, à la mine haslée,
Marcher froidement par compas :
Le bonhomme sent telle joye,
Qu'encore que cette eau le noye,
Si ne s'en ostera-t-il pas.

Voy de là dans cette campagne
Ces vignerons, tous transportez,
Sauter comme genets d'Espagne,
Se demenans de tous costez ;
Entens d'icy tes domestiques
Entrecouper leurs chants rustiques
D'un frequent battement de mains ;
Tous les cœurs s'en espanouissent,
Et les bestes s'en resjouyssent
Aussi bien comme les humains.

LA NUICT[1].

Paisible et solitaire nuit,
    Sans lune et sans estoilles,
Renferme le jour qui me nuit
    Dans tes plus sombres voiles;
Haste tes pas, deesse, exauce-moy:
J'ayme une brune comme toy.

J'ayme une brune dont les yeux
    Font dire à tout le monde
Que, quand Phebus quitte les cieux
    Pour se cacher sous l'onde,
C'est de regret de se voir surmonté
Du vif éclat de leur beauté.

Mon lut, mon humeur et mes vers
    Ont enchanté son ame;
Tous ses sentimens sont ouvers

---

1. A la suite de « *la Madonte* du sieur Auvray, tragi-comédie » (Paris, A. de Sommaville, 1631), on trouve les « autres œuvres poétiques du sieur Auvray », et parmi celles-ci une pièce intitulée *le Tableau de la nuit*, bien inférieure à celle de Saint-Amant. L'auteur a fait de l'esprit jusque dans les *errata*, qui débutent par cette phrase : « Il est bien difficile qu'une dame sorte de la presse sans y perdre quelqu'un de ses ornemens. Voici ce que *Madonte* treuve à redire aux siens.... »

A l'amoureuse flame ;
Elle m'adore, et dit que ses desirs
Ne vivent que pour mes plaisirs.

Quel jugement y doy-je assoir ?
Veut-elle me complaire ?
Mon cœur s'en promet à ce soir
Une preuve plus claire.
Vien donc, ô nuit ! que ton obscurité
M'en decouvre la verité.

Sommeil, respans à pleines mains
Tes pavots sur la terre ;
Assoupy les yeux des humains
D'un gracieux caterre,
Laissant veiller en tout cet element
Ma maistresse et moy seulement.

Ainsi, jamais de ta grandeur
Rien n'abaisse la gloire ;
Ainsi jamais bruit ny splendeur
N'entre en ta grotte noire,
Comme autrefois, quand à chaque propos,
Iris troubloit ton doux repos.

Ha! voilà le jour achevé,
Il faut que je m'appreste ;
L'astre de Venus est levé,
Propice à ma requeste ;
Si bien qu'il semble en se monstrant si beau,
Me vouloir servir de flambeau.

L'artisan, las de travailler,
Delaisse son ouvrage ;
Sa femme, qui le voit bâiller,
En rit en son courage,
Et, l'œilladant, s'appreste à recevoir
Les fruits du nuptial devoir.

La Nuict.

Les chats, presque enragez d'amour,
    Grondent dans les goutieres;
Les lou-garous, fuyans le jour,
    Hurlent aux cimetières;
Et les enfans, transis d'estre tous seuls,
    Couvrent leurs testes de linceuls.

Le clochetteur des trespassez,
    Sonnant de rue en rue,
De frayeur rend leurs cœurs glacez,
    Bien que leur corps en sue;
Et mille chiens, oyans sa triste vois,
    Luy repondent à longs abois.

Ces tons, ensemble confondus,
    Font des accords funebres,
Dont les accens sont epandus
    En l'horreur des tenebres,
Que le silence abandonne à ce bruit
    Qui l'epouvante et le destruit.

Lugubre courier du Destin,
    Effroy des ames lasches,
Qui si souvent, soir et matin,
    M'esveilles et me fasches,
Va faire ailleurs, engeance de demon,
    Ton vain et tragique sermon.

Tu ne me sçaurois empescher
    D'aller voir ma Sylvie,
Deussay-je, pour un bien si cher,
    Perdre aujourd'huy la vie.
L'heure me presse, il est temps de partir,
    Et rien ne m'en peut divertir.

---

1. V. Legrand d'Aussy, *Mœurs et coutumes*, etc. Il cite ce passage de Saint-Amant.

Tous ces vents, qui souffloient si fort,
    Retiennent leurs haleines ;
Il ne pleut plus, la foudre dort,
    On n'oit que les fontaines
Et le doux son de quelques luts charmans
    Qui parlent au lieu des amans.

Je ne puis estre decouvert,
    La nuict m'est trop fidelle ;
Entrons, je sens l'huis entr'ouvert,
    J'apperçoy la chandelle.
Dieux ! qu'est-ce cy ? Je tremble à chaque pas,
    Comme si j'allois au trespas.

O toy, dont l'œil est mon vainqueur,
    Sylvie, eh ! que t'en semble ?
Un homme qui n'a point de cœur,
    Ne faut-il pas qu'il tremble ?
Je n'en ay point, tu possedes le mien...
    Me veux-tu pas donner le tien ?

ELEGIE POUR DAMON

A Philis.

Philis, dont les beaux yeux, avec des traits de
[flame,
Ont penetré les miens et passé dans mon ame,
Par quels tristes accens me doy-je lamenter
De voir sans reconfort mes ennuis s'augmenter?
Depuis le jour fatal qu'en l'amoureuse chaisne
Le Ciel me fait souffrir une eternelle gesne
Depuis que vos beautez me donnerent la loy,
Treuvant tous les amans bien mieux traitez que moy,
Je leur dy librement qu'ils ont tort de se plaindre, [dre,
Pour grands que soient les maux qui les puissent attein-
Et, jusqu'au fond du cœur leur decouvrant mes coups,
Ils tiennent que leur sort est de beaucoup plus dous.
Mais y voyans au vif engravée une image
De qui le beau sujet me cause ce dommage,
Les mieux sensez d'entre eux se disent à l'instant
Plus mal-heureux que moy de ne l'estre pas tant.
  Aussi, belle Philis, si mon ame soûpire,
Ce n'est pas de souffrir sous un si doux empire;
Si mes cris redoublez éclattent jusqu'aux cieux,
Ce n'est pas de brûler au feu de vos beaux yeux;
Au contraire, ô Philis! la raison m'y convie,
Je m'en tiens trop heureux, et ne conte ma vie

Que depuis ce moment qu'un doux et long trespas
Me fut predestiné par vos divins appas.
 La douleur qui me pousse à former cette plainte,
Qui, comme mon amour, est exemte de feinte,
Me vient d'avoir perdu le bon-heur de vous voir
Lors que mon bon destin m'en donnoit le pouvoir.
O cruelle avanture! ô perte irreparable!
O regret eternel! ô Damon miserable!
Falloit-il que le sort te vînt offrir ce bien
Avec intention de ne t'en donner rien!
O rare et seul objet d'où ma peine procede,
Las! regardez un peu comme tout me succede!
J'eusse esté rechercher cet honneur nompareil
Par un chemin plus long que celuy du soleil;
J'eusse entrepris cent fois, d'un courage invincible,
De faire ce qu'un Dieu trouveroit impossible,
Pour vous voir à mon aise une fois seulement,
Et puis estre à jamais dedans l'aveuglement.
Et cependant mon heur et vostre destinée
Jusques dans ma maison vous avoient amenée;
Mais le Ciel, envieux du bien que j'en eusse eu,
Voulut que le projet s'en fist à mon deceu.
 Helas! si vous sçaviez, ô l'astre des plus belles!
Avec quel sentiment j'entendis ces nouvelles,
Il ne me faudroit plus d'autre preuve d'amour
Pour vous rendre mes feux aussi clairs que le jour.
Je m'en courus soudain dans ces lieux solitaires
Baiser de vos beaux pas les sacrez caracteres,
Et murmurant dessus mille mots insensez,
De regret et de joye également poussez,
J'y fus un long espace attaché par la veue,
Le corps sans mouvement et l'ame toute emeue,
Tant qu'à la fin ma voix avec mille souspirs,
Donna ces vers en garde aux amoureux zephirs.
 O terre! à qui le ciel, plus qu'à moy favorable,

A permis de jouyr d'un bien si desirable
Que de toucher ma reine et la voir de si près,
Mesme jusques aux lieux tenus les plus secrets,
De peur qu'à l'advenir quelque pied sacrilege
Entrant dedans ce parc sans aucun privilege,
Ne te vienne fouler, je te feray couvrir,
Ou j'y seray tousjours quand il faudra l'ouvrir;
Et quand l'esté bruslant alterera ta face,
Et quand l'hyver transi te chargera de glace,
Mes yeux avec des pleurs éteindront ton ardeur;
Mes souspirs enflamez chasseront ta froideur;
Mais je ne pense pas que rien te puisse nuire,
Après que mon soleil a sur toy daigné luire :
Soleil dont les rayons, te visitans encor,
Mieux que ceux de Phebus te changeroient en or.

O terre bien-heureuse ! encor que la nature
Jadis de l'univers ordonnant la structure,
Par un decret occulte aux humains jugemens,
T'ait mise le plus bas de tous les elemens,
Je veux, et je le puis, que ma plume hardie,
Quoy que la medisance ou la sottise en die,
Porte si haut ta gloire en presence de tous,
Que le trosne des dieux un jour soit au dessous.

La Renommée en fin, quand je t'auray depeinte,
Parlera plus de toy que de la Terre sainte ;
Cybele à ton sujet aura tous les autels
Que l'on a consacrez aux autres immortels ;
On passera les mers, sans craindre aucun obstacle,
Pour jouyr de ta veue ainsi que d'un miracle ;
Et quand au bout du temps ce monstre bruslera,
Si le Destin m'en croit, il te preservera.
Je te prie, ô beau lieu ! qu'aussi-tost que la Parque
Contraindra mon esprit d'entrer dedans sa barque,
Enregistrant mon nom dans le livre des morts,
Il te plaise fournir de sepulcre à ce corps.

ELEGIE.

A peine avois-je dit ce que ma main exprime,
Que sur ces pas cheris mes levres je r'imprime,
Et m'arrachant moy-mesme à regret de ce lieu,
Mes soûpirs seulement purent leur dire adieu.
Philis, voyez par là combien je vous honore,
Et pour en parler mieux, combien je vous adore,
Puisque ce que vos pieds n'ont touché qu'en passant
Tire de mon amour un effet si puissant.
Mais, ô rare beauté! j'oubliois à vous dire
Que là tous les objets, pour croistre mon martyre,
De vostre bel aspect tous gais, tous embellis,
Sembloient dire à mes yeux : Nous avons veu Philis.

De grace, octroyez-moy que ce bon-heur m'arrive,
Ou je verray bien-tost la sombre et pasle rive,
Car un demon me dit, me suivant pas à pas,
Que ce retardement hastera mon trespas.

PLAINTE

Sur la mort de Sylvie.

    Ruisseau qui cours après toy-mesme,
    Et qui te fuis toy-mesme aussi,
    Arreste un peu ton onde ici
    Pour escouter mon dueil extresme;
Puis, quand tu l'auras sceu, va-t'en dire à la mer
    Qu'elle n'a rien de plus amer.

    Raconte-luy comme Sylvie,
    Qui seule gouvernoit mon sort,
    A receu le coup de la mort
    Au plus bel age de la vie,
Et que cet accident triomphe en mesme jour
    De toutes les forces d'Amour.

    Las! je n'en puis dire autre chose,
    Mes souspirs trenchent mon discours.
    Adieu, ruisseau, repren ton cours,
    Qui non plus que moy ne repose;
Que si par mes regrets j'ay bien pu t'arrester,
    Voilà des pleurs pour te haster.

ELEGIE A DAMON.

Damon, je languissois dans un sombre silence,
Suivant de mon humeur la froide nonchalence,
Quand cet œil gracieux, dont tu te sens espris,
En te bruslant le cœur éclaira mes esprits.
Lors mille hauts sujets reveillerent ma veine,
Et, publiant sa gloire en dépeignant ta peine,
Je mis la Muse en œuvre, et taschay par mes vers
De le faire briller aux bouts de l'univers.
Les voyans si hardis à chanter sa louange,
O vous qui les orrez, ne trouvez point estrange
Qu'il leur ait inspiré, d'un eclat nompareil,
La fureur d'Apollon, puis que c'est un Soleil.

Depuis, entretenant ce beau feu qu'il allume,
Il a tousjours receu quelque fruit de ma plume.
J'ay fait dire à mon lut qu'Orante seulement
Eleve tous les cœurs dans le ravissement;
Et lors, sans vanité, qu'il chante ses merveilles,
Il ne transporte pas, possible, moins d'oreilles;
Mais elle en est la cause, on l'en doit admirer,
Et luy donner l'honneur que j'en pourrois tirer.

Pour moy, comme je puis, par tout je m'en acquitte,
Sçachant que la Raison, qui connoist son merite,
Requiert que le devoir ne se puisse assouvir
En moy de la louer, en toy de la servir.

Sers-la donc, cher Damon ; mets y toute industrie,
Pousse tes sentimens jusqu'à l'idolatrie :
Les Dieux t'excuseront pour un sujet si beau.
En tout cas ne crains point la rigueur du tombeau.
Quand quelque deïté s'en tiendroit offencée,
Tu garderas tousjours cecy dans ta pensée,
Que, depuis qu'un mortel une fois a gousté
De ce manger divin en l'Olimpe appresté,
De ce mets precieux qu'on appelle ambroisie,
On peut asseurement croire sans frenesie
Qu'il est exempt d'aller en ces tristes manoirs
Où Charon a passé tant de fantomes noirs.
Hé ! n'en goûtas-tu pas quand tu baisas Orante,
Quand je te vy pasmé sur sa bouche odorante,
Et que ses doux regards te firent revenir ?
O combien vivement tu t'en dois souvenir !
Et puis, quand tu mourrois pour l'avoir adorée,
De quel plus beau trespas pourroit estre honorée
Une vie où l'amour fait voir sa passion
Jusques au plus haut point de la perfection ?
Mais, ô le vain discours où s'engage ma Muse !
Que je suis aveuglé ! que ma raison s'abuse !
Puis qu'on la tient deesse entre les immortels,
On peut bien sans peché luy dresser des autels.
Sers-la donc, cher Damon, revere son empire,
Jamais à d'autre but ta volonté n'aspire ;
Jamais autre beauté ne se loge en ton cœur,
Et jamais autre objet n'en puisse estre vainqueur.
Fay-la tirer au vif comme elle est dans ton ame,
Et puis, pour signaler ton courage et ta flame,
Arme-toy fierement d'un superbe harnois,
Et va chercher par tout les plus fameux tournois,
Deffiant au combat, d'une ardente menace,
Quiconque osera dire, enflé de vaine audace,
Que la beauté qu'il sert s'egale au moindre trait

Que l'art fera briller en ce rare portrait.
    Et quand mesme ce dieu qui preside à la guerre,
S'eslevant contre toy, voudroit descendre en terre,
Que ton bras le contraigne à dire que Cypris
N'eut jamais tant d'appas que celle qui t'a pris.
    Mais à quoy ces conseils te sont-ils necessaires?
Tu ne peux en cela rencontrer d'adversaires,
Puis que tous les amans disent de leur bon gré
Qu'elle tient des beautez le supresme degré.
Elle le tient vrayement, et jamais la nature
N'employa tant de soins à l'humaine structure.
Les elemens grossiers, concertans leurs accords,
N'ont rien contribué pour faire un si beau corps;
Elle est comme le ciel, d'où sa forme est venue,
D'une matiere pure à nos sens inconnue :
Encor, le surpassant, elle a double soleil,
Comme elle a double aurore en son beau teint vermeil.
On la doit croire Lune en sa blancheur extresme,
Puis que sa chasteté la rend Diane mesme ;
Enfin rien icy bas ne la peut egaler,
Et la voix d'un mortel ne sçait comme en parler.
    La rose devient pasle approchant de sa joue,
Si bien que l'on diroit qu'en soy-mesme elle advoue
Qu'elle a commis un crime en la temerité
De s'estre comparée avec cette beauté.
    Le lis tremble et rougit dès que sa main le touche,
Et par cette action, qui luy tient lieu de bouche,
Plein de crainte et de honte, il semble declarer
Qu'il est vaincu par elle, et qu'il faut l'adorer ;
Alors il s'humilie en abaissant la teste,
Tout ainsi qu'il demeure après quelque tempeste ;
Et, lui sacrifiant sa plus vive frescheur,
Il rend tout aussi-tost hommage à sa blancheur.
Ma muse de bon sens n'est pas si depourveue
Qu'elle s'aille ingerer de depeindre sa veue.

ELEGIE.

C'est assez qu'elle ait dit que, surpassant les cieux,
Elle peut faire voir deux soleils en ses yeux.
Eh! quel aigle hautain, exerçant ses prunelles,
Auroit bien ramassé tant de vigueur en elles,
Qu'il pust considerer d'un effort inouy
Deux soleils à la fois sans en estre eblouy?

   Je depeindroy son front si le jaloux Zephire,
Redoutant que l'amour ne me le fist decrire,
Et qu'un autre que luy ne luy portast ses vœux,
Ne me le cachoit point avec ses blonds cheveux.
Que ne diroy-je pas de sa voix angelique,
Qui chasse des esprits l'humeur melancolique!
Quelle stupidité ne s'en eveilleroit!
Quelle estrange fureur ne s'en assoupiroit!
Avec quels doux propos et quels amoureux gestes
Vante-t-on son beau sein, ces deux mondes celestes!
Que l'on est estonné, lors qu'on pense à ce point,
Qu'en se voyant si beaux ils ne se baisent point!

   O Damon! ô Damon! que l'on te porte envie
Quand on te voit mener une si douce vie,
Que de souffrir ainsi le martyre d'amour
Pour le plus bel objet qui jamais vit le jour!
Mais n'en sois point en peine, aucun ne t'y peut nuire;
C'est sur toy seulement que ses yeux daignent luire:
Car ton heureux destin, travaillant à ton bien,
A tant fait que d'abord il a gaigné le sien.

   Enfin, quand ses faveurs et ta perseverance
Par la possession t'osteront l'esperance,
Je croy que tu diras qu'après un tel plaisir
Tu ne sçaurois trouver dequoy faire un desir.

LE BEL OEIL MALADE[1].

Quand je voy ce bel œil tout en feu comme il est,
Où parmy les douleurs le roy des cœurs se
    De faire sa demeure, [plaist
Je croy que l'univers est à son dernier jour,
Que le ciel se consume, et qu'il faut que je meure,
Puis que je voy perir l'objet de mon amour.

En un tel accident je ne m'estonne pas
De voir dans ce bel œil ce demon plein d'appas :
    Rire encore en mon ame :
Car, considerant bien sa nature et son jeu,
Ce n'est pas un prodige en luy, qui n'est que flame,
Qu'il puisse ainsi durer au milieu de ce feu.

J'auroy peur toutesfois qu'en ce sujet de dueil,
Mon portrait en petit tiré dans ce bel œil
    Ne fust reduit en cendre ;

---

1. On trouve dans les œuvres de Malleville des stances sur des yeux malades. — L'abbé Testu, dans *les Muses illustres* (Paris, Chamhoudry, 1658), a fait des stances sur le même sujet. — Le chevalier de Cailly (d'Aceilly), sous le titre de *les Beaux yeux malades*, dit à Mme de Nérancy :

> La justice du Ciel n'est pas trop inhumaine
> In affligeant vos yeux, aimable Nerancy :
>   Ils souffrent bien de la peine ;
>   Ils en ont bien fait aussi.

Mais sa vertu secrette enseigne à mon penser
Qu'estant un diamant, tout esprit doit apprendre
Que jamais aucun feu ne le peut offenser.

Si, par une merveille aimable en ce malheur,
Ce bel œil retenoit cette ardente couleur
  Pour me servir de phare,
Il passeroit aux yeux des plus sages amans
Pour un de ces rubis dont l'eclat est si rare,
Qu'il en est plus prisé que tous les diamans.

Son cher frere, affligé de ce que son pareil
Luy va donner moyen d'estre appellé Soleil
  En le laissant unique,
Bien plus de passion dedans luy nous fait voir
A fuyr cet honneur, qu'il juge tyrannique,
Que jadis Phaëton n'en monstra pour l'avoir.

Il pleure, et nul objet ne l'en peut divertir,
Comme si par ses eaux il pensoit amortir
  Les flames trop voisines :
On diroit, à le voir respandre ainsi des pleurs,
D'un vaze de christal tout plein de perles fines
Que l'on renverseroit sur quelque champ de fleurs.

LA JOUYSSANCE[1].

Loin de ce pompeux edifice
Où nos princes font leur sejour,
Et lassé de voir à la cour
Tant de contrainte et d'artifice,
J'estois libre dans ma maison,
Bien que mon cœur fust en prison
Dans les beaux yeux de ma Sylvie ;
Et, sans craindre en amour l'inconstance du sort,
Je menois la plus douce vie
Qu'on puisse voir passer par les mains de la Mort.

Mes sens en bonne intelligence
S'entendoient avec mes desirs,
Me recherchans mille plaisirs
D'une soigneuse diligence.
Chacun admiroit mon bonheur ;
Le Ciel, pour me combler d'honneur,
Ne juroit que par mon merite,

---

1. On trouve des pièces fort passionnées sous ce titre dans les œuvres de Mme de la Suze. — Le sieur de la Croix, dans son *Art poétique*, a cru devoir faire de ce titre particulier un genre de poésie dont il donne le caractère et les lois, comme il fait pour le *rigaudon* ou la *crevaille*, par exemple. — Voyez aussi, dans *les Muses illustres*, un sonnet sur le même sujet.

LA JOUYSSANCE.

Et disoit au sujet de mes affections
    Que la terre estoit trop petite
Pour pouvoir contenir tant de perfections.

    Mon bien estoit incomparable,
Ainsi que ma dame et ma foy.
Le plus content au prix de moy
Ne s'estimoit que miserable.
J'estois amant, j'estois aimé ;
La douceur qui m'avoit charmé
Ne me gardoit point d'amertume,
Car tant plus j'en goustois, m'y laissant emporter,
    Et tant plus, contre ma coustume,
S'augmentoit en mon cœur le desir d'en gouster.

    Sous un climat où la nature
Montre à nud toutes ses beautez
Et nourrit les yeux enchantez
Des plus doux traits de la peinture,
Nous voyons briller sur les fleurs
Plustost des perles que des pleurs
Qui tomboient des yeux de l'Aurore,
Dont celle à qui Zephire adresse tous ses vœux,
    Et que le beau printemps adore,
Se paroit au matin la gorge et les cheveux.

    Entre les Ris et les Caresses,
Les petits Amours eveillez
Dançoient par ces champs emaillez
Avec les Graces leurs maistresses ;
Et souvent, pour s'entre-baiser,
Ils se venoient tous reposer
Au milieu du sein de ma belle,
Faisans naistre aussi-tost mille divins appas,
    De qui la puissance estoit telle,
Qu'ils donnoient tout d'un coup la vie et le trespas.

Tantost nous voyons un Satyre,
Assis à l'ombre d'un ormeau,
Faire plaindre son chalumeau
De son agreable martyre ;
Tantost, dans un bois ecarté
Où n'entre qu'un peu de clarté,
Nous visitions la Solitude ;
Et, trouvans le Repos qui lui faisoit la cour,
Nous chassions toute inquietude,
De peur de les troubler en leur paisible amour.

Là, sous un mirthe que les fées
Respectent comme un arbre saint,
Où Venus elle-mesme a peint
Ses mysteres et ses trofées,
Nous faisions des vœux solemnels
Que nos feux seroient eternels,
Sans jamais amoindrir leur force ;
Puis, prestans le serment à Dieu nostre vainqueur,
Nous l'ecrivions sur son escorce ;
Mais il estoit gravé bien mieux dans nostre cœur.

Tantost, feignant un peu de crainte,
Je disois à cette beauté,
Pour sonder sa fidelité,
Que son humeur estoit contrainte ;
Tantost, d'un visage mourant,
Je lui tenois en souspirant
Ces propos de glace et de flame :
Oseroy-je esperer, ô miracle des cieux !
D'estre aussi bien dedans ton ame
Comme en te regardant je me voy dans tes yeux ?

Lors elle disoit toute emeue,
En m'accusant de peu de foy :
Lysis, ton image est en moy

LA JOUYSSANCE.

Bien plus avant que dans la veue.
Je t'en prens toy-mesme à tesmoin,
Reconnoy qu'elle est bien plus loin,
Puis qu'elle y paroist si petite ;
Et croy que tu la vois, par un regard fatal,
Dans mon cœur, où l'amour habite,
Comme on voit un portrait au travers d'un cristal.

A ce discours l'ame ravie
De ne sçavoir que repartir,
Je la priois de consentir
Aux vœux de l'amoureuse envie ;
Et pour terminer tout debat,
Je l'invitois aux doux ébat
Où jamais femme ne se lasse,
L'estreignant, en l'ardeur qui m'avoit provocqué,
Mieux que le houbelon n'embrasse
L'aubespine qu'il aime, et dont il est picqué.

Là, sur sa bouche à demy close
Je beuvois, baisant nuict et jour,
A la santé de nostre amour,
Dedans une couppe de rose.
Ma bergere, en toute saison
Ardente à me faire raison,
S'enyvroit de la mesme sorte ;
Et dans ce doux excès nos sens quasi perclus,
Sous une contenance morte,
Confessoient par nos yeux que nous n'en pouvions plus.

Nos desirs, reprenant courage
Quand nos efforts s'allentissoient,
En toutes façons exerçoient
Les traits de l'amoureuse rage.
Cette bouillante passion
Portoit avec tant d'action

La Jouyssance.

    Tous nos mouvements à la guerre,
Qu'à nous voir en ce poinct dans les jeux de Cypris
    On eust dit que toute la terre
Estoit d'un tel combat le sujet et le pris.

    Cependant en cette querelle
    Suffisoit à nous contenter
    Le lieu qu'elle daignoit prester
    A nos corps estendus sur elle.
    Nous l'estimions plus mille fois
    Que tous les païs que nos rois
    Ont eus sous leur obeissance,
Ni mesme que ces lieux pour qui ce grand demon
    Qui detient l'or en sa puissance
Fit treuver aux nochers l'usage du timon.

    Dieux ! quelle plume assez lascive,
    Fust-ce de l'aile d'un moineau,
    D'un combat si doux et si beau,
    Decriroit l'ardeur excessive?
    Jamais, alors qu'à membres nus
    Adonis embrassoit Venus,
    Tant de bon tours ne s'inventerent,
Ni jamais l'Amour mesme et sa belle Psiché
    Tant de delices ne gousterent,
Que nos sens en goustoient en ce plaisant peché.

    La langue, estant de la partie,
    Si-tost qu'un baiser l'assiegeoit,
    Aux bords des levres se rengeoit,
    Afin de faire une sortie ;
    L'ennemy, recevant ses coups,
    Souffroit un martyre si dous,
    Qu'il en benissoit les atteintes ;
Et mille longs souspirs, servant en mesme temps
    De chants de victoire et de plaintes,
Monstroient que les vaincus estoient les plus contens.

LA JOUYSSANCE.

Un jour, pres d'une vive source
D'argent liquide et transparant,
Qui prend la fuitte en s'esgarant
Vers la mer où finit sa course,
Mon lut, parlant à basse vois,
S'entretenoit avec mes dois
De mes secrettes fantaisies,
Et parfois s'esclattant en la vigueur des sons,
Les roches se sentoient saisies
Du mignard tremblement de mille doux frissons.

Les oyseaux, tirez par l'oreille,
Allongeant le col pour m'ouyr,
Se laissoient presque esvanouyr,
Tous comblez d'aise et de merveille.
Les animaux autour de nous
Nous contemploient à deux genous,
Plongez dans un profond silence,
Quand d'un vieux chesne, esmeu de ce contentement,
Avec un peu de violence
Sortirent ces propos assez distinctement :

Orphée, aux yeux de Radamante,
A donc ramené des enfers,
Malgré les flames et les fers,
Sa chere et gracieuse amante?
Ce rare exemple d'amitié
Est donc rejoint à sa moitié
Par deux fois de luy separée?
Et sa teste, où les dieux tant de dons ont enclos,
Ny sa lyre tant admirée,
Ne furent donc jamais à l'abandon des flots?

ELEGIE A UNE DAME

Pour M. L. C. D. H[1].

Beauté dont les appas triomphent de ma vie,
Gloire de mon tourment, admirable Sylvie,
Que, dans la servitude où l'amour m'a reduit,
Benissant mes liens, j'adore jour et nuit;
Et de qui l'œil vainqueur, cher astre de mon ame,
Me brûle en m'éclairant d'une si douce flame,
Qu'il ne m'est pas permis, sans commettre un forfait,
De me plaindre jamais du mal qu'elle me fait;
Puis que dans le plaisir de vous voir pitoyable
A l'ennuy que j'endure, et qui m'est agreable,
Vous m'avez menacé d'un cruel chastiment,
Si je n'estois secret en mon ressentiment,
Je veux d'oresnavant obeïr et me taire,
Je veux me retirer dans un lieu solitaire,
Où le silence au moins avec discretion
Sçache le bon succez de mon affection :
Car, quelques loix d'honneur que l'on nous fasse entendre,
N'en desplaise au respect, je ne sçaurois comprendre
Que l'on ne soit ingrat et digne du trespas,
De recevoir du bien, et ne le dire pas.

[1]. Le comte d'Harcourt, ami de Saint-Amant (voy. la notice) et de Faret, qui l'accompagnèrent dans son expédition des îles Saint-Honorat et Sainte-Marguerite, etc.

ELEGIE.

Mais que dis-je? ô bons dieux! quoi, je parle d'absence?
Ma bouche, ozes-tu bien prendre cette licence,
Cependant que mon cœur que je sens murmurer,
Dit qu'il mourroit plûtost que de s'en separer?
Te croirois-tu capable, apres cette parole,
Que malgré tes projets je veux rendre frivole,
Et pour qui te sont deus des tourmens inhumains,
De baiser quelque jour l'yvoire de ses mains?
　O malheureux propos! ô perfide pensée,
Qui ne sçauroit partir que d'une ame insensée!
Moy, que je vous quittasse, ô mon divin soleil!
Que jamais ma raison approuvast ce conseil!
Non, non; plustost Neptune abandonnera l'onde,
Le Destin laissera la conduite du monde,
L'ombre fuira le corps, et l'amour le plaisir,
Avant que j'accomplisse un si lasche desir.
　Et, combien que la gloire à toute heure m'appelle
Pour aller de mon bras effrayer la Rochelle,
Ou repousser l'effort des orgueilleux Anglois,
Que l'un de mes ayeux a vaincus autresfois,
Je fay la sourde oreille, et, renonçant aux armes,
Mes yeux treuvent en vous tant d'attraits et de charmes,
Que, quelque mauvais bruit que j'en puisse encourir,
Aupres de vos beautez je veux vivre et mourir.

SUR UN DEPART.

A la mesme Dame.

Me dois-je preparer à ce funeste jour
　　Où, malgré mon ardeur fidelle,
Le destin me contraigne, à la honte d'amour,
A trahir ma déesse et me separer d'elle?
　　Helas! je n'y puis consentir,
　　Et toutesfois il faut partir.

Beaux yeux, que direz-vous de tant de faux sermens?
　　Que diray-je pour ma deffence?
Croira-t'on aujourd'huy qu'à force de tourmens
Je puisse desormais en esteindre l'offence,
　　Et pourrez-vous bien consentir
　　A me laisser vivre et partir?

Ouy, vous le permettrez, ô beaux yeux, je le croy,
　　Puis que la gloire vous sert d'ame,
Et que vous voyez bien, au milieu de ma foy,
Qu'à suivre le dieu Mars c'est elle qui m'enflame.
　　Ainsi vous devez consentir
　　A me laisser vivre et partir.

Là, dedans les perils, j'espère en la valeur,
　　Que par quelque victoire insigne
Me faisant couronner, en depit du malheur,
De servir vos beautez je me rendray plus digne;
　　Si bien qu'il vous faut consentir
　　A me laisser vivre et partir.

LE PALAIS DE LA VOLUPTÉ[1]

*Sur une maison de plaisance
que Monseigneur le* DUC DE RETS *a fait bastir
dans la forest de Prinçay*[2].

Icy la mesme symmettrie
A mis toute son industrie
Pour faire en ce bois escarté
Le palais de la Volupté.
Jamais le vague dieu de l'onde,
Ny celuy des clartez du monde,
N'entreprirent rien de plus beau,
Quand, sans trident et sans flambeau,
D'une volonté mutuelle,
Ils mirent en main la truelle,
Et sous des habits de maçons,
Employerent en cent façons
Tous les beaux traits que la nature
Admire dans l'architecture,
Pour loger ce prince troyen
Qui depuis les paya de rien.

---

1. On trouve beaucoup de ces descriptions allégoriques dans les auteurs du temps. Tristan a décrit la *maison d'Astrée* ou le palais des Amours. On a du P. Lemoine *le Palais de la Fortune*, *le Palais des Fleurs de lys*, *le Palais du Sommeil*, etc.; de Habert, *le Temple de la Mort*, etc.

2. A quelques lieues de Nantes; il en reste encore quelques débris.

Arriere ces masses enormes
Où s'entre-confondent les formes,
Où l'ordre n'est point observé,
Où l'on ne voit rien d'achevé;
Il n'en est point icy de mesme;
Tout y suit la raison supresme,
Et le dessein en chasque part
S'y rapporte aux regles de l'art.

 L'invention en est nouvelle,
Et ne vient que d'une cervelle
Qui fait tout avec tant de poids,
Et prend de tout si bien le chois
Qu'elle met en claire evidence,
Que sa grandeur et sa prudence
Sont aussi dignes, sans mentir,
De regner comme de bastir.

 Cet esprit que ma muse adore,
Qui de son amitié m'honore
Et que j'estime comme un Dieu,
A fait ce palais en ce lieu,
Où frequente la solitude,
Tant pour la chasse et pour l'estude,
Que pour tous les autres plaisirs
Qui s'accordent à ses desirs.

 La salle grande et somptueuse
Autant qu'elle est majestueuse,
Se dedie au roy des forests,
Au bon Pan, qui dans un marests
Vit sa maistresse en vain aimée
En fresles roseaux transformée;
De quoy pour chanter son tourment
Il fit à l'heure un instrument
Qui ne dit mot quand on le touche
Si l'on ne le porte à la bouche,
Essayant ainsi d'appaiser

Son ardeur par quelque baiser.
 Là dedans encore on revere,
Diane au front doux et severe,
Non pas pour cette chasteté
Dont son humeur fait vanité,
Quoy qu'avec Hypolite on croye
Qu'elle s'en donnoit à cœur joye,
Mais parce qu'elle ayme d'amour
A chasser en ce beau sejour.
 Ceux de qui l'ame et les oreilles
Trouvent des douceurs nompareilles
Aux plaisans et confus accors
Que font ensemble et chiens et cors
Entremeslez de voix humaines,
Quand, par les bois ou par les plaines,
Ou par les monts ou par les vaux,
Et les hommes et les chevaux
Poursuivent cerf, chevreuil ou lievre
A qui la peur donne la fievre,
Ceux, dis-je, qui ne craignent point
Le plaisir à la peine joint,
Tel qu'il l'est en cet exercice
Qu'on nomme un aymable caprice,
Y sont bien venus en tout temps,
Et n'en partent point mal-contens.
 Le demon des tours de finesse,
Qui dès sa plus simple jeunesse
Attrappa jadis tous les dieux,
Et sur la terre et dans les cieux;
L'inventeur du jeu de la chance,
Où les trois dez, menans la dance,
Taschent, au sortir d'un cornet,
A vous mettre une bource au net;
Le patron des maquerellages,
Le suborneur des pucellages,

Le chef des illustres menteurs,
C'est à dire des orateurs,
Dont souvent la seule eloquence
Rend les sujets de consequence ;
Mercure, dis-je, aux doux propos,
Aux yeux perçans, au corps dispos,
Qui par une routte inconnue
Vole à son gré dessus la nue,
Ailé comme un esmerillon,
Preside au premier pavillon.
  En cet endroit, sans tromperie,
Et sur tout sans criaillerie,
Peuvent s'esbattre nuict et jour,
Gagnans et perdans tour à tour
Sous le bon plaisir de fortune,
A l'un douce, à l'autre importune,
Ceux qui pensent que Paradis,
C'est ramener quinze sur dis.
  Le second, c'est où l'on conserve
L'auguste portrait de Minerve,
De cette sage deïté,
Qui, gardant sa virginité,
Est cependant mere feconde
De divers enfans mis au monde,
Les uns par les habilles mains
Des plus industrieux humains,
Les autres en la mesme guise
Que l'on chante qu'elle y fut mise,
Lorsque son pere en accoucha
Par le cerveau, qu'on luy trencha :
Ce sont les arts et les sciences,
Que, malgré nos impatiences,
Autrefois elle nous apprit,
Tant du corps comme de l'esprit.
  Là ceux qui pensent ne point vivre

S'ils n'ont le nez dans quelque livre,
Messieurs les doctes seulement,
Se trouvent en leur element.
   Au troisiesme, on voit en sa gloire
Celuy qui se plaist tant à boire,
Ce dieu de pampre couronné
Qui s'enyvra dès qu'il fut né;
Ce fameux prince des crevailles,
Ce guerrier de qui les batailles
Se donnent en plein cabaret
Sous un drappeau blanc et clairet,
Ce bon Denis[1], à qui ma muse
Aucun eloge ne refuse,
Ny jamais n'en refusera
Tant que sa verve durera.
   Là, tous les honnestes yvrongnes,
Aux cœurs sans fard, aux nobles trongnes,
Tous les gosiers voluptueux,
Tous les desbauchez vertueux,
Qui parmy leurs propos de table
Joignent l'utile au delectable,
Sont receus et traittez aussi
Comme des enfans sans soucy.
   Et pour le dernier où se treuvent
Mille tableaux qui nous esmeuvent
A faire ce crime innocent
A quoy la nature consent,
C'est à la cause des pensées
D'où naissent toutes les ar***[2].
C'est à celle qui sur les flots,
Le divin germe estant esclos,
Vogua dans un berceau de nacre,

---

1. Denis, Διονυσος, nom grec de Bacchus.
2. Arsées.

C'est à Venus qu'il se consacre,
A Venus, qui s'apprit deslors
Dans la mer au bransle du corps,
Qu'elle exerça depuis sur terre,
Menant une si rude guerre
Aux plus vigoureux bra***,
Que jusques à celuy de Mars,
Il luy falut rendre les armes,
Et recourir cent fois aux larmes
Pour quelque treve en obtenir,
Puis qu'il ne pouvoit la finir.
 Là, ceux que Priape convie
Au plus cher plaisir de la vie,
Où l'on espreuve un doux trespas,
Encore qu'on ne meure pas,
Trouvent, sans prendre cette peine
Qui souvent en amour est vaine,
Dequoy saouler leurs appetits,
Autant les grands que les petits.
— Que ces empaleurs de Gomorre,
Ces bou*** que mon cœur abhorre,
Ces infames pescheurs d'est***,
Ces soldats lasches et poltrons,
Qui, denuez de toute audace,
N'osent assaillir qu'une place
Qui, sans tour et sans parapet,
Ne se deffend qu'à coups de pet;
Que ces testes extravagantes,
Ces fous aux humeurs arrogantes,
Qui sans reverence des Dieux
Se plaisent à morguer les cieux,
Pestans avec mille blasphemes
Contre tout, voire contr'eux mesmes
Seulement pour estre compris

Au nombre de nos forts esprits ;
Que ces miserables avares
A leur endroit mesme barbares,
Qui bien moins hommes qu'animaux
Se donnent tous les jours les maux
Que dans les biens dont ils se privent
Ils craignent qui ne leur arrivent,
Et se laissent mourir de faim
De peur de n'avoir plus de pain ;
Que ces mines de secretaires,
Ces graves discoureurs d'affaires,
Qui, sans adveu du potentat,
Trenchent des ministres d'estat ;
Que ces vieilles rattes-pourries,
Ces ames qui ne sont nourries
Que d'un chagrin contredisant
A tout ce qu'on fait de plaisant ;
Que les ennemis des sciences,
Que les perfides consciences,
Que les yvrongnes querelleux,
Ny les ignorans scrupuleux,
Ne viennent point, pour nos supplices
Troubler en ce lieu les delices
Que l'on y gouste tous les jours ;
Bref, pour accomplir ce discours,
Que le petit noble rustique
Avec son habit à l'antique,
Son corps mal fait, son sot maintien,
Et son ridicule entretien,
Ne se presente en nulle sorte
A cette venerable porte,
Qu'il feroit sauter hors des gonds,
S'il ne veut que par mille bonds
On luy fasse dans une berne

Dancer la volte à la moderne,
Ou que, pour avoir trop vescu,
Cent coups d'espingle dans le cu
Luy soyent octroyez par des pages
Plus meschants que des chats sauvages,
Ou qu'en fin les plus forts valets
Aillent luy donner le relais.

BACCHUS CONQUERANT[1].

Pour un ballet du Roy.

En fin mon bras victorieux
    A couronné ma teste;
Ceux qui m'estoient injurieux
    Solemnisent ma feste;
Tout m'obeït, mesmes les immortels
Reverent mes sacrez autels.

Mon thyrse orné de pampres vers
    Qu'un lyerre entrelace
A fait trembler tout l'univers
    De sa seule menace,
Il a flestry par ses exploits guerriers
L'honneur des plus fameux lauriers.

---

1. Les *Vers pour le ballet des bacchanales*, de l'Imprimerie du roy, 1623, sont d'une extrême rareté. Un exemplaire se trouve à la Bibl. de l'Arsenal. — Les premiers vers sont de Théophile, les suivants sont de Saint-Amam (*sic*), de du Vivyer, de Sorel et de Bois-Robert. On y voit paroître deux sacrificateurs, des esclaves conduisant le triomphe de Bacchus, un coupeur de bourse, un coureur de nuit (M. le grand-prieur), des donneurs de sérénades (le duc de Longueville et le duc d'Elbeuf), un débauché pour les mascarades (le duc de Montmorency), un débauché pour l'amour (le maréchal de Créquy), enfin un débauché pour les masques (M. de Chalais). — Le livret comprend les pages 1-28. — Les ballets étoient des spectacles qui ne servoient qu'aux divertissements des rois et des princes. Cahusac n'en cite qu'un seul, la *Verità raminga*, qui ait

L'orient voit dessous mes lois
    Ses provinces regies ;
Ses monts, ses fleuves et ses bois,
    Ont ouy mes orgies,
Et la terreur de mes fiers Leopars
    Est imprimée en toutes pars.

L'impieté ne produit plus
    Contre moy de Penthée ;
Tous mes ennemis sont perclus,
    Leur puissance est domptée ;
Bref, le destin accorde à mon desir
    La gloire conjointe au plaisir.

Cependant ce roy redouté
    Sous qui les lys fleurissent,
Cette adorable Majesté
    Que les astres cherissent,
Fait, quoy que Dieu, que j'advoue aujourd'huy
    De n'estre qu'homme aux prix de luy.

O grande reine à qui les cieux
    Ont rendu tout possible,
Il pert seulement par vos yeux
    Le titre d'invincible,
Comme il acquit, pour eux se consumant,
    Celuy de Juste[1] en vous aymant.

été donné au public, à Venise. — On trouve dans Furetière un passage curieux sur les ballets :

« La plus nécessaire qualité à un poète pour se mettre en réputation, c'est de hanter la cour ou d'y avoir été nourry... Je voudrois qu'il eust accès dans toutes les ruelles, réduits et académies illustres..., qu'il... Le meilleur seroit qu'il eust assez de crédit pour faire les vers d'un ballet du roy, car c'est une fortune que les poètes doivent autant briguer que les peintres font le tableau du may qu'on présente à Notre-Dame. *Roman bourgeois* de Furetière, Bibl. elzevirienne, *ad finem*.

1. Il s'agit de Louis XIII, le *Juste*.

JUNON A PARIS.

Pour un ballet.

Equitable berger, gloire du sang de Troye,
Qu'un songe malheureux pensa donner en proye
      Aux destins irritez ;
Si l'extrême grandeur dont l'eclat m'environne
Ne m'avoit obtenu la celeste couronne,
Je n'aspireroy point à celle des beautez.

Je preside aux tresors, je fay monter les hommes
Par des degrez d'honneur jusqu'au siege où nous sommes,
      Avecques tous les dieux :
C'est de mon seul pouvoir que depend la fortune ;
A quiconque il me plaist sa grace est opportune
Et rend souventesfois la terre égale aux cieux.

Aussi le souverain que l'Olimpe revere
Adoucissant pour moi son visage severe,
      Adore mon autel ;
Je suis l'unique objet des pensers de son ame,
Et croy que ma beauté, d'où procede sa flame,
L'eust fait mourir d'amour, s'il eust esté mortel.

LE SORCIER AMOUREUX.

Pour un ballet.

Plus sorcier que n'est ce bel œil
Qui pourroit tirer du cercueil
Ma vie aux flames destinée,
Dès que je voy finir le jour
En qualité de feu d'amour
Je m'en vay par la cheminée.

Le demon qui regne au sabbat,
Où mon cœur prend son seul ebat,
Est l'aimable enfant de Cythere ;
Et pour prouver ce que je dy
Ce n'est jamais qu'au vendredy
Que je me treuve à ce mystere.

Les amans y sont bien venus
A cause du nom de Venus
A qui ce jour-là se dedie ;
On y tient le bal comme icy,
Et parfois on y joue aussi
Quelque amoureuse comedie.

Là ce petit dieu fait des loix
Qui font trembler mesme les rois
Dans l'orgueil qui les environne ;
Et par un pouvoir indomté
Forcent jusqu'à ma liberté
De rendre hommage à sa couronne.

O beauté sans comparaison,
O Belise ! à qui ma raison

Comme captive rend les armes,
Que j'estimeray mon sçavoir
Si pour vous prendre il peut avoir
En ce mestier assez de charmes!

INCONSTANCE[1].

On devroit bien trouver estrange
Que ma muse n'ait mis au jour
Quelque œuvre digne de louange
Sur le sujet de mon amour :
Je m'en estonnerois moy-mesme ;
Mais, dans mon inconstance extresme,
Qui va comme un flus et reflus,
Je n'ay pas si-tost dit que j'ayme,
Que je sens que je n'ayme plus.

Il est vray que je sçay bien feindre,
Et qu'il n'est esprit si rusé,
Lors que ma bouche se veut plaindre,
Qui ne s'en trouvast abusé ;
Mon cœur plein d'infidelles charmes
N'espargne ni soûpirs ni larmes
Pour essayer d'y parvenir,
Et mes paroles sont des armes
Contre qui rien ne peut tenir.

---

1. Tous les poëtes du temps ont chanté l'inconstance. Voyez, entre autres, la jolie chanson de P. Corneille :
> Si je perds bien des maistresses,
> J'en fais encore plus souvent.

Et cette autre, extraite de *la Fleur des chansons amoureuses* :
> Dieux! que c'est une belle chose
> Que d'estre aymé et n'aymer point!

SONNET.

oux tourment des esprits, amoureuse manie
Qui trouble mon repos avec tant de plaisir,
Ne me donne jamais un moment de loisir ;
J'aime bien à souffrir dessous ta tyrannie.

Rens en moy de ton feu la grandeur infinie,
Et, gouvernant mes sens, dont tu te viens saisir,
Fay que rien desormais ne vive en mon desir
Que l'adorable objet de la chaste Uranie.

Au seul bruit de son nom parvenu jusqu'à moy,
Mon ame luy consacre une eternelle foy,
Sur qui l'honneur s'eleve et mon espoir se fonde.

Je l'aime sans la voir, comme on aime les dieux,
Et tiens plus de l'Amour qu'homme qui soit au monde,
Puis que non plus que luy je ne me sers point d'yeux.

SONNET.

amais rien n'approcha de mon heureux destin :
J'adore une beauté qui n'a point de pareille,
Soit pour enchanter l'œil, soit pour ravir l'oreille,
Ou pour faire d'un cœur un amoureux butin.

Son visage est plus frais qu'une rose au matin,
Quand au chant des oiseaux son odeur se réveille ;
Elle remplit mes sens de gloire et de merveille,
Et me fait mespriser la bergere Catin.

Accuse qui voudra mon humeur d'inconstance,
Je ne veux ni ne puis luy faire resistance,
Et croy ne point faillir changeant de bien en mieux.

O divine Amarante ! acceptez mon service,
Et daignez admirer comme, pour vos beaux yeux,
Je fais une vertu de ce qui fut un vice.

EPIGRAMME

Sur un portrait du Roy.

Icy l'art passe la nature,
Puisque par cette portraiture,
Dont tous les yeux sont esblouys,
Il a fait un autre Louys.
Pour moy, je pense qu'il aspire
A faire que, sans mescontens,
On puisse voir dans cet empire
Vivre deux rois en mesme temps.

AUTRE

Sur un portrait de feu Monsieur DE BOUTEVILLE
fait de memoire après sa mort.

Digne objet de pitié, mais beaucoup plus d'envie,
Toi qui, dans les combats, eusses vaincu les dieux,
Ta valeur à ce coup ne peut nier aux yeux
Qu'un peintre sans second ne t'ait donné la vie.

EPITAPHE.

Dafnis est mort si saintement
Qu'on peut bien dire justement,
Celebrant ses louanges,
Que, si la douleur ou l'ennuy
Faisoit mourir les anges,
Ayant vescu comme eux, ils mourroient comme luy.

RAILLERIE A PART[1].

LA DEBAUCHE.

Nous perdons le temps à rimer,
Amis, il ne faut plus chommer;
Voicy Bacchus qui nous convie
A mener bien une autre vie;
Laissons là ce fat d'Apollon,
Chions dedans son violon;
Nargue du Parnasse et des Muses,
Elles sont vieilles et camuses;
Nargue de leur sacré ruisseau,
De leur archet, de leur pinceau,
Et de leur verve poetique,
Qui n'est qu'une ardeur frenetique;
Pegase enfin n'est qu'un cheval,
Et pour moy je croy, cher Laval[2],

---

1. Les *Muses illustres* de MM. Malherbe, Théophile, L'Estoille, Tristan, Baudoin, etc., Paris, L. Chamhoudry, 1658, in-18, sont divisées en quatre parties. La quatrième est intitulée *Raillerie à part*, ou *la Muse burlesque*.

2. Guy de Laval Bois-Dauphin, dit le marquis de Laval, étoit le second fils de la marquise de Sablé. Saint-Amant l'avoit sans doute connu dans le cours de l'expédition navale où il accompagna le comte d'Harcourt. Le commandement suprême appartenoit à l'archevêque de Bordeaux, Escoubleau de Sour-

Que qui le suit et luy fait feste
Ne suit et n'est rien qu'une beste.

Morbieu! comme il pleut là dehors!
Faisons pleuvoir dans nostre corps
Du vin, tu l'entens sans le dire,
Et c'est là le vray mot pour rire;
Chantons, rions, menons du bruit,
Beuvons icy toute la nuit,
Tant que demain la belle Aurore
Nous trouve tous à table encore.
Loing de nous sommeil et repos;
Boissat [1], lors que nos pauvres os
Seront enfermez dans la tombe
Par la mort, sous qui tout succombe,
Et qui nous poursuit au galop,
Las! nous ne dormirons que trop.
Prenons de ce doux jus de vigne;
Je voy Faret qui se rend digne
De porter ce dieu dans son sein,
Et j'approuve fort son dessein.

Bacchus! qui vois nostre desbauche,

---

dis, et Laval étoit, sous ses ordres, capitaine dans un régiment de marine. — Voy. Tallemant des Réaux, éd. in-18, VII, 67. — Laval fut tué en 1646, devant Dunkerque.

1. P. de Boissat fut reçu à l'Académie françoise dès sa fondation, en 1634. Insulté par le comte de Sault, depuis connétable de Lesdiguières, il vit toute la noblesse du Dauphiné, dont il faisoit partie, intervenir pour un accommodement. V. dans Tallemant, dans Segrais, dans Chorier, l'histoire de cette aventure fameuse, et dans Pellisson (*Hist. de l'Acad.*) les pièces du procès et la liste des ouvrages de Boissat. Il avoit un frère officier de cavalerie. Segrais, dans ses *Mémoires-anecdotes*, dit que La Calprenède a pris les principales intrigues de sa *Cassandre* dans l'*Histoire négrepontique* de Boissat. — Boissat mourut en 1662.

Par ton sainct portrait que j'esbauche
En m'enluminant le museau
De ce trait que je boy sans eau ;
Par ta couronne de lierre,
Par la splendeur de ce grand verre,
Par ton thirse tant redouté,
Par ton eternelle santé,
Par l'honneur de tes belles festes,
Par tes innombrables conquestes,
Par les coups non donnez, mais bus,
Par tes glorieux attribus,
Par les hurlemens des Menades,
Par le haut goust des carbonnades,
Par tes couleurs blanc et clairet,
Par le plus fameux cabaret,
Par le doux chant de tes orgyes,
Par l'esclat des trognes rougies,
Par table ouverte à tout venant,
Par le bon caresme prenant,
Par les fins mots de ta cabale,
Par le tambour et la cymbale,
Par tes cloches qui sont des pots,
Par tes soupirs qui sont des rots
Par tes hauts et sacrés mysteres,
Par tes furieuses pantheres,
Par ce lieu si frais et si doux,
Par ton boucq paillard comme nous
Par ta grosse garce Ariane,
Par le vieillard monté sur l'asne,
Par les Satyres tes cousins,
Par la fleur des plus beaux raisins,
Par ces bisques si renommées,
Par ces langues de bœuf fumées,
Par ce tabac, ton seul encens,
Par tous les plaisirs innocens,

Par ce jambon couvert d'espice,
Par ce long pendant de saucisse,
Par la majesté de ce broc,
Par masse, toppe, cric et croc,
Par cette olive que je mange,
Par ce gay passeport d'orange,
Par ce vieux fromage pourry,
Bref, par Gillot, ton favory,
Reçoy-nous dans l'heureuse troupppe,
Des francs chevaliers de la couppe,
Et, pour te montrer tout divin,
Ne la laisse jamais sans vin.

LES CABARETS.

A mon cher amy Monsieur FARET.

Faret, mon compagnon d'office,
Quand il faut faire un sacrifice,
Dedans quelque joyeux hostel
Où la table fournit d'autel ;
Helas ! quel demon plein d'envie
Traversant nostre heureuse vie,
Quel demon, dis-je, amy de l'eau,
Te conduit à Fontainebleau [1] ?
   Ce vain esclat de la fortune,
Qui bien souvent est importune
A ceux mesme qu'elle assouvit
De la grandeur qui nous ravit,
Auroit-il bien tant de puissance
Que de t'oster la jouyssance

---

1. Allusion à l'étymologie Fontaine-belle-eau.

Des plaisirs qu'on gouste à Paris
Sans nul soucy des favoris ?
Si j'en avois la moindre doute
Je veux bien que Maillet[1] me quille.

1. Marc de Maillet fut, au XVIIe siècle, la personnification du poète pauvre et orgueilleux. Saint-Amant l'a eu en vue dans son Poète crotté. Maynard a lancé contre lui des traits nombreux. Voici sur ce personnage, peu connu, quelques détails empruntés à la vie de ce poète, écrite par Fr. Colletet à la suite de l'œuvre de son père Guillaume Colletet.

Maillet « ne pouvoit souffrir qu'on louât en sa présence un autre poète que luy », ni qu'on censurât ses ouvrages. « Aussy traita-t-il un jour avec beaucoup d'aigreur Vital d'Audiguier, bel esprit de son temps, qui avoit trouvé quelque chose à dire dans une certaine ode qu'il avoit présentée à la royne Marguerite sur le sujet de l'éloquence de cette illustre princesse : car, après l'avoir cent fois appelé en prose un sot versificateur, il le noircit encore de ce sonnet injurieux, qui fut veu de toute la cour :

> Excrement du Parnasse, erreur de la nature...
> Hibou, pour ton foible œil je luis trop vivement :
> L'excez de ma lumière est ton aveuglement.
> Oy donc la verité, qui contre toi despite....
> Apprend que Maillet parle ainsy qu'on parle aux cieux,
> Et que, s'il ne parloit le langage des dieux,
> Il ne pourroit parler de cette Marguerite.

Ce sonnet a trouvé place dans le *Cabinet des vers satyriques de ce temps* (Paris, 1618, p. 437-438), et à la suite vient la réponse suivante, sans doute de d'Audiguier. Qu'on juge de l'urbanité de ces messieurs :

> Je ne suis point excrement ;
> Mais vous estes une beste
> Qui n'avez dedans la teste
> Cervelle ny jugement.
> Ou bien je suis seulement
> Excrement pour vostre bouche...
> Ce seroit morceau pour vous
> Si je l'estois d'aventure,

> Si le gallant[1] en maroquin,
> Et faisant trotter le pasquin,
>
>> Car un pourceau de sa nature
>> Trouve les excremens doux...

D'Audiguier se vengea par quelques stances et aussi par un long portrait de Maillet sous le nom de Maillard. — V. aussi *Epistres franç.* du sieur Daudiguier, in-8, 1618, p. 499 et s.

Maillet étoit de la cour de la reine Marguerite, « qui le retenoit à ses gages avec beaucoup d'autres. Elle prenoit un singulier plaisir lorsqu'à ses heures de repos et de divertissement, il luy venoit réciter ses vers, ce qu'il faisoit avec des grimasses et sur un ton de voix si bizarre et si surprenant, qu'il estoit, en effet, bien malaisé de s'empescher de rire; jusque là que, dans la chaleur du récit et dans l'encens qu'il s'offroit à luy-mesme, il s'emportoit quelquefois jusqu'au point de tordre et d'arracher autant de bouttons à celuy qui l'escouttoit et auquel il recitoit face à face quelque pointe de sonnet, d'épigramme ou de stance. »

Devenu amoureux sans retenue de la femme d'un conseiller au parlement de Bordeaux, nommé de Jehan, il lui dédia, en 1616, le recueil de ses poésies imprimé in-8, à Bordeaux. Tombé en disgrâce plus tard, il fit sur son malheur des stances, dont voici la première :

> Helas! je sens ma peine et ne sais mon peché!
> Dedans mes actions mon esprit l'a cherché
> Sans avoir rien trouvé digne de ce supplice.
> Mais, bien que sur ma faute il n'ait porté les yeux,
> J'ay failly : car, estant de la race des dieux,
> Ma reyne ne pourroit commettre d'injustice.

En 1620, il fit imprimer à Paris, in-8, toutes ses épigrammes, dont la première a été attribuée à tort à Saint-Amant :

> Si Jacques, le roy du savoir,
> Ne fut curieux de me voir,
> En voicy la cause infaillible :
> C'est que, ravy de mon escrit,
> Il crut que j'estois tout esprit,
> Et par conséquent invisible.

1. Le daubant; frappant sur son maroquin, sur sa peau. — Voy. *Furetière.*

Je ne je luy jettois tant de fange
Sur les habits de sa louange,
Que son lustre pernicieux
N'esblouyroit jamais tes yeux.
   Mais ja n'advienne que j'y pense,
Je sçay bien que la recompense
Des bons services que tu rends
A ton maistre[1], l'honneur des grands
T'oblige bien moins à le suivre
Que ne fait la gloire de vivre
Sous un tel prince, qu'aujourd'huy
Ce nom-là n'est propre qu'à luy.
   Quel sujet doncques pourroit-ce estre?
N'est-ce point un desir champestre
De visiter à ce printemps
Les bois, les rochers, les estangs,
Y voir nager l'ombre d'un arbre;
Contempler un palais de marbre,
Ou durant un temps chaud et clair
Regarder les ondes de l'air,
Qui semble trembler sur la terre
De la peur qu'il a du tonnerre?
Puis admirant sur les sillons
Les ailes des gais papillons,
De mille couleurs parsemées,
Les croire des fleurs animées,
Qui volent au gré des zephirs
Vers les cieux plus beaux que saphirs?
Ou tantost morne et solitaire,
Revant à quelque haut mystere,
Que les Muses, ces belles sœurs,
Montrent avec tant de douceurs,

---

1. Il s'agit ici du comte d'Harcourt, dont Faret étoit secrétaire.

S'en aller en quelques lieux sombres
Loger Phœbus entre les ombres,
Et faire en ceste obscurité
Un vers digne de la clarté ?
Ou par fois ouyr Philomelle,
Saluant la saison nouvelle,
Par un doux chant se consoler
Du temps qu'elle fut sans parler,
Quand l'infame et cruel Terée
Après l'avoir deshonorée,
La reduisit, pour toute vois,
Au triste ouvrage de ses doits ?
Toutes ces belles fantaisies,
De qui nos ames sont saisies,
Sont-elles, dis-je, le sujet
Qui te porte à ce beau projet ?
Parle, cher amy, je t'en prie,
Si tu ne veux que je m'escrie :
On fait à sçavoir que Faret
Ne rime plus à cabaret ;
Ce seul départ l'en rend indigne,
Il est degradé de la vigne,
Et Bacchus, nostre puissant roy,
Suivant les regles de sa loy,
Le casse, et luy defend de boire
Que dans la Seine ou dans la Loire,
Puisqu'il delaisse, amy de l'eau,
Paris pour un Fontaine-bleau :
Paris, où ce grand dieu preside,
Paris, où la Coiffier[1] reside,

---

1. La Coiffier étoit une pâtissière qui tenoit le cabaret de *la Fosse-aux-Lions*. Elle fut la première, dit Tallemant, à traiter par tête. — Voy. Edouard Fournier, *Hist. des hôtelleries et cabarets*.

Paris, où fleurit un Cormier[1],
Qui des arbres est le premier;
Paris, qui prend pour son Helaine
Une petite Magdelaine;
Paris, qui presente à nos yeux
La Pomme de pin[2], qui vaut mieux
Que celle d'or, dont fut troublée
Toute la divine assemblée;
Paris, qui, croissant tous les jours,
Contient dans l'un de ses fauxbourgs
Mainte autre ville toute entiere;
Paris, où dans un cimetiere,
Fait pour enterrer les ennuis,
Nous avons tant passé de nuicts;
Paris, enfin, ce petit monde,
Où tout contentement abonde,
Et dans qui les plus grands desirs
Se peuvent saouller de plaisirs.

Ha! je t'entends, ces mots te pressent,
Et desjà tes yeux me confessent
Que tu ne sçaurois le quitter
Sans de toy-mesme t'absenter.
Relasche un peu ta servitude,
Ne cherche point la solitude,
Si ce n'est par fois dans ces vers
Que j'ay donnez à l'univers.
Laisse les soings pour d'autres testes,
Laisse les forests pour les bestes,
Laisse les eaux pour les poissons,
Et les fleurs pour les limaçons;

---

1. C'étoit à la fois le nom d'un cabaretier et d'un cabaret de la rue des Fossés-Saint-Germain-l'Auxerrois, maintenant en partie détruite. — Voy. Ed. Fournier, ouvr. cité.

2. Ce cabaret, célébré par Villon, Rabelais et Régnier, étoit

Aussi bien, à voir ton visage,
Cela n'est pas à ton usage;
La campagne n'a point d'appas
Qui puissent attirer tes pas;
Et de l'air dont tu te gouvernes,
Les moindres escots des tavernes
Te plaisent plus cent mille fois
Que ne font les echos des bois.

ET A MOY AUSSI.

LA CHAMBRE DU DEBAUCHÉ[1].

A Monsieur de MARIGNY-MALLENOË[2].

lus enfumé qu'un vieux jambon,
N'y que le bœuf salé de Pître,
Je te trace avec un charbon
Ceste ode habillée en epitre.
Marigny, mon parfait amy,
Que mon œil ne voit qu'à demy,
Non plus que ce qu'il veut descrire,
Parbieu! tu dois bien admirer,

situé dans la Cité, rue du Pont-Notre-Dame. Il fut tenu par Desbordes-Grouyn, et, après lui, par le fameux Crenet, dont Boileau a cité le nom.

1. Saint-Evremont, dans son *Traité de la vraie et de la fausse beauté des ouvrages d'esprit*, dit, au sujet de cette pièce : « Saint-Amant a fait une Chambre des desbauchés avec toute la naïveté de son style : c'est de la rhétorique et de la raison perdue mal à propos. » — On peut n'être pas de son avis.

2. *Marigny-Mallenoë*. — Le nom de Marigny reparoît souvent

Que je tasche à te faire rire
Quand je ne fay rien que pleurer !

Gouspin [1], après t'avoir quitté,
M'a traisné dans sa belle chambre,
Où mesme au plus fort de l'esté
On treuve le mois de decembre.
Pour moy, je ne puis concevoir
Par quel moyen, ny quel pouvoir,
Mon corps a passé par la porte,
Car je te le jure entre nous
Qu'un rat, ou le diable m'emporte,
N'y sçauroit entrer qu'à genous.

Son petit ladre de valet,
Reste de la guerre civile,
Revient chargé comme un mulet

dans les œuvres de Saint-Amant, dont il étoit un des meilleurs amis. Il ne faut pas confondre celui-ci avec Jacques Le Carpentier de Marigny, de Nevers, le chansonnier de la Fronde, auteur d'un poëme du *Pain bénit*. Dans une réponse faite à ce poëme (Paris, 1673, in-12 ; Bibl. de l'Arsenal, n° 8,250 B. L.), on le donne comme disciple de Saint-Amant :

> Cuistre de Saint-Amant, il suivit son génie.
> Le débauché fameux, illustre par ses vers,
> Sait former son esprit sur des talents divers.
> Tout jeune qu'il étoit, il suivoit sa fortune...

Celui dont il s'agit ici, Marigny-Mallenoē, autre fou, autre ami de Saint-Amant, fut marié, différent en cela de l'abbé-chanoine Le Carpentier de Marigny, gentilhomme nivernois ou soi-disant tel, et vécut en Bretagne, où il avoit le gouvernement de Port-Louis. C'étoit une espèce de philosophe cynique, dit Tallemant, qui lui a consacré une de ses plus curieuses historiettes. (Tallemant, 6, 207.)

1. *Gouspin.* Je pense que Saint-Amant a pris ici un nom de fantaisie. Dans le patois normand, *gouspin* signifie gamin, luron. (V. le *Dictionnaire du patois normand*, par M. Duméril.)

De cotrets qu'il excroque en ville.
Mais à grand peine ce magot
A-t-il allumé le fagot
Que nous estranglons de fumée ;
Nous toussons d'un bruit importun,
Ainsi qu'une chatte enrhumée,
Et nos yeux prennent du petun.

   Encore, ô mon cœur ! mon roignon !
Faut-il, comme un sçavant notaire,
Des beaux meubles du compagnon
Te faire voir quelque inventaire.
Premierement, un vieux panier,
Tiré des fatras d'un grenier,
Est son tabouret et sa chaise ;
Que si, soulageant l'escarpin,
L'un y preside en sire Blaise,
L'autre est tout droit comme un sapin.

   Un estuy de luth tout cassé,
Qui traisnoit au coin d'une salle,
Pour tout loyer du temps passé
Luy sert de chevet et de malle ;
Les flegmes jaunes et sechez
Qu'en sa verole il a craschez
Luy servent de tapisserie,
Et semble que les limaçons
Y rehaussent en broderie
Des portraits de toutes façons.

   Comme on voit au soir les enfans
Se figurer dedans les nues
Hommes, chasteaux, bois, elefans,
Et mille chimeres cornues,
Ainsi nos yeux, dans ces crachats,
Se forgeant à leurs entrechats,

Cent mille sortes de postures,
Pensent voir comme la parroy
Les plus grotesques avantures
De Dom-Quichote en bel arroy.

Là l'on voit en des lieux fumans
Curé, barbier, niepce et nourrice,
Executer sur les romans
Les sentences de leur caprice.
Certes, si l'on traittoit ainsi
Les sots livres qu'on fait icy,
Dont à son dam la France abonde,
Je croy qu'en cet embrasement
On verroit sans la fin du monde
Un petit jour du jugement.

Là, ce guidon de carnaval
Choque un moine à bride abattue,
Mais, n'en desplaise à son cheval,
C'est-à-dire en pas de tortue ;
Icy, trenchant du Fiérabras,
Certain moulin avec ses bras
Luy fait faire en l'air une roue,
Et le laisse en fort piteux train
Dans un grand fossé plein de boue
Aussi moulu comme le grain.

Là, les innocentes brebis,
Qu'il prend pour gensdarmes superbes,
Font de leur sang voir des rubis
Sur les esmeraudes des herbes ;
Là, les bergers au mesme lieu
Sondent à beaux cailloux de Dieu
Ses costes presque descharnées,
Luy raflant en ces accidents
Ce qu'un catherre et les années
Souffroient qu'il luy restât de dents.

Le bon Sanche y semble accourir
Aux doleances de son maistre,
Et, comme s'il alloit mourir,
Luy faire un office de prestre.
Là-dessus, panché sur le groin
De ce beau chevalier de foin,
Il luy visite la maschoire,
Quand l'autre luy renarde aux yeux
Le baume qu'ils venoient de boire
Pour se le rendre à qui mieux mieux.

Un peu plus loing on l'apperçoit
Sur son rossignol d'Arcadie,
Dont à la mine qui deçoit
On pense ouyr la melodie.
Proche de là, le pauvre sot
Est contraint de payer l'escot
En especes de capriolles[1],
Allant conter au firmament
Qu'on peut bien dancer sans violles
Quand la berne sert d'instrument.

Là, blond et beau comme un Medor,
Le plat à laver de sainct Cosme[2]
Passe pour demy-casque d'or
Sur le chef de nostre fantosme ;
Là, l'escuyer tout transporté
Baigne ses yeux dans la clarté
De cent ducats qu'il accumule,
Et, riant comme un farfadet,
Se console auprès d'une mule
De la perte de son baudet.

Là se fait voir, quenouille en main,

---

1. En espèces, en monnaie de singe.
2. Saint Cosme étoit le patron des chirurgiens et barbiers.

Comme une Parque de village,
Dulcinée, au cœur trop humain
Pour refuser un pucelage;
Icy mouvant le κροῦπιον
Repaire de maint μόρπιον
Ses bras font un mestier penible,
Où, par un juste contrepoids,
Elle s'exerce avec un crible
A passer le temps et des pois.

Là, Rocinante, tout gaillard,
S'emancipe à courre la bague,
Et, piqué d'un desir paillard,
Veut desrouiller sa vieille dague.
Quelqu'un parmy cette rumeur
L'accoste en fort mauvaise humeur,
Qui vous luy taille des croupieres,
Et qui, pour en faire un jouet,
Croyant qu'il n'ait point d'estrivieres,
Vous l'en fournit à coups de fouet.

Mais c'est assez Quichotisé,
Et si quelque bourru critique
Ne dit aussi-tost sottisé
Je n'entens rien à la pratique.
Cependant un tel repreneur
Dans la lice du point d'honneur
Pourroit bien gister sans litiere,
Et sentir sur son hocqueton
Que je suis en cette matiere
Très asseuré de mon baston.

Laissant donc peter le renard
Au nez de la hargneuse envie,
Fust-elle chez ce vieux penard
Qui blasme nostre douce vie,

Je veux, comme je l'ai pensé,
De l'inventaire commencé
T'envoyer la piece complette,
Et la jouant sur mon rebec,
N'y laisser rien digne d'emplette
Qui ne reçoive un coup de bec.

Nostre amy, propre en escholier,
Quoy qu'il n'entra jamais en classe,
Fait d'un flacon un chandelier,
Et d'un pot de chambre une tasse ;
Sa longue rapiere au vieux clou,
Terreur de maint et maint filou,
Luy sert le plus souvent de broche,
Et parfois dessus le treteau
Elle joue aussi sans reproche
Le personnage du couteau.

Sa cheminée a sur les bords
Quantité d'assez belles nippes
Qui feroient bien toutes en corps
Fagot de bouts de vieilles pippes ;
L'odeur du tabac allumé
Y passe en l'air tout enfumé
Pour cassolette et pour pastille,
Si bien que dans les salles troux
Des noirs cachots de la Bastille
Le nez ne sent rien de plus doux.

Quant à la vertu, trois beaux dez
Sont ses livres d'arithmetique,
Par lesquels maints points sont vuidez
Touchant le nombre d'or mystique.
Il est plein de devotion,
Dont la bonne application
Se fait voir en cette maniere

C'est qu'il a dans son cabinet
Des heures de Robert Beiniere
A l'usage du lansquenet[1].

Quant à du linge, en cet endroit
La toille n'est point espargnée :
Il en a plus qu'il n'en voudroit,
Mais cela s'entend d'araignée.
Et quant à l'attirail de nuit,
Sa nonchalance le reduit
Au vray deshabiller d'un page,
Où le luxe, mis hors d'arçon,
Ne monstre pour tout esquipage
Qu'un peigne dedans un chausson.

Encore ce peigne est-il fait
D'un areste de solle fritte
Qu'il trouva dessous un buffet,
Monstrant les dents à la marmitte.
Cendre luy vaut poudre d'iris[2],
Dont, pour ragouster sa Cloris,
Le goinfre s'espice la hure;
Sa Cloris, s'entend sa Margot,

1. C'étoit alors un jeu de valets. Il passa de l'antichambre à la salle. Le curieux manuel de jeux intitulé *la Maison académique* (Paris, 1654) n'en daigne pas parler ; mais les chansons de Coulanges, achevées d'imprimer pour la première fois le 15 novembre 1694, disent (t. 2, p. 4) :

> Le lansquenet n'étoit connu
> Jadis que des laquais et pages;
> Maintenant il est devenu
> Le jeu des folles et sages.
> On y querelle, on parle haut,
> Et c'est la cour du roi Pétaut.

2. La poudre d'iris, le musc, la civette et l'eau d'ange étoient les parfums à la mode. (V. *Rec. de Sercy*, t. 3, p. 28.)

Où, quand Priape l'en conjure,
Il s'en va dauber du gigot.

Il se sert aussi quelquefois
De decrotoire au lieu de brosse ;
Ses ongles, plus longs que ses doits,
Luy sont des curedents d'Escosse.
Pour chenet il n'a qu'un pavé,
D'une botte il fait un privé,
D'un boussin[1] d'ail une pistache,
D'une seringue un pistolet,
D'un compas un fer à moustache,
Et d'une rotonde un collet.

Puis quand, pour prendre son repos,
Las, et non soul de la debauche,
Il donne le bon soir aux pots
En faisant demy-tour à gauche,
De sa nappe il fait son linceul,
Un aix qui se plaint d'estre seul
Luy fournit de couche et de table,
La muraille y sert de rideau,
Bref, cette chambre est une estable
Où la peste a tenu bordeau.

Toutesfois, nous ne laissons pas,
Trinquans et briffans comme drôles,
D'y faire un aussi bon repas
Qu'on puisse faire entre deux pôles ;
Nous y beuvons à ta santé
Du meilleur qu'ait jamais vanté
François Paumier, ce grand yvrongne,
Sans nul soucy de l'advenir,
Si ce n'est de revoir ta trongne
Et de vivre en ton souvenir.

---

1. Mot gascon ; un morceau.

LE FROMAGE.

Assis sur le bord d'un chantier
Avec des gens de mon mestier,
C'est-à-dire avec une trouppe
Qui ne jure que par la couppe,
Je m'escrie, en laschant un rot :
Beny soit l'excellent Bilot !
Il nous a donné d'un fromage
A qui l'on doit bien rendre hommage.
O Dieu ! quel manger precieux !
Quel goust rare et delicieux !
Qu'au prix de luy ma fantaisie
Incague la saincte ambroisie !
O doux cottignac de Baccus !
Fromage, que tu vaux d'escus !
Je veux que ta seule memoire
Me provoque à jamais à boire.

A genoux, enfans debauchez,
Chers confidents de mes pechez,
Sus ! qu'à plein gosier on s'escrie :
Beny soit le terroir de Brie[1] !
Beny soit son plaisant aspect !
Qu'on n'en parle qu'avec respect !
Que ses fertiles pasturages
Soient à jamais exempts d'orages !
Que Flore, avec ses beaux atours,
Exerçant mille amoureux tours

---

1. Le fromage de Brie, comme le fromage de Pont-l'Evêque, étoit sec, dur et de garde, dit Furetière. Le Dict. de Trévoux donne une liste curieuse de fromages.

Sur une immortelle verdure,
Malgré la barbare froidure
Au visage morne et glacé,
Y tienne à jamais enlacé
Entre ses bras plus blancs qu'albastre
Le gay Printemps, qui l'idolastre !
Que, comme autrefois, Apollon
Delaisse torche et violon,
Et s'en vienne dans ces prairies,
Dans ces grandes plaines fleuries,
Garder, en guise de vacher,
Un troupeau qui nous est si cher,
Et dont la mamelle feconde
Fournit de laict à tout le monde.
Mais je veux l'encharger aussi
Qu'il en prenne plus de soucy,
S'il faut qu'un jour il s'y remette,
Qu'il ne fit de celuy d'Admette,
Lors que le patron des mattois,
Portant cinq crocs au lieu de doits
Qui faisoient le saut de la carpe,
Joua sur ses bœufs de la harpe,
Et le laissa sous un ormeau
Fluster son soul d'un chalumeau,
Que jadis l'amoureux martyre
Fit entonner au grand satyre.

On dit que, quand il fut duppé,
Il estoit si fort occuppé
Dans une douce reverie,
Qu'il n'en vit point la tromperie.
Chose estrange ! à mon jugement,
De convaincre d'aveuglement
Celuy dont la vertu premiere
Ne consiste qu'en la lumiere !
Tout beau, Muse, tu vas trop haut,

LE FROMAGE.

Ce n'est pas là ce qu'il nous faut :
Je veux que ton stile se change
Pour achever cette louange.

    Encore un coup donc, compagnons,
Du beau Denys les vrais mignons,
Sus ! qu'à plein gosier on s'escrie :
Beny soit le terroir de Brie !

    Pont-l'Evesque, arriere de nous !
Auvergne et Milan, cachez-vous !
C'est luy seulement qui merite
Qu'en or sa gloire soit escrite ;
Je dis en or avec raison,
Puis qu'il feroit comparaison
De ce fromage que j'honore
A ce metal que l'homme adore :
Il est aussi jaune que luy ;
Toutefois, ce n'est pas d'ennuy,
Car, si tost que le doigt le presse,
Il rit et se creve de gresse.
O ! combien sa proprieté
Est necessaire à la santé !
Et qu'il a de vertus puissantes
Pour les personnes languissantes !
Rien n'est de si confortatif ;
C'est le meilleur preservatif
Qu'en ce temps malade et funeste
On puisse avoir contre la peste.

    Mais cependant que je discours,
Ces goinfres-ci briffent tousjours,
Et voudroient qu'il me prist envie
De babiller toute ma vie.
Holà ! gourmands, attendez-moy !
Pensez-vous qu'un manger de roy
Se doive traitter de la sorte ?
Que vostre appetit vous emporte !

Chaque morceau vaut un ducat,
Voire six verres de muscat;
Et vos dents n'auront point de honte
D'en avoir fait si peu de conte.

Bilot, qui m'en avois muny,
Hé! pourquoy n'est-il infiny
Tout aussi bien en sa matiere
Qu'il l'estoit en sa forme entiere?
Pourquoy, tousjours s'apetissant,
De lune devient-il croissant?
Et pourquoy, si bas sous la nue,
S'eclipse-t-il à nostre veue?
Respons, toy qui fais le devin,
Crois-tu qu'un manger si divin,
Vienne d'une vache ordinaire?
Non, non, c'est chose imaginaire.

Quant à moy, je croy qu'il soit fait
De la quintessence du lait
Qu'on tira d'Yo transformée,
Qui fut d'un dieu la bien-aymée.
Garçons, pour vous en assurer,
Je ne craindray pas d'en jurer,
Puis que sans contredit je trouve
Que sa vieillesse me le prouve.

O doux cotignac de Baccus!
Fromage, que tu vaux d'escus!
Je veux que ta seule memoire
Me provoque à jamais à boire.

VERSE, LAQUAIS.

LA BERNE.

Excroqueuse de gringuenaude,
Avec ton nez à chiquenaude,
Où pend pour enseigne un morveau,
Que ton gros cocu, Jean le Veau,
Avalle en guise d'huistre verte,
Alors qu'il leche à gueule ouverte
Ton chien de groin, qui sent plus fort
Que les κοῦλλες d'un asne mort,
  Il faut enfin que je te tire
Les poignants traits d'une satyre
Dont le stile goinfre et mocqueur
T'aille percer jusques au cœur.
  Tu devrois bien cherir ma muse,
Puis qu'à ce coup elle s'amuse,
O vieille Amelite aux grands yeux!
A te porter dedans les cieux,
Mais j'entens avec une berne :
C'est ainsi qu'elle s'y gouverne,
Et je t'en dy la verité
Pour rabattre ta vanité.
  Chers enfans de la medisance,
Qui jadis par toute la France
Fistes valoir mille escus-cars
Le moindre de toūs vos brocars;
Vous, que Mome en riant advoue
Et dont les escrits font la moue
A quiconque seroit si sot
Que d'en oser reprendre un mot;
  Regnier, Berthelot et Sygongne[1],

---

1. Nous ne pouvons rien dire ici sur Regnier qui ne soit connu. Berthelot et Sygogne eurent grande part au *Cabinet sa-*

Empoignez cette castelongne [1];
Tenez bien, roidissez les coings.
Y estes-vous? serrez les poings,
Et faisons sauter jusqu'aux nues,
Par des secousses continues,
Sans crier jamais c'est assez,
Ny que nos bras en soient lassez,
Ceste sorciere à triple estage,
Qui n'est bonne, pour tout potage,
Qu'à faire en l'air des entrechats
Comme l'on en voit faire aux chats.

Voilà qui va le mieux du monde;
Bons dieux! oyez comme elle gronde!
Quelle grimace! quel portrait!
Un constipé sur un retrait,
Un vieux charlatan qui boufonne,
Un mulet rongneux qu'on bouchonne,
Un singe qui croque des pous,
Un mastin assailly des loups,
Dom-Quichote dans les escornes,
L'Erty [2] quand on luy fait les cornes,

tyrique, ouvrage auquel contribuèrent aussi Motin, Regnier et Maynard. — Nous trouvons les noms de ces poètes rapprochés dans ces vers des quatrains de Marolles :

    Desportes, du Regnier, Sygongne, Delingendes,
    Touvant, Motin, La Brosse, Hodel, Monfuron,
    Bertelot, libertin; du Montier, Percheron,
    Ont seu faire des vers plutôt que des legendes.
    (*Portraits en quatrains*, par Michel de Marolles (84 p. in-4,
      Bibl. de l'Arsenal, 1765, in-4. B. L.)

1. Couverture grossière fabriquée en Catalogne; — d'où le mot.

2. Le Herty étoit un fou des Petites Maisons, qui avoit alors grand renom. Sarrazin, dans son poème de *Dulot vaincu*, dit :

    Quand l'illustre Herty fut privé de la vie,
    Dulot, son fils, pressé d'une plus noble envie

Et Perrette en maschant des nois,
Font moins de mine trente fois.
Voyez, voyez comme elle escume !
Voyez comme sa teste fume !
Je croy qu'elle a le diable au corps :
Que jamais n'en soit-il dehors !
Messer Sathan, je vous encharge,
Et bien au long et bien au large,
Qu'elle en puisse crever d'ahan,
Et vomir l'ame avec le bran.
 Ha ! la voylà bien attiffée !
Nous allons voir un beau trofée
Fait d'une coëffe de satin,
D'une perruque, d'un patin,
D'un busc, d'un collet, d'une houpe,
D'un manchon tout gasté de soupe,
D'un masque et d'un salle mouchoir
Qu'en sautant elle a laissé choir.
O la plaisante melodie
Dont mon oreille est etourdie !
Chaisne, estuy, clef et peloton
Carillonnans à divers ton,
Et se meslans à la rencontre
Avec bourse, couteaux et montre,

  Que de veiller, oisif, proche de ses tisons,
  Et borner son empire aux Petites-Maisons...

Colletet, dans ses Epigrammes (Paris, 1653), a écrit celle qui suit :

  Pour l'Herty, fou sérieux des Petites-Maisons.

   J'ay connu de grands personnages,
   Je me suis trouvé chez les sages,
  Où la philosophie abondoit en raison ;
  Mais, ou je sens l'effet de ma raison blessée,
  Ou la grande sagesse a quitté le lycée,
  Pour ne plus habiter qu'aux Petites-Maisons.

Voy. E. Fournier, *Variétés historiques*, 1, 135.

Et mille autres jolivetez,
Luy brimballent aux deux costez.
Mais qu'est-ce cy, mes camarades?
Voicy d'estranges algarades!
On nous en baille, on nous en vent
Nous ne bernons plus que du vent,
Et le demon qui la possede,
Mieux qu'il ne fit jamais Salcede,
La rendant ainsi que vous trois
De l'ordre de la Rose-crois,
Droit aux enfers l'a transportée,
Pour estre si bien tourmentée,
Qu'au prix d'elle les Gaufridis [1]
Penseront estre en paradis.

De grace, officieux fantômes,
Si dans l'empire des atômes,
Où la mort veut que vous viviez,
Par hazard vous la retrouviez,
Prenez, au lieu de couverture,
Quelque vieux drap de sepulture,
Et me la bernez en amy,
C'est-à-dire en diable et demy.
Mais d'autant qu'il faut estre quatre
Quand vous voudrez vous en esbatt
Je brusle d'un si grand desir
D'avoir encore un tel plaisir,

1. Salcède, Gaufridis. — Le premier de ces noms nous est inconnu. Le second, qui s'écrit aussi Goffridi et Gauffredy, est celui d'un curé d'une paroisse de Marseille qui fut brûlé vif à Aix, le 30 avril 1611, comme sorcier. M. de Monmerqué, dans ses notes sur Tallemant, cite à consulter sur lui l'*Histoire admirable de la possession et conversion d'une pénitente séduite par un magicien*, par le R. P. Séb. Michaelis (Paris, 1613). — Un membre de sa famille, Jacques Gauffredy, fut décapité en 1670. V. Tallemant, éd. in-18, 8, 27.

Que pour estre de la partie
Sans dire, ô dure departie !
Mon esprit, beaucoup plus dispos
Qu'un grimaut lors qu'il a campos,
Quittera sa robe charnelle,
Et d'une allegresse eternelle,
Que rien ne pourra retarder,
S'en ira là-bas vous aider.
Grand-Champ, docteur en bernerie,
Approuve cette raillerie,
Mets-y *Nous soussignez* au bas,
Et tout le monde en fera cas.

LA GAZETTE DU PONT-NEUF[1].

A Monsieur DE BOIS-ROBERT[2].

Mon cher Bois-Robert, que je prise
Plus que ma houppelande grise,
Quand l'hyver avec ses glaçons
Sans fievre donne des frissons,
Je viens d'arriver tout à l'heure
De la ville où Phillis demeure,
D'où j'apporte en mon souvenir
Bien dequoy nous entretenir.
La soutane d'un pauvre prestre [3],
Un barbet qui cherche son maistre,

---

1. A Venise, on appeloit gazette une femme chargée de colporter les nouvelles (Voy. Furetière). — Richelet dit : « Renaudot commença à donner la gazette en 1631... On lit les gattes chez Ribou, Loison et autres regrattiers du Pont-Neuf. »
2. Nous avons donné une biographie de cet écrivain ; M. Hippau, de la faculté de Caen, et M. Ch. Labitte, ont aussi écrit vie.
3. On disoit prov. *crotté en archidiacre.* V. Furetière à ce mot.

Et cinquante courriers du roy,
Ne sont pas si crottez que moy.
  J'ay veu nostre fou de poëte
Avec ses yeux de chouette,
Sa barbe en fueille d'artichaut,
Et son nez en pied de réchaut ;
Il est d'une humeur plus fantasque
Que le son d'un tambour de basque.
Vous le voyez sur le Pont-Neuf,
Tout barbouillé d'un jaune d'œuf,
Depuis sept heures jusqu'à onze
Faire la cour au roy de bronze[1].
Tous ceux qui le rencontrent là
Demandent : Qu'est-ce que cela ?
Et s'arrestent à voir sa trongne
Comme à voir celle d'un yvrongne
Qui, plus rond que n'est un bacque,
A chaque pas darde un hocquet
Et semble vous faire la moue,
Traisnant son manteau dans la boue.
L'un croit que c'est un loup-garou,
L'autre un vieux singe du Perou ;
Cestuy-là que c'est une austruche,
Cestuy-cy que c'est une cruche ;
Et, dans ces jugements divers,
L'un dit que monsieur de Nevers
A des chameaux en son bagage
De sa taille et de son langage.
Ses pauvres vers estropiez
Ont des ampoulles sous les piez
A force de courir les rues ;
Chez lui les Muses, toutes nues,

---

1. La statue d'Henri IV, sur le Pont-Neuf, étoit en bronze comme celle qui l'a remplacée.

Se repaissent le plus souvent,
Comme il fait, d'espoir et de vent.
  Il vous traisne une longue latte
Dedans un vieux fourreau de natte,
Pendue au bout d'un marroquin,
Qui vous sangle son casaquin;
Tantost il vous porte une broche,
Qui fait garde devant sa poche,
De peur qu'en y jettant la main
On ne prist son quignon de pain.
A le voir en cet équipage,
On diroit qu'il a du courage
Et qu'il est plus fier qu'un Hector;
Mais il est plus doux qu'un castor.
Tous ceux qui, domptans leur paresse,
S'en vont de bonne heure à la messe,
Le rencontrans tous les matins
Sous le portail des Augustins [1],
Et voyans sur son estamine
Grouiller les monceaux de vermine
Luy jettent l'aumosne en passant,
Qu'il ramasse en les maudissant.
L'autre soir que, pour triste augure,
Il me presenta sa figure;
En la frayeur qui me surprit,
Je creu que c'estoit un esprit,
Fis deux ou trois pas en arriere,
Et me mis soudain en priere;
Mais je connus, dès qu'il parla,
Qu'il n'estoit rien moins que cela.
Toutesfois, il le peut bien estre,
Et son estat fait bien parestre

---

1. Au faubourg Saint-Germain, où la reine (26 septembre
609) avoit permis à ces religieux de bâtir un couvent qui de-

Que mes sens d'horreur occupez
Ne s'estoient pas beaucoup trompez :
Car, puis que c'est un pauvre diable,
Devoit-il pas estre croyable
Que ce fust un esprit aussi ?
Quant à moy, je le juge ainsi.
  Ses discours, pleins d'une elegance
Qui fait rage en l'extravagance
D'un galimathias de mots
Où Mercure en a dans le dos,
Nous preschent avec des miracles
Que ses vers sont autant d'oracles ;
Aussi le sont-ils en ce point :
C'est que l'on ne les entend point.
  Mais c'est trop parler d'une chose.
J'ai trouvé Dieu-te-gard' la-Rose [1]
Chez la Picarde au bavolet,
Qui dançoit avec son valet,
Sur le chant de « Misericorde,
L'on se pend bien souvent sans corde »,
Une sarabande qu'amour
A mise en credit à la cour.
Ce grand benest, de haute game,
Fasché du mespris de la dame,
Et souspirant à l'environ
Comme un soufflet de forgeron,
S'est venu plaindre à mon oreille
Qu'on ne vit jamais sa pareille ;
Que la cervelle de Guerin [2],

vroit se nommer le couvent de Jacob. — D'où le nom de deux
rues : rue Jacob, rue des Grands-Augustins.

1. Nom de guerre.
2. Peut-être s'agit-il ici du fameux Robert Guérin, si connu
sous le nom de La Fleur, et surtout de Gros-Guillaume. « Après
avoir été long-temps boulanger, dit Sauval, il devint farceur à
l'hôtel de Bourgogne, et prit le nom de La Fleur à cause de

Que le chapeau de Tabarin [1]
Et la flame d'une chandelle,
Ont bien plus de constance qu'elle.
Bref, il m'en a tant discouru,
Que j'en ay l'esprit tout bourru.

   Item, j'ay veu chez la contesse
La beauté qui me traisne en lesse,
Bien que ses appas fassent flus
Et qu'elle ait cinquante ans et plus.
Ouy-dà, je l'ay veue et baisée [2],
Cette vieille, cette rusée,
Qui semble encore, en se mourant,
Crier à ce beau demeurant.

son premier métier. Ce fut toujours un gros ivrogne; avec les honnêtes gens, une âme basse et rampante. Pour être de belle humeur, il falloit qu'il grenouillât ou qu'il bût chopine avec son compère le savetier dans quelque cabaret borgne. Il n'aima jamais qu'en bas lieu, et se maria, en vieux pécheur, à une fille assés belle et déjà âgée. — Voilà ses vices.

« Venons à ses belles qualités. Il étoit si gros, si gras et si ventru... »

1. Valet du charlatan Mondor, et bouffon. Sa fille épousa Gautier Garguille (Hugues Gueru, dit Flesselles), et à sa mort un gentilhomme normand. Ses œuvres ont été imprimées : c'est un recueil de facéties plus ou moins grossières, parfois assez piquantes.

2. « C'est une desplaisante coustume, dit Montaigne, et injurieuse aux dames, d'avoir à prester leurs lèvres à quiconque a trois vallets à sa suite, pour mal plaisant qu'il soit; et nous-mesmes n'y gaignons guères, car, comme le monde se voit party, pour trois belles il nous en fait baiser cinquante laides.»

« En France, dit H. Estienne (*Apol. pour Herodote*), le baiser entre gentilshommes et genti-femmes et ceux et celles qui en portent le nom est permis et trouvé honneste, soyt qu'il y ayt parenté, soyt qu'il n'y en ayt point. »

« Si madamoiselle est en l'église et arrive quelque gentil-

Un chat enragé que l'on berne,
Un jeune valet de taverne,
Les dents d'un page en appetit,
Le jarret d'un gaigne-petit,
Marais dançant la bergamasque[1],
Le vray Harlequin[2] sous le masque,
Des anguilles dans un panier,
Des chenilles sur un prunier,
N'entendent rien à la souplesse,
Au prix des ressorts de sa fesse,
Qui trouve en l'amoureux duel
Le mouvement perpetuel.

J'ay bien d'autres choses à dire
Qui nous fourniront dequoy rire
Pour plus de six mois et demy,
Quand j'auray l'honneur, cher amy,
De voir si tu bois point à gauche
Et si tu fais bien la debauche :
Car c'est l'unique passe-temps
Où tous mes desirs sont contens.

Cependant, ma plume enervée,
Pour mettre fin à sa corvée
Et n'ennuyer pas le lecteur,
Après avoir dit : Serviteur,

lastre, il faut (pour entretenir les coustumes de noblesse), encore que ce soit à l'heure qu'on est en la plus grande dévotion, qu'elle se lève parmi tout le peuple et qu'elle le baise bec à bec. A tous les diables telle façon de faire ! *Ad omnes diabolos talis modus faciendi !* » (Le prédic. Ménot, trad. par H. Estienne.)

1. Marais ou Marets étoit un danseur rival de Belleville et de Jacques Cordier, dit Bocan. (Sauval, 1, 329.)

2. Les trois plus célèbres arlequins ou héros de Bergame, comme on les appeloit, ont été Thomassin, Dominique et Carlin.

Té supplie en rodomontade
De prendre en gré cette boutade ;
Sinon, ton cu n'est pas trop loin :
Le papier vaut mieux que du foin.

LA VIGNE.

A Monsieur DE PONTMENARD[1].

Pontmenard, que mon ame estime
D'une passion legitime,
Et qui merite d'estre mis
Au rang des plus parfaits amis,
Depuis le jour qu'en la Bretagne,
J'erre de vallon en montagne,
Je n'ai rien trouvé de si beau
Comme ta maison de Coybeau.

Non pas pour cette belle veue
Dont le ciel l'a si bien pourveue,
Qu'on diroit qu'il a fait ces lieux
Pour le souverain bien des yeux ;

---

1. La plupart des noms cités dans cette pièce nous sont inconnus. Nous avons parlé ailleurs de Marigny, de Cormier, de Faret, de Molière. Nous ne savons rien de Belot, de Brun, de Grandchamp, de La Motte, de Lâtre, Chateaupers, Bilot. Bardin étoit de l'Académie françoise. Né à Rouen en 1590, il mourut à Paris en 1637. Aucun membre de l'Académie n'étoit mort avant lui.— Son principal ouvrage est intitulé *le Lycée*.— Bilot étoit sans doute de la suite du duc de Retz. Dans le sonnet : Voicy le rendez-vous..., etc., p. 182, Saint-Amant le cite parmi les buveurs qui fréquentoient avec lui le cabaret de La Plante, à Belle-Ile. Pour Chassaingrimont, voy. p. 181.

Non pas pour la frescheur de l'ombre
De ce bois venerable et sombre
Où les bergers les plus discrets
Chantent leurs amoureux secrets ;
Non pas pour ces larges campagnes
Où Cerès, avec ses compagnes,
Seme et recueille tant de blez,
Que tes greniers en sont comblez ;
Non pas pour ces grandes prairies
Que la saison qu'aux Canaries
Mes yeux ont veu regner jadis
Comme en un second paradis
En janvier mesme rend si vertes
Et de tant de troupeaux couvertes,
Qu'on n'y sçauroit lequel choisir,
Ou du profit, ou du plaisir ;
Non pas pour ces claires fontaines,
Qui, par des routes incertaines,
Se fuyant et se poursuivant
Sous l'ombrage frais et mouvant
De mille arbres qu'elles font croistre,
Et qu'en elles on voit paroistre,
Accordent au chant des oyseaux
Le doux murmure de leurs eaux ;
Non pas pour ces longues allées
Où de branches entremeslées
De lauriers, de charmes, de buis,
De cyprès, de fleurs et de fruits,
Se forment des murailles vives,
Qui, par leurs distances captives,
Font des chemins plus gracieux
Que n'est celuy qu'on voit aux cieux ;
Non pas pour ce divin parterre
Où le soing de nature enserre
Cent mille fleurs, qu'à voir briller

Quand elle veut s'en habiller
On prendroit pour des pierreries,
Qui des drogues les plus cheries,
Dont l'odorat est amateur,
Auroient l'agreable senteur ;
Mais bien pour ce costeau de vigne
Qui seul est de ma muse digne,
Et que je veux si bien louer,
Que Bacchus le puisse advouer.
Ha ! brave baron de Sainct-Brice,
Pour honorer un tel caprice
Qui m'esveille la verve ainsi,
Que n'es-tu maintenant icy !
Nous boirions dedans ta calotte,
Et par quelque chanson falotte
Nous celebrerions la vertu
Qu'on tire de ce bois tortu.
Vray Gilot, roy de la debauche,
Mon cher amy, mon κουιλλον gauche,
Si tu te trouvois en ce lieu,
O ! comme, à l'honneur de ce dieu
Que l'on vit naistre d'une cuisse,
Tu chanterois en ton de Suisse,
Faisant d'une nape un turban,
Ton melodieux Pireban !
Toy de qui le nom effroyable
Feroit chier de peur le diable,
Grand et hardy Chassaingrimont,
Dont le seul regard nous semont
A l'agreable excès de boire ;
Toy qui, non sans cause, fais gloire,
Et crois en payer ton escot,
D'estre de la maison de Pot,
Belot, puissant demon de joye,
Qui par une secrette voye

Nous inspires la volupté
De la bacchique liberté,
Lors qu'autour d'une table ronde,
Faisant raison à tout le monde,
La tienne abandonne tes sens
A mille plaisirs innocens ;
Marigny, rond en toutes sortes,
Qui parmy les brocs te transportes,
Et dont l'humeur que je cheris
M'a pu faire quitter Paris ;
Franc Picard à la rouge trongne,
Brave Maricourt, noble yvrongne,
Qui crois estre sur ton fumier
Quand tu presides chez Cormier ;
Jeune portrait du vieux Silene,
Grand beuveur à perte d'halene,
Chère rime de cabaret,
Mon cœur, mon aymable Faret ;
Brun, qui dans la cité de Dole,
Chez toy de raisons tiens escole
Pour les plus sçavans, quand tu bois
De ton exquis vin blanc d'Arbois ;
Bardin, dont la saine doctrine,
Incaguant Aristote et Pline,
Prouve que le vin seulement
Merite le nom d'element ;
Grand-Champ, qui vuides mieux les verres
Que dans les chiquaneuses guerres,
Avec les plus heureux succès,
Tu ne vuiderois les procès ;
Butte, qui d'un cœur de Pompée,
Ne fait pas mieux à coups d'espée
Que dedans maint repas divin
Je t'ai veu faire à coups de vin ;
La Motte, qui parmi les tasses

LA VIGNE.

As mille fois plus fait de masses [1]
Que ton père, en son plus grand feu,
N'en a jamais fait dans le jeu ;
Chasteaupers, gardien des treilles,
Au nez à crocheter bouteilles,
De qui l'aspect est aussi bon
Pour faire chifler qu'un jambon ;
Cher compatriote de Lâtre,
Humeur que mon ame idolâtre,
Homme à tout faire, esprit charmant,
Pour qui j'avoue estre Normant ;
Theophile, Bilot, Moliere,
Qui dedans une triste biere
Faites encore vos efforts
De trinquer avecques les morts ;
Fameux beuveurs, troupe fidelle,
Tous ensemble je vous appelle
Dans ces lieux de pampre couvers,
Pour m'aider à chanter ces vers :

Que sous les climats froidureux
Les peuples sont bien malheureux
De n'avoir aucun sep de vigne !
Tout plaisir leur est interdit ;
Le ciel en tout temps leur rechigne,
Et la nature les maudit.

Ils profanent le cabaret ;
De l'eau bouillie au vin clairet
Le fade goust on y prefere ;
Quand on y boit on est transy,
Et l'on n'y sçauroit jamais faire
Rubis sur l'ongle, comme icy.

---

1. Terme emprunté au jeu de dés. — *Masse !* disoit l'un. — *Tope*, répondoit l'autre. Et de même en *beuverie*. (V. Furetière.)

Alexandre, le grand beuveur,
Bacchus, eust-il sans ta faveur
Peu meriter quelque louange,
Et l'eust-on jamais veu regner
Sur tant de terres que le Gange
Prend tant de plaisir à baigner?

Jamais habillemens de Mars,
Glaives, boucliers, lances ny dars,
N'esclatterent dans son armée,
Et jamais mousquets ny canons,
Vomissans fer, flamme et fumée,
N'y firent abhorrer leurs noms.

L'esclat des verres seulement,
Plus brillans que le firmament,
Y rendoit la veue esblouye;
On n'y vomissoit que du vin,
Et rien n'y possedoit l'ouye
Qu'un chant bacchique et tout divin.

Quand ces pyrates impudents,
Bacchus, te monstrerent les dents,
N'est-il pas vray que ta vengeance
Ordonna, pour son plus grand fleau,
Que cette miserable engeance
Ne boiroit jamais que de l'eau?

O quel severe chastiment!
Boire de l'eau, Dieu, quel tourment!
Quelle ire n'en seroit foulée!
C'est bien pour en desesperer!
Mais encore de l'eau salée,
Qui ne sert qu'à les alterer!

Ces maraus furent bien surpris
En leur audacieux mespris!

Ils y perdirent leur escrime,
Et dedans ces flots tous esmus
De l'enormité de leur crime
Ils demeurerent bien camus!

Pere, aussi tant que je vivray,
De tout mon cœur je te suivray,
Je t'en fais icy la promesse,
Et jure par ces cervelas
Que, pour mon baston de vieillesse,
Je ne veux rien qu'un eschalas.

CASSATION DE SOUDRILLES.

orteurs de seringues à feu,
Petits bastards de Salmonée,
Pour Dieu ! retirez-vous un peu,
Puis que la guerre est terminée.

Valets de pique, faites flus :
La France, qui vous congedie,
Veut que vous ne luy serviez plus
Qu'à vendanger en Normandie.

Sergents, qui sous un attelier
Aviez levé tant de pagnottes,
Pendez le glaive au ratelier,
Et chiez dans vos bourguignottes.

Enseignes, pliez vos drapeaux
Sous qui la valeur se gouverne,
Et vous rengez à grands troupeaux
Sous celuy de quelque taverne.

Lieutenans qui craignez le chocq
Plus qu'un muguet ne craint la foule,

Mettez bas vos plumes de coq,
Dont vous avez mangé la poule.

Capitaines, mauvais garçons,
Si l'on en croit vos cadenettes,
Allez sur quelques limaçons
Dépuceler vos daguenettes.

Tambours, les violons de Mars,
Qu'on batte aux champs de mains legeres,
Pour mener tous ces beaux soudars
En garnison droit à Fougeres !

Là, chargez d'un pesant mousquet,
Qu'ils fassent bien soigneuse garde,
Chantans auprès d'un tourniquet
La robinette et la guimbarde.

Là, d'un ventre-bieu! qui va là?
Dit d'une trongne furibonde,
Sans voir ny cecy, ny cela,
Qu'ils fassent trembler tout le monde.

Là, pour faire les vieux routiers,
Et qu'avec crainte on les entende,
Qu'en bons termes de savetiers
Ils parlent du siege d'Ostende[1].

---

[1]. « Ce n'estoit, avant les troubles, qu'une meschante villette, la retraite des pescheurs, mais depuis bien connue par le plus mémorable et fameux siége qui fut jamais. Elle fut investie, autant que faire se pouvoit, l'an 1601, le 5 juillet..., par le comte Frideric Vandemberghe (sic). » Parival, que nous avons cité d'abord (*Abrégé de l'hist. de ce siècle de fer*, 1654), est moins complet sur ce point que le sieur de Saint-Lazare dans ses *Remarques d'histoire*, Paris, 1632. Il faut lire dans celui-ci le récit des prodiges accomplis à ce siége, encore fameux au temps où Saint-Amant écrivoit.

Là, de maint fascheux horion,
Qu'un caporal nommé la Cocque
Vous leur sangle le morion
Jusques à la nique et la noque.

Là, que d'un maintien importun,
Sur leurs murailles esbrechées,
Ils soufflent au lieu de petun
Des feuilles de choux mal sechées.

Là, dans les affaires d'estat,
Plus avant que porcs dans la boue,
Qu'ils depeignent comme Alberstat
Deconfit le brave Cordoue [1].

Là, qu'un gascon, en exaltant
Son excelence, ou son altesse,
Baille pour bel argent contant
Ses hauts exploits à son hostesse.

Et concluant par un : Et donc !
Ses beaux discours tous pleins d'emphaze,
Qu'il luy montre qu'un pied de long
Le peut faire passer pour aze.

Mais encor, Muse, en nous gaussant
D'une si leste infanterie,
Faut-il dire un mot en passant
A la pauvre gendarmerie.

---

1. Le contraire est vrai. « Le 20 juin 1622, le duc Christian de Brunswick-Alberstadt sortit de Westphalie, venant pour passer la rivière du Mein au dessous de Francfort, pour joindre le Palatin et Mansfeld. Mais Tilly, Cordoüa et d'Anhalt, s'estant joints, l'attendent... Le 27 juin, il est deffait par les Impériaux... Alberstadt se sauva à guay avec cinq cornettes. » (*Remarques d'hist.* du sieur de Saint-Lazare.)

Chevaliers, l'effroy des poulets,
Faites des broches de vos lames,
Et ne bandez vos pistolets
Que pour descharger sur les dames.

IMPRECATION.

Si jamais j'entre dans Evreux,
Puissay-je devenir fievreux!
Puissay-je devenir grenouille!
Puissay-je devenir quenouille!
Que le vin me soit interdit,
Que nul ne me fasse credit,
Que la tigne avec la pelade
Se jette dessus ma salade,
Que je serve de Jacquemart,
Qu'on me coupe le βρακεμαρτ;
Bref, que cent clous gros d'apostume,
Noirs et gluans comme bitume,
M'environnent le fondement,
Si j'y songe tant seulement.
  Qu'à jamais la guerre civile
Trouble cette maudite ville;
Que Phebus, qui fait tant le beau,
N'y porte jamais le flambeau;
Qu'il y pleuve des halebardes,
Que tout ce que jadis nos bardes
Ont prophetisé de malheurs,
D'ennuis, d'outrages, de douleurs,
De poison, de meurtre, d'inceste,
De feu, de famine et de peste,
S'y puisse bien-tost accomplir,
Et tout son domaine en remplir.

Voilà ce qu'une ire equitable
Fit prononcer, estant à table,
De haine ardemment excité
Contre cette infame cité,
Au plus benin de tous les hommes
Qui boivent au temps où nous sommes.
O bon yvrongne ! ô cher Faret !
Qu'avec raison tu la mesprises !
On y voit plus de trente eglises,
Et pas un pauvre cabaret.

L'ENAMOURÉ.

Parbieu ! j'en tiens, c'est tout de bon,
Ma libre humeur en a dans l'aile,
Puis que je prefere au jambon
Le visage d'une donzelle.
Je suis pris dans le doux lien
De l'archerot idalien.
Ce dieutelet, fils de Cyprine,
Avecques son arc my-courbé,
A feru ma rude poitrine
Et m'a fait venir à jubé [1].

Mon esprit a changé d'habit :
Il n'est plus vestu de revesche [2] ;
Il se r'affine et se fourbit
Aux yeux de ma belle chevesche [3].
Plus aigu, plus clair et plus net

---

1. M'a soumis. — 2. *Revesche*, étoffe de laine à poil long, fabriquée en Angleterre. — 3. Chouette, fresaye.

Qu'une dague de cabinet,
Il estocade la tristesse,
Et, la chassant d'autour de soy,
Se vante que la politesse
Ne marche plus qu'avecques moy.

 Je me fay friser tous les jours,
On me releve la moustache ;
Je n'entrecoupe mes discours
Que de rots d'ambre et de pistache ;
J'ay fait banqueroute au petun ;
L'excès du vin m'est importun :
Dix pintes par jour me suffisent ;
Encore, ô falotte beauté
Dont les regards me deconfisent,
Est-ce pour boire à ta santé !

LA NAISSANCE DE PANTAGRUEL.

Pour une mascarade[1].

Le jour que je nasquis on vit pleuvoir du sel :
Le soleil, en faisant son tour universel,
De la soif qu'il souffrit beut quasi toute l'onde,
Et pensa d'un seul trait avaller tout le monde.
De là sont provenus tant d'abismes sans eaux,

---

1. On donnoit le nom de mascarades à des troupes de masques qui, surtout au temps de carnaval, couroient la ville, et souvent, sous ce déguisement, entroient dans des maisons où il y avoit bal, sans même être invités. V. Mlle de Montpensier, *Mémoires*.

De là sont derivez tant de rouges museaux,
Qui d'un gosier ardent, que rien ne desaltere,
S'occupent sans relasche au bacchique mystere ;
L'air, beaucoup plus en feu qu'au temps de Phaëton,
En cracha sur sa barbe aussi blanc que cotton,
Et la nuict de devant on vit avec merveille
Briller une comete en forme de bouteille,
Pour presage certain, non de mortalité,
Comme les autres sont, mais de pleine santé :
J'entens de ces santez que l'on fait à la table,
Et par qui l'homme est dit animal raisonnable.
Ce beau mignon Troyen, ce sommelier des dieux,
Avec la jeune Hebé, versant à qui mieux mieux,
Se lasserent les bras à leur remplir la coupe,
Et Jupiter en fut yvre comme une soupe.
Le grand mastin celeste en devint enragé,
Le sucre de Madere en poivre fut changé,
Les gigots de mouton en jambons de Mayence ;
La terre eut le hocquet : elle en cria vengence,
Et la nature mesme, en ardeur s'exaltant,
Se vit preste à mourir de la mort de Rolant [1] ;
Si bien qu'à mon exemple, ainsi que dit l'histoire,
Par tout à gueule ouverte on demandoit à boire.

A BOIRE ! A BOIRE !

LA REMONSTRANCE INUTILE.

Vivante image de la mort,
Perrette à la mine de plastre,
De qui la gueule sent plus fort
Que ne fait quelque vieille emplastre,
Vous qui n'osez marcher de jour,

---

1. Que la soif fit tant souffrir à Roncevaux.

Osez-vous bien parler d'amour !

Et quoy ! vous n'avez plus de dents
Que pour manger de la moustarde,
De nez que pour les accidents
D'un pet ou bien d'une nazarde,
De voix que pour faire du bruit,
Ny plus d'yeux que pour voir la nuict.

Songez à partir de ce lieu :
Vostre temps a plié bagage ;
Assurez-vous qu'il est un Dieu,
Puisque je vous tiens ce langage,
Et que mon cœur peut consentir
De vous voir dans le repentir.

Enfermez-vous dans un convent ;
Laissez vos desirs à la porte ;
Veillez et priez si souvent
D'une oraison qui vous transporte,
Qu'ainsi vous puissiez voir sans yeux
Qu'en la terre on peut estre aux cieux.

Faites vostre lit d'un rocher,
Prenez la haire et le cilice,
Gourmandez si bien vostre chair,
Que vous fassiez mourir le vice ;
Bref, que pour gaigner paradis,
Tous vos jours soient des vendredis.

Mais quoy ! vous ne m'escoutez pas,
Vous riez en hochant la teste !
Je voy bien que je pers mes pas.
Par la morgoy ! je suis bien beste !
Rien ne sert de vous exhorter :
Le diable vous puisse emporter !

CHANSON A BOIRE.

Payen, Maigrin, Butte, Gilot,
Desgranges, Chasteaupers, et Dufour le bon
Qu'un chacun eslise son parrain   [falot,
Pour trinquer à ce prince lorrain !

  Il nous permet qu'en liberté
Sans aucun compliment on luy porte une santé.
  Beuvons donc, il nous fera raison,
  Car il est l'honneur de sa maison.

  Estant parmi les Allemans,
Où son bras a plus fait que n'ont dit tous les romans,
  Il apprit à suivre les hazars
  De Bacchus aussi bien que de Mars.

  Pour moy, disant ce qui m'en plaist,
C'est de le voir seigneur de Briosne [1] comme il est.
  Ce lieu vaut l'estat des plus grands roys,
  Puis qu'un Pot y tient autant que trois.

  Aussi je veux faire un serment
De vivre désormais pour le servir seulement,
  Et verser pour ce prince divin
  Plus de sang que je n'ay beu de vin.

  Ainsi chantoient au cabaret
Le bon gros Sainct-Amant et le vieux pere Faret,
  Celebrans l'un et l'autre à son tour
  La santé du comte de Harcour.

VIVAT !

---

1. Briosne, petit bourg fortifié de Normandie. — Sans doute Chassingrimont, de la maison de Pot, y commandoit. De là ce vers :
  Puisqu'un Pot y tient autant que trois.

SONNET[1].

Assis sur un fagot, une pipe à la main,
Tristement accoudé contre une cheminée,
Les yeux fixes vers terre, et l'ame mutinée,
Je songe aux cruautés de mon sort inhumain.

L'espoir, qui me remet du jour au lendemain,
Essaye à gaigner temps sur ma peine obstinée,
Et, me venant promettre une autre destinée,
Me fait monter plus haut qu'un empereur romain.

Mais à peine cette herbe[2] est-elle mise en cendre,
Qu'en mon premier estat il me convient descendre,
Et passer mes ennuis à redire souvent :

Non, je ne trouve point beaucoup de difference
De prendre du tabac à vivre d'esperance,
Car l'un n'est que fumée, et l'autre n'est que vent.

SONNET.

Voicy le rendez-vous des enfans sans soucy,
Que pour me divertir quelquefois je frequente.
Le maistre a bien raison de se nommer la Plante,
Car il gaigne son bien par une plante aussy.

Vous y voyez Bilot pasle, morne et transy,
Vomir par les nazeaux une vapeur errante ;

---

1. Ce sonnet, si l'on en croit la tradition, auroit été composé chez un cabaretier nommé La Plante, du bourg de Sauzon, à Belle-Ile. Saint-Amant reparle de ce La Plante au sonnet suivant.

2. Le tabac, ou petun, comme disoient les burlesques.

Vous y voyez Sallard chatouiller la servante,
Qui rit du bout du nez en portrait raccourcy.

Que ce borgne a bien plus Fortune pour amie
Qu'un de ces curieux qui, soufflant l'alchimie,
De sage devient fol, et de riche indigent !

Cestuy-là sent enfin sa vigueur consumée,
Et voit tout son argent se resoudre en fumée ;
Mais lui, de la fumée il tire de l'argent.

SONNET.

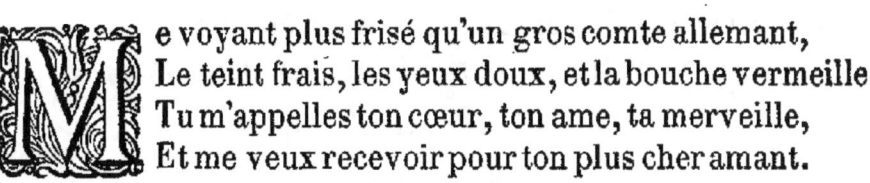e voyant plus frisé qu'un gros comte allemant,
Le teint frais, les yeux doux, et la bouche vermeille,
Tu m'appelles ton cœur, ton ame, ta merveille,
Et me veux recevoir pour ton plus cher amant.

Tu trouves mon maintien si grave et si charmant,
Tu sens à mes discours un tel goust en l'oreille,
Que tu me veux aymer d'une ardeur nompareille,
Où desormais ta foy sera de diamant.

Pour me donner un nom qui me soit convenable,
Cloris, ton jugement est plus que raisonnable,
Quand tu viens m'appeller un miroir à putains.

Je n'en refuse point le titre ny l'usage :
Il est vray, je le suis, tes propos sont certains,
Car tu t'es bien souvent mirée en mon visage.

SONNET.

Vos attraits n'ont plus rien que l'espée et la cappe;
Vostre esprit est plus plat qu'un pied de pelerin;
Vous pleurez plus d'onguent que n'en fait Tabarin,
Et qui voit vostre nez le prend pour une grappe.

Vous avez le museau d'un vieux limier qui lappe,
L'œil d'un cochon rosty, le poil d'un loup marin,
La chair d'un aloyau lardé de romarin,
Et l'embonpoint d'un gueux qui reclame Esculape.

Vous portez comme un cu longue barbe au menton;
Vostre corps est plus sec que le son d'un teston [1];
Vous berçastes jadis l'ayeul de Melusine.

Pièce de cabinet, quittez nostre quartier,
Et, prenant pour jamais congé de la cuisine,
Qu'on ne vous trouve plus, sinon chez Dumonstier [2].

SONNET.

Entrer dans le βορδελ d'une demarche grave,
Comme un cocq qui s'apreste à jouer de l'ergot;
Demander Janneton, faire chercher Margot
Ou la jeune bourgeoise, à cause qu'elle est brave;

Fureter tous les troux, jusqu'au fond de la cave,
Y rencontrer Perrette, et, daubant du gigot,
Dancer le bransle double au son du larigot;
Puis y faire festin d'une botte de rave;

---

1. *Teston*, ancienne monnoie de France, que l'on commença à fabriquer sous Louis XII.

2. Daniel Dumonstier (prononcez *Du Moustier*, comme convent, *couvent*), peintre célèbre, né vers 1550, mort en 1631. Il étoit fameux par ses collections de toutes sortes. —Voy. son *Historiette* dans Tallemant (édit. in-12, V. 55.)

N'y voir pour tous tableaux que quelque vieux rebus,
Ou bien quelque almanach qui sema ses abus
L'an que Pantagruel desconfit les andouilles ;
   Et, du haut jusqu'au bas, pour tous meubles de pris,
Qu'une vieille paillasse, un pot et des quenouilles :
Voilà le passe-temps du soudart de Cypris.

EPIGRAMME.

Un poëte à la douzaine
Se vantoit impudemment,
Me discourant de sa veine,
Qu'il escrivoit doucement.
Moy, que la raison oblige
A l'en rendre mieux instruit :
Ouy, si doucement, luy dis-je,
Que tu ne fais point de bruit.

EPIGRAMME[1].

Certes, l'on vit un triste jeu,
Quand, à Paris, dame Justice,
Pour avoir mangé trop d'espice[2],
Se mit tout le palais en feu.

1. Cette épigramme, d'un goût médiocre, souvent attribuée à Théophile, fait allusion à l'incendie du Palais de Justice, en 1618. Voir une relation de cet événement dans les *Variétés historiques et littéraires* de M. Edouard Fournier, t. 2, p. 159 et suiv. (*Bibliothèque elzevirienne*).

2. Racine a fait un jeu de mots qu'on peut rapprocher de celui-ci :

>   Il me redemandoit sans cesse ses espices,
>   Et j'ai tout bonnement couru dans les offices
>   Chercher la boîte au poivre..........

EPITAPHE.

Cy gist un fou nommé Pasquet,
Qui mourut d'un coup de mousquet
Comme il vouloit lever la creste;
Quant à moy, je croy que le sort
Luy mit du plomb dedans la teste
Pour le rendre sage en sa mort.

EPITAPHE.

Cy gist dans cette triste fosse
Le corps du pauvre Jambedosse,
Qui, par un vent traistre et malin,
Fut ecrasé dans un moulin,
Où, voulant son blé faire moudre,
Luy-mesme il fut reduit en poudre,
Et, quoy qu'innocent avoué,
Très-malheureusement roué.
L'avanture en est incroyable
Autant comme elle est pitoyable.
Passant, admire et plains son sort,
Le bon naturel t'y convie,
Et dy qu'il a trouvé la mort
Où les autres treuvent la vie.

EPIGRAMME.

Maistres des foux les plus insignes
Qu'on treuve aux Petites-Maisons,
Sots autheurs, qui parmy nos cygnes
N'estes pour tout que des oysons,
Que cette juste apologie
Vous fasse, par son energie,
Respecter Nicandre aujourd'huy ;
Bruslez vos infames volumes,
Et n'employez plus contre luy
La commodité de vos plumes ;
Ou bien, oysons, je vous promets
Qu'il faudra, de peur de son ire,
Que ce qui vous sert pour escrire
Vous serve à fuyr desormais.

EPIGRAMME.

Thibaut se dit estre Mercure,
Et l'orgueilleux Colin nous jure
Qu'il est aussi bien Apollon
Que Boccan[1] est bon violon.
Ces deux autheurs, pour la folie,
La fraude, la melancholie,
La sottise, l'impieté,
L'ignorance et la vanité,

---

1. Jacques Cordier, dit Bocan, maître à danser de femmes ; habile violon, goutteux ; et cependant il avoit montré à danser à plusieurs reines. Voy. *Sauval*, liv. IV.

Ne sont rien qu'une mesme chose;
Mais en ce poinct ils sont divers :
C'est que l'un fait des vers en prose,
Et l'autre de la prose en vers.

SONNET.

Je viens de recevoir une belle missive
De la nymphe qui prit mon ame au trebuchet,
Et qui, scellant mon cœur de son divin cachet,
Y voulut imprimer son image lascive.

Il me fasche desjà que cette heure n'arrive
Où je dois embrasser sa taille de brochet,
Et jamais verollé, tapy dessous l'archet,
En suant ne trouva l'orloge si tardive.

Phœbus, va-t-en souler tes paillards appetis
Dans les bras amoureux de la belle Thetis :
Elle se plaint qu'au ciel trop long-temps tu demeures

Nuict, couvre l'univers de ton noir balandran,
Et, puis que j'ay le mot justement à six heures,
Amour, conduy l'aiguille au milieu du cadran.

SONNET.

Fagotté plaisamment comme un vray Simonnet,
Pied chaussé, l'autre nud, main au nez, l'au-
[tre en poche,
J'arpente un vieux grenier, portant sur ma
Un coffin[1] de Hollande en guise de bonnet.   [caboche

1. Coffin, *cophinus*, petite corbeille ou panier à fruits.

Là, faisant quelquefois le saut du sansonnet,
Et dandinant du cu comme un sonneur de cloche,
Je m'esgueule de rire, escrivant d'une broche
En mots de Pathelin ce grotesque sonnet.

Mes esprits, à cheval sur des cocquesigrues,
Ainsi que papillons s'envollent dans les nues,
Y cherchant quelque fin qu'on ne puisse trouver.

Nargue : c'est trop resver, c'est trop ronger ses ongles ;
Si quelqu'un sçait la ryme, il peut bien l'achever.

---

1. On trouve fréquemment dans le *Virgile travesti* de Scarron de semblables concessions à la rime. Dans le 4ᵉ livre, par exemple, on lit que l'Achéron

> Dans le Cocyte se va perdre :
> (Rime qui sçait rimer en erdre,
> Je le laisse à plus fin que moy.)

LA SUITE DES OEUVRES

DU SIEUR DE

SAINT-AMANT

A MONSIEUR DE LIANCOURT[1].

onsieur,

J'ose dire qu'au present que je vous fais je ne vous offre pas des choses qui soient desagreables, après tant de temoignages advantageux dont il vous a pleu les honorer devant que j'eusse pû me resoudre à les rendre publiques. Je sçay bien que vostre approbation doit fermer la bouche à l'envie, et que toute insollente qu'elle est, elle ne laisse pas de respecter vostre jugement plus que je ne crains sa malice; mais, Monsieur, quelques outrages que j'en puisse recevoir, ils ne sçauroient jamais estre assez grands pour egaler la gloire que j'ay d'avoir quelque part en vostre estime. Le comble de vos bonnes graces[2] est de pouvoir donner de plus solides preuves que celle-cy de l'extréme passion que j'ay à vous honorer, afin de me rendre moins indigne de la qualité,

Monsieur, de
Votre très humble et très obeyssant serviteur,
Saint-Amant.

1. Cette dédicace figure dans l'édit. in-12 de 1649.
2. Le texte ici est évidemment incomplet.

SUITE DE LA PREMIERE PARTIE
DES ŒUVRES
DU SIEUR
DE SAINT-AMANT

LE SOLEIL LEVANT[1].

Jeune deesse au teint vermeil,
   Que l'Orient revere,
Aurore, fille du Soleil,
   Qui nais devant ton pere,
Vien soudain me rendre le jour,
Pour voir l'objet de mon amour.

Certes, la nuict a trop duré;
   Desja les cocqs t'appellent:
Remonte sur ton char doré,
   Que les Heures attellent,
Et viens montrer à tous les yeux
De quel esmail tu peins les cieux.

Laisse ronfler ton vieux mary
   Dessus l'oisive plume,
Et pour plaire à ton favory

---

1. Cf. Théophile, *le matin*, ode. — Edit. 1651, p. 187.

Tes plus beaux feux r'allume ;
Il t'en conjure à haute voix,
En menant son limier au bois.

Mouille promptement les guerets
   D'une fraische rosée,
Afin que la soif de Cerès
   En puisse estre appaisée,
Et fay qu'on voye en cent façons
Pendre tes perles aux buissons.

Ha ! je te voy, douce clarté,
   Tu sois la bien venue :
Je te voy, celeste beauté,
   Paroistre sur la nue,
Et ton estoile en arrivant
Blanchit les costaux du levant.

Le silence et le morne roy
   Des visions funebres
Prennent la fuite devant toy
   Avecque les tenebres,
Et les hyboux qu'on oyt gemir
S'en vont chercher place à dormir.

Mais, au contraire, les oyseaux
   Qui charment les oreilles
Accordent au doux bruit des eaux
   Leurs gorges nompareilles,
Celebrans les divins apas
Du grand astre qui suit tes pas.

La Lune, qui le voit venir,
   En est toute confuse ;
Sa lueur, preste à se ternir,
   A nos yeux se refuse,
Et son visage, à cet abord,
Sent comme une espece de mort.

LE SOLEIL LEVANT.

Le voilà sur notre horison
  En sa pointe premiere,
O que l'Ethiope a raison
  D'adorer sa lumiere !
Et qu'il doit priser la couleur
Qui luy vient de cette chaleur !

C'est le dieu sensible aux humains,
  C'est l'œil de la nature ;
Sans luy les œuvres de ses mains
  Naistroient à l'advanture,
Ou plustost on verroit perir
Tout ce qu'on voit croistre et fleurir.

Aussi pleine d'un sainct respect,
  Quand le jour se r'allume,
La Terre, à ce divin aspect,
  N'est qu'un autel qui fume,
Et qui pousse en haut comme encens
Ses sacrifices innocens.

Au vif esclat de ses rayons,
  Flattés d'un gay zephire,
Ces monts sur qui nous les voyons
  Se changent en porphyre,
Et sa splendeur fait de tout l'air
Un long et gracieux esclair.

Bref, la nuict devant ses efforts,
  En ombres separée,
Se cache derriere les corps
  De peur d'estre esclairée,
Et diminue ou va croissant,
Selon qu'il monte ou qu'il descent.

Le berger, l'ayant reveré
  A sa façon champestre,
En un lieu frais et retiré

Ses brebis meine paistre ;
Et se plaist à voir ce flambeau
Si clair, si serain, et si beau.

L'aigle, dans une aire à l'escart,
　　Estendant son plumage,
L'observe d'un fixe regard,
　　Et luy rend humble hommage,
Comme au feu le plus animé
Dont son œil puisse estre charmé.

Le chevreuil solitaire et doux,
　　Voyant sa clarté pure
Briller sur les feuilles des houx
　　Et dorer leur verdure,
Sans nulle crainte de veneur,
Tasche à luy faire quelque honneur.

Le cygne, joyeux de revoir
　　Sa renaissante flame,
De qui tout semble recevoir
　　Chaque jour nouvelle ame,
Voudroit, pour chanter ce plaisir,
Que la Parque le vint saisir.

Le saulmon, dont au renouveau
　　Thetis est despourveue,
Nage doucement à fleur d'eau
　　Pour jouir de sa veue,
Et monstre au pescheur indigent
Ses riches escailles d'argent.

L'abeille, pour boire des pleurs,
　　Sort de sa ruche aymée,
Et va sucer l'ame des fleurs
　　Dont la plaine est semée ;
Puis de cet aliment du ciel
Elle fait la cire et le miel.

Le gentil papillon la suit
  D'une aisle tremoussante,
Et, voyant le soleil qui luit,
  Vole de plante en plante,
Pour les advertir que le jour
  En ce climat est de retour.

Là, dans nos jardins embellis
  De mainte rare chose,
Il porte de la part du lys
  Un baiser à la rose,
Et semble, en messager discret,
Luy dire un amoureux secret.

Au mesme temps, il semble à voir
  Qu'en esveillant ses charmes,
Ceste belle luy fait sçavoir,
  Le teint baigné de larmes,
Quel ennuy la va consumant
D'estre si loing de son amant.

Et mesme elle luy parle ainsi
  En son muet langage :
Helas! je deviendray soucy
  Au mal-heur qui m'outrage,
Si de ma fidelle amitié
Mon fier destin ne prend pitié.

Amour, sur moy comme vainçœur,
  Exerce ses rapines,
Et moins en mes bras qu'en mon cœur
  Je porte des espines ;
Mais je ne vivray pas longtemps :
C'est le seul bien où je m'attends.

Encore si, pour reconfort,
  Quelques beaux doigts me cueillent
Avant que, par un triste sort,

Tous mes honneurs s'effeuillent,
Je n'auray rien à desirer,
Et finiray sans murmurer.

Reyne des fleurs, apaise-toi :
  Voicy venir Sylvie,
Qui t'apporte en elle de quoy
  Contenter cette envie,
Car sa main de lys a dessein
De te loger en son beau sein.

LE MELON.

Quelle odeur sens-je en cette chambre?
Quel doux parfum de musc et d'ambre
Me vient le cerveau resjouir
Et tout le cœur espanouir?
Ha! bon Dieu! j'en tombe en extase :
Ces belles fleurs qui dans ce vase
Parent le haut de ce buffet
Feroient-elle bien cet effet?
A-t-on bruslé de la pastille?
N'est-ce point ce vin qui petille
Dans le cristal, que l'art humain
A fait pour couronner la main,
Et d'où sort, quand on en veut boire,
Un air de framboise[1] à la gloire

1. Le vin framboisé produit par le terroir de Bourgueil, près de Tours, est très estimé en Touraine et en Anjou.

LE MELON.

Du bon terroir qui l'a porté
Pour nostre eternelle santé ?
Non, ce n'est rien d'entre ces choses,
Mon penser, que tu me proposes.
Qu'est-ce donc? Je l'ay descouvert
Dans ce panier rempli de vert :
C'est un MELON, où la nature,
Par une admirable structure,
A voulu graver à l'entour
Mille plaisans chiffres d'amour,
Pour claire marque à tout le monde
Que d'une amitié sans seconde
Elle cherit ce doux manger,
Et que, d'un soucy mesnager,
Travaillant aux biens de la terre,
Dans ce beau fruit seul elle enserre
Toutes les aymables vertus
Dont les autres sont revestus.
   Baillez-le-moy, je vous en prie,
Que j'en commette idolatrie :
O ! quelle odeur ! qu'il est pesant !
Et qu'il me charme en le baisant !
Page, un cousteau, que je l'entame ;
Mais qu'auparavant on reclame,
Par des soins au devoir instruits,
Pomone, qui preside aux fruits,
Afin qu'au goust il se rencontre
Aussi bon qu'il a belle montre,
Et qu'on ne treuve point en luy
Le defaut des gens d'aujourd'huy.
   Nostre prière est exaucée,
Elle a reconnu ma pensée :
C'en est fait, le voilà coupé,
Et mon espoir n'est point trompé.
O dieux ! que l'esclat qu'il me lance,

M'en confirme bien l'excellance !
Qui vit jamais un si beau teint !
D'un jaune sanguin il se peint ;
Il est massif jusques au centre,
Il a peu de grains dans le ventre,
Et ce peu-là, je pense encor
Que ce soient autant de grains d'or ;
Il est sec, son escorce est mince ;
Bref, c'est un vray manger de prince ;
Mais, bien que je ne le sois pas,
J'en feray pourtant un repas.

Ha ! soustenez-moy, je me pâme
Ce morceau me chatouille l'ame ;
Il rend une douce liqueur
Qui me va confire le cœur ;
Mon appetit se rassasie
De pure et nouvelle ambroisie,
Et mes sens, par le goust seduits,
Au nombre d'un sont tous reduits.

Non, le cocos, fruit delectable,
Qui luy tout seul fournit la table
De tous les mets que le desir
Puisse imaginer et choisir,
Ny les baisers d'une maistresse,
Quand elle-mesme nous caresse,
Ny ce qu'on tire des roseaux
Que Crète nourrit dans ses eaux,
Ny le cher abricot, que j'ayme,
Ny la fraise avecque la crème,
Ny la manne qui vient du ciel
Ny le pur aliment du miel,
Ny la poire de Tours sacrée,
Ny la verte figue sucrée,
Ny la prune au jus delicat,
Ny mesme le raisin muscat

LE MELON.

(Parole pour moy bien estrange),
Ne sont qu'amertume et que fange
Au prix de ce MELON divin,
Honneur du climat angevin[1].
Que dis-je, d'Anjou ? je m'abuse :
C'est un fruit du crû de ma muse,
Un fruit en Parnasse eslevé,
De l'eau d'Hyppocrene abreuvé,
Mont qui, pour les dieux seuls, rapporte
D'excellens fruits de cette sorte,
Pour estre proche du soleil,
D'où leur vient ce goust nompareil :
Car il ne seroit pas croyable
Qu'un lieu commun, quoy qu'agreable,
Eust pu produire ainsi pour nous
Rien de si bon ni de si dous.
   O vive source de lumiere !
Toy dont la route coustumiere
Illumine tout l'univers ;
Phœbus, dieu des fruits et des vers,
Qui tout vois et qui tout embrasses,
Icy je te rends humbles graces
D'un cœur d'ingratitude exent,
De nous avoir fait ce present ;
Et veux, pour quelque recompense,
Dire en ce lieu ce que je pense
Et de ce MELON et de toy,
Suivant les signes que j'en voy.
Mais que tandis, ô chere troupe,
Chacun laisse en repos la coupe,
Car ce que je vous vay chanter
   Vaut bien qu'on daigne l'escouter :

---

1. Les melons de Mazé, village à cinq lieues d'Angers, sont encore fameux.

LE MELON.

Après que Jupiter, avecque son tonnerre,
Eut fait la petarrade aux enfans de la terre,
Et que les dieux, lassez, revindrent du combat
Où Pan perdit ses gands, Apollon son rabat,
Mars l'un de ses souliers, Pallas une manchette,
Hercule, par un trou, l'argent de sa pochette,
Mercure une jartiere et Bacchus son cordon,
Pour s'estre, dans les coups, jettez à l'abandon;
Après, dis-je, ce chocq, où l'asne de Silene,
Aux plus mauvais garçons fit enfin perdre haleine,
Par l'extrême frayeur que sa voix leur donna,
De quoy le ciel fremit et l'enfer bourdonna;
On dit qu'il fut conclu qu'en signe de victoire
Tout le reste du jour se passeroit à boire,
Et que chacun d'entr'eux, fournissant au banquet,
Apporteroit son mets troussé comme un pacquet.
   Soudain, de tous costez sur l'Olympe se virent
Plats deçà, plats delà, que les Nymphes servirent,
Le bras nud jusqu'au coude et le sein descouvert,
Orné de quelque fleur avec un peu de vert.
   Ce dieu qui des premiers autorisa l'inceste,
Devant qui les plus grands de la troupe celeste,
Plus petits que cirons, de peur de le fascher
Noseroient seulement ny tousser ny cracher;
L'audacieux Jupin, pour commencer la dance,
Et presenter à l'œil dequoy garnir la pance,
Fit apporter pour soy, dans un bassin de pris,
Quantité de gibbier que son aigle avoit pris.
   La superbe Junon, qui dans une charrette
Que des pans font rouler, fait souvent sa retrette
En l'empire incertain des animaux volans,
Prit de la main d'Iris un bouquet d'ortolans
Qui fleurissoit de graisse, et convioit la bouche
A luy donner des dents une prompte escarmouche,
Durant qu'il estoit chaud, et qu'il s'en exhaloit

LE MELON.

Un gracieux parfum que le nez avaloit.
  Le compere Denis, à la trogne vermeille,
Qui veut tousjours chiffler, mesme quand il sommeille,
Rendant de son pouvoir Ganimede esbahy,
Voulut que le nectar fist place au vin d'Ay,
Dont il fit apporter par ses folles Menades,
Qui faisoient en hurlant mille pantalonnades,
Cinquante gros flaccons remplis jusques aux bords,
Pour le plaisir de l'ame, et pour le bien du corps.
  La deesse des fours, des moulins et des plaines,
Où l'œil du bon Pitaut voit l'espoir de ses peines;
Celle qui, s'esclairant de deux flambeaux de pin,
A force de trotter usa maint escarpin
En cherchant nuit et jour la domzelle ravie,
Cerés au crin doré, le soustien de la vie,
Munit les assistans, au lieu de pain-mollet,
De biscuits à l'eau-rose, et de gasteaux au laict.
  Celuy qui sur la mer impetueuse et fiere,
En son humide main porte une fourche fiere,
Dont il rosse les flots quand ils font les mutins,
Excitez par les vents, qui sont leurs vrais lutins,
Fit servir devant luy, par la fille de chambre
De madame Thetis, un plat d'huistres à l'ambre,
Que l'un de ses Tritons, non pas sans en gouster,
Du fond de l'Ocean luy venoit d'apporter.
  Celle qui sur un mont sa chasteté diffame,
La princesse des flots, qui comme sage-femme
Assiste à ce travail où l'on pisse des os,
Et dont elle delivre en disant certains mots;
Diane, au front cornu, de qui l'humeur sauvage
Ne se plaist qu'aux forests à faire du ravage,
Fit mettre sur la table un fan de daim rosty,
Que d'une sauce à l'ail on avoit assorty.
  Le forgeur écloppé qui fait son domicile

Parmy les pets-flambants que lasche la Sicile,
Ce beau fils qui se farde avecque du charbon,
Fit porter par Sterope un monstrueux jambon
Et six langues de bœuf qui, depuis mainte année
En grand pontificat ornoient sa cheminée,
Où tout expressément ce patron des cocus
Les avoit fait fumer pour donner à Baccus.
 La garce qui nasquit de l'excrement de l'onde
Pour courir l'esguillette en tous les lieux du monde,
Venus, la bonne cagne aux paillards appetits,
Sçachant que ses pigeons avoient eu des petits,
En fit faire un pasté, que la grosse Eufrosine,
Qui se connoist des mieux à ruer en cuisine,
Elle-mesme apporta plein de culs d'artichaud,
Et de tout ce qui rend celuy de l'homme chaud.
 Le boucq qui contraignit la nymphe des quenouilles
De se precipiter dans les bras des grenouilles
Pour sauver son honneur qu'il vouloit escroquer,
En l'ardeur dont Amour l'estoit venu picquer,
Pan, le roy des flusteurs, de qui dans l'Arcadie
Les troupeaux de brebis suivent la melodie,
Honora le festin d'un agneau bien lardé,
Que des pattes du loup son chien avoit gardé.
 Et, bien que l'on eust creu qu'en cet acte rebelle,
La vieille au cul crotté, la terrestre Cybelle,
Des orgueilleux geans eust tenu le party,
Auquel en demeura pourtant le desmenty;
Elle ne laissa pas, quittant Phlegre à main gauche,
Comme mere des dieux d'estre de la debauche,
Et de leur apporter, se traisnant au baston,
Des champignons nouveaux, cuits au jus de mouton.
Avecques de leurs sœurs, d'excellentes morilles,
Et des truffes encor, ses veritables filles,
Qu'un porc qu'on meine en lesse, eventant d'assez loin,

Fouille pour nostre bouche et renverse du groin[1],
　Le seigneur des jardins, que les herbes reverent,
Et Vertumne et Pomone ensemble s'y trouverent,
D'asperges, de pois verds, de salades pourveus,
Et des plus rares fruicts que jamais on eust veus.
　Bref, nul, en ce banquet, horsmis le vieux Saturne,
Qui, flatté d'un espoir sanglant et taciturne,
Du complot de Typhon avoit esté l'autheur;
Nul, dis-je, horsmis Mars, le grand gladiateur;
Nul, horsmis le Thebain qui charge son espaule
D'un arbre tout entier en guise d'une gaule;
Nul, horsmis la pucelle aux doigts laborieux,
Qui de ceux d'Arachné furent victorieux;
Et nul, horsmis Mercure, en cette illustre bande,
Ne vint sans apporter, par maniere d'offrande,
De quoy faire ripaille, ainsi que l'avoit dit
Celuy qui sur l'Olympe a le plus de credit.
Encore, entre ceux-là, l'histoire represente
Que, si de rien fournir Minerve fut exente,
C'est pour l'amour du soin qu'elle voulut avoir
De mettre le couvert, où la belle fit voir
Mainte œuvre de sa main superbement tissue;
Que quand au bon Hercule avecque sa massue,
C'est qu'il estoit alors, pour garder ses amis,
En qualité de suisse à la porte commis;
Que, quant au furibond, au traisneur de rapiere,
Au soudart thracien, qui d'une ame guerriere
Employe à s'habiller enclumes et marteaux,
C'est qu'il eut le soucy d'aiguiser les cousteaux;
Et que, pour le causeur à la mine subtile,

---

1. Ce vers et les trois précédents, omis dans toutes les éditions, se trouvent imprimés à part dans la 4ᵉ partie, avec cette indication : — Quatre vers à insérer dans *le Melon*, après « Des champignons nouveaux.... »

De qui la vigilence aux festins est utile,
Et qui n'entreprend rien dont il ne vienne à bout,
C'est qu'il s'estoit chargé de donner ordre à tout.

 Or, pour venir au poinct que je vous veux deduire,
Où je prie aux bons Dieux qu'ils me veuillent conduire,
Vous sçaurez, compagnons, que parmy tant de mets,
Qui furent les meilleurs qu'on mangera jamais,
Et parmy tant de fruicts, dont en cette assemblée,
Au grand plaisir des sens la table fut comblée,
Il ne se trouva rien à l'egal d'un MELON
Que Thalie apporta pour son maistre Apollon.
Que ne fut-il point dit en celebrant sa gloire !
Et que ne diroit-on encore à sa memoire ?
Le Temps, qui frippe tout, ce gourmand immortel,
Jure n'avoir rien veu ny rien mangé de tel !
Et ce grand repreneur, qui d'une aigre censure
Vouloit que par un trou l'on nous vist la fressure,
Mome le mesdisant, fut contraint d'avouer
Que sans nulle hyperbole on le pouvoit louer.

 Dès qu'il fut sur la nape, un aigu cry de joye
Donna son corps de vent aux oreilles en proye;
Le cœur en tressaillit, et les plus friands nez
D'une si douce odeur furent tous estonnez;
Mais quand ce vint au goust, ce fut bien autre chose :
Aussi d'en discourir la muse mesme n'ose;
Elle dit seulement qu'en ce divin banquet
Il fit cesser pour l'heure aux femmes le caquet.

 Phœbus, qui le tenoit, sentant sa fantaisie
D'un desir curieux en cet instant saisie,
En coupe la moitié, la creuse proprement;
Bref, pour finir le conte, en fait un instrument
Dont la forme destruit et renverse la fable
De ce qu'on a chanté, que jadis sur le sable
Mercure, trouvant mort un certain limaçon,
Qui vit par fois en beste et par fois en poisson,

LE MELON.

Soudain en ramassa la cocque harmonieuse,
Avec quoy, d'une main aux arts ingenieuse
Aussi bien qu'aux larcins, tout à l'heure qu'il l'eut,
Au bord d'une riviere il fit le premier lut.
   Ainsi, de cette escorce en beauté sans pareille
Fut fabriqué là-haut ce charmeur de l'oreille,
D'où sortit lors un son, par accens mesuré,
Plus doux que le manger qu'on en avoit tiré.
Là maintes cordes d'arc, en grosseur differantes,
Sous les doits d'Apollon chanterent des courantes ;
Là mille traits hardis, entremeslez d'esclats,
Firent caprioller les pintes et les plats ;
Le plus grave des Dieux en dansa de la teste,
Et le plus beau de tous, pour accomplir la feste,
Joignant à ses accords son admirable vois,
Desconfit les Titans une seconde fois.
   Voilà, chers auditeurs, l'effet de ma promesse ;
Voilà ce qu'au jardin arrousé du Permesse,
Terpsicore au bon bec, pour qui j'ay de l'amour,
En voyant des MELONS me prosna l'autre jour.
J'ay treuvé qu'à propos je pouvois vous l'apprendre,
Pour descharger ma ratte et pour vous faire entendre
Que je croy que ce fruit, qui possede nos yeux,
Provient de celuy-là que brifferent les dieux :
Car le roy d'Helicon, le demon de ma veine,
Dans le coin d'un mouchoir en garda de la graine,
Afin que tous les ans il en pust replanter,
Et d'un soin liberal nous en faire gouster.
   O manger precieux ! delices de la bouche !
O doux reptile herbu, rampant sur une couche !
O ! beaucoup mieux que l'or, chef-d'œuvre d'Apollon !
O fleur de tous les fruits ! O ravissant MELON !
Les hommes de la cour seront gens de parolle,
Les bordels de Rouen seront francs de verolle,
Sans vermine et sans galle on verra les pedents,

Les preneurs de petun auront de belles dents,
Les femmes des badauts ne seront plus cocquettes,
Les corps pleins de santé se plairont aux clicquettes[1],
Les amoureux transis ne seront plus jalous,
Les paisibles bourgeois hanteront les filous,
Les meilleurs cabarets deviendront soliteres,
Les chantres du Pont-Neuf diront de hauts mysteres,
Les pauvres Quinze-Vingts vaudront trois cens argus,
Les esprits doux du temps paroistront fort aigus,
Maillet fera des vers aussi bien que Malherbe,
Je hayeray Faret, qui se rendra superbe,
Pour amasser des biens avare je seray,
Pour devenir plus grand mon cœur j'abesseray,
Bref, ô MELON succrin, pour t'accabler de gloire,
Des faveurs de Margot je perdray la memoire
Avant que je t'oublie et que ton goust charmant
Soit biffé des cahiers du bon gros SAINT-AMANT.

1. Se plairont à entendre le son des cliquettes ou crecelles avec lesquelles les lépreux avertissoient de fuir leur approche.

LE POËTE CROTTÉ[1].

A Monseigneur le Duc DE RETS[2].

Dans cette satyre joyeuse,
Plusieurs se sentiront pincer
D'une façon ingenieuse,
Qui ne pourront s'en offencer.

lyon, ma petite camuse,
De grace, enfle ta cornemuse,
Pour entonner d'un chant falot,
Non les debauches de Bilot,

1. Le poète crotté, c'est celui qui, crotté en archidiacre, parceque autrefois les archidiacres faisoient leurs visites à pied, en toutes saisons, comme

...... l'elletier, crotté jusqu'à l'échine,
Va mendier son pain de cuisine en cuisine;

c'est le méchant poète, porteur de rogatons, qui s'est rendu ridicule ; c'est enfin ce qu'on appeloit un rimeur de balle. (V. Furetière, aux mots *crotté, archidiacre, rogaton*....) Dans le supplément mss. au *Menagiana* (Bibl. imp.), on lit: « M. Despréaux a outré les caractères aussi bien que Molière. Il a peint les gens plus ridicules qu'ils n'estoient. Il a dit, par exemple, que Pelletier le poète alloit de cuisine en cuisine, et il n'a presque jamais mangé hors de chez lui. »

2. Voy. la note 1, p. 3.

Qui, prest de descendre en l'Averne,
Estendu contre une taverne
Dont il adoroit le locquet,
En jettant le dernier hocquet,
Comme il entendit crier : Masse !
Soudain d'une voix graisle et basse
Respondit : Toppe ! et puis mourut
D'une broche qui le ferut ;
Non, dis-je, pour prosner sa gloire
A vaincre Bacchus mesme à boire,
Mais pour chanter et mettre au jour
L'adieu du poëte à la cour.

 Mon duc, de qui, sans flatterie,
Picqué d'une noble furie,
J'esleverois le nom aux cieux,
A la honte de tous les dieux,
Si les regles de la satyre
Aucun bien pouvoient laisser dire,
Dans vostre mal vueillez ouyr
Ces vers faits pour vous resjouyr.
Peut-estre que vos medecines,
Vos bains, vos huylles, vos racines
N'apporteront pas tant du leur
A soulager vostre douleur,
Puis qu'on tient pour chose certaine
Que, pour appaiser toute peine,
Le plaisir est un appareil
Qui n'a nul remede pareil.
Quant est de moy, malgré ma jambe
Où le feu Sainct-Antoine flambe [1],
Malgré mon pauvre bras demis,
Au grand regret de mes amis,

---

1. Saint-Amant parle ici d'une plaie à a jambe qu'il avoit rapportée d'Angleterre.

En maint endroit leur rime platte
M'a fait espanouyr la ratte.
Mais il est temps de commencer :
Debout, Margot, il faut dancer.
   Lors que ce chardon de Parnasse [1],
Ce vain espouvantail de classe,
Ce pot-pourry d'estranges mœurs,
Ce moine bourru des rimeurs,

---

1. L'auteur désigne ici Maillet, ce poète dont nous avons parlé note 1, p. 139. Nous ajouterons pour compléter le portrait qu'en fait Saint-Amant, ce qu'ont dit de lui Fr. Colletet (*loc. cit.*) et Théophile : « Je ne sçay pas comme il se pourroit desmesler d'un compliment amoureux, car, à ce que m'a dit mon père (G. Colletet), sa mine austère, ses yeux hazards (*sic*), son poil confus et meslé, sa taille haute et courbée, ses habits peu somptueux et souvent en lambeaux, enfin son entretien rustique et sauvage, me persuadent assez que, dans sa pensée et dans sa veue, il n'estoit pas un Adonis, ny un Médor dans l'esprit de son Angélique. Si, dans toutes ses actions, il se fût conduit selon les règles de la prudence humaine, il ne se fût pas rendu, comme il fit depuis, le jouet des grands et du peuple mesme, qui commença à le considérer comme un esprit bourru et melancholique, que l'on voyoit tousjours bizarre et tousjours resveur... Théophile fut un des premiers qui l'entreprit, car c'est de luy dont il parle, dans une de ses premières élégies, en ces termes :

> Mais cet autre poëte est bien plein de ferveur ;
> Il est blesme, transy, solitaire, resveur ;
>   La barbe mal peignée, un œil branslant et cave,
> Un front tout refrogné, tout le visage have,
> Ahanne dans son lict et marmotte tout seul,
> Comme un esprit qu'on oit parler dans le linceul.
> Grimasse par la rue, et, stupide, retarde
> Ses yeux sur un objet sans voir ce qu'il regarde.

Ce tableau assez bien fait excita notre illustre amy Saint-Amant d'encherir encore par dessus. » — Le chevalier de Cailly a fait aussi un quatrain contre Maillet, et Meynard deux sonnets.

Le Poëte

Ce chaland de vieille tripiere,
Ce faquin orné de rapiere,
Cet esprit chaussé de travers,
Ce petit fagotteur de vers,
Vid sa pauvre muse chifflée
Et son esperance befflée[1],
Après avoir esté vingt ans
Un des plus parfaits sots du temps,
Et s'estre veu, par son merite,
Fol de la reyne Marguerite,
Qui l'estimoit, Dieu sçait combien !
C'est-à-dire autant comme rien.
A la fin, saoul de chiquenaudes,
De taloches, de gringuenaudes,
D'ardantes mousches sur l'orteil,
De camouflets dans le sommeil,
De pets en coque à la moustache,
De papiers qu'au dos on attache;
D'enfler mesme pour les lacquais,
De bernemens, de sobriquets,
De coups d'espingle dans les fesses,
Et de plusieurs autres caresses
Que dans le Louvre on luy faisoit
Quand son diable l'y conduisoit,
Il luy prit, quoy que tard, envie
D'aller ailleurs passer sa vie,
Et, laissant Paris en ce lieu,
Luy dire pour jamais adieu.
 Mais, avant qu'il ouvre la bouche,
Je veux luy donner une touche
De mon pinceau pour l'habiller,
Tant qu'on s'en puisse esmerveiller.
 Un feustre noir, blanc de vieillesse,

1. Trompée.

Garny d'un beau cordon de gresse,
Qu'il ne sçauroit avoir perdu,
Non plus qu'engagé ny vendu
Sans se voir aussi-tost nu-teste,
Couvroit la hure de la beste,
Troussé par devant en sainct Roc,
Avec une plume de coc.
 Son pourpoint, sous qui maint pou gronde,
Montroit les dents à tout le monde,
Non de fierté, mais de douleur
De perdre et matiere et couleur.
Il fut jadis d'un drap minime ;
Mais qu'est-ce que le temps ne lime [1] ?
Le pauvre diable a fait son cours :
Autant puissent durer mes jours.
La moitié d'une peccadille,
Sur qui sa criniere pandille,
Affreuse et sentant le sabat,
Luy servoit au lieu de rabat.
 Des gregues d'un faux satin jaune,
D'un costé trop longues d'une aulne,
Et de l'autre à bouillon troussé,
Reliques d'un ballet dansé,
Qu'un galand coiffé d'une dame
Luy donna pour son anagrame
Avec un demy-quart d'escu,
Enharnachoient son chien de cu.
 Un rocquet [2] de bourraccan rouge,

---

1. On se rappelle le sonnet de Scarron :
 Il n'est point de ciment que le temps ne dissoude....
 Dois-je trouver mauvais qu'un méchant pourpoint noir
 Qui m'a duré dix ans soit percé par le coude ?

2. *Roquet*, espèce de manteau sans collet qui ne tomboit que jusqu'au coude. Des maîtres il passa aux laquais, et de là aux bouffons : — le manteau de Crispin, c'est un roquet

Qui jamais de son dos ne bouge,
L'affubloit, quoy qu'il fust hyver,
Et qu'il fust rongé de maint ver.
 Une estroitte jartiere grise,
Faite d'un vieux lambeau de frise,
En zodiaquant le gipon,
Servoit d'escharpe à mon fripon,
Et trainoit, comme à la charrue,
Pour soc un fleuret par la rue,
Dont il labouroit le pavé,
Lequel en estoit tout cavé.
 Ses jambes, pour paistrir les crottes,
S'armoient à cru de vieilles bottes,
L'une en pescheur, d'un gros cuir noir,
La plus grande qui se pust voir,
L'autre d'un cuir blanc de Russie,
A genouilliere racourcie ;
L'une à pié-plat, à bout pointu,
Et l'autre à pont-levis tortu.
Un petit esperon d'Engliche,
A la garniture assez chiche,
Ergottoit son gauche talon ;
Quant au droit, le bon violon
N'y portoit rien qu'une ficelle
Pour en soustenir la semelle,
Qui, comme un fruict meur ou pourry,
Laissant l'arbre qui l'a nourry,
Par quelque soudaine tempeste,
A tous coups estoit toute preste
De quitter, en se remuant,
La plante de son pied puant.
 En ce ridicule equipage,
Chargé de son petit bagage,
Tirant pays seul et dispos,
Il debagoula ces propos :

Ville où j'ay tant traisné mes guestres,
Que j'en dois mieux sçavoir les estres
Qu'un rat ne fait de son grenier,
Je te chante l'adieu dernier.
Adieu doncques, Paris sur Seine,
Seine, riviere humide et pleine,
A Sanitas nommée ainsi,
Comme dit quelque autheur chansi.
Adieu Paris, cité superbe,
Paris sans pair, rare proverbe !
Qui montre, en cachant mille appas,
Que Vaugirard ne te vaut pas.
Adieu Pont-Neuf, sous qui l'eau passe,
Si ce n'est quand hyver la glace :
Car, adonc ne bougeant d'un point,
Elle est ferme, et ne passe point.
Adieu, roy de bronze ou de cuivre,
Qu'à pié l'on peut aisement suivre,
Quoy que vous soyez à cheval,
Sans aller par mont ny par val ;
Adieu, belle place Dauphine [1],
Où l'eloquence se r'affine
Par ces basteleurs, ces marmots,
De qui j'ay pris tant de beaux mots
Pour fabriquer mes epigrammes,
Bon mots qui, plus pointus que lames,
Font qu'on ne peut, sans se picquer,
En torche-culs les appliquer.
   Adieu ! vous que tout au contraire
J'ay souvent fournis de quoy braire :

---

1. Cf. *les Adieux au Marais* de Scarron, et la satire de Boileau sur le même sujet. La place Dauphine et le Pont-Neuf étoient encombrés par les bouquinistes, les bateleurs, les charlatans (Mondor, Tabarin, etc.), les chanteurs (le Savoyard, etc.).

Chantres, l'honneur des carrefours
Et des ponts, où d'une voix d'ours
Et d'une bouffonne grimace
Vous charmez le sot populace,
Tandis qu'un matois, non en vain,
Essaye à faire un coup de main.

    Adieu, blonde Samaritaine [1],
Que, sans peur des tireurs de laine,
Pour n'avoir n'argent ny manteau,
En venant du royal chasteau
J'ay veu cent fois aux heures sombres,
Lors que l'opacité des ombres
Absconce [2] tout ce qui reluit
Dessous la cappe de la nuit.

    Adieu, belles rostisseries,
De moy si vainement cheries,

---

1. « La fontaine de la Samaritaine est un des ornements du Pont-Neuf. Ce bâtiment avoit été construit, sous le règne de Henri III, à la seconde arche du côté du Louvre. Il fut détruit en 1712... et rétabli avec plus d'art et de goût qu'il n'étoit auparavant. » On sait qu'il n'existe plus — Le 6 juin 1654, suivant la gazette de Loret, six hommes attaquèrent le marquis de Resnel près de la Samaritaine, et lui laissèrent... sa chemise. — Voy. encore au 7 avril 1652. — A la date du 16 mars 1656, on lit encore :

    Le propre soir du mesme jour,
    Livet, revenant de la cour,
    Fut assailly par une bande
    Contre laquelle, encor que grande,
    Comme il estoit homme de bien,
    Il se défendit assez bien ;
    Mais il fallut céder au nombre ;
    Ayant esté fort mal mené,
    Il fut enfin assassiné.

2. *Abscondere, absconsum,* cacher.

Où j'ay veu fumer d'aloyaux,
Qui plus valoient que les joyaux
Qui decoroient le pont au Change
Devant ce traistre esclandre estrange,
Qui, plus promptement qu'un esclair,
Luy fit faire le saut en l'air[1].

   Adieu le roy des testes-folles,
Grand Erty, qui, dans les escolles
Qu'on tient aux Petites-Maisons,
  Fais rire jusques aux tisons.
Las! de quelle perseverance
Paty ay-je, sous esperance
D'obtenir quelque jour du sort
Ta noble place en cas de mort,
Place que j'eusse demandée,
Et qu'on m'eust sans faute accordée,
Nul n'en pouvant, comme je croy,
  La charge mieux faire que moy.
   Adieu, palais où la justice
Ne mange que du pain d'espice[2],

---

1. Pour comprendre ce passage, il faut se rappeler que ce pont étoit occupé, d'un côté, par 50 forges d'orfèvres, et, de l'autre, par 54 boutiques de changeurs. Il étoit en bois. Souvent emporté par les eaux, incendié aussi en 1621 (24 octobre) et en 1639, il a été rebâti en pierre du 10 septembre 1639 au 20 octobre 1647.

2. Autrefois les épices étoient fort rares, et si précieuses qu'on les offroit pour étrennes; plus tard, sous le même nom, on y substitua des sucreries. Gagnoit-il un procès, le plaideur reconnaissant envoyoit des épices à son juge. « Bientôt, lit-on dans les *Mœurs et coutumes des Français*, par Legrand d'Aussy, l'abus s'en mêla, et saint Louis se crut obligé de fixer à la valeur de dix sous les épices qu'il permettoit aux juges de recevoir. » L'avidité des juges se voila davantage, et l'abus continua. La vénalité des charges fit ensuite convertir en argent ces paquets d'épices : de là cette formule, qu'on trouve en marge des

Et ne fait boire à ses regents,
Que la sueur des sottes gents,
Qui pour un zest, pour une paille,
Bouttant jusqu'à l'ultime maille,
Apprennent à leurs hoirs enfin
Que cil qui plaide est moult peu fin.
Quant à toy, gros Louvre effroyable,
Pour adieu je te donne au diable,
Le roy dehors, cela s'entant,
Et les reynes, qui valent tant.
Ouy, de bien bon cœur je t'y donne,
Je te dis moy-mesme en personne,
Pour les niches, pour les tourmens
Que dans tous tes departemens
On m'a faits depuis tant d'années,

anciens registres du parlement : *Non deliberatur donec solvantur species,* — pas d'épices, pas de jugement. Furetière nous apprend que l'on donnoit le nom d'épices aux salaires que les juges se taxoient en argent au bas des jugements, pour leur peine d'avoir travaillé au rapport et à la révision des procès par écrit. D'abord il n'y avoit que les juges pédanés (juges de village qui rendoient leurs jugements *stantes in pedibus*) à recevoir des épices, parcequ'ils n'avoient point de gages. A la fin du XVIIe siècle, on payoit les épices en écus quarts de trois livres quatre sous; mais, à cette époque, certains magistrats avoient bien compris la honte de cette coutume. Ainsi M. Portail, conseiller au parlement de Paris, jetoit par la fenêtre du grenier, où, comme Dandin son portrait, il avoit huché son cabinet (voy. Tallemant), les présents que lui apportoient les plaideurs. Les poètes attaquèrent le même abus. Furetière voit au milieu d'un marché une statue de la Justice, et il fait cette épigramme :

— D'où vient qu'on a tant approché
Cette Justice du marché ?
— Rien n'est plus facile à comprendre :
C'est pour montrer qu'elle est à vendre.

Le poète de Cailly (d'Aceilly), de son côté, a fait plusieurs épigrammes sur le même sujet.

Tourmens que les ames damnées
Trouveroient pires aux enfers,
Ny que leurs feux, ny que leurs fers.
Voyez un peu que c'est du monde,
Et combien est fat qui s'y fonde !
   Je me souviens qu'au temps passé
Des plus grands j'estois caressé ;
Ils me tenoient pour habile homme.
Peu s'en faut que je ne les nomme,
Pour montrer qu'ils ne sçavent rien ;
Mais nul ne m'orroit, aussi bien.
S'il se faisoit galanterie,
Course, carrouzel, mommerie,
Combat de barriere, ballet ;
S'il falloit chanson ou poulet,
J'estois leur mon-cœur, leur mon-maistre ;
Leur ame m'ouvroit la fenestre
Pour m'exhiber tous ses secrets,
Tous ses plaisirs, tous ses regrets,
C'est-à-dire mille sottises.
Je leur fournissois de devises,
De beaux couplets, de hauts discours ;
Enfin j'estois tout leur recours.
   O faux galands ! ô hapelourdes !
Que vous avez les testes lourdes,
Quoy qu'elles soient creuses pourtant,
Et que l'air soit moins inconstant !
   Quand on vous montre ou vers ou prose,
Feignans d'y sçavoir quelque chose,
Vous sousriez et faites : hon,
Mais à contre-temps, c'est le bon.
Si l'amour à soy vous attire,
Vous demandez une satyre
A la louange des beaux yeux,
Qui sont vos soleils et vos dieux.

Ou vous priez que l'on vous fasse
Sur tous les attraits d'une face,
Autant de long que de travers,
Quelque beau quatrain de six vers.
Si dessus un nom d'importance,
On vous dit quelque sotte stance,
Vous l'exaltez par des transports,
En grimassant d'ame et de corps ;
Et si d'un nom qu'on chiffle au Louvre,
Quelque ouvrage excellent on couvre
En le prononçant vilement,
Vous ne l'estimez nullement.
Si vous oyez un equivoque,
Vous jettez d'aise vostre toque
Et prenez son sens malautru
Pour un des beaux mots de Bautru[1],
J'ay veu qu'un sonnet accrostiche
Anagrammé par l'emistiche[2],
Aussi bien que par les deux bouts,

---

1. Bautru de Serant, né vers 1588, mort en 1665, à l'âge d'environ 77 ans, fut un des beaux esprits du règne de Louis XIII et de la Régence. Le *Menagiana* est plein de ses bons mots et de ses farces. Voy. aussi Tallemant, III, 98, édit. in-18. — Bautru étoit de l'Académie françoise. Pellisson ne cite aucun de ses ouvrages ; cependant *l'Onosandre ou l'Ane-homme*, qui se trouve dans *le Cabinet satyrique*, est signé de lui. On a dit de lui, grâce à sa femme, qui garda son nom de Nogent pour ne pas entendre prononcer à l'italienne par Marie de Médicis le nom de Bautru : *risum fecit, sed ridiculus fuit.*

2. Il seroit trop long de donner la liste de tous les versificateurs d'ordre infime, depuis Fortunat, Théocrite même, jusqu'au poète de Saint-Amant, qui ont cherché de semblables difficultés. M. Peignot a donné une poétique curieuse, sinon complète, des genres dont se moque Saint-Amant. Dans la *Bibl. du théâtre franç.* on cite une puérilité de ce genre qui mérite d'être signalée (III, p. 65-66) : « *Hugues Millotet*, prieur, chanoine en

Passoit pour miracle chez vous.
J'ay veu que vous preniez des noises
Pour les Marguerites françoises[1],
Et qu'eussiez joué des cousteaux
Pour Nerveze et pour Escuteaux[2];

l'église collégiale de Flavigny : *Chariot de Triomphe*, etc. A la fin du prologue, on trouve :

1ᵉʳ acte.	2ᵉ acte.	3ᵉ acte.	4ᵉ acte.	5ᵉ acte.
Sainte	Reine	priez	pour	nous.

Toutes les scènes de la présente tragédie commencent par chaque lettre de ces cinq paroles, et tous les acteurs et actrices qui ont représenté ladite tragédie ont leur acrostiche en leurs discours, par chaque lettre de leur nom et surnom. »

1. *Les Marguerites françoises ou fleurs de bien dire*, par François Desrues, Constançois, Paris, , in-8. Le titre de ce livre étoit devenu le nom des compliments et des façons de parler recherchées.

2. Nervèze et Des Escuteaux. Ces deux noms sont depuis long-temps synonymes de méchants auteurs. Les biographes ont généralement dédaigné de s'en occuper. — Nous connoissons du sieur de Nervèze, secrétaire de la chambre du roi, *les Amours diverses*, imprimées séparément d'abord, puis réunies en 2 vol. (Rouen, Cl. Le Villain, 1621, in-12), et dédiées à Sully et à son fils, le marquis de Rosny. Sa sœur étoit connue sous le nom de Nérésie parmi les précieuses, et elle écrivoit aussi. Le *Cercle des femmes savantes* de Jean de La Forge la célèbre sous le nom de Némésis. — Des Escuteaux a fait paroître entre autres, en 1605, *les Amours de Lydian et de Floriande*, Paris, du Bray, 1605, 1 vol. in-12. Ce volume est dédié à dame Catherine de Mars, comtesse douairière de Caravas. Rien n'est plus ridicule que son pathos : « Madame, si la sagesse n'avoit establi un empire aussi absolu en vostre ame que l'amour un pouvoir imperieux aux rayons de vos beaux

Et depuis peu mesme la Serre[1],
Qui livres sur livres desserre,
Duppoit encore vos esprits
De ses impertinents escrits.

Non, non, je ne suis pas si beste,
Quelque longue que soit ma teste,
Que je ne reconnoisse bien
Que vous l'estes, ou n'estes rien.

 Adieu, dames et damoiselles,
Autant les laides que les belles,
Si par fard on peut meriter
Ce nom de belle, et le porter,

---

yeux, Floriande, qui fut un soleil de beauté, n'auroit paru devant le jour des vostres, etc. »

1. Puget de La Serre, né vers 1600, mort en 1665, a composé plusieurs tragédies; il s'y montre précurseur de La Motte en employant la prose : *Pandoste, Pyrame, Th. Morus, le Sac de Carthage, le Martyre de sainte Catherine, Climène, Thésée*. Il étoit historiographe de France et conseiller d'Etat. La Serre écrivoit pour dédier; comme ses écrits ne se vendoient pas, il se rattrapoit sur les dédicaces. On conserve à la Bibl. Mazarine le mss. d'un livre qu'il dédia à la reine, et la reliure est un chef-d'œuvre. Dans les notes de Brossette sur Boileau, on trouve sur La Serre quelques curieuses anecdotes. On a de lui, entre autres ouvrages : *le Secrétaire de la cour et à la mode, ou la manière d'écrire toutes sortes de lettres, tant sérieuses, morales, qu'amoureuses, avec leurs responses; augmenté des compliments de la langue françoise*, par le sieur de La Serre, Rouen, veuve Oursel, S. D., 1 vol. in-12. La Serre dédie ce volume à M. de Malherbe : « Voicy une autre statue de mon nom (lisez Memnon) que je vous presente comme à son soleil... Aussy estes-vous en France le Socrate d'Athènes... » On y trouve des modèles de lettres sur des sujets comme celui-ci : « Lettre d'une dame qui seroit prisonnière du commandement de son prince amoureux d'elle. »

Allez au Cours[1], aux Tuilleries[2],
Faites-y force drolleries,
Mais il n'en est pas la saison.
Ne bougez donc de la maison,
J'entends ne bougez de la ville,
Et là, d'une humeur bien civile
Entre-visitez-vous souvent ;
Puis, feignant d'aller au convent,
Glissez-vous en robbe discrette
Chez la confidante secrette,
Où vous attend le financier
Avec boutique de mercier
Et collation preparée
Pour passer toute la soirée,
Pendant que l'amoureux de cour
Souspire en vain pour vostre amour.
Encore un coup, ô belle bande !
Pour adieu je vous recommande,
Si vous n'avez pire destin
Aux successeurs de Roquentin[3].

1. On donnoit ce nom à de « belles et grandes allées bordées de tillos », dit Richelet. « C'étoit un lieu agréable où étoit le rendez-vous du beau monde pour se promener à certaines heures. » Le Cours-la-Reine, planté par Marie de Médicis, hors des murs, le long de la Seine, avoit trois allées. (Voy. Furetière.) « Cette promenade étoit entourée de fossés et avoit aux deux extrémités deux grands portails. L'allée du milieu avoit six à sept toises de largeur. » A la suite de *la Madonte*, tragi-comédie du sieur Auvray, on trouve, dans les « autres œuvres poétiques », une longue pièce sur la promenade du Cours — (p. 39-51).

2. Il ne s'agit pas du palais, mais du jardin des Tuileries.

3. On donna le nom de roquentins à des chansons qui comme le Bossu, comme le Coq du voisinage, le Petit Doigt,

Adieu vous qui me faites rire,
Vous gladiateurs du bien-dire,
Qui sur un pré de papier blanc,
Versans de l'encre au lieu de sang,
Quand la guerre entre-vous s'allume,
Vous entre-bourrez d'une plume,
D'un cœur doctement martial,
Pour le sceptre eloquential.
A propos, messieurs, quand j'y songe,
Que je voy quel soucy vous ronge,
Et le dessein que vous avez,
Parbieu! cela n'est pas mauvais,
Ou soit en vers, ou soit en prose,
Que vous disputiez d'une chose
Qui sans doutance m'appartient,
A ce que l'Olivete tient.
J'en eusse dit ma ratelée,
En me fourrant dans la meslée;
Mais je ne suis pas si badin :
L'advanture du paladin
Me fait tressaillir de l'espaule ;
Je redoute en diable la gaule,
Et m'est advis que sur mon dos
Je ne sens desjà que fagots.
    Adieu vrais theatres comiques,
Belles maisons academiques,
Les ordinaires rendez-vous
Des esprits forts, des esprits dous,

---

le Perroquet, etc., avoient ce mot dans leur refrain. (Voy. le *Nouveau entretien des bonnes compagnies*, Paris, J. Villery, 1635, in—12.

1. Nous ne pouvons que renvoyer ici au *Dict. des précieuses* de Somaize, qui sera publié dans cette collection, et à la notice préliminaire qui doit l'accompagner.

Des eloquens, des gens d'intrigue,
Des cœurs de l'amoureuse brigue,
Des complaisans applaudisseurs
Et des raffinez polisseurs.

Quel plaisir d'estre en une chaise
Chez vous bien assis à son aise,
Dans une ruelle de lit
Où Madame s'ensevelit
Loin du jour, de peur qu'on ne voye
Que son muffle est une monnoye
Qui n'est plus de mise en ce temps,
Et qu'elle a bien neuf fois sept ans !

Là l'un lit, là l'autre censure,
Donnant à tout double tonsure ;
L'un se refrogne et ne dit mot ;
L'autre nigaude et fait le sot ;
L'un raconte quelque nouvelle
Qui met tout le monde en cervelle ;
L'autre pette en esternuant,
Et l'autre vesse en bouc puant.

Adieu, mon hoste, mon compere,
Où je m'en suis fait en grand'chere
Pour un franc, six liards et demy
En deux quarts d'an. Si, mon amy,
Si je vous dois quelque chosette,
Quelque chose, dis-je, de reste,
Un bout de peigne t'ay laissé
Qui t'en rendra recompensé.

Adieu, bel hostel de Bourgongne[1],

---

1. Les confrères de la Passion achetèrent de Jean Rouvet, le 30 août 1548, un terrain de 17 toises de long sur 16 toises de large, faisant partie de l'ancien hôtel de Bourgogne, qui donna son nom au nouveau bâtiment élevé par les confrères. En 1552, Jodelle substitua, disent les frères Parfait, aux spec-

Où d'une joviale trongne
Gaultier[1], Guillaume[2] et Turlupin[3]
Font la figue au plaisant Scapin[4],
Où, dis-je, mes petits confreres
Estalent leurs bourrus mysteres ;
Où maint garnement de filou,

tacles de son temps la comédie et la tragédie dans le goût des anciens. Les comédiens de l'hôtel de Bourgogne furent les premiers à obtenir le titre de comédiens du roi, avec une pension de douze mille livres.

1. Gautier-Garguille débuta sur le théâtre du Marais vers 1598. Son vrai nom étoit Hugues Gueru ; on l'avoit surnommé Fléchelles. Il étoit très maigre, les jambes droites, menues. Il représentoit ordinairement un vieillard dans les farces, quelquefois les rois dans les pièces sérieuses. Il avoit un entretien fort agréable. Voici son costume : des pantoufles au lieu de souliers ; un bâton à la main ; une espèce de bonnet plat et fourré ; point de cravate ni de col de chemise ; une camisole qui descendoit jusqu'à la moitié des cuisses ; une culotte étroite qui venoit se joindre au bas au dessous du genou ; une ceinture avec une gibecière et un gros poignard ; le corps de l'habit noir, les manches rouges ; boutons et boutonnières rouges sur le noir, noirs sur le rouge. (V. Sauval et les frères Parfait.)—Il avoit épousé la fille de Tabarin (voy. note 1, p. 165). Il a composé quelques prologues et des chansons imprimées (in-12) ; le privilége, du 4 mars 1631, est motivé sur la crainte qu'avoit l'auteur de voir son livre contrefait et gâté par des chansons plus dissolues que les siennes.

2. Voyez note 2, p. 164.

3. Henri Le Grand, surnommé Belleville pour le haut comique et Turlupin pour la farce, entra jeune à l'hôtel de Bourgogne, vers 1583. Jamais comédien n'a composé ni mieux conduit la farce que Turlupin. — On a fait sur ces trois comédiens inséparables, Gautier-Garguille, Gros-Guillaume et Turlupin, une épitaphe commune. Voy. Sauval, les frères Parfait, etc.

4. Les rôles de Scapin sont connus. Molière a popularisé ce nom.

Quoué d'un estoc au vieux lou[1],
Pour n'aller jamais à la guerre,
Se pennade dans un parterre
Dont les horions sont les fleurs,
Les divers habits les couleurs,
Les fueilles les badauts qui tremblent,
Et où tous ses supposts s'assemblent,
Yvres de biere et de petun,
Pour faire un sabat importun.

   Adieu, maquerelles et garces;
Je vous prevoy bien d'autres farces
(Poetes sont vaticinateurs)
Dans peu vous et vos protecteurs
Serez hors de France bannies
Pour aller planter colonies
En quelque Canada loingtain.
Le temps est près, et tout certain:
Ce n'est point un conte pour rire.
Vous aurez beau crier et dire :
J'appartiens à Monsieur un tel ;
Quand vous embrasseriez l'autel,
Quand pour vous en penser distraire
Vous vous soumettriez à la haire,
Si faudra-t-il marcher pourtant.
O! si l'on en faisoit autant
A toutes celles dont la vie
Dessus vostre mestier renvie,
Que Paris se depeupleroit !
Presque sans femmes il seroit.

   Adieu, grande et fameuse Greve[2],

---

1. Portant par derrière un bâton ferré des deux bouts, propre à chasser le loup.

2. C'est sur la Grève que se faisoient les exécutions :

  A la fin, tous ces jeux que l'athéisme élève
  Conduisent tristement le plaisant à la Grève. (*Boileau.*)

Helas! de te quitter je creve;
J'esperois qu'un jour à venir,
Puis qu'aussi bien tout doit finir,
Apres avoir fait à l'extresme
Un tour de pays de moy-mesme,
J'aurois l'honneur, sur vostre bort,
De voir force gens à ma mort;
Au lieu qu'au sentier que j'empoigne
Devant que de r'estre en Gascongne,
Je cours l'hazard d'au coing d'un bois
Jetter seul des ultim' abbois,
Accravanté de lassitude,
De trop jeusner, de marritude,
Et qui plus est, loing des beaux yeux
Où logent mon pis et mon mieux.
Ha! beaux yeux! ha! docte maistresse!
Pour qui mon pié marche en detresse,
Gente Perrette [1], mon soucy,
A qui, jeunet, d'amour transy,
J'abandonnois moy-mesme en proye
Mon cœur, mon poulmon et mon foye,
Mon corps de l'un à l'autre bout,
Trippes, boudins, et merde et tout :
Helas! faut-il que je te quitte!
Ouy, l'ordonnance en est prescrite.
Je voudrois bien que non, mais quoy !
Necessité n'a point de loy.
L'horrible misere, laquelle

---

1. Tallemant prétend que Saint-Amant, dans ce passage, a eu en vue Mlle de Gournay, que son amour pour notre vieux langage faisoit tourner alors en ridicule. — Son livre *Des advis* a une véritable valeur dans toute la partie purement grammaticale ; ses traductions de Virgile sont tiraillées et pénibles. — (Voy. Tallemant.)

Oncques ne va sans sa sequelle,
Dueil, dam, dol, peur, mort, froid, soif, faim,
Honte, chagrin, rancœur, mes-haing,
Paresse, desespoir, envie,
Et de tous les maux de la vie,
Malgré moy me contraignent à
Laisser ton œil, qui m'empesta.
  Au moins, ô ma chere Sybile!
N'aye la memoire labile :
Remembre-toy de ton costé
De ton pauvre rimeur crotté,
Et du mien j'auray pour hostesse
Dans le chief ma haute poetesse,
Dont les escrits, comme mes vers,
Sont les torches de l'univers;
Remembre-toy des serenades
Qu'en mes nocturnes promenades,
Accompagné d'un bielleur
Aveugle, afin que deceleur
De nos amours il ne pust estre,
Discretion (qui reconnestre
Se doibt bien) je t'ay si souvent
Donnée à la pluye et au vent;
Rememore-toy davantage,
Que quoy qu'en un douziesme estage
Tu te gistes proche du ciel,
Et c'est pourquoy, mon tout, mon miel,
Cy-devant haute t'ay nommée,
Toutesfois, d'une ame charmée
N'ay pas laissé, grimpant en ours,
De te visiter tous les jours.
Item, recorde-toy qu'en somme,
Malgré ce que ce diable d'homme,
Cette bedaine d'Allemand,
Ce fin railleur, ce faux Normand,

Ce vray demon de la satyre,
Né pour nostre commun martyre,
A dit de bouche ou par escrit
De ton corps et de ton esprit,
Tantost accomparant ta mine
A quelque vache qui rumine,
Tantost chantant qu'un siecle entier
A greslé dessus ton quartier;
Tantost, t'appelant vieille chatte,
Poil de gorret, caboche platte,
Nez roupieux, œil esraillé,
Bec de pivert, teint escaillé,
Menton velu, cou de bellette,
Sein de drappeau, corps de squelette,
Bras d'ozier sec, main de guenon,
Jambe de grue et pié d'asnon;
Tantost, disant que de Virgile
Tu honnis l'adorable stile,
Que son beau sens perverty as
Avec ton galimathias;
Que tu apte n'es ny idoine
Qu'à servir de folle à la roine,
Et qu'en un estat bien reglé
Ton cher ponant seroit sanglé [1].

Recorde-toy, dis-je, ô ma rose !
Que, quoy qu'en creusse quelque chose,
Je t'ay obstant moult bien servy,
Et serviray, si plus je vy.
Je te le jure par ta garbe [2],
Par ton bon demy-pié de barbe,

1. Les huit vers qui précèdent ne se trouvent pas dans l'édit. de 1649.
2. De l'Espagn. *garbo*, air galant. Ce mot se prenoit pour visage au commencement du 17e siècle.

CROTTÉ. 231

Par le grand diable de Vauvert[1],
Par ta teste à chapperon vert,
Par la mienne à porter marotte,
Par les guenilles de ta cotte,
Par ton mary, qui fut pendu[2],
Par ta sœur au groin morfondu,
Par le gousset de ton haleine,
Par le nabotin[3] qui te meine,
Par ta guenuche qui le suit,
Par ton bel attiffet de nuit,
Par le grenier où tu demeures,
Par tes dents de couleur de meures,
Par ton vieux chiffon de collet,
Par ta coiffe d'un bioulet,
Par tes souliers d'une coudée,
Par tes grimaces d'obsedée,
Par tes gands fourrez de blaireau,
Par ta simarre de bureau,
Par les vitres de tes lunettes,
Par le tintin de mes sonnettes,
Par ton masque de camelot,
Par ma taille de Sibilot,
Par ta chaise à jambe demise,
Par la foire de ta chemise,
Et par tout ce qu'avons nous deux
De ridicule et de hideux.
Bref, souviens-toy qu'à ton exemple[4],

1. Voy. *Œuvres de Roger de Collerye*, p. 114, note 3 (*Bibliothèque elzevirienne*).
2. Ce vers est mis pour dépayser le lecteur. — Mlle de Gournay ne fut jamais mariée.
3. C'étoit une fille d'Amadis Jamyn, le poète, page de Ronsard.
4. Les seize vers qui suivent ne figurent pas dans l'édit. de 1649.

Monté sur l'eschelle du temple[1] ;
J'ay publiquement defendu
Ains pieça, los, jaçoit, ardu,
Soulas, opter, blandice, encombre[2] ;
Et, m'escrimant, ainsi qu'une ombre,
Dans mes discours superlatifs,
Pour les mignards diminutifs,
Ay prouvé par raisons notoires
A tous les porteurs d'escritoires,
Que, comme de mil vient millet,
Ainsi de mail vient ton Maillet,
Nom dont, par une prevoyance
De nos amours, c'est ma croyance,
Le *fatum* exprès m'a pourveu,
Pour que de toy mieux fusse veu.
 Ha! ma vieillottine Perrette!

---

1. Cette échelle, placée au coin de la rue du Temple et de la rue des Vieilles-Audriettes, étoit, comme plusieurs autres qu'on voyoit dans divers endroits de Paris, des marques de haute justice. Elle fut brûlée un jour d'orgie par plusieurs gentilshommes dont une chanson mss. nous a conservé les noms : de Rouville, Candale, Brissac, Coulon et le marquis de Ville.

2. On lit, au sujet de ces mots, dans *la Requête des dictionnaires* de Ménage :

> Ces nobles mots : *moult, ains, jaçoit,*
> Ores, adonc, maint, ainsi-soit,
> A-tant, si-que, piteux, icelle,
> Trop-plus, trop-mieux, blandice, isnelle,
> Pieça, tollir, illec, ainçois...

sont défendus par

> .... de Gournay la pucelle.

Ajoutons que Fénelon et La Bruyère les regrettent ; que plusieurs des mots protégés par *la Fille d'alliance* de Montaigne sont parvenus jusqu'à nous avec honneur.

Que ne te tiens-je ores seulette
Près de quelque flot argentin,
Or' que l'archerot enfantin,
De ses vo-volantes flammeches[1],
R'innove[2] en mon sang mille breches,
Et qu'en despit du froid, du temps,
En songeant à toy je m'estends !
Je sçaurois si hermaphrodite
Avec verité tu es ditte,
Obtenant de ta grace ainsy
Ce don d'amoureuse mercy,
Guerdon bien deu aux maux prolixes,
Que tes yeux, mes planettes fixes,
Depuis vingt ans fait souffrir m'ont,
Assez pour escacher un mont.

Helas ! il me souvient encore,
O douce lampe que j'adore !
D'une chanson dont vis à-vis
De ton guichet, à mon advis,
Je te gringotay mon martyre ;
La voicy, je la veux redire,
Tant afin de ne l'oublier
Que pour aux champs la publier :

 Belle, qui dans un grabat
  Sans rabat,
 Toute seule et toute nue,
 Estens à present ton corps,
  Si ne dors,
 Las ! oy ma desconvenue.

 Oy le triste ver-coquin
  D'un mesquin

---

1. Archaïsme imité de Ronsard et de Du Bartas.
2. Renouvelle ; de l'it. *rinnovare*.

Sur qui Cupido s'acharne,
Et pour obliger son feu
    Tant soit peu,
Mets le chief à la lanterne.

C'est un pauvre adolescent
    Innocent,
Feru droit à la poictrine,
Lequel, sous ton bon plaisir,
    N'a desir
Que d'embrasser ta doctrine.

Les garrots de tes regards,
    Doux-hagars,
Dans son cœur leurs pointes fichent
Plus avant, las! que dans ton
    Pelotton
Tes espingles ne se nichent.

Les cottrets qu'à la Sainct-Jean,
    D'an en an,
Dedans la Greve on allume,
Ne bruslent pas mieux que luy,
    Qu'aujourd'huy
Ton œil ard, grille et consume.

Et combien qu'il pleuve à flots
    Sur son dos,
Qui n'en est pas beaucoup aise,
Cet orage degoutant,
    Nonobstant,
Ne peut esteindre sa braise.

Combien, dis-je, que la nuit,
    Sans nul bruit,
De noires ombres le cerne,
Ce feu fait que pour ses pas,

Il n'a pas
Ores besoin de lanterne.

Il est pourtant si secret,
Si discret,
Que la clarté l'importune,
Craignant d'estre reconnu
Et tenu
Pour homme à bonne fortune.

Si dessus le lac amer
De la mer
Il estoit dans un navire;
Les rots qu'il lache pour toy,
Que je croy,
Luy serviroient de zephire.

Aussi les moulins à vent
Bien souvent
En ont mis le grain en poudre,
Et l'eau que pissent ses yeux
En maints lieux,
D'autres moulins a fait moudre.

Moins de poils a ton matou[1],
Qui dort où
Tu te reposes la teste,
Qu'il n'a d'ennuis au cerveau,
Le bon veau,
Tant ta beauté le tempeste.

Las! helas! ô dur esmoy!
C'est de moy,
C'est de moy de qui je parle;

1. C'est *ma mie Piaillon*, à qui le card. de Richelieu faisoit 20 livres de pension. — V. Tallemant, III, 121, édit. in-18.

Si tu veux sçavoir mon nom ;
Ma guenon,
Je ne m'appelle point Charle.

Comme il alloit hurlant ces rimes,
Ces beaux adieux farcis de crimes
Contre la langue et le mestier,
Un puissant ribaud de chartier,
Qui retournoit au Bourg-la-Reine
Charrette vuide et pance pleine,
Le rencontrant dans son chemin,
En bourdican de Saint-Fremin,
Termina ses sottes merveilles
D'un coup de fouet par les oreilles,
Et luy fist changer de discours
Pour crier : A l'ayde ! au secours !
Si quelqu'un icy veut entendre
Par quel moyen j'ay peu l'apprendre,
Puis que je ne m'y treuvay pas,
Je n'ay qu'à luy dire en ce cas,
Afin de l'oster de cervelle,
En chantant la chanson nouvelle
Qui maintenant est en credit,
Mon petit doigt me l'a dit [1].

1. Refrain d'une chanson en vogue :

> Les *Ponts-Bretons* charmèrent
> Autrefois nos esprits.
> Les *Petits-Doigts* gagnèrent
> Bientôt après le prix.
> Maintenant on les blâme
> De n'être pas curieux...

(Le *Nouveau entretien des bonnes compagnies*, 1 vol. in-12, 1635, p. 64.)

LA CREVAILLE.

Qu'on m'apporte une bouteille,
Qui d'une liqueur vermeille
Soit teinte jusqu'à l'orlet,
Afin que soubs cette treille
Ma soif la prenne au colet.

Il faut faire tabagye,
Et celebrer une orgye
A ce Bromien divin [1],
Luy presentant pour bougie
Un hanap enflé de vin.

Lacquay, fringue bien ce verre ;
Fay que l'esclair du tonnerre
Soit moins flamboyant que luy :
Ce sera le cimeterre
Dont j'esgorgeray l'ennuy.

Voyez le sang qui degoutte !
Il est, il est en deroute
Ce lâche et sobre demon,
Et je veux bien qu'on me berne,
S'il n'en a dans le poulmon.

Sus donc, qu'on chante victoire,
Et que ce grand mot d'*à boire*,
Mette tant de pots à sec ;

1. Surnom de Bacchus, du grec ἔρομος.

Qu'une eternelle memoire
S'en puisse exercer le bec.

Hurlons comme les Menades
Ces airs qu'en leurs serenades
Les amoureux font ouyr,
Au milieu des carbonnades,
Ne sçauroient nous resjouyr.

Bacchus ayme le desordre,
Il se plaist à voir l'un mordre,
L'autre braire et grimasser,
Et l'autre en fureur se tordre,
Sous la rage de danser.

Il veut qu'icy de Panthée
La mort soit representée
A la gloire du bouchon,
Et qu'au lieu de cet athée,
On demembre ce cochon.

Que dis-je! ô que j'ay la veue
De jugement despourveue!
Parbieu! c'est un marcassin,
Dont la trongne resolue
Nous morgue dans ce bassin.

A voir sa gueule fumante,
Il m'est advis qu'il se vante,
En grondant mille desfis,
Que du sanglier d'Erymante,
Il descend de pere en fils.

Il pourroit venir du diable,
Avec sa mine effroyable;
Si se vera-t-il choqué,
Et d'une ardeur incroyable
Par nous defait et mocqué.

Ainsi, pour comble de joye,
Du faux renard de Savoye [1]
Puissions-nous venir à bout,
Et mieux qu'on ne fist à Troye
Dans Thurin saccager tout.

Ainsi puisse en Italie,
Avant qu'un avril r'allie
L'espine et le rossignol,
De tout point estre avilie
La fierté de l'Espagnol.

O que la desbauche est douce !
Il faut qu'en faisant carrousse
Ma fluste en sonne le pris ;
Et que sur Pegase en housse,
Je la monstre aux beaux esprits.

Celui quy forgea ces rimes
Dont Bacchus fait tous les crimes,
C'est le bon et digne Gros,
Qui voudroit que les abîmes
Se trouvassent dans les brocs [2].

ORGYE.

Sus, sus, enfans ! qu'on empoigne la couppe !
Je suis crevé de manger de la soupe.
Du vin ! du vin ! cependant qu'il est frais,
  Verse, garçon, verse jusqu'aux bords,

1. Charles-Emmanuel, duc de Savoie, qui viola le traité d'alliance signé avec la France pour s'unir aux Espagnols. Richelieu marcha contre lui en personne, et, le 14 mai 1630, le roi lui-même força Chambéry à se rendre.
2. Ces cinq derniers vers se trouvent imprimés à part dans

Car je veux chiffler à longs traits
A la santé des vivans et des morts.

Pour du vin blanc, je n'en tasteray guere;
Je crains toujours le syrop de l'esguiere,
Dont la couleur me pourroit attraper.
   Baille-moy donc de ce vin vermeil :
      C'est luy seul qui me fait tauper
Bref, c'est mon feu, mon sang et mon soleil.

O qu'il est doux ! j'en ay l'ame ravie,
Et ne croy pas qu'il se trouve en la vie
Un tel plaisir que de boire d'autant ;
   Fay-moy raison, mon cher amy Faret,
      Ou tu seras tout à l'instant
Privé du nom qui rime à cabaret.

LE TOMBEAU DE MARMOUSETTE[1].

Il faut que ma triste musette,
   O noble et divine catin !
   Souspire le cruel destin
De vostre pauvre Marmousette ;
Il faut que sous ce vieux cyprez,

la 4ᵉ partie, avec cette apostille : Couplet à adjouster à la fin de *la Crevaille*.

1. C'est le nom d'une chienne épagneule. On connoît les pièces faites sur la puce de Mˡˡᵉ Des Roches, sur la mort d'un perroquet (Tristan), de chiens et de chats (Mᵐᵉ Deshoulières), d'une levrette (Scarron), enfin du perroquet de Mᵐᵉ du Plessis-Belliere, sur lequel on a écrit des volumes de bouts-rimés. (Voy. Sarasin, *Dulot vaincu*. Voy. aussi d'Aubigné, *Mémoires*, publiés par Lud. Lalanne, Paris, Charpentier, 1854, p. 49.)

Qui fournit la Parque de traits,
Je deplore sa fin estrange,
Et que le dueil en soit si beau,
Que de la Seine jusqu'au Gange
L'on puisse envier son tombeau.

Sus, venez donc en cette place,
Non les chiens vilains et hargneux,
Mais bien les gentils espagneux,
Plaindre l'honneur de vostre race;
Venez pousser autour de moy
L'esclat d'un si funeste aboy.
Que l'impiteuse canicule,
Avec un long ressentiment,
Pour hurler comme vous, s'accule
Contre l'azur du firmament.

Qu'elle ne soit pas toute seule
A vous respondre en cet ennuy,
Mais qu'à mesme effet aujourd'huy
Cerbere ouvre sa triple gueule.
Las! ce noir portier des enfers,
Au col chargé d'horribles fers,
A desjà veu là-bas son ombre,
Elle a desjà foulé le bord
Où vont, dans cet empire sombre,
Les chiens heureux après la mort.

O trop lamentable advanture!
A peine six fois le croissant
L'avoit esclairée en naissant,
Qu'elle a trouvé sa sepulture :
Ses yeux si gays et si jolys,
Son corps qui faisoit honte aux lys,
Ses longues oreilles tannées,
Et la beauté de son maintien,

Contre les fieres destinées,
A ses jours n'ont servy de rien.

   Il est bien vray que, quand on pense
A la main qui fist son trespas,
On y rencontre tant d'appas,
Que son malheur s'en recompense;
Un coup de mail inopiné
Fatalement luy fut donné
Par sa chere maistresse mesme :
Hé! pouvoit-elle perir mieux
Que par ce miracle supreme,
De qui l'œil fait mourir les dieux!

   Non, non, ô la reine des charmes!
Sa gloire est sans comparaison,
Et c'est avec juste raison,
Que je veux terminer mes larmes;
Aussi bien, après la pitié
Qu'en tesmoigne vostre amitié,
La mienne auroit mauvaise grace.
Tay-toy donc, ma musette, icy,
Et dy seulement à voix basse
Que je voudrois finir ainsi.

LE PARESSEUX.

SONNET.

Accablé de paresse et de melancholie,
Je resve dans un lict où je suis fagoté
Comme un lievre sans os qui dort dans un pasté,
Ou comme un Dom-Quichot en sa morne folie.

Là, sans me soucier des guerres d'Italie,
Du comte Palatin, ny de sa royauté,
Je consacre un bel hymne à cette oisiveté
Où mon ame en langueur est comme ensevelie.

Je trouve ce plaisir si doux et si charmant,
Que je croy que les biens me viendront en dormant,
Puis que je voy des-jà s'en enfler ma bedaine,

Et hay tant le travail, que, les yeux entr'ouvers,
Une main hors des draps, cher BAUDOIN[1], à peine
Ay-je pû me resoudre à t'escrire ces vers.

1. Jean Baudoin, un des premiers membres de l'Académie françoise, étoit de Pradelle, dans le Vivarois. Non moins fécond traducteur que l'abbé de Marolles, il a laissé un nombre considérable d'ouvrages. — Il est mort en 1650.

LES GOINFRES.

SONNET.

Coucher trois dans un drap, sans feu ny sans
[chandelle,
Au profond de l'hyver, dans la sale aux fagots,
Où les chats, ruminans le langage des Gots,
Nous esclairent sans cesse en roulant la prunelle ;

Hausser nostre chevet avec une escabelle,
Estre deux ans à jeun comme les escargots,
Resver en grimassant ainsi que les magots
Qui, baillans au soleil, se grattent soubs l'aisselle ;

Mettre au lieu de bonnet la coeffe d'un chapeau,
Prendre pour se couvrir la frise d'un manteau
Dont le dessus servit à nous doubler la panse ;

Puis souffrir cent brocards d'un vieux hoste irrité,
Qui peut fournir à peine à la moindre despense,
C'est ce qu'engendre enfin la prodigalité.

LES ŒUVRES
DU SIEUR DE
SAINT-AMANT

SECONDE PARTIE

A MONSEIGNEUR

LE COMTE DE HARCOURT[1]

Gouverneur et lieutenant general pour le roy en Guyenne.

ONSEIGNEUR,

Si mon pouvoir avoit respondu à mon desir, je vous presenterois aujourd'huy, au lieu de ce petit recueil de diversitez capricieuses, un volume illustre où tout ce que les Muses sçauroient produire de grave, d'eclatant et de superbe, seroit estalé à la louange de vos incomparables actions. Ce n'est pas

---

1. Les louanges de Saint-Amant, malgré leur exagération, sont encore au dessous de celles du sieur de François de Meaulx dans son *Panégyrique à monseigneur le comte de Harcourt de ses victoires d'Italie*, Paris, Ménard et Quinet, 1643, in-4. Si Saint-Amant montre le comte « sautant à cheval par dessus un effroyable retranchement », le panégyriste s'écrie : « Ayant heureusement rencontré le regiment que Roqueservière faisoit marcher droit au retranchement (à la bataille de Cazal, 28 avril 1640), et alors ayant commandé de donner, vous executastes le premier vos ordres par une aveugle obeyssance de vous-mesme à vous-

que je ne me sois mis en devoir de les celebrer : qu'on ne m'accuse ny de paresse ny d'ingratitude ; mais, je l'avoue, la splendeur de la matiere m'a eblouy ; mon genie s'est deffié de ses forces à l'aspect de tant de miracles, et toutes les fois que j'ay voulu essayer d'en ecrire quelque chose, il m'est avenu comme à un certain peintre qui, voulant tirer une excellente beauté, n'eust pas si tost jetté l'œil sur elle pour en ebaucher les premiers traits, que, ravy en la contemplation de ses merveilles et confus de la temerité de son entreprise, le pinceau luy tomba d'une main et les couleurs de l'autre. Aussi, Monseigneur, vos exploits sont si prodigieux, que, par un malheur souhaitable, et dont il n'y a que vous seul au monde qui se puisse plaindre heroïquement, vous y trouverez du desadvantage pour vostre gloire. La grandeur en combat la certitude, le nombre en diminue la foy, et si vous en eussiez moins fait, ou que vous n'eussiez executé que des choses possibles, vostre reputation seroit peut-estre plus solidement establie dans la creance des siecles à venir : car, soit

mesme. Vous fistes sauter vostre cheval par delà la ligne des ennemis huict ou dix pas plus haut. Genereux cheval, qui es digne de porter le nom de celuy dont la memoire dure encore (Bucéphale) par une ville qui fut bastie (Bucéphalie) pour le rendre immortel ; cheval non seulement de bataille, mais de victoire et de triomphe, qui es superbe de porter un si grand capitaine... ce n'est pas assez que l'on te voye dresser les oreilles, jeter le feu par les yeux et par les nazeaux... si, après toutes ces belles marques de generosité, tu ne nous ramènes sauve et victorieux ton Alexandre... Ces saillies de ma plume ne font pas que je vous perde de vue, Monseigneur. » (P. 31.)

que l'histoire raconte par la bouche de la fidelité mesme tout ce que la mer et la terre vous ont veu faire de hardy et d'estrange, soit que la poesie, sans avoir besoin de s'ayder de ses nobles impostures, vous fasse sauter à cheval par dessus un effroyable retranchement, comme un Mars que l'Espagnol crut s'estre elancé de sa sphere pour venir fondre sur luy et le chastier de son audace, qui est-ce qui ne tiendra et l'un et l'autre recit egalement fabuleux? Ouy, Monseigneur, il faut de necessité absolue, ou que l'on ne croye pas la moindre de vos actions, ou que tout ce que les romans ont dit de leurs paladins et de leurs chevaliers passe pour veritable. Je n'ay point de peur d'estre suspect de flaterie en parlant de la sorte : il n'y a personne qui ne soit de mon sentiment et qui ne souscrive à mon opinion, et, connoissant vostre rare modestie au poinct que j'ay l'honneur de la connestre, j'oserois affirmer que, quand on ne croiroit rien de tout ce que vous avez fait et qu'on n'en parleroit jamais non plus que vous, vostre vertu, qui ne cherche de satisfaction que dans elle-mesme, seroit aussi contente que si on vous donnoit des louanges immortelles, ou qu'on vous erigeast des statues de marbre et de bronze par toutes les places publiques. Toutefois, ô mon prince magnanime! après tout ce que j'ay dit sur la peine qu'aura la posterité à croire les grandes choses que vous avez executées, puis que ceux mesmes lesquels ont eu le bonheur d'en estre les tesmoins dementent presque leurs propres yeux, je trouve qu'il y va trop de l'interest du ciel pour n'esperer pas qu'il en authorise la memoire par quelque façon admirable. Il vous a donné le cœur de les entreprendre, il les fera sçavoir à tous les hommes; bref, les estoiles dont vous serez couronné quelque jour s'arrangeroient au firmament en forme de caracteres historiques de vostre vie, plutost que d'en permettre l'oubly, et chaque nation l'y verroit ecrite en chaque langage, plutost que de l'ignorer. C'est la pensée de celuy que l'honneur de vostre longue et genereuse bien-veillance, reconnue de mon costé par un zele sans egal, oblige à estre jusques au dernier soupir,

Monseigneur,

Vostre très-humble, très-obeissant, très-fidelle et très-passionné serviteur,

SAINT-AMANT.

LES ŒUVRES

DU SIEUR DE

SAINT-AMANT

SECONDE PARTIE.

L'AMARANTE.

A quel poinct de folie et de temerité,   [porté !
Contre mon vouloir propre, amour, m'as-tu
Je m'estois resolu, malgré ta violence,
De retenir mes pleurs, d'observer le silence,
De deguiser si bien mes maux et mes plaisirs,
Qu'à peine mes pensers auroient sceu mes desirs ;
Que, de peur d'eventer mes ardeurs nompareilles,
Ma voix seroit en garde avecque mes oreilles ;
Que mon esprit jaloux, s'immolant au respect,
Se treuveroit luy-mesme à luy-mesme suspect ;
Qu'à ma fin douloureuse un jour ma seule cendre
Pourroit de mon brazier quelques indices rendre,

Et qu'au dernier soupir ma chaste passion
Enterreroit ce feu sous la discretion ;
Et cependant ma bouche, infidelle à mon ame,
Oubliant tout devoir, vient d'en trahir la flame.
Je l'ay fait eclater, j'ay parlé, j'ay gemy
Devant ce beau soleil, mon aimable ennemy,
Et j'ay bien eu l'audace, apres un si grand crime,
De supplier ses yeux d'avouer pour victime
Agreable à son cœur le mien, que ses appas
Menent comme en triomphe au chemin du trespas.
O langue trop hardie ! ô licence effrenée !
O faute sans exemple ! ô ciel ! ô destinée
Qui gouvernes mes jours, et n'as deu qu'à regret
Consentir au dessein de rompre mon secret !
Que je me sens coupable, et combien j'ay d'envie
D'expier par ma mort les erreurs de ma vie !

 Depuis sept mois entiers, nombre misterieux,
Que j'adore captif cet objet glorieux,
Ce miracle d'honneur, de vertus et de charmes,
Cette illustre beauté, doux sujet de mes larmes,
Depuis l'heureux moment qu'en si claire prison
Ma liberté se mit avecque ma raison,
Et que navré d'amour, mon jugement essaye
Non pas de me guerir, mais de cacher ma playe,
Un sort delicieux m'a souvent fait jouir
Du plaisir de la voir, du bonheur de l'ouir,
D'admirer de sa main l'agile et mol albastre,
Quand avec des accens que l'oreille idolastre,
Sur les nerfs d'un bois creux qui chante et qui se plaint,
Qui m'esveille et m'endort, me flatte et me contraint,
Ses doigts harmonieux font aux miens telle honte
Que de leur melodie on ne fait plus de conte.
J'ay veu ses beaux cheveux, blonds charmes des regars,
Sous l'yvoire d'un peigne à l'entour d'elle espars,
Representer au vray le Pactole en sa source,

Qui, d'un haut marbre blanc faisant naistre sa course,
Tombe à gros bouillons d'or, et loin de soy s'enfuit,
Excepté qu'en leur cheute ils ne font point de bruit.
C'est ainsi qu'au matin l'aurore eschevelée
Vient annoncer le jour sur la voûte estoilée ;
C'est ainsi que Diane autrefois apparut
Aux yeux de l'indiscret qui son ire encourut,
Quand, surprise dans l'eau, sa main, aussi tost preste
De cacher son beau corps avec sa propre teste,
Luy construisit en haste un voile flamboyant
Des vifs et longs rayons de son poil ondoyant,
Et voulut que son soing obtint le privilege
De pouvoir par du feu conserver de la nege.
  Je l'ay veue en maint lieu par le bal ordonné
De cristaux suspendus richement couronné,
Ou plutost de glaçons d'où s'exhaloient des flames,
Gagner d'un seul regard les plus superbes ames,
Ternir les diamans que le luxe y portoit,
Esblouir les flambeaux dont la salle esclatoit,
Et former de ses pieds de si nombreux misteres,
De si beaux entrelas, de si doux caracteres,
Tracés avec tant d'art pour enchanter les dieux
Et pour tirer à soi les esprits par les yeux,
Que les chiffres sacrez de l'obscure magie
Pour forcer les demons ont bien moins d'energie.
  J'ay veu les beaux tresors de ses deux monts de lait
S'enfler aimablement sous un jaloux collet,
Qui, fasché que leur teint rende sa blancheur noire,
Tasche au moins d'en couvrir la moitié de la gloire.
Mais pour estre trop fin il n'en sçait rien cacher :
Il trahit ce qu'il baise, et ne peut empescher
Qu'au travers des devans dont l'œil perce l'obstacle
L'on ne jouysse à plein d'un si rare spectacle
  J'ay gousté seul à seul l'adorable entretien
Que forme son esprit, sa voix et son maintien,

Qui tous trois sans pareils en graces amoureuses,
Rendant comme les yeux les oreilles heureuses,
Donnent aux moindres mots des charmes si puissans
Par les gestes diserts et les tons ravissans,
Que l'Eloquence mesme à sa bouche attachée,
D'oser luy repartir seroit bien empeschée.
O bouche ! ô belle bouche ! ô quand on vous entend,
Quand on vous oit chanter, dieux ! que l'on est content !
Un doux air qui murmure et passe entre des roses
Ne nous fait point sentir de si divines choses.
Hé ! chantez donc toujours ; vos rubis animez
Ne devroient, ce me semble, estre jamais fermez.
Toutesfois je me trompe : amour veut qu'ils se taisent,
Afin qu'en se pressant eux-mesmes ils se baisent.
Nul n'en est digne qu'eux ; je n'en suis point jalous.
Levres, baisez-vous donc, sans cesse baisez-vous,
Mais non pas sans parler ; le silence est un crime
A quiconque en beaux traits si noblement s'exprime ;
Faites et l'un et l'autre en discourant d'aymer,
Prononcez-en le mot, ou daignez me nommer,
Et j'auray cette gloire, en l'ardeur qui m'emporte,
D'estre dans vos baisers admis en quelque sorte.
  Ha ! je me laisse aller à trop d'ambition ;
C'est changer le respect en indiscretion.
Dites-moy que je meure, et (joyeux de vous plaire)
On me verra soudain obeir et le faire.
Ouy, je mourray joyeux si vous me l'ordonnez :
Aussi bien les ennuis qui me sont destinez
Estans trop violens pour estre perdurables,
Mettront bien-tost un terme à mes jours miserables.
  Enfin, pour revenir à mon triste sujet,
J'ay d'un accès facile approché cet objet ;
J'ay de cette beauté de tant d'attraits pourveue,
Satisfait à plaisir mon ouye et ma veue ;
J'ay, si je l'ose dire, ô supreme bon heur !

L'AMARANTE.

J'ay dans la bien-seance eu maintefois l'honneur,
Sous les loix du salut qui le toucher avoue,
De succer librement les roses de sa joue,
Et par mon imprudence à descouvrir mon feu,
Par mon audace extresme à declarer le vœu
Que sur l'autel d'Amour j'ay fait sans artifice
D'offrir à ses appas mon cœur en sacrifice,
Je me verray privé, peut-estre pour jamais,
De voir ces beaux soleils à qui je me soubmets,
Et de qui me seroit l'absence plus cruelle
Que l'horreur d'une mort dure et perpetuelle.

  Vrayment, c'est bien à moy de m'en piquer aussi !
Elle qui des dieux seuls doit estre le soucy,
Elle dont tout Paris admire les merveilles,
Elle à qui nous devons tous les fruits de nos veilles,
Elle que cent galands de suite accompagnez,
Cent amoureux discrets, jeunes et bien peignez,
Trouvent sourde à leurs vœux, oserois-je pretendre
Qu'en mon poil desjà gris elle voulût m'entendre?

  Mais c'est mal raisonner pour un amant expert :
De propos en propos mon jugement se pert.
On diroit à m'ouir qu'il depend de mon ame
De s'embrazer ou non d'une si belle flame,
Comme si de tout temps le destin souverain,
Par un arrest fatal gravé dans de l'airain,
N'avoit point resolu sur la voûte esclairante
Qu'on me verroit un jour brusler pour Amarante,
Et comme si, dans l'heur de languir en ses fers,
Où je trouve à la fois mes yeux et mes enfers,
La volonté du sort, quoy qu'enfin il m'advienne,
Ne devoit pas regler et conduire la mienne!

ODE

A Leurs Serenissimes Majestez *de la Grand' Bretagne.*

Dieux ! en quel aymable sejour,
   En quel lieu de gloire et d'amour
   M'ont conduit Zephire et Neptune!
   Suis-je en ce doux climat des astres adoré,
  Où, bien loin de toute infortune,
Les cieux font refleurir le beau siecle doré !

   Ce plaisant fleuve, que je voy
   Se couler si bien après soy,
    Fend-il les champs de l'Angleterre ?
Pressay-je ce terroir aux herbages espais
   Qui voit toute l'Europe en guerre
Cependant qu'il jouit d'une eternelle pais ?

   Ouy, c'est ce païs bien-heureux
   Qu'avec des regards amoureux
   Le reste du monde contemple;
C'est cette isle fameuse où tant d'avanturiers
   Et tant de beautez sans exemple
Joignirent autresfois les myrthes aux lauriers.

   Icy, predisant maint destin
   Un homme engendré d'un lutin [1]
   Sema de merveilleux oracles
Icy fut esprouvé l'arc des loyaux amans;

---

1. L'enchanteur Merlin.

ODE.

Bref, c'est la source des miracles
Dont se sont enrichis les plus nobles romans.

    Mais ny ce parfait Amadis,
    Supreme honneur du temps jadis,
    Ny cette admirable Oriane,
Ne pourroient aujourd'huy faire comparaison,
    Sans une vanité profane,
Avec ce couple sainct qui regne en leur maison.

    Le soleil n'a rien veu de tel ;
    Il n'est point de sage mortel
    Qui ne le revere en son ame,
Et qui n'avoue aussi que le vainqueur des dieux
    N'embrasa jamais de sa flame
Deux plus dignes objets ni plus cheris des dieux.

    Pour moy, faisant reflexion
    Sur la fidelle passion
    Où leur chaste cœur s'abandonne,
Et voyant tant de gloire en leurs feux esclater,
    Je croy que leur triple couronne
Vaut moins que celle-là qu'Amour leur fait porter.

    O roy qui marches sans esgal,
    O reyne qu'un nœud conjugal
    Sous un si beau sort apparie,
Prodiges d'amitié, de vertus et d'appas !
    Grand Charles, divine Marie,
Qu'on seroit criminel de ne vous louer pas!

    Certes, tout le temoigne bien,
    Puis qu'en la nature il n'est rien
    Qui ne celebre vos merites,
Que le plus insensible en a du sentiment
    Et que vos graces sont escrites
En vives lettres d'or au front du firmament.

ODE.

  Cet arbre qui par un bon-heur
  A Hotland parfois a l'honneur
  De vous fournir de siege et d'ombre,
Meu d'un certain esprit qui, le faisant branler,
  Esgayoit son fueillage sombre,
Tout ravy, l'autre jour me sembloit en parler.

  C'estoit sur le poinct que la nuit,
  Poursuivant l'astre qu'elle fuit,
  Recommence à tendre ses voiles,
Et que les vers luisans, vrais flambeaux des guerets,
  Brillant à l'envy des estoiles,
Esclairent aux fourmis à derober Cerès.

  J'estois sorty seul pour resver,
  Taschant à part moy d'eslever
  Quelque ouvrage à vostre louange,
Quand sous cet arbre heureux, où mes pas s'adressoient,
  Touché d'une douceur estrange,
Je vy paroistre en rond des vierges qui dançoient.

  A leur riche habit degoutant
  Je les jugeay tout à l'instant
  Pour les nymphes de la Tamise,
Qui, pour voir cette place où vous aviez esté,
  Sous une licence permise,
Dans son lit de roseaux leur pere avoient quitté.

  Saisy de crainte et de respect
  A l'abord d'un si grave aspect,
  Je devins comme une statue ;
Mais enfin mon desir, puissant et curieux,
  Gagnant mon ame combatue,
Sur ma timidité resta victorieux.

  Lors, m'aprochant de ces beautez,
  Ou plustost de ces deitez,

ODE.

Je fus tout yeux et tout oreilles;
J'admiray leur maintien, leur taille et leur façon;
Mais dessus toutes ces merveilles,
Je demeuray charmé d'entendre leur chançon.

Et combien que mon souvenir
En ait sceu fort peu retenir,
Tant s'en faut qu'il la sçache entiere,
Je sçay bien toutefois que vos sainctes amours
En estoient l'illustre matiere,
Et que vous seulement en formiez le discours.

Je sçay bien qu'on n'ouyt jamais
Sur la montagne à deux sommets
Des paroles mieux ordonnées,
Et que jamais son prince, en qui loge le soing
De vanter les grands hymenées,
Pour un plus doux concert ne mit l'archet au poing.

Tantost, publiant les vertus
Dont vos esprits sont revestus,
Elles faisoient crever l'envie;
Tantost elles chantoient les plaisirs innocens
Que vous goustez en cette vie,
Et tantost vos ardeurs brilloient en leurs accens.

Là, s'estendant sur vos attraits,
Elles animoient deux portraits
A qui tout œil doit rendre hommage :
L'auguste front de l'un representoit un dieu,
Et l'autre estoit la vraye image
De la majesté mesme assise en un beau lieu.

De quel air estoit là depeint
Le vif esclat de vostre teint,
Princesse d'immortelle race!
Que n'y disoit-on point de vos yeux nompareils,

Et de voir comme en vostre face
La neige se conserve auprez de deux soleils!

Mais en quel sublime degré
Leur voix louoit-elle à mon gré
La vostre, où tant de grace abonde,
La vostre dont le son a des charmes si dous,
Que nul que l'echo seul au monde
Ne s'oseroit offrir de chanter après vous!

Bref, de tant de rares tresors
Qui font vostre ame et vostre corps,
Qu'oublierent-elles à dire?
Encore que ma plume avecque verité,
Dans ces vers pourroit faire lire
Que vous en possedez plus d'une infinité.

Tous les rossignols d'alentour,
Qu'on oit se plaindre et nuit et jour
D'une lascive tirannie,
Coupans l'air de leur aile aux mouvemens soudains,
Pour jouir de cette harmonie,
Se venoient là percher sur les testes des dains.

Ce demon tranquille et secret,
Qui cheminant d'un pas discret
Assoupit toute violence,
De leurs divins accors estoit si bien seduit
Qu'il faisoit voir que le silence
Peut en quelque façon estre amoureux du bruit.

Mainte estoile, tombant des cieux
Et disparoissant de mes yeux
Comme une chose evanouye,
Sembloit descendre en terre avecque le dessein
D'y changer sa veue en ouye
Pour ecouter la voix qui partoit de leur sein.

ODE.

  Les cygales et les grillons,
  Traversant en paix les sillons,
  Près d'elles taschoient à se rendre,
Et les plus rudes vents, de merveille comblez,
  Dans le plaisir de les entendre,
Souffloient moins qu'il ne faut pour agiter les blez.

  Cependant, ô roy sans esgal!
  O reyne qu'un nœud conjugal
  Sous un si beau sort apparie!
Tout ce qui venoit là de l'aube ou du couchant
  Tesmoignoit que, sans flaterie,
C'estoit pour le discours plustost que pour le chant.

  C'estoit pour complaire au desir
  D'ouir reciter à loisir
  Vos perfections admirables,
Apprenant qu'en l'estat qui vous fait reverer
  On vous diroit incomparables,
N'estoit que l'un à l'autre on vous peut comparer.

  O clair ornement de nos jours!
  Couple sacré, le vray recours
  De toutes les vertus ensemble,
Vueille l'esprit fatal qui regit les humains
  D'un sceptre sous qui l'enfer tremble,
Laisser cent ans le vostre en vos royales mains!

  Vueille continuer le ciel
  A vous faire gouster le miel
  Des heureux presens de Lucine!
Et puissent ces doux fruits de vos affections
  Monstrer comme de leur racine
Il ne peut provenir que d'illustres scions.

ELEGIE.

Que dira-t-on de moy si je ne dis rien d'elle?
Si, mes yeux ayant veu cet unique modelle
Des plus majestueux et plus brillans appas
Mon cœur lâche et muet ne le temoigne pas?
Bien, j'en parleray donc; mais, ô dieux! qu'en diray-je?
Car de luy faire un teint qui surpasse la neige
Quand elle vient couvrir les monts de sa blancheur,
D'y mesler mainte rose en sa pure fraischeur,
De luy parer le front de deux estoiles vives,
D'honorer ses cheveux de mille ames captives,
De former d'un rubis la porte de sa vois,
De chanter que d'un pin qui regne dans les bois
Nature luy donna la beauté de la taille;
Bref, sur un tel sujet ne dire rien qui vaille,
Et dire cependant ce qu'on peut de subtil.
Si ce n'est mesme chose, helas! que s'en faut-il?

Parlons donc, pour le moins, de l'ardeur agreable,
Du tourment amoureux, du plaisir incroyable
Que j'eus à son abord, bien qu'à peine un moment
Me laissa possesseur de ce contentement;
Mais ce que j'entreprens est-il moins dificile?
Le feu perpetuel qui flambe en la Sicile
Est-il plus violent quand il va jusqu'aux cieux
Que celuy que l'amour m'a versé par les yeux?
Et parmy tout cela, dans ces divines plaines

Où les heureux esprits sont payez de leurs peines,
Treuve-t'on rien d'esgal au bien que j'ay gousté
Devant ce bel objet dont je suis enchanté?
  Trois ans s'estoient coulez depuis que ma franchise,
Après avoir rompu les chaisnes de Belise
Et fait sauver mon cœur esclave en sa prison,
Avoit remis mes sens au train de la raison ;
Je m'en glorifiois mesme avec insolence,
Quand cet archer ailé, de qui la vigilence
Est tousjours en embusche afin de r'atraper
Ceux qui de ses liens se pensent eschaper,
Me tendant un filet, s'en vint à l'impourveue
Jetter sur moy la main au detour d'une rue,
Où plein d'estonnement je me vis arresté,
Où ravy j'adoray cette illustre beauté,
Qui comme une autre Flore apparoissant couverte
Des tresors du printemps et d'une robe verte,
Et se monstrant debout sur le pas de son huis,
Me combla pour jamais de mille doux ennuis.
O destin ! m'escriay-je en voyant ces merveilles,
Ce precieux amas de graces nompareilles,
En quel piege mortel, à force d'estre beau,
M'as-tu conduit icy pour choir dans le tombeau !
  Je n'eus pas le loisir d'achever cette plainte,
Que, me laissant navré d'une profonde attainte,
Elle se retira plus viste qu'un esclair
Qui nous vient esblouir et qui se pert en l'air ;
Et combien que ce fut par une sombre allée
Qu'elle prit son chemin ou plustost sa vollée,
Le glorieux esclat de ses divins attraits
Illumina le lieu long-temps encore après.
Mais, une obscurité s'emparant de mon ame,
Malgré cette lumiere et celle de ma flame,
Aussitost me frapa d'un tel aveuglement
Et mit un tel desordre en mon entendement

Par le cruel effet d'une si pronte absence,
Dont le coup m'outrageoit avec tant de licence,
Que je fus plus d'une heure avant que de sçavoir
Ce que j'avois à faire en ce nouveau devoir.
Tantost je m'ingerois, j'entens de la pensée,
De courir après elle, et, la teste baissée,
M'en aller dans sa chambre à ses beaux yeux m'offrir;
Mais mon sage respect ne le pouvoit souffrir;
Tantost je portois l'œil en haut à sa fenestre
Pour voir si, comme un jour qui ne fait que de naistre,
Au travers de la vitre opposée à mon bien,
De cet astre caché je n'appercevrois rien;
Et, me voyant frustré de cette chere attente,
Le sein enflé de dueil, la face mal contente,
Après avoir enfin remarqué la maison
Où gist de ma douleur la seule guerison,
Après m'estre informé, d'une voix curieuse,
Du beau nom et du rang de ma victorieuse,
Afin d'en concevoir ma perte ou mon salut,
Je me laissay porter où mon destin voulut.

   En ce resveur estat je fay toute la ville,
Heurtant l'un, choquant l'autre, et d'une ame incivile,
Sans saluer amy, dame, ny cordon bleu,
Sur l'eau, pour quelque temps, je promene mon feu.

   Les passans du Pont-Neuf, considerans ma mine,
Dans l'estourdissement qui sur mes sens domine,
Pensent que je sois yvre, et, me montrans au doigt,
Jugent du plus caché par ce que l'on en voit.
Las! je l'estois aussi, mais qu'aucun ne m'en blâme:
Je l'estois d'avoir beu d'un breuvage de flame
Qui se prend par les yeux et qui va droit au cœur,
Où l'amour l'introduit en guise de liqueur.
De là, favorisé de mon heureux genie,
Qui m'assista toujours durant cette manie,
Au coucher de Phebus je fus tout estonné

ELEGIE.

Que je revy l'aspect du pourprix fortuné
Où comme en son Olimpe habite ma deesse.
Je m'arreste aussitost; humble, je le carresse,
Puis à maint long soupir ayant lasché le cours,
Je luy tiens à part moy cet aymable discours :
    Gentil effect de l'art, pompeuse architecture,
Qui receles en toy l'honneur de la nature,
Beau rocher où se voit le plus beau diamant
Que jamais le soleil ait fait en s'animant,
Celeste tabernacle, amoureux domicile,
Ton glorieux accez me sera-t'il facile?
Et sans que mon espoir ait trop de vanité,
Puis-je croire qu'un jour cette divinité,
Qui fait dans ton enclos sa belle residence,
Souffre enfin que ma bouche y mette en evidence,
Devant son clair autel, la violente ardeur
Dont ma foy se dispose à servir sa grandeur?
Mes vœux atteindront-ils au bonheur de luy plaire?
Oseray-je pretendre à quelque doux salaire,
Que je borne au souhait de sa compassion,
Qnand elle connoistra ma pure affection,
Parmy les mouvemens que dans nos cœurs excite
L'impetueux effort d'un penser illicite,
Et parmy les ennuis qui me sont preparez,
Outre les maux presens et les maux endurez?
    Ouy, les maux endurez: je les veux mettre en conte,
Car combien que leur terme à peu de chose monte,
Ils m'ont semblé deja si longs et si cuisans,
Qu'ils me font reputer les heures pour des ans.
    Au bout de ces propos, enfans d'un beau martire,
Devers l'hotel de Rets à pas forcez je tire,
Et, trouvant mon cher duc, mon maistre sans pareil,
Qui fait à son plaisir mon sort pasle ou vermeil,
Je luy dis à l'ecart le tourment qui m'oppresse,
Et comme il semble à voir que par une maistresse

Le doux tiran des cœurs luy vueille disputer
Le sceptre de mon ame, et sur luy l'emporter.
Mais, le courtois qu'il est, tant s'en faut qu'il s'en fasche :
Il dit qu'il en est aise, et que sa main le lasche
Avec condition que, regnans à moitié,
Elle aura mon amour et luy mon amitié.

REGRETS.

J'ay veu repandre des larmes
   A ces beaux vainqueurs
Où brille avec tant de charmes
   Le doux roi des cœurs ;
J'ay veu les yeux que j'adore
Imiter pour moy l'aurore
   Au lever du jour,
Et je n'ay pas fait encore
   Un excès d'amour !

J'ay veu ma chere Cephise,
   D'un soupir ardant,
Montrer comme elle est eprise,
   En me regardant ;
J'ay veu son beau sein d'yvoire,
Prez de qui la neige est noire,
   Esmeu de mon sort,
Et je n'ay pas pour sa gloire
   Enduré la mort !

EPIGRAMME

A Monseigneur le CHANCELIER[1].

Entre tant de vives merveilles
Dont nos jardins sont embellis,
Pour toy, grand Seguier, les abeilles
Ne volent plus que sur les lis :
Le miel s'en gouste en ton bien dire,
Et leurs rois seuls en font la cire
Au profit de tous les humains,
Depuis qu'au merite octroyée,
Elle a l'honneur d'estre employée
Sous Louis par tes nobles mains.

LA PLAINTE DE TIRSIS.

Dans l'horreur d'un bois solitaire,
Où malgré l'œil du jour regne en tout temps [la nuit
Tirsis, loing du monde qu'il fuit,
    Ne pouvant plus se taire,
Chantoit en pleurs le doux et triste sort
    Qui le livre à la mort.

---

1. Cette pièce fut faite, sans doute, au moment où Séguier reçut (1633) la charge de garde des sceaux. — C'est en 1635 seulement, à la mort d'Etienne d'Aligre, qu'il fut nommé chancelier.

C'est donc une chose arrestée,
Disoit ce pauvre amant plein d'ardeur et de foy,
Que je souffre à jamais pour toy,
Cruelle Pasithée !
Et que ton cœur, au lieu d'en soupirer,
Feigne de l'ignorer !

Tes beaux yeux, les rois de mon ame,
Après m'avoir soumis à leur divin pouvoir,
Feront semblant de ne point voir
Ma vive et pure flame,
Et ton oreille entendra sans pitié
Gemir mon amitié.

Ha ! rigueur trop longue et trop dure !
C'en est fait, je me rends à ta fiere mercy.
En vain ces houlx flattent icy
Mes maux de leur verdure,
Il faut perir : Amour ne m'offre en eux
Qu'un espoir espineux.

Comme il achevoit cette plainte,
Un long cry de hybou, douloureux et tremblant,
D'un mortel effroy l'accablant,
Le fit paslir de crainte ;
Et maint aspic, siflant autour de luy,
Redoubla son ennuy.

Un ruisseau plein d'inquietude,
Murmurant sur le dos d'un aspre et vieux rocher
Du mal qu'il avoit à marcher
En un chemin si rude,
Representoit le lamentable cours
De ses penibles jours.

Le tronc noir et sec d'un erable,
Par le courroux du ciel foudroyé depuis peu

Ne luy presageoit en son feu
　　Qu'une fin miserable ;
Tous les objets y sembloient conspirer,
　　Et luy la desirer.

ELEGIE.

Amarante est malade, et je ne suis pas mort!
Ha! c'est trop balancé! terminons notre sort,
Et ne permettons pas qu'une crainte honteuse
Rende aux siecles futurs ma passion douteuse!
Si je vis un moment, si de ma propre main
Je ne suis à ce coup à moy-mesme inhumain,
Ma froide lascheté, deshonorant ma flame,
Du tiltre d'imposteur me causera le blame ;
On tiendra mes soupirs pour aussi mensongers
Qu'ils sont de leur nature ardents, pronts et legers ;
Mes langueurs, mes regrets, mes plus saintes paroles ;
Passeront en amour pour des contes frivoles ;
On dira que mes pleurs, on dira que mes cris
Dont le son mesme est peint en mes tristes escrits,
N'estant point d'un vray mal les lamentables signes,
D'une juste pitié seront vrayment indignes ;
Et que, puis que mon œil sans en estre reduit
Dans la profonde horreur de l'eternelle nuit
A bien pû voir souffrir tant d'attraits et de charmes,
Il ne merite point que l'on croye à ses larmes.

MADRIGAL

Imité en partie de l'italien du cavalier MARIN.

Cette fiere beauté que mon ame idolastre
A les bras et les mains et la gorge d'albastre ;
D'un cinabre vivant son teint est embelly ;
Sa bouche est d'un corail, où des perles éclat-
Son visage et son corps, faits d'un marbre poly, [tent ;
Le prix de la blancheur à la neige debattent ;
    Et ses yeux si charmans,
Aussi bien que son cœur, sont de vrais diamans.
Doy-je donc m'estonner de la treuver si dure
    Aux peines que j'endure,
Puis que, pour mon malheur, le ciel, qui la forma,
La fit toute de pierre, et Roche la nomma ?

CAZAL SECOURU[1].

SONNET.

Jusqu'aux cieux, ô Cazal ! pousse des cris de
Te voilà garanty d'un eternel affront : [joye !
Le brave et grand Harcourt, aux combats fier
                              [et pront,
Contre tes oppresseurs sa vaillance deploye.

---

1. Voy. la note de la page 247. — Le ballet de *la Prospérité des armes de France*, représenté sur le théâtre du Palais-Cardinal avec les machines si dispendieuses de la tragédie de *Mirame*, fut destiné à célébrer les campagnes de Cazal et d'Arras. (*Mémoires* de Marolles, *anno* 1640.)

Tel qu'un aigle irrité qui fond dessus la proye,
Il fond sur l'Espagnol, il le heurte, il le ront,
Et d'un bras glorieux se couronnant le front,
Du superbe ennemy les lauriers il foudroye.

Les isles du Levant avoient connu son cœur,
Quand il s'en vint chercher, sous un astre vainqueur,
En un plus ample champ une plus noble guerre ;

Mais, à voir les exploits qu'il a faits aujourd'huy,
Je pense avec raison qu'enfin toute la terre
Sera, comme la mer, trop estroite pour luy.

ARRAS PRIS[1].

SONNET.

Ces fiers et beaux rampars ceints de vastes
[abimes,
Ces tours, de l'art humain les rochers sour-
[cilleux,
Cedans aux durs efforts d'un siege merveilleux,
Ont enfin reconnu nos armes legitimes.

Ceux qui les deffendoient ont esté les victimes
Offertes au demon fatal aux orgueilleux,
Et tant plus leur abord s'est montré perilleux,
Tant plus nos conquerans ont paru magnanimes.

1. L'Artois a fait long-temps partie de la Flandre occidentale. Il fut réuni au domaine de la couronne en 1180, par le mariage de Philippe-Auguste avec Isabelle de Hainaut. Jeanne, fille de Philippe le Long, le porta en dot à Eudes IV de Bour-

Leur secours formidable, avec tout son pouvoir,
N'a, quoy qu'il ait tenté, servy qu'à faire voir
Le triste evenement d'une entreprise vaine.

Dejà des lys sacrez Arras benit l'odeur;
Et d'un esclat divin, la pourpre de la Seine
De la pourpre du Tage efface la splendeur.

STANCES

Sur les yeux de Mademoiselle DE Vré.

Beaux yeux innocens et coupables
    De tant de meurtres amoureux,
    Clairs objets doux et rigoureux,
    De quel trionfe altier n'êtes-vous point capables!
En vain mon cœur s'estoit promis,
O chers et brillans ennemis,
De resister contre vos charmes,
Il s'allume, il vous rend les armes,
Et fait gloire d'estre sousmis.

    O Dieu, combien la renommée
Est injuste à votre splendeur!
Que de rayons si pleins d'ardeur

---

gogne. Louis XI le reprit à la mort de Charles le Téméraire, au mépris des droits de Marie de Bourgogne. Charles VIII le céda en 1493 à Maximilien par le traité de Senlis. Depuis, ce comté resta à l'Autriche jusqu'en 1640, année où Louis XIII s'en empara. En 1654, les Espagnols essayèrent sans succès de le reprendre Le traité des Pyrénées consacra la possession françoise.

L'adorable merveille au monde est peu semée !
  Il faut que l'esclat de mes vers
  Vous montrant à tout l'univers
  Eblouisse toutes les ames,
  Et que je peigne avec des flames
  Deux nouveaux astres descouvers.

  Il faut que dans cette peinture
  Dont l'art doit estre sans pareil,
  Un sacrifice du soleil
Soit fait à vostre honneur des mains de la nature ;
  Il faut que les autres beautez,
  Où vivent ses feux empruntez,
  S'eclipsent après mon ouvrage,
  Et que d'un lumineux outrage
  J'efface toutes les clartez.

  Mais, ô vifs tresors de lumiere,
  Sources d'appas estincelans,
  Vous poussez des traits si brûlans
Qu'à peine soustient-on leur atteinte premiere :
  A peine, comblé de plaisir,
  Ay-je l'agreable loisir
  De voir l'esclair de vos prunelles,
  Que dans les miennes criminelles
  Je sens foudroyer mon desir.

  Ouy, criminelles je les nomme,
  Et bien dignes d'aveuglement,
  D'oser se tourner seullement
Vers des objets trop hauts pour les regards d'un homme ;
  Les dieux seuls peuvent aspirer
  A la gloire de se mirer
  En de si precieuses glaces,
  Et moy, sur de plus humbles traces,
  A l'honneur de vous adorer.

CHANSON.

Ingrate et cruelle Silvie !
Je m'en vay contenter l'envie
Qui te porte à me voir perir.
C'en est fait, je n'ay plus de vie
Qu'autant qu'il en faut pour mourir.

Au tombeau le sort me convie :
La clarté m'est deja ravie,
Et rien ne peut me secourir.
C'en est fait, je n'ai plus de vie
Qu'autant qu'il en faut pour mourir.

Pour t'avoir si long-temps servie,
Voy ma fin, sois-en assouvie :
Ce seul bien j'ose requerir.
C'en est fait, je n'ay plus de vie
Qu'autant qu'il en faut pour mourir.

CAPRICE.

Tous nos melons sont fricassez :
Adieu les plaisirs de la bouche
Les cieux, contre nous courroucez,
Les font pourrir dessus la couche.
Il a tant pleu tout aujourd'huy
Que mon cœur en seche d'ennuy,
Pensant à ce desastre insigne ;
Et si cette abondance d'eau

CAPRICE.

N'estoit ailleurs propre à la vigne
Je ferois jouer le cordeau.

Qu'extravagant est le destin,
Dans sa fatalité secrette,
De ne pouvoir plaire à Catin
Sans faire depit à Perrette!
Nos ris sont des autres les pleurs,
Nos espines leur sont des fleurs.
Si Jacques pert, Thomas y gagne.
Le bien dont la France jouit
Est le desespoir de l'Espagne,
Qui de dueil s'en evanouit.

Mais où m'emporte ce discours?
Je fais icy le philosophe;
Muse colere, à mon secours!
Fourny-moy de plus rude etoffe.
Sus, retourne à ces pauvres fruits
Qu'un second deluge a destruits
Par une horrible violence,
Et crie à gozier deployé
Qu'après une telle insolence
Tu voudrois qu'il eust tout noyé.

Quoy! cet an bornera ses pas
Sans que j'en soule mon envie,
Et je ne l'effaceray pas
Du nombre de ceux de ma vie!
Si feray dà, je le promets.
Il ne s'en parlera jamais,
Si l'âge futur m'en veut croire.
Oste-toy, six cens trente-deux,
Ou ne te montre dans l'histoire
Que comme un fantosme hideux.

Que si quelque belle action

S'est faite pendant ta durée,
Qu'elle passe pour fiction,
Ou bien qu'elle soit ignorée,
Et qu'au rebours tous les forfaits,
Tous les maux que mille ans ont faits,
Tous les crimes les plus enormes,
Sous les vilains mois ennemis
Dont ton chien de regne tu formes
Soyent crûsavoir esté commis.

LE MAUVAIS LOGEMENT.

CAPRICE.

Gisté dans un chien de grabat,
Sur un infame lict de plume,
Entre deux draps teints d'apostume,
Où la vermine me combat,
Je passe les plus tristes heures
Qui, dans les mortelles demeures,
Puissent affliger les esprits;
Et la nuit si longue m'y semble,
Que je croy qu'elle ait entrepris
D'enjoindre une douzaine ensemble.

Parmy tant d'incommoditez,
Je conte tous les coups de cloche,
Et, comme un oyson à la broche,
Je me tourne de tous costez.
Une vilaine couverture,
Relique de la pourriture,
Malgré moy s'offre à me baiser

Mais, si je luy deffens ma bouche,
Je ne sçaurois luy refuser
Qu'à mes jambes elle ne touche.

   Elle supplante les linceuls,
Qui se sauvent dans la ruelle ;
Mais, pour fuir cette cruelle,
Les pauvrets n'y vont pas tous seuls :
Un manteau de laine d'Espagne
En ce chemin les accompagne ;
Du travail à demy suant,
Et sans pretendre à la victoire,
Dans un pot de chambre puant
Il glisse, et va chercher à boire.

   Au clair de la lune, qui luit
D'une lueur morne et blafarde,
Mon œil tout effrayé regarde
Voltiger mille oyseaux de nuit :
Les chauvesouris, les fresayes,
Dont les cris sont autant de playes
A l'oreille qui les entend,
Decoupans l'air humide et sombre,
Percent jusqu'où mon corps s'estend,
Et le muguettent[1] comme une ombre.

   Un essain de maudits cousins,
Bruyant d'une fureur extresme,
Me fait renasquer[2] en moy-mesme
Contre la saison des raisins.
L'un sur ma main donne en sang-sue ;

---

1. Mot perdu. *Mugueter* ou muguetter, c'est faire la cour à... On disoit aussi : muguetter une ville, chercher à la surprendre. Voy. Cotgrave, Furetière. — *Abest* dans Richelet.

2. Murmurer, gronder, se plaindre. Voy. Furetière. — *Abest* dans Richelet.

L'autre sur ma trogne se rue,
Me rendant presque tout meseau [1]
Je les poursuy, je les attrape,
Et sans m'epargner le museau
Pour les y tuer je me frape.

Cent rats, d'insolence animez,
Se querellent sous une table
Où jamais repas delectable
N'apparut aux yeux affamez.
Là tantost aux barres ils jouent ;
Là tantost ils s'entre-secouent,
Pipans d'un ton aigre et mutin,
Et tantost cette fauce race
S'en vient ronger, pour tout festin,
Les entrailles de ma paillace.

Une troupe de farfadets
Differens de taille et de forme,
L'un ridicule, l'autre enorme,
S'y demene en diables-cadets;
Ma viziere en est fascinée,
Mon ouye en est subornée,
Ma cervelle en est hors de soy ;
Bref, ces fabriqueurs d'impostures
Estalent tout autour de moy
Leurs grimaces et leurs postures.

Les rideaux ne m'empeschent point
De voir toutes leurs singeries ;
Ces infernales nigeries
Me font fremir sous l'embonpoint.
J'ay beau, pour en perdre l'image,
Qui me baille un teint de fromage,

---

[1]. Couvert de plaies comme un lépreux. — Ce mot ne se trouve plus dans les lexiques postérieurs à Cotgrave.

M'efforcer à cligner les yeux :
L'effroy, me taillant des croupieres,
Par un effet malicieux,
Change en bezicles mes paupieres.

Maints faux rayons eparpillez
En fanfreluches lumineuses,
Offrent cent chimeres hideuses
A mes regards en vain sillez[1].
Ma trop credule fantaisie
En est si vivement saisie
Qu'elle-mesme se fait horreur;
Et sentant comme elle se pame,
Je me figure en cette erreur
Qu'on donne le moine[2] à mon ame.

Que, si je pense m'endormir
Dans les momens de quelque treve,
Un incube aussi-tost me creve,
Et revant je m'entr'oy gemir;
Enfin mes propres cris m'eveillent.
Enfin ces demons s'emerveillent
D'estre quasi surpris du jour :
Ils font gille[3] à son arrivée,

---

1. Fermés. — Le verbe *siller*, dont on trouve encore de fréquents exemples au XVIIe siècle, est perdu. Nous avons conservé le composé *dessiller*.

2. Avoir le moine, expression proverbiale, c'est être trompé. — Donner, bailler le moine, signifie causer le malheur de... *to bring ill luck unto* (Cotgrave). — *Donner le moine*, dit Furetière, c'est une malice de page, — qui consiste (*Dict. com.* de Le Roux) à attacher à l'orteil d'une personne endormie une ficelle que l'on tire pour l'éveiller.

3. Faire gille ou Gilles, s'enfuir. Selon Furetière, ce proverbe vient de ce que saint Gilles, prince de Languedoc, s'étoit enfui de peur d'être fait roi.

Et la diane[1] du tambour
M'avertit que l'aube est levée.

LE CANTAL[2].

A *Monsieur le* M. D. M[3].

CAPRICE.

ousset, ecafignon, faguenas, cambouis,
Qui formez ce present que mes yeux resjouis,
Sous l'adveu de mon nez, lorgnent comme un
[fromage
A qui la puanteur doit mesme rendre hommage,
Que vous avez d'appas! que vostre odeur me plaist!
Et que de vostre goust, tout horrible qu'il est,
Je fay bien plus d'estat que d'une confiture

---

1. La *diane* ou la *dienne*, batterie de tambour à la pointe du jour (*dies*).

2. Le Cantal, montagne d'Auvergne, a donné son nom à un fromage qui a odeur, comme dit Saint-Amant, d'écafignon et de faguenas. Ces deux mots, dont le premier a signifié long-temps une sorte de chaussure mince, ne désignoient plus, du temps de Saint Amant, que la « senteur d'un pied de messager. » (Furetière). — Dans *la Musette du sieur D.* (Vion Dalibray), Paris, Quinet, 1647, in-8, p. 11, on trouve une longue pièce adressée *à Saint-Amant, à propos du* Cantal :

> Brillante gloire du Parnasse,
> Toy qui joints de si bonne grace
> Les muses avecques le vin,
> Corps admirable, esprit divin,
> Alcandre, amy rond et fidelle...
> Apprends, apprends une nouvelle :
> Ce Cantal est mangé des vers.

3 Ces initiales désignent sans doute cet ami de Saint-Amant à qui nous l'avons vu dédier sa pièce de la Chambre du débau-

Où le fruit deguisé brave la pourriture !
Par luy le vert ginguet [1] fait la figue au muscat ;
Par luy le plus gros vin semble si delicat,
Que le piot du ciel, dont on fait tant de conte,
S'il estoit blanc, auprès en rougiroit de honte.
Je laisse donc à dire, et chacun peut penser
De combien du meilleur le prix il doit hausser,
Quand on luy donne entrée au milieu d'une bouche
Qui sous un tel morceau retourne à l'escarmouche,
J'entens au doux conflit qu'à l'honneur de Bacchus
Les fameux biberons, à tauper invaincus,
Font le verre à la main, sans projet d'autre gloire
Que de celle qu'on gaigne à force de bien boire.

 Franc et noble Marquis, illustre desbauché,
Qui t'es dans la grandeur à toy-mesme arraché
Pour te livrer sans faste aux plaisirs de la vie,
Où parmy les vertus la table nous convie ;
Toy, dont la voix unique en traits melodieux
Rend du chantre emplumé le siflet odieux,

ché, le marquis de Marigny-Mallenoë. — Ce titre de marquis nous a été révélé, avec les autres titres de P. de Marigny, à une vente de livres. Les œuvres de Boulenger, « J. C. Bulengeri doctoris theologi opusculorum system a», mises en vente, portoient, sur la garde, l'attestation suivante relative à un jeune d'Harouys dont la famille s'allia à celle de Mme de Sévigné : « Ego infra scriptus, studiorum præfectus in Henriceo flexiensi collegio societatis Jesu, testor ingenuum adolescentem Nicolaum de Harouys, in secunda schola hoc primum solutæ orationis latinæ præmium, eruditorum æstimatum judicio meritum et *ex munificentiâ et liberalitate nobilissimi reverendissimique domini* D. PETRI DE MALLENOE, ABBATIS DELPSINENSIS, PROTONOTARII APOSTOLICI, MARCHIONIS DE MARIGNY, etc., in publico ejusdem collegii theatro consecutum esse 4° kalen. sept. 1639. Johannes Chevalier. »

 1. Vin de râcle-boyau, vin à faire danser les chèvres, qu'on boit dans les guinguettes.

Sur tout quand ton gozier, humecté de la coupe,
Après mille bons mots que maint rot entre-coupe,
Se met à celebrer la divine liqueur
Qui, passant par chez luy pour visiter le cœur,
Le chatouille et l'invite à se montrer seul digne
De louer comme il faut ce pur sang de la vigne.
M.... sans pareil, homme aux nigaux fatal,
Où diantre as-tu pesché ce bouquin [1] de Cantal,
Cet ambre d'Acheron, ce diapalma briffable,
Ce poison qu'en bonté l'on peut dire ineffable,
Ce repaire moisi de mittes et de vers,
Où dans cent trous gluans, bleus, rougeastres et vers
La pointe du couteau mille veines evente
Qu'au poids de celles d'or on devroit mettre en vente !
Ha ! qu'il me fait bon voir lors qu'en le furetant
J'en decouvre quelqu'une et le crie à l'instant !
Quelle faveur me cuit quand ma langue appastée
En enduit mon palais et s'en trouve infectée !

Non, jamais Mascarin, ce seringueur mortel,
De son deshabiller ne tira rien de tel,
Exhibast-il au jour, comme il me fit nagueres,
Entre cent mille outils inconnus et vulgueres,
Et parmy cent fatras de haillons, de filets,
De pippes à petun, de fusts de pistolets,
De savattes, d'appeaux, de tasses, de mitaines,
D'onguents à guerir tout jusqu'aux fievres quartaines,
D'outres au cuir velu, de peignes ebrechez,
De linge foupy [2], sale, et d'habits ecorchez ;
Du vieil oint [3] de blaireau pour faire de la soupe,

---

1. *Bouquin*, vieux bouc. A cause de l'odeur.

2. *Délustré*, chiffonné. — En Anjou, l'on dit encore *faupi* dans ce sens.

3. Ce mot se trouve dans Richelet et Furetière sous la forme vieux-oint, *graisse*.

L'oreille d'un sanglier qu'à coups de hache on coupe,
Un lopin de renard, un pasté de guenon,
Un cervelas de chien, le rable d'un asnon,
Et mille autres fins mets que je ne puis decrire,
Sans froncer les nazeaux et m'egueuler de rire.
 O Brie! ô pauvre Brie! ô chetif angelot[1]
Qu'autrefois j'exaltay pour l'amour de Bilot,
Tu peux bien aujourd'huy filer devant ce diable:
Ton beau teint est vaincu par son teint effroyable;
Tu m'es plus insipide auprès de son haut goust
Que l'eau ne le seroit auprès du friand moust,
Et ta platte vigueur, sous la sienne estouffée,
Est de ma fantaisie entierement biffée.
 Au secours, sommelier, j'ay la luette en feu,
Je brusle dans le corps! Parbieu! ce n'est pas jeu:
Des brocs, des seaux de vin pour tacher de l'esteindre,
Verse eternellement, il ne faut point se feindre.
Escoute, cher marquis, escoute ton bedon:
Je croy que l'animal d'où provient ce beau don,
Au lieu du manger frais qui dans les prez se cueille,
Ne se nourrit que d'ail, que de tabac en fueille,
Que de rhue acre au goust, d'aluyne au suc amer,
Qu'il n'estanche sa soif qu'aux plages de la mer,
Et qu'au lieu de gruger de la vesce ou de l'orge,
De poivre seulement en l'estable il se gorge.

---

[1]. *Angelot*, sorte de petit fromage carré, fort gras, qu'on fait en Brie. (Voy. Furetière.)

PRÉFACE

DU PASSAGE DE GIBRALTAR.

Puisque, selon l'opinion du plus grand et du plus judicieux de tous les philosophes, le principal but de la poesie doit estre de plaire, et que la joye est ce qui contribue le plus à l'entretien de la santé, laquelle est une chose si precieuse en cette vie, qu'elle a esté preferée par les plus sages à la sagesse mesme, je tiens pour maxime indubitable que les plus gayes productions de ce bel art, qui, laissant les espines aux sciences, ne se compose que de fleurs, doivent estre les plus recherchées et les plus cheries de tout le monde. Ce n'est pas que je vueille mettre en ce rang les bouffonneries plattes et ridicules qui ne sont assaisonnées d'aucune gentillesse ny d'aucune pointe d'esprit, et que je sois de l'advis de ceux qui croyent, comme les Italiens ont fait autrefois à cause de leur Bernia [1], dont ils adoroient les elegantes

---

1. *Bernia*, ou mieux *Berni*, naquit à Lamporecchio vers la fin du quinzième siècle. Il vécut assez pauvre à Florence jusqu'à dix-neuf ans, et de là il se rendit à Rome, où il entra dans la maison du cardinal Bibbiena, qui, dit-il, ne lui fit ni bien ni mal, puis, à sa mort, dans celle de son neveu Angiolo, et enfin du dataire Giberti. Impatient de toute chaîne, enclin à médire, ami du plaisir et de la joie, il ne retira pas grand profit de ses services, mais fut très cher à tous les amis des lettres. Il mourut vers 1536. Dans son poème de *l'Orlando innamorato*, il trace un charmant portrait de lui-même dans les stances qui commencent par ces vers :

> Con tutto ciò viveva allegramente,
> Nè mai troppo pensoso o tristo stava.
> Era assai ben voluto dalla gente...

fadezes, que la simple naïveté soit le seul partage des pieces comiques. Je veux bien qu'elle y soit, mais il faut qu'elle soit entremeslée de quelque chose de vif, de noble et de fort qui la relève. Il faut sçavoir mettre le sel, le poivre et l'ail à propos en cette sauce; autrement, au lieu de chatouiller le goust et de faire epanouyr la ratte de bonne grace aux honnestes gens, on ne touchera ny on ne fera rire que les crocheteurs. Aussi les plus habiles de cette nation ont bien changé de sentiment depuis qu'ils ont veu *la Secchia rapita* du Tassone[1], où l'heroïque brille de telle sorte, et est si admirablement confondu avec le bourlesque, qu'il y en a quelques uns qui, par un excez de loüange, osent bien la comparer à *la Divine Jerusalem* du Tasse. Il est vray que ce genre d'escrire, composé de deux genies si differens, fait un effet merveilleux; mais il n'appartient pas à toutes sortes de plumes de s'en mesler, et, si l'on n'est maistre absolu de la langue, si l'on n'en sçait toutes les galanteries, toutes les proprietez, toutes les finesses, voire mesme jusques

et finissent par ceux-ci :

> Onde il suo sommo bene era il giacere
> Nudo, lungo, disteso, e il suo diletto
> Era non far mai nulla è starsi in letto.

1. Le Tassoni naquit à Florence le 28 septembre 1565. Lui et Francesco Bracciolini, et après eux Lippi, auteur du *Malmantile*, ont porté à la perfection le poème, non plus burlesque, mais héroï-comique, dont Ant.-Franc. Grazzini avoit déjà donné quelques exemples au siècle précédent. Il s'attacha, en 1597, au cardinal Colonna, qui le chargea de la gestion de sa fortune. Il fut peu après admis à l'Académie des humoristes (Accademia degli umoristi). Son esprit indépendant osa soutenir, un siècle et demi avant J.-J. Rousseau, la question des avantages ou plutôt des dangers de la littérature. (Voy. ses *Pensieri diversi*.) En 1613, il entra au service du duc de Savoie Charles-Emmanuel et du cardinal son neveu. Il le quitta en 1623, vécut libre pendant trois ans, écrivit alors un *Compendio degli annali ecclesiastici* de Baronius, puis s'attacha au cardinal Lodovisio, neveu de Grégoire XV, aux appointemens annuels de 400 écus romains. Il mourut le 25 avril 1635. — Son principal titre de gloire est son poème du *Seau enlevé*. — Voy. *Bita del Tassoni compilada da Robustiano Gironi*.

On voit dans la préface que nous annotons que Saint-Amant se pique d'avoir pris le premier en France la place occupée en Italie par le Tassoni.

aux moindres vetilles, je ne conseilleray jamais à personne de l'entreprendre. Je m'y suis pleu de tout temps, parce qu'aymant la liberté comme je fais, je veux mesme avoir mes coudées franches dans le langage. Or, comme celuy-là embrasse, sans contredit, beaucoup plus de termes, de façons de parler et de mots que l'heroïque tout seul, j'ay bien voulu en prendre la place le premier, afin que, si quelqu'un y reussit mieux après moy, j'aye à tout le moins la gloire d'avoir commencé. On peut dire qu'il est de ces pieces comme de ces balets grotesques qui, estant dancez d'ordinaire par les plus excellens baladins sur les airs du mouvement le plus admirable, plaisent plus aux spectateurs, avec leurs habits estranges, leurs masques bizarres et leurs postures merveilleuses, que ne font ces balets serieux, ces moralitez muettes, dont les demarches sont trop ajustées, et où le plus souvent il ne se voit rien de beau que l'eclat et la magnificence. C'est assez : changeons de discours, et venons à l'argument de nostre caprice heroï-comique.

Les Espagnols, dont l'ambition est plus grande que la terre, et à qui les nouveaux mondes ne suffisent pas, s'estant saisis des isles de Saincte-Marguerite et de Sainct-Honorat, situées en la coste de Provence, nostre invincible monarque, dignement secondé, en toutes ses glorieuses entreprises, des graves et sublimes conseils du grand cardinal duc de Richelieu, fit assembler en la rade de l'isle de Ré une armée navale la plus puissante et la mieux equippée que la France eust mise de long-temps sur l'Ocean, afin que, faisant voile d'une isle si fameuse par la honte de l'Angleterre, elle en allast rendre deux autres encore plus illustres par la honte de l'Espagne. Mais, comme ce n'est pas assez d'amasser de grandes forces si l'on ne sçait faire eslection d'un chef capable de les commander, Son Eminence, divine au choix des hommes aussi bien qu'en toutes les autres merveilles de sa vie, et comme ayant l'entiere superintendance de nos mers, nomma à Sa Majesté, pour en estre le general, ce brave et vaillant prince monseigneur le comte de Harcourt, de qui les miraculeuses actions sont aussi hautes, aussi eclattantes et aussi connues que le soleil, et par ce digne employ, luy donnant lieu d'exercer amplement sa rare conduite et son extraordinaire valeur, se le rendit deslors et à jamais redevable de toutes les belles choses qu'il a faites depuis ce temps-là. De m'amuser à dire icy par le menu nostre depart, quel vent favorisa nostre route et combien de corsaires turcs nous prismes en chemin, ce n'est pas mon dessein ; je diray seulement qu'après avoir costoyé toute la Galice et tout le Portugal sans avoir rencontré une seule barque de pescheurs, tant l'effroy de nostre armée avoit frappé le cœur des ennemis, nous arrivasmes au cap de Spartel en Affrique, où, ayant demeuré deux jours à l'ancre pour nous mettre mieux en estat de passer le destroit de Gibraltar, lequel nous croyions nous devoir estre infailliblement disputé par la flotte d'Espagne, nous quittasmes cette plage deserte, espouventable et solitaire, où l'on ne voit que des lyons, des aigles et des serpens, et mismes à la voile au meilleur ordre du monde environ deux ou trois heures devant soleil levé.

C'est ce qu'il faut sçavoir pour un plus grand esclaircissement de ces vers, que je commençay la mesme nuict dans l'admiral, ayant eu l'honneur d'estre appelé à ce voyage par lettres expresses et obligeantes de ce genereux prince, qui peut tout sur moy, et à qui j'ay voué tous mes soins et tous mes services. Or, estant donc saisi de la verve, sur le poinct que, suivant mon conseil, nous avions fait apporter le jambon et la bouteille, et nous fortifiions le cœur pour nous preparer à jouer des cousteaux, et l'ardeur du bon Phebus eschauffant mon ame avant que ses rayons eussent eclairé mes yeux, je m'y laissay aller brusquement à l'aspect des estoiles qui nous regardoient boire, et fis, le verre et non la plume à la main, les premiers couplets de cette piece. Jamais il ne fut une telle joye que la nostre, dans le ferme espoir que nous avions de trouver et de vaincre l'ennemy ; jamais on ne vit rien de si beau que ce que nous vismes quand la clarté de l'aurore, dissipant les tenebres, nous vint à descouvrir tout d'un coup le superbe et furieux appareil de nostre flotte ; et il faut advouer que qui n'a veu la pompe d'une armée navale le jour qu'elle s'attend de donner bataille ne se la sçauroit imaginer parfaitement. Nous avions plus de taffetas au vent que de toile ; nous estions nous-mesmes tous estonnez de voir nos vaisseaux si lestes. La splendeur des broderies d'or et d'argent ebloüissoit la veue en l'agreable diversité des enseignes. Tout favorisoit nostre passage : un zephire doux et propice nous souffloit en poupe; l'air estoit serain, la mer calme, le ciel net, pur et lumineux, et l'on eust dit que la terre de l'Europe et de l'Affrique s'abaissoit en certains endroits autour de nous par respect, et se haussoit en d'autres par curiosité. Enfin, si je ne retenois la bride à la fougue poëtique qui, malgré moy, se voudroit bien couler dans ma prose, je dirois que, quelque frayeur qu'eust l'Espagne de nostre puissance et de nostre courage, elle ne se pouvoit tenir d'admirer nostre somptuosité et nostre bel ordre, et de temoigner de prendre plaisir à voir les verges mesmes qui la devoient chastier. Mais comme ces matieres-là sont du gibier des vers, je croy que ma muse ne s'y sera pas epargnée, et que peu de gens s'en fussent mieux acquittez que moy parmy le bruit et la multitude d'un vaisseau, où ces belles dames de Parnasse n'ont gueres accoustumé de se trouver. Je me suis joué sur les noms de quelques navires, autant que la fable, l'histoire ou la nature l'ont pu permettre, et me suis estendu à decrire particulierement la pompe de celuy du roy et de la patache nommée *la Cardinale*. Et je pense que l'on ne me brocardera point de m'estre voulu commenter moy-mesme pour avoir mis quelques apostilles en la marge de cet ouvrage, afin de donner l'intelligence de quelques termes que les plus doctes ne sçavent pas, ny ne sont pas mesme obligez de sçavoir s'ils n'ont le pied marin. J'y en ay mis encor quelques autres sur des choses qui ne sont pas communes et que les plus raisonnables ne trouveront point inutiles. Qui n'entendra le reste, à son dam. Au surplus, si nous eussions combatu en ce destroit, comme nous ne fismes point, ou par la lascheté, ou par l'impuissance des Espagnols, qui n'y oserent venir, j'eusse employé d'autres couleurs en la composition de ce tableau que je ne fis ; il n'y auroit rien paru que d'heroïque et de sérieux, et, sans vanité, j'eusse fait voir, comme j'espere que nostre Moyse fera quelque jour, que nous ne sommes pas plus mal adroits à nous servir de la trompette ou de la lyre que de la fluste ou de la guiterre. Mais, ne s'estant versé que du vin en cette journée, au lieu du sang que nous nous attendions de repandre, je le continuay du mesme air que je l'avois commencé, et inseray dedans, par maniere de prophetie, selon les bons tours du mestier, le combat donné quelque temps après entre nostre armée navale et les galeres d'Espagne, devant le chasteau de

Menton; la descente que nous fismes en l'isle de Sardaigne, où monseigneur le comte de Harcourt rendit des preuves signalées de sa prudence et de sa hardiesse, et la merveilleuse et non jamais assez exaltée reprise des isles de Saincte-Marguerite et de Sainct-Honorat. De là, retournant à decrire nostre passage, qui doit estre memorable à perpetuité pour les importantes suites qu'il eut, je me raille du tiers et du quart à ma mode, selon l'humeur enjouée où j'estois, et, me trouvant justement vis-à-vis de la ville de Gibraltar, qui est à la fin de ce destroit, du costé de l'Espagne, je mets en mesme temps fin à ma piece, et acheve noblement la debauche par la santé du roy. Voilà tout ce que j'avois à dire là-dessus, horsmis qu'ayant esté l'un des Argonautes d'un voyage si celebre, j'en suis aussi fier, et m'en estime autant que ce fameux poëte qui accompagna Jason dans le sien. *VIVAT !*

> De moy je tiens que mon Rebec
> Vaut bien la vielle d'Orphée,
> Et, quand ma muse est eschauffée,
> Elle n'a pas tant mauvais bec.

LE PASSAGE DE GIBRALTAR.

CAPRICE HEROICOMIQUE.

Matelots, taillons de l'avant[1];
Nostre navire est bon de voile;
Çà du vin, pour boire à l'estoile
Qui nous va conduire au levant.
A toy, la belle et petite ourse !
A toy, lampe de nostre course
Quand le grand falot est gisté !
Il n'est point d'humeur si rebourse [2]
Qui ne se creve à ta santé.

   Mais, certes je suis bien oison,
Et je n'acquiers gueres de gloire
De deffier un astre à boire
Qui ne me peut faire raison ;
Son malheureux destin me touche :
Jamais le pauvret ne se couche
Pour aller trinquer chez Thetis,

1. *Taillons de l'avant*, terme de mer qui signifie *allons*. (S.-A.)
2. *Rebours, rebourse*, adj., revêche. — De là l'adv. *à rebours*.

Et ce n'est rien qu'un corps sans bouche,
Privé des nobles appetis.

 A qui dois-je donc m'addresser?
A Mars, dont la fiere planette
Brille d'une clarté plus nette
Qu'un verre qu'on vient de rincer.
Aussi bien est-il nostre guide;
Aussi bien les piliers d'Alcide
Frissonnent de le voir pour nous,
Et devant ce brave homicide
Atlas se presente à genous.

 Releve-toy, vieux crocheteur!
L'Olimpe pourroit choir en l'onde,
Et prendre comme un rat le monde
Sous son enorme pesanteur.
Ce n'est point toy que l'on menace :
Banny la crainte qui te glace,
Et pren garde à ce que tu fais,
Si tu ne veux perdre la place
De monarque des porte-fais.

 Mais n'apperçoy-je pas aux cieux
Voguer le pin des Argonautes,
Qui me reproche mille fautes,
En se decouvrant à mes yeux?
Ouy, c'est luy qu'en mer on adore;
Il me dit (car il jaze encore
Comme il faisoit au temps passé)
Que je ne suis qu'une pecore
De boire et de l'avoir laissé.

 Pardon, ô celeste vaisseau!
Avec soif je te le demande,
Et veux, pour t'en payer l'amende,
Que ma tasse devienne seau.

Tu nous dois estre favorable :
Un prince en valeur admirable
Represente icy ton Jason,
Et nostre projet honorable,
Comme toy, vise à la toison [1].

C'est au Castillan qu'on en veut :
Nous cherchons partout à le mordre ;
Mais le poltron y met bon ordre,
Il fuit nostre chocq tant qu'il peut ;
A Neptune il fait banqueroute,
Nul deffi naval il n'escoute,
La terreur l'eschoue en ses ports,
Et dans Madrid mesme il redoute
Le bruit mortel de nos saborts [2].

La nuit commence à desnicher ;
Enfans, voylà l'aube qui trotte,
Phebus la suit, et nostre flotte
Dans le destroit va s'emmancher.
Que la pompe en est fiere et belle !
Glauque n'en a point veu de telle
Depuis qu'une herbe qu'il mangea,
Rendant sa nature immortelle,
D'homme en dieu marin le changea.

Au gré de maint doux tourbillon
J'y voy cent flames [3] secouées ;
Cent banderolles enjouées

1. On sait que le roi d'Espagne étoit le chef et grand maître de l'ordre de la Toison-d'Or, institué en 1429 par le duc de Bourgogne Philippe-le-Bon. Les chevaliers portoient, attachée à un collier de fusils et de pierres à feu, l'image d'une toison semblable à celle dont Jason vouloit s'emparer.
2. *Saborts*, canonnieres ou embrazures d'un vaisseau. (S.-A.)
3. *Flames*, espèces de banderolles rouges. (S.-A.)

Y font la court au pavillon[1];
Icy, l'or brillant sur la soye
En une grande enseigne ondoye
Superbe de couleur et d'art,
Et là richement se desploye
Le grave et royal estendart.

Le portrait du fameux chapeau
Devant qui le turban supreme
Tremble, et n'est en sa peur extreme
Qu'un beguin cresté d'oripeau,
Ornant d'une auguste maniere
Cette martiale banniere,
Nous arme mieux qu'un morion
Pour briser la teste derniere
Du rogue et nouveau Gerion.

Ce digne atour du plus grand chef
Qui du timon ait sceu l'usage
A l'adversaire ne presage
Qu'un dur et tragique mechef;
Cette lumineuse figure
Est l'astre de mortelle augure
Dont la rougeur le fait palir,
Et que l'ombre la plus obscure
Pour luy ne peut ensevelir.

Mais au lieu qu'il s'esvanouit
Au feu de sa pourpre eclatante,
Mon œil, sur la face inconstante,
A son aspect se resjouit :
C'est la vive ardeur qui m'allume ;
C'est l'objet qui donne à ma plume

---

1. *Pavillon*, c'est la principale enseigne, qui est blanche, et que l'admiral porte seul au grand mast. (S.-A.)

Un stile clair et triomfant,
Qui les autres stilles consume ;
Mais il m'altere en m'eschaufant.

Beuvons au genereux dessein
Qui dans ce passage l'ameine ;
D'une fureur autre qu'humaine
Je me sens agiter le sein.
Qu'à ce pot le tonneau succede ;
Un certain gay demon m'obsede
Qui n'a plaisir qu'à s'enyvrer,
Et de sa force, à qui tout cede,
Le vin seul me peut delivrer.

Sus, pour honorer ce canal
D'un brinde [1] qui vive en l'histoire,
Que chacun se prepare à boire
La santé du grand cardinal [2] !
Il tient l'empire de Neptune,
Il preside à nostre fortune
Sur l'un et sur l'autre element,
Et la destinée opportune
File pour luy journellement.

Si j'avois icy le loisir
De chanter ses exploits illustres,
Tous ces noms qui font tant les rustres
En creveroient de desplaisir ;
Je ravirois la terre et l'onde ;
La muse altiere en sa faconde
Se pendroit (soit dit *inter nos*),
Et je ferois en l'autre monde
Enrager l'ombre d'Albornos.

---

1. Terme bachique qui veut dire *santé*. (Richelet.)
2. Richelieu, grand amiral de France.

Ce vain Guzman, ce comte-duc,
Qui perd contre luy son escrime,
Gemiroit aux coups de ma rime
Comme l'animal de saint Luc,
Et s'il venoit un jour à lire
Ce que ma verve en pourroit dire
A ses mornes yeux estonnez,
Ses bezicles qui m'ont fait rire
D'effroy lui tomberoient du nez.

Mais nous ne sommes pas en lieu
Propre à debiter ces merveilles :
Je les reserve aux nobles veilles
Que je voue à ce demy-dieu ;
Là, descoiffant mon escritoire,
A mon papier je feray boire,
Par un excès rare et divin,
Plus de flacons d'encre à sa gloire
Que je n'ay bû de brocs de vin.

Ha ! je voy ce cœur sans pareil,
Ce vaillant Harcourt, qui s'appreste
A faire un nouveau jour de feste,
Peint de sang et de jus vermeil ;
Desjà sur le haut de la pouppe,
Pour me pleger[1] il prend sa couppe
Où petille et rit le nectar,
Et, s'escriant masse à la trouppe,
Sa voix estonne Gibraltar.

---

1. *Pléger* ou *pleiger*. — Les lexiques ne donnent à ce mot d'autre sens que cautionner. Ici peut être signifie-t-il défier, peut-être soutenir, appuyer, comme dans ce vers du *Parnasse des muses* :

Je boirai tout si tu me veux pleiger.

Icy le chasteau de Tanger[1]
Et là le fort du Mont-aux-Singes [2]
Voudroyent pouvoir plier leurs linges
En la frayeur de ce danger;
La Tour [3] et l'isle de Tariffe,
Que l'Ocean ronge et desbiffe,
Se souhaittent au fonds des eaux,
Et rien n'ose attendre la griffe
Du moins hardy de nos oyseaux.

Un Cocq[4] suivant le Saint Louys*,

---

1. *Le chasteau de Tanger*, place forte dans le destroit du costé de l'Afrique. (S.-A.)

2. *Le fort de Mont-aux-Singes*, autre place du mesme costé nommée *Ceuta*, l'une et l'autre appartenant au roy d'Espagne. (S.-A.)

3. *La Tour*, etc., place du costé de l'Europe. (S.-A.)

4. *Un Coq*, nom d'un vaisseau de la flotte. (S.-A.) — *Le Coq* étoit un navire de l'escadre de Bretagne; il étoit du port de 500 tonneaux et commandé par La Fayette. Pour ne pas multiplier nos notes, nous donnerons ici le tableau de la flotte, d'après la correspondance de H. d'Escoubleau de Sourdis, publiée par M. Eugène Sue dans les *Documents inédits sur l'hist. de France*.

Escadre de Bretagne.

Le Navire-du-Roi,	1000 tonn.,	capit.	Desgouttes.
La Fortune,	500 —	—	Poincy.
Le Saint-Michel,	500 —	—	Decan, serg.-major
La Licorne,	500 —	—	Montigny.
Les Trois-Rois,	500 —	—	Miraulmont.
Le Corail,	500 —	—	Rigault.
Le Coq,	500 —	—	La Fayette.
Le Cygne,	500 —	—	Cangé.
La Sainte-Geneviève,	500 —	—	Beaulieu l'aîné.
La Madeleine,	300 —	—	Guitaut.

* *Le Saint-Louis*, vaisseau de l'amiral. (S.-A.)

Que l'Ange du sceptre accompagne*,
Fait fremir le Lyon d'Espagne

L'Hermine,	200 tonn.	capit.	Courson.
La Sainte-Marie,	200 —	—	Portenoire.
La Perle,	300 —	—	Boisjoly.
La Royale,	100 —	—	Poincy le jeune.
La Grande-Frégate,	80 —	—	Razé.
La Petite-Frégate,	» —	—	Levasseur.

Escadre de Guyenne.

L'Europe,	500 tonn.,	capit.	Manty.
Le Lion-d'Or,	300 —	—	Beaulieu-Pressac.
La Renommée,	300 —	—	Coupeauville.
L'Intendant,	300 —	—	Arpentigny.
Le S.-Louis-de-S.-Jean-de-Luz,	300 —	—	Giron.
Le S.-Louis-de Hollande,	500 —	—	Treillebois.
Le Saint-Jean,	300 —	—	Vaslin.
L'Espérance-en-Dieu,	300 —	—	D'Arrérac.
La Salamandre,	200 —	—	Cazenac.
Le Saint-François,	200 —	—	Regnier.
La Lyonne,	200 —	—	Beaulieu le jeune.
La Cardinale,	120 —	—	La Riv. d'Auvray.
La Marguerite,	200 —	—	La Treille.
La Frégate,	80 —	—	. . . .

Escadre de Normandie.

La Madeleine,	300 tonn.,	capit.	Du Mé.
La Marguerite,	200 —	—	Chastellus.
La Sainte-Anne,	200 —	—	Poinctricourt.
L'Aigle,	200 —	—	Senantes.
La Levrette,	200 —	—	Daniel.
Le Neptune,	200 —	—	Duquesne.
Le Griffon,	200 —	—	La Chesnay.
Le Saint-Jean,	120 —	—	. . . .

* L'ange du sceptre. Le Saint-Michel, autre vaisseau. (S.-A.)
Le comte d'Harcourt étoit généralissime de l'armée navale,

Avecque des tons inouys.
Ce roy de la bande emplumée
A la gloire de cette armée
Montre des ergots furieux,
Et nostre seule Renommée[1]
Nous peut rendre victorieux.

Un Cygne[2] entre nos combatans,
Quïtte Meandre pour Neptune,
Et pour mieux suivre la Fortune[3]
Nage et vole d'un mesme tans ;
Et lors qu'une fatale envie
A chanter sur l'eau le convie,
C'est avec un terrible effort,
Pour oster aux autres la vie,
Et non pour annoncer sa mort.

Jupiter, peut-estre enflamé
De la reine des Nereides,
Sur ces vastes plaines liquides
S'est encore ainsi transformé ;
Mais puis qu'il n'a pu se resoudre
A se desarmer de sa foudre,

---

et M. de Sourdis, archevêque de Bordeaux, chef des conseils du roi en l'armée navale. « Afin d'éviter les contestations qu'il redoutoit et qui eurent de si funestes résultats, M. le cardinal de Richelieu avoit envoyé un pouvoir signé du roi à M. l'archevêque de Bordeaux pour lui donner le pas sur M. le comte de Harcourt et mettre fin aux difficultés, recommandant toutefois à ce prélat de ne montrer ce pouvoir qu'à la dernière extrémité. » (*Documents inédits.* — *Correspondance de Sourdis*, t. 1er, p. 75.)

1. *Renommée*, autre vaisseau. (S.-A.)
2. *Cigne*, autre vaisseau. (S.-A.)
3. *Fortune*, vaisseau du contre-admiral. (S.-A.)

Comme pour Lede il fit un jour[1]
J'estime qu'il en veut descoudre
Plutost en guerre qu'en amour.

Un jeune Aigle[2] qui depuis peu
Hors de l'aire a fait sa sortie,
Après luy porte une partie
De ces horribles traits de feu;
Rien que carnage il ne respire,
Qui le choque a tousjours du pire;
Et, sifflant d'un courroux amer,
Il vaincroit l'aigle de l'empire
S'il se hazardoit sur la mer.

Un Griffon[3] moins amy de l'or
Que de l'honneur qui nous anime
Contre l'Espagnol s'envenime
Et sur luy veut prendre l'essor;
De ses ailes il fend les nues,
Et couppant les vagues chenues,
Bien garny d'ongles et de bec,
Par des bravades continues
Il tient tout le monde en eschec.

Outre ces illustres voleurs,
De nobles animaux de terre,
Sillonnans l'onde en cette guerre
Morguent avec nous les malheurs.
Au premier rang, une Licorne[4],

---

1. Lede pour Leda. — Ailleurs, mais pour la rime, qu'il fait toujours pour les yeux comme pour l'oreille, Saint-Amant dit *calis* pour *califs*. D'autres noms sont encore travestis à la française : *Tirésie, Orque,* pour *Orcus, Tirésias.*
2. *Aigle*, vaisseau. (S.-A.)
3. *Griffon*, vaisseau. (S.-A.)
4. *Licorne*, vaisseau. (S.-A.)

Dont la valeur n'a point de borne,
Va d'un air belliqueux et pront,
Et rend le dieu du Tage morne
De la peur qu'il a de son front.

Un vieux Lion [1], la secondant
Avec un fier excès de joye,
Devers la vagabonde proye
Se tourne et s'eslance en grondant;
Tous les monstres que la mer porte
L'entendans rugir de la sorte
Ne sçavent où tirer pays [2];
La terre en est à demy morte,
Et les cieux en sont esbays.

Un symbole de pureté
Qui se trousse de peur des crottes,
Et par qui mesme aux caillebottes
Le lustre neigeux est osté;
Une gentille et franche Hermine [3],
Qu'une juste fureur domine,
Y fourre son cazaquin blanc,
Et si le poil s'en contamine
Ce ne sera qu'avec du sang.

Une Levrette [4] en qui sont joins
Le cœur, la vistesse et la force,
Soit faisant pouge [5] ou faisant orse [6],

1. *Lion*, vaisseau. (S.-A.)
2. Gagner du terrain, fuir.
3. *Hermine*, vaisseau. (S.-A.)
4. *Levrette*, vaisseau. (S.-A.)
5. *Pouge*, terme de mer usité au Levant qui signifie quasi aller vent derrière. (S.-A.)
6. *Orse*, autre terme de mer qui signifie *singler prez du vent*. (S.-A.)

A l'imiter met tous ses soins ;
Nul fuyard d'elle ne s'eschappe,
Elle se herisse, elle jappe,
Elle roulle des yeux ardents,
Et montre à tout ce qu'elle attrappe
Combien vaut l'aulne de ses dents.

La Nimphe [1], aprise à naviguer
Depuis le jour qu'elle eut pour barque
Le dos feint du lascif monarque
Qu'Amour fit mugir et voguer,
Mettant le courage en besongne,
S'esmeut, s'aigrit et se renfrongne
Comme au choc fait l'horrible seur,
Et pour nous hardiment empoigne
Les armes de son ravisseur.

Celle qui [2] dispose à son gré
De toutes les grandeurs mondaines,
Et dont les actions soudaines
Confondent merite et degré,
L'aveugle qui sur une roue
Du destin des mortels se joue
Ainsi que le vent du festu,
Nous suit, et fait que l'on advoue
Qu'elle ayme aujourd'huy la vertu.

Le doux reconfort des espris
En quelque ennuy qui les oppresse,
L'Esperance [3], avec allegresse
Flatte nos travaux entrepris ;

---

1. La nimphe, etc. : c'estoit *l'Europe*, vaisseau du vice-admiral. (S.-A.)

2. *Celle qui*, etc. : c'estoit *la Fortune*, vaisseau du contre-admiral. (S.-A.)

3. *L'Espérance*, vaisseau. (S.-A.)

Elle ne chante que victoire,
Et d'un ton cher à la memoire
Promet que nos hunes[1] seront
Autant de couronnes de gloire
Dont nos navires s'orneront.

Mais, ô quel esclat radieux
Me fait bressiller les paupieres !
Ycy[2] quatre saintes rapieres
Trouvent leurs fourreaux odieux,
Des mains d'amazones celestes
Pour leurs noms animant leurs gestes,
S'en arment en faveur des lis,
Et les veulent rendre funestes
A la puissance de Calis[3].

L'auguste roy[4] qui triomfa
De Damiette et de soy-mesme,
Et que d'un brillant diadesme
Là-haut sa piété coiffa ;
Le bon fils de la reyne Blanche,
Ayant pour nous à chaque hanche
Un divin champion[5] ailé,
Brandit un long fresne en revanche
Du bois d'Honorat[6] desolé.

1. *Hunes*, espèces de cages faites en cercles qui sont au haut des masts et servent à amener les voiles. (S.-A.)
2. *Ycy*, etc. : c'estoit pour des vaisseaux qui portoient les noms de quelques saintes, comme *Sainte-Marie*, *Sainte-Marthe*, etc. (S.-A.)
3. Cadix.
4. *L'auguste roy*, etc. : c'estoit *le Saint-Louys*, vaisseau de l'admiral. (S.-A.)
5. *Un divin champion*, etc. : c'estoit *l'Ange*, vaisseau. (S.-A.)
6. C'estoit pour ce beau bois de chesnes verts que les Espagnols couperent quand ils prirent l'isle de S.-Honorat. (S.-A.)

Le grand patron[1] des moines preux[2]
De qui l'ordre fleurit sur l'onde
Nous escorte en ce bout du monde
Avec des plus braves d'entr'eux.
Ces redoutez galands d'auberge
Font d'un esquif une ramberge[3],
Pour deffendre et pour assaillir ;
Tout leur fait joug, et leur flamberge
Ne sçait que c'est que de faillir.

Ce Marrane[4] au teint de pruneau,
Ce fanfaron de Ferrandine,
Qui pare son affreuse mine
D'un grand et vilain chinfreneau[5],
Aura beau tordre ses bigottes[6],
Beau renasquer à hautes nottes
Et faire le diable insensé,
Je veux bien y laisser les bottes
Si le hidalgue[7] n'est rossé.

Qu'il y vienne un peu, le mauvais,
Avec ses cinquante galeres !
Nous en craignons moins les coleres
Que d'un ventre soul de navets.
En cet endroit ma fantaisie,
D'une brusque verve saisie,

---

1. *Le grand patron*, etc. : c'estoit *le S.-Jean*, vaisseau. (S.-A.)
2. *Moines preux*, chevaliers de Malte. (S.-A.)
3. Petit vaisseau propre à faire des découvertes. (Furetière.)
4. *Ce Marrane*, etc., le duc de Ferrandine, general des galères d'Espagne. (S.-A.)
5. Blessure à la tête, cicatrice.
6. *Bigottes*, moustaches. (S.-A.)
7. *Hidalgue*, cavalier. (S.-A.)

Ne sçauroit plus se retenir,
Et comme un bon gros Tiresie
Je vay donner dans l'advenir.

Mais d'où diantre peut desriver
Cette humeur chaude et profetique
Qui dans mon timbre lunatique
Vient tout à coup de s'eslever?
Je n'ay point de laurier[1] en gueule :
Ma dent, en guise d'une meule,
Icy n'en a point ecaché[2].
Ha! c'est donc de la vertu seule
Du fin tabac que j'ay masché.

Il me semble que j'entrevoy,
Dans la nuit des choses futures,
Un fou tenter des avantures
A se faire mocquer de soy.
L'Espagnol sur mainte rambade[3]
Nous voudra donner une aubade
A la barbe du beau Menton[4] ;
Mais luy-mesme y fera gambade,
Rudement payé ton pour ton.

A peine, ô honte! aura-t'il veu
Le fer bruyant en forme ronde
Faire des ricochets sur l'onde,

---

1. Le laurier étoit consacré à Apollon, et par conséquent aux poètes et aux devins. — Les poètes ont été souvent appelés *mâche-laurier*.

2. Broyer, écraser.

3. *Rambade*, le lieu de la galere où se mettent les soldats pour combatre. (S.-A.)

4. *Menton*, chasteau de plaisance sur le bord de la mer. (S.-A.) — La ville la plus importante de la principauté de Monaco après la capitale.

Qu'il sera de cœur despourveu :
Au premier rot d'artillerie,
Le chaud desir de brouillerie
Dans la crainte il r'engaisnera,
Et d'une lasche raillerie
Le derriere il nous tournera.

Le Gennois et le Florentin,
Amis de ceux qui le presentent,
Et qui par ce moyen s'exemtent
Des horions d'un bras mutin,
Faisans passe-vogue[1] à ses ailes
Fuiront comme des tourterelles
Devant des milans affamez,
Et renonceront aux querelles
Qui pour luy les auront armez.

Les dieux du liquide element,
Conviez chez un de leur trouppe,
Sur le point de fripper la souppe,
Seront saisis d'estonnement :
Un boulet de nostre tonnerre,
Tombant sur leur table de verre
Avec un fracas nompareil,
Fera soudain voler à terre
Tout leur magnifique appareil.

Là maint friand manger dressé
Dans mainte ecaille de tortue,
Suivant la saliere abbatue,
Sera plaisamment renversé ;
Là (si mes vitres[2] ne sont fausses)
Ce coup heurtant parmy les sausses

1. *Faisans passe-vogue*, terme de galere qui signifie *ramans de toute leur force*. (S.—A.)
2. Mes lunettes, mes yeux ; si j'y vois clair.

Une baleine au court-bouillon,
Neptune en aura sur les chausses
Et Thetis sur le cotillon.

Plantons-les là pour reverdir,
Et que ma Clion ne desdaigne
De parler un peu de Sardaigne,
Où nos gens yront s'esbaudir.
Des-jà je la voy ravagée ;
Jà des-jà, la trongne changée
Pour le dur sac de l'Orifran [1],
Elle beugle en vache enragée
Qui mouche [2] et fremit sous un tan.

Ses blez, ses vins et ses troupeaux
Nous passeront entre les lippes ;
On raflera toutes ses nippes,
Ses bombardes et ses drapeaux ;
Et, sans une horreur pestilente
Qui de cette place opulente
Nous deffendra le long sejour,
Jamais la Castille insolente
Ny feroit battre le tambour.

Mais elle le fait battre encor
Au nez de Cannes [3], qui rechigne,
Et le Renom, d'un air indigne,
Par tout le prosne avec son cor ;
Sainte-Marguerite envahie,

1. *L'Orifran*, seconde ville de Sardaigne. (S.-A.)
2. Souffler. — Ni Furetière ni Richelet n'indiquent ce sens. Cotgrave traduit moucher par : *to blow*, qui signifie également moucher dans le sens moderne et souffler.
3. *Cannes*, petite ville de Provence située sur le bord de la mer, vis-à-vis des isles de Sainte-Marguerite et de Saint-Honorat. (S.-A.)

Sous cette nation haïe
Jette maint cry sourt et dolent,
Et la pauvrette est esbaïe
De voir nostre secours si lent.

   Son cher amy Saint Honorat,
Triste et confus en fait de mesme,
Et sa joue en ce dueil extresme
Change en pâleur son nacarat ;
Il souspire, il pleure la perte
De sa haute couronne verte [1]
Que le noir autan reveroit,
Et que l'œil du bleu Melicerte
Depuis cent lustres admiroit.

   O saint honneur des flots marins !
O belles isles soliteres,
Où vescut sous des loix austeres
L'Anachorete [2] de Lerins !
Encore un peu de patience ;
Certes, nous faisons conscience
De vous laisser patir ainsi,
Et des-jà par la prescience
Je vous voy franches de soucy.

   Je voy desjà dessus vos bords,
Trempez de vagues espandues,
Des meschans qui vous ont tondues
Nostre foudre razer les forts ;
Et bien qu'une horrible tempeste,

---

1. *Couronne verte,* pour ce bois couppé par les Espagnols dont j'ay parlé cy-devant. (S.-A.)

2. *L'anachorete,* etc. : S. Honorat, et depuis S. Vincent, tous deux nommez de Lerins, du nom de l'isle, dans l'histoire de Provence. (S.-A.)

S'eslevant icy dans ma teste,
Rompe nostre premier assaut,
Au second chocq où l'on s'appreste
Les Veillacques[1] feront le saut.

En cet orage furieux,
Il semble desjà que Neptune
Tasche d'exciter la fortune
Contre un dessein si glorieux;
Ou que, pour faire au ciel la guerre,
Les Tritons, faschez du tonnerre,
Entassans monts sur monts flotans,
Vueillent qu'aussi bien que la terre
La mer fasse voir des Titans.

Ha! le coup de vent est passé;
Je voy desjà les ondes calmes,
Et nous allons cueillir les palmes
Du hardy projet commencé :
Desjà Henry, ce brave prince,
Contre Miguel[2], qui les dents grince,
Fait voguer la mort et l'effroy;
Et jamais la sainte province
Ne vit mieux faire à Godefroy.

Il vaincroit un autre Ilion :
C'est un Roland, c'est un Hercule ;
L'Espagnol devant luy recule
Comme un chien devant un lion.
Au seul aspect de sa chaloupe
Qui le sel liquide entre-couppe,

1. *Veillacques*, Espagnols. (S.–A.)
2. *Don Miguel Perez*, gouverneur de l'isle Sainte-Marguerite pour le roy d'Espagne. (S.–A.)
3. La Terre-Sainte, conquise par Godefroy de Bouillon, un des ancêtres du comte d'Harcourt.

Je voy trébucher le Fortin[1],
Et sur une petite crouppe
Transir Monterey[2] le mutin.

O! comme en ce chocq perilleux
On fera peter le salpestre!
Qu'en l'Orque on envoyra bien pestre
Ces matamores orgueilleux,
En l'espouventable descente
Qui nous trace au ciel une sente!
Ils auront beau se rebiffer,
Il faudra que leur œil consente
A voir nostre bras triomfer.

Là, le rebec je quitteray
Pour mettre la main à la serpe;
Là, laissant pour Bellonne Euterpe,
Les plus mauvais je frotteray;
Puis aprez, comme un sire Orfée,
Ayant la cervelle eschauffée
Du fumet si doux à Bacchus,
Je celebreray le trofée
Basty des armes des vaincus.

Mais c'est assez pronostiqué,
L'advenir à moy se referme;
Le dieu me quitte et pose un terme
Au discours sous luy fabriqué.
Revenons à nostre passage,
Et qu'on m'estime ou fol ou sage,
Timpanisons-le d'un mesme air,
Suivant Doris au gent corsage,
De l'une jusqu'en l'autre mer.

1. *Fortin*, petit fort fait par les Espagnols sur la pointe de l'isle Sainte-Marguerite. (S.-A.)
2. *Monterey*, autre fort en ladite isle. (S.-A.)

Son bras, d'un mouvement adroit,
Fend devant nous l'onde azurine :
C'est la Calioppe marine
Que j'ay choisie en cet endroit.
Ses sœurs, ces aymables pucelles,
Sortant de l'eau jusqu'aux aisselles,
Chantent nostre futur bonheur,
Et font à nos moindres nacelles
Quelque caresse ou quelque honneur.

L'une, avecques ses beaux yeux vers,
Sousrit, se hausse et me regarde ;
L'autre, ensemble douce et hagarde,
Plonge ses tresors descouvers ;
L'autre, d'une brillante gloire,
Fait flotter sur le mol yvoire
L'or de son poil delicieux ;
Et l'autre, de sa tresse noire,
Couronne son chef gracieux.

Les Tritons, aussi mal taillez,
Qu'elles sont cointes [1] et jolies,
De mille agreables folies
Chatouillent mes sens esveillez ;
Là, l'un, qui de souffler se tue,
Embouche une conque tortue
Au lieu d'un cornet à bouquin,
Tandis que l'autre s'esvertue
A faire icy le Harlequin.

Ils nagent, ils dancent autour
Des belles filles de Nerée ;
A voir leur façon alterée,

---

1. Vieux mot depuis long-temps hors d'usage à l'époque de Saint-Amant. — *Coint, cointe, comptus*, bien ajusté, bien orné.

Je pense qu'ils bruslent d'amour :
Le demon de la convoitise
Au fond de leur poitrine attise
Un feu qui vit mesme dans l'eau ;
Mais, de peur de quelque sottise,
Disons icy : Muse, tout beau !

O quel vain orgueil nous voyons !
Ces deux caps [1] qui les cieux esborgnent
Sans se remuer s'entre-lorgnent
Ainsi que deux beliers coyons.
Vrayment, leur lascheté me pique ;
Europe, va choquer l'Afrique,
Ou tire tes guestres plus loing :
C'est trop s'entre-faire la nique
Sans en venir aux coups de poing.

Mais que nous voicy bien deceus !
Les vaisseaux de ces bords paisibles,
Se sont de peur faits invisibles
Si tost qu'ils nous ont apperceus :
L'espoir de cassades [2] nous paye ;
Une vive et flottante haye
Nous devoit deffendre le pas,
Et cependant en cette baye
L'ennemy ne se montre pas.

Je croy qu'aujourd'huy sur les eaux
Les nefs de Castille, alarmées,
Par grace ont esté transformées
En autant de vistes oyseaux ;
Je croy qu'en leur forest natale,

---

1. *Caps*, pointes de terre qui s'avancent dans la mer, autrement dits *promontoires*. (S.-A.)
2. Bourde, défaite, mystification. — Voy. l'origine de ce mot dans Furetière.

Craignans leur ruine totale,
Elles se sont allé cacher,
Et que nostre valeur fatale
Les y fera long-temps jucher.

Ainsi, mais d'un autre moyen,
La bonne femme Berecinte,
Par une favorable quinte,
Sauva les barques du Troyen.
Il les vit proche des arenes
S'esbatre en forme de Sirenes
Et sur le flanc, et sur le dos,
Où, peu devant, de leurs carenes,
Elles avoient trenché les flos.

Nous voicy tantost arrivez
Vis-à-vis de Calpe et d'Abile,
Dont la bouche en contes habile
Vante les faistes eslevez.
Voilà l'une et l'autre colonne;
Icy regne une gent felonne
D'Alarbes traistres et brigans,
Et là vit celle que Bellonne
Enfle de complots arrogans.

Il faut, il faut les mettre à sac
Ces deux bicoques adversaires;
Allons, en diables de corsaires,
Reduire leur faste au bissac;
Donnons dessus leur fripperie
D'une tonnante batterie,
O braves et hardis nochers!
Et faisons voir avec furie
Des vaisseaux donter des rochers.

Non, gardons pour un digne effort
Nostre ardeur vaillante et fidelle :

Le jeu ne vaut pas la chandelle,
Et rien ne paroist sur le port ;
Ce trou, ce poulier maritime
Est une trop basse victime
Pour la mousche qui nous espoint,
Et puis je ne fay nulle estime
Des villes qui ne fument point.

Qu'y ferions-nous, mon cher Faret ?
Nous n'y trouverions rien à frire ;
Et c'est bien là qu'on pourroit dire :
Et pas un pauvre cabaret[1] !
Jamais broche n'y connut atre :
Le monstre etique au front de platre
En exclut tous les banqueteurs ;
Bref, ce lieu n'est pas un theatre
Convenable à nos fiers acteurs.

Icy ma verve cessera :
Fendons la Mediterranée ;
Je voy bien que cette journée
En desbauche se passera.
Nous n'y combatrons que du verre
O l'agreable et douce guerre !
Qu'elle rend les cœurs esjouys !
Adieu le fort, adieu la terre,
Et vive le grand roy Louys !

1. On se rappelle les imprécations de Saint-Amant contre la ville d'Evreux :

> On y voit plus de trente eglises,
> Et pas un pauvre cabaret.

Nous citerons une exception bien rare en notre temps. A Préfailles, en Bretagne, on chercheroit en vain une auberge hors de la saison des bains de mer.

SONNET.

aint-Honorat et Sainte-Marguerite,
N'est-il pas temps que ces fascheux voisins,
A demy juifs, à demy Sarrasins,
Quittent vos bords et gagnent la guerite ?

Nous sçavons trop ce que leur foy merite
Pour vous placer entre leurs grands cousins ;
Razez leurs forts, bruslez leurs magasins :
De leur orgueil tout le monde s'irrite.

Vostre beau bois [1] qui montoit jusqu'aux cieux,
Jadis si frais, si delectable aux yeux,
La cime à bas semble crier vengeance ;

Et vos autels, à la guerre employez,
Vous blasmeront de quelque intelligence,
Si de là-haut vous ne les foudroyez.

[1]. Sur ce beau bois, dont je ne me puis tenir de parler, et que j'avois veu quelques années auparavant, que j'y passay en allant à Rome sur les galeres avec feu monsieur le mareschal de Crequy. (S.-A.)

DIZAIN.

u'un lasche et maudit flagorneur,
Desployant sa langue traistresse,
Pour ruiner tout mon bon-heur,
Me brouille avecques ma maistresse,
Je ne veux point en un gibet
Le voir, aprez maint quolibet,
Attacher comme une poulie :
Pour un plus rude chastiment,
Une couchée en Italie
Je luy souhaitte seulement.

LA PETARRADE AUX RONDEAUX.

CAPRICE.

Double homonime, et vous, fine equivoque[1],
A jointes mains ma Clion vous invoque
Pour fagotter quelque gentil rondeau
Qui desarçonne et Victor et Brodeau[2].
Auprès de vous les plus hautes pensées
Sont aujourd'huy dans l'estime abbaissées;

---

1. *Homonime*, dit Furetière, c'est la même chose que *équivoque*.

Nos anciens poètes avoient de nombreuses espèces de rimes. Pour P. Delaudun d'Aigaliers, « la première, plus excellente et moins usitée, pour estre la plus difficile, est l'*équivoque*, qui est lorsqu'un mot de deux, trois ou quatre syllabes, rime et simbolise à la fin d'un vers avec un autre vers, lorsqu'il y a plusieurs dictions, ce qui se montre et apprend facilement, par exemple, comme en mon livre des *Meslanges* il y a une epistre à damoiselle Claire Delaudun, ma tante :

> Pour declarer mon vouloir, ô ma tante !
> Et sur quel point j'ay ors mis mon attente,
> Et que sçachiez seurement et de seur
> Ce qui me cause une extresme douceur....

M. Quicherat, dans son savant *Traité de versification française*, appelle « rime *équivoque* ou *équivoquée* une rime dans laquelle la dernière ou les dernières syllabes d'un vers sont re-

Les plus beaux sens, les termes les plus forts,
Tous eshanchez, rampent à demy morts,
Et le caprice avecques sa peinture,
Qui fait bouquer [3] et l'Art et la Nature,
Ce fou divin, riche en inventions,
Bizarre en mots, vif des descriptions,
Ce rare autheur des nobles balivernes,
Quoy qu'inspiré du demon des tavernes,
N'ose parestre et n'a plus de credit
Depuis qu'en cour vostre honneur reverdit.

prises à la fin du vers suivant dans un sens différent, souvent avec une orthographe tout autre. » — Crétin s'est distingué dans ce genre de rime, lui dont Marot a dit :

>   Le bon Crétin au vers équivoqué.

Voici, du *bon Crétin*, quelques vers pour exemple :

>   Grands et petits, sautereaux, sauterelles,
>   Ont de plaisir et liesse abondance :
>   On chante, on rit ; qui le corps a bon danse ;
>   Et, pour montrer qu'il ne leur chaille mie
>   Des maux passés, l'un prend sa chalemie (*chalumeau*),
>   L'autre un tabour, l'autre une cornemuse ;
>   Celuy n'y a qui en son cor ne muse.

On connoît en ce genre les vers de Marot : en rime — m'enrime ; rimailleurs — rime ailleurs ; rimassez — rime assez ; ma rimaille — marri, maille, etc.

2. Victor et Brodeau, c'est tout un. — Victor Brodeau étoit de Tours. On a de lui un poème intitulé *les Louanges de J.-C.*, Lyon, in-8, Sulpice Sabon et Ant. Constantin, 1540. Le début n'a rien d'équivoqué :

>   Verbe eternel dès le commencement,
>   Mis en secret dedans le pensement
>   Du Dieu puissant....

3. Se dit des choses qu'on est contraint de faire par la violence. (Furetière.)

Voyez un peu comme icy tout se change !
Comme du blasme on passe à la louange !
Je vous croyois infames autrefois,
Et maintenant je vous donne ma vois ;
J'eusse juré qu'au front des seuls theatres
Les francs badauts, des farces idolastres,
Les sots laquais et les vils crocheteurs,
Se montreroient vos seuls admirateurs ;
Et cependant, forcé de m'en desdire,
Tout le premier j'en estouffe de rire ;
Je vous cheris, je vous approuve en vers,
Et hors d'Envers j'en veux faire à l'envers.
  Hymnes sacrez, piteuses elegies,
Stances d'amour, joviales orgies,
Odes sans pair, doux et graves sonnets,
Vous n'estes plus que chants à sansonnets :
Un seul rondeau vaut un poëme epique [1] ;
Un seul rondeau vous fait à tous la nique,
Et l'epigrame, à sa comparaison,
N'est qu'un labeur sans rime et sans raison.
  Ha ! je voy bien qu'en ce siecle malade
Pour plaire au goust il faut que la balade [2],

---

1. Ce vers est l'original ironique du vers trop sérieux de Boileau :

    Un sonnet sans défauts vaut seul un long poème.

2. A la suite du rondeau, ramené par Voiture, sont venus en effet la ballade, le chant royal et le triolet ; mais Voiture ne vit pas la vogue du triolet, qui ne reparut qu'à la fin de 1648, année de sa mort, et qui fourmille dans les *Sottisiers*, surtout en 1649 et depuis cette époque. Boileau croit à tort avoir vu des triolets dans Marot :

    Marot bientôt après fit fleurir les ballades,
      Tourna des triolets....

Sarasin, dans sa *Pompe funèbre de Voiture*, montre le Triolet

Le chant royal et le gay triolet,
R'entrent en vogue et prosnent leur rolet.
Je connois bien qu'il faut que l'anagrame,
Et l'acrostiche[1], et l'echo qu'on reclame,

suivant le convoi tout en larmes; mais on chercheroit en vain des triolets dans les œuvres de ces deux poètes. — Le plus ancien exemple de triolet que nous connaissions se trouve dans le roman de *Cléomadès*, par Adenès Le Roy. Clarmondine, dans un instant où Cléomadès la laissoit seule sous un frais ombrage,

> Une chançonnete chanta
> Tele que je vous diray jà.

Et cette chansonnette est un véritable triolet :

> Diex! trop demeure mes amis,
>   Tart m'est que le revoie,
> Li biaus, li courtois, li jolis;
> Diex! trop demeure mes amis!
> Puis qu'en luy sont tous biens assis,
>   Pourquoi ne l'ameroie?
> Diex! trop demeure mes amis :
>   Tart m'est que le revoie.

Saint-Amant n'est pas le seul qui ait remarqué cette vogue extraordinaire des anciens genres qu'on renouveloit. Dans sa *Nouvelle allégorique, ou histoire des troubles arrivez au royaume Eloquence*, Furetière, parlant de la reine Eloquence, dit :

« Au milieu de ses troupes eclatoit la Reine avec toute sa douceur et sa majesté, environnée d'un petit corps d'archers ou chevau-legers de sa garde, commandez par des officiers de nouvelle creation et qui servoient par quartier. Les uns se nommoient *Ballades*, les autres *Enigmes*, les autres *Triolets*, tous pourveus à la nomination d'une dame appelée *la Mode*, qui avoit depuis peu obtenu beaucoup de credit auprès de la reine. »

1. On se rappelle, dans *le Poète crotté*, ces deux vers :

> J'ay veu qu'un sonnet acrostiche,
> Anagrammé par l'emistiche....

Un exemple curieux d'anagramme se trouve au-dessous du

Et qui respond si bien au bout du vers,
Soient ramenez aux yeux de l'univers;

portrait de Louis XIII gravé en 1621 par Léon. Gaultier. Nous ne croyons pas qu'ils aient été imprimés ailleurs :

Anagrammes pronostiques de gloire et de felicité à l'heureux regne du très-chrestien roy de France et de Navarre Louis 13ᵉ, tirés en forme de discours du sacré nom de Sa Majesté, sans addition, diminution ou mutation aucune des lettres :

LOUIS TREISIESME, ROI DE FRANCE ET DE NAVARRE.

O très-saint, nai à reformer le service de Dieu !
Ce dessein illustre de roi te va faire renomer;
Ce rare soin fera reluire ton juste diadesme ;
Le roi des cieux remunerera ta foi si ardente,
Ta foi divinisée otera d'erreur les mecreans.
La doctrine de vie en tes jours sera rafermie :
Desja on t'admire à te voir refrener les vices.
Deifié en mile vertus sacrées on t'ira adorer.
En divers efets la misericorde ornera ta vie :
Ta vie se va rendre en effet le miroir des rois.
O rare ! le sacré nom de juste te fera diviniser !
Rare et divin, redoneras les ofices au merite :
Tu seras idoine à rendre la justice reformée,
Astrée, ton aimé desir, s'offre à revenir du ciel ;
Mars, dieu si redouté, en terre a fini sa colere.
Je vois desja un rare acord entre fils et mere ;
Ton roiaume sera si fidele à te rendre service !
Tu feras Anne mere, et des lors joie ici durera.
Vrai cœur de lion, si ardent et fier ès armées,
Va ès terres idumées i donner et i ancrer la foi ;
Revere la crois et Dieu afermira ton dessein ;
Ce mistere i refleurira en deues adorations.
Ton armée, sire, efroiera le Turc desja desuni.
Aie ton ferme recours en Dieu, il t'i addressera.
Dieu t'a reservé à redifier le sacré mont Sion.
Sion t'admirera en rares œuvres de felicité.
Le cretien te semond a l'i favoriser d'arrivée
La mer aise s'ofrira de l'i conduire en seureté.
Le fameux Jordan se sentira recreé de t'i voir ;
L'Eufrate, Sire, recevra ton domaine si desiré ;
Enfin tu seras crié et adoré roi de Jerusalem,
Et vas fere en Orient des miracles de vrai roi.

Qu'en suitte d'eux il convient que l'epistre,
Le lay pleurard, le virelay belistre [1],
L'enigme [2] goffe [3] et l'embleme pedant,
Sur nostre esprit reprennent ascendant;
Qu'il faut enfin que le diantre on revoye,
Que le rebus ses deux LL desploye [4],
Et qu'à son flanc le cocq-à-l'asne [5] aussi
Ergottant tout vole et rechante icy.

Çà, faisons mieux, barbotons les paroles
Que la magie enseigne en ses escoles;
Traçons un cerne et prononçons tout bas:
Morric, morruc, tarrabin, tarrabas;
Qu'à ces grands mots, horreur des cimetieres,
Sortent en chats grondans par les goutieres

---

1. On trouve peu de lais et de virelais parmi les modernes. Dans nos anciens poètes même, « l'usage est si rare de ces deux sortes de poemes, qu'il y a fort peu de personnes qui le cognoissent », dit P. Delaudun d'Aigaliers (*Art poét.*, 2, 15); et, après avoir ajouté : « (Je) ne trouve pas qu'aucun des bons poetes s'y soit amusé », il cite un virelay de lui-même et un lay d'Alain Chartier.

2. On a de l'abbé Cotin un *Recueil des énigmes de ce temps*, Paris, Loyson, 1661, 3 parties, in-12. — On voit par là la vogue du genre : Boileau lui-même y a sacrifié.

3. *Goffe*, mal fait, mal bâti. — De l'italien *goffo*.

4. Ici l'exemple suit de près le précepte.

5. « Le cocq-à-l'asne, dit d'Aigaliers, est un poeme qui est fort different en propos, comme son nom le porte ; car, ainsi comme il y a une grande difference d'un coq à un asne, aussi y a-il grande difference de parler d'un prince et d'un ours, et ainsi d'autres. Le sujet du coq-à-l'asne est la reprehension des vices des hommes. Les coq-à-l'asne des Latins sont les satyres comme de Horace, Juvenal, Perse... On le fait de toutes sortes de vers. » — D'Aigaliers écrivoit ce passage en 1597. Vingt ans plus tard, il auroit eu un François, Regnier, à ajouter aux satiriques latins.

Sous la faveur du bon maistre Astarot,
Chartier[1], Cretin[2], Saint-Gelais et Marot[3];
Que Des-Accords[4], en de mesmes fourrures,
Rapporte au jour ses plattes Bigarrures,
Avec Fauchet[5], en vain laborieux,

1. Alain Chartier, poëte du XVe siècle, fut secrétaire de Charles VII. Ses œuvres en prose et en vers forment un vol. imprimé en 1529 à Paris, in-8, chez Galiot-Dupré. On connoît l'histoire du baiser que lui donna sur la bouche, pendant son sommeil, Marguerite d'Ecosse, femme du Dauphin, depuis Louis XI. « Madame, lui dit-on, cela est trouvé estrange que vous avez baisé homme si laid. » Elle répondit : « Je n'ay pas baisé l'homme, mais la bouche de laquelle sont yssus tant d'excellens propos, matieres graves et parolles elegantes. » *Bibl. de Du Verdier.* — Cf. Brantôme et G. Corrozet.

2. G. Cretin vivoit vers l'an 1500. Il étoit chantre de la Sainte-Chapelle de Paris et trésorier du bois de Vincennes. Il fut, dit Du Verdier, « le meilleur poete françois qui ait esté devant luy (j'entens en cest ancien genre d'escrire), a composé plusieurs opuscules en rime assez fluide, et qui ne cede gueres à celle de Marot, lequel lui baille le titre de souverain poete françois. » *Bibl. de Du Verdier.*

3. Saint-Gelais (Octavien ou Mellin) et Marot sont connus (XVIe siècle).

4. Etienne Tabourot, avocat au parlement de Dijon, fit paroître à Paris, in-16, 1583, ses *Bigarrures*, sous le nom du seigneur des Accords. Les 22 chapitres de cet ouvrage traitent, entre autres, des rébus de Picardie, des équivoques, des anagrammes, des paronœmes ou vers lettrisés, etc.

5. Claude Fauchet, président en la Cour des monnoies à Paris, a laissé un *Recueil d'antiquités gauloises et françoises*, Paris, in-4, 1579, où se trouve un précieux *Recueil de l'origine de la langue et poésie françoises, ryme et romans; plus les noms et sommaires des œuvres de CXXVII poètes françois vivant avant l'an MCCC.* On lui doit aussi une traduction de Tacite (moins les 4 premiers livres, qui ont été traduits par Est. de la Planche), Paris, L'Angelier, 1582.

Et l'advocat sottement curieux[1] :
Mille secrets nous en pourrons apprendre ;
Ils nous diront comment il s'y faut prendre
Pour fagotter quelque gentil rondeau,
Qui desarçonne et Victor et Brodeau.
Mais sans besoin ce charme je propose,
Puisque, la grace à la metempsicose,
On les voit tous ayant la plume en main :
Gilles, Le Blanc, Du-Lot[2] et Vieux-Germain[3].

L'AVANT-SATIRE.

CAPRICE.

Apollon, qu'est-ce cy ? qu'a-t'on fait à Pegaze ?
Au diantre l'animal ! Luy qui, plus doux qu'un [aze[4],
Se laissoit autrefois librement affourcher,
Qui d'aise hennissoit me sentant approcher,
Comme un de ses parens alors qu'il sent l'avoine,
Ou comme auprez d'Alis hennit un maistre Antoine,
Ronfle, bat le pavé, ne me peut plus souffrir,

---

1. L'*advocat curieux* paroît désigner Est. Pasquier, avocat du roi, l'auteur des *Recherches de la France*.

2. Ce *poète royal et archiépiscopal*, comme il s'appeloit, a mis en vogue les bouts-rimés. Il étoit fou. Sarasin a écrit un charmant poëme : *Dulot vaincu, ou la Défaite des bouts-rimés*. — Dans *l'Avant-Satyre*, Saint-Amant a forgé le verbe *dulotizer*.

3. C'est évidemment Neuf-Germain, le *poète hétéroclite de Monseigneur frère unique du roi*. — Il a été célébré par Voiture, qui a imité ses vers, dont les rimes étoient formées par les syllabes du nom des personnes qu'il chantoit. Voy. aussi Tallemant des Réaux. — Son portrait, in-4 et en pied, a été gravé par Brebiette. (Tallemant des Réaux, IV, 113.)

4. Un âne.

Et si tost qu'à l'estrier mon pied je veux offrir,
Il tremousse, il regimbe, il se cabre, il tempeste,
Il me tourne la croupe, il fait enfin la beste,
Et je voy, non sans peur, de mes yeux estonnez,
Que de mainte ruade il me frize le nez.
Il faut bien, ô Phebus! que durant mon absence,
Depuis cinq ou six mois, d'une injuste licence,
Quelque rimeur de bale[1], impertinent et vain,
Quelque enigmatiseur, quelque sot escrivain,
Ait osé le monter, ou qu'en le menant boire
Dans le sacré ruisseau des Filles de memoire,
Quelque anagramatiste, en guise de valet,
L'ait rendu par ses mains plus quinteux qu'un mulet!
  Si tu l'avois permis, beau sire, je te jure
Qu'aux coursiers de ton char je ferois quelqu'injure,
Et qu'en les descrivant je les despeindrois tels,
Qu'au lieu d'avoir le nom de chevaux immortels
Qui sur un champ d'azur, faisant leur course ronde,
Promenent l'or qui brille aux yeux de tout le monde,
Il n'est point de mazette entre Paris et Can[2],
De pietre haridelle, opprobre d'un encan,
De traisneur de fumier, de fange et de gadoue,
Qui ne les incagast, qui ne leur fist la moue,
Et ne crust icy-bas leur pouvoir disputer
La gloire que là-haut ils veulent emporter.
Mais je me plains à tort, mon soupçon est un crime:
Tu ne l'as point souffert, grand autheur de la rime!

---

  1. Le *rimeur de balle*, c'est le rimeur de pacotille. Cette locution est très usitée au XVIIe siècle. Scarron, dans une fort belle pièce, sérieuse et digne, intitulée *Cent quatre vers contre ceux qui font passer leurs libelles diffamatoires sous le nom d'autruy*, l'a employée, ainsi que Molière dans *les Femmes savantes* :

    Allez, rimeur de balle, opprobre du métier!

  2. Caen.

Ces petits messieurs-là ne grimpent point icy,
Ils ne sont point piquez d'un si noble soucy,
Et quand ils le voudroient, en leur folie extresme,
Plustost ce double mont, s'arrachant de soy-mesme,
Trebucheroit sur eux, et, tombé plat et net,
Feroit à leur caboche un horrible bonnet.
D'où luy peut donc venir cet estrange caprice?
Ha! je le reconnoy, c'est manque d'exercice :
Il ne fend plus de l'air le vague precieux,
Et le trop de sejour l'a rendu vicieux;
Ou bien, fasché de voir que ma verve sacrée
Ne se sert plus de luy quand elle se recrée,
Que je quitte Helicon pour Horeb et Sina,
Où la loy formidable aux Hebreux se donna;
Que pour la verité je laisse le mensonge,
Il me veut tesmoigner le despit qui le ronge,
Et me faire connestre en son fremissement
Les bizarres transports d'un vif ressentiment.

 Tout beau, Genet[1], tout beau, r'enguaine ta furie;
Si je t'ay negligé, si de la raillerie
J'ay depuis quelque temps mis en oubly les jeux,
Pour me sentir le chef pesant, froid et neigeux,
Je t'en requiers pardon, et la marote en teste
Je veux, comme l'on dit, remonter sur ma beste,
Dulotizer[2] en diable, et d'un ton libre et gay,
Tout cygne que je suis, faire le papegay[3].

 Or sus donc, à cheval! j'entens le bruit d'un verre
Qui, heurtant contre un pot, me r'anime à la guerre,
Non de la martiale, où le sang est versé,
Où pour l'amour d'autruy, de mille coups percé,

---

1. *Genet*, cheval d'Espagne. Pégase.
2. Voy. une note sur Dulot, ci-dessus, p. 323.
3. Perroquet. — On disoit aussi papegault. On connoît la confrérie des papegaults.

Le malheureux soudart mesure et mord la poudre;
Je luy baise les mains, je n'en veux plus descoudre;
Mais de la satirique, où l'on mord plaisamment,
Où l'on verse à flots noirs de l'encre seulement,
Où la plume est l'espée avec quoy l'on s'escrime,
Où de joyeux brocards la sottise on reprime,
Bref, où ceux que l'on blesse, au lieu de s'en fascher,
Sont pour leur propre honneur contraints d'en riocher.

LES POURVEUS BACHIQUES.

CAPRICE.

Que les cohortes du Sophy [1]
Aillent reprendre Babilone;
Qu'il envoye au Turc un deffy
Comme la Gazette nous prosne;
Que tout soit reduit à l'aumosne,
Mon cher Comte, il ne m'en chaut pas,
Pourveu que Bachus, dans son trosne,
Preside à ce noble repas.

Qu'avec le fouet des convenans [2]
L'Escosse estrille l'Angleterre;
Qu'on face porter aux manans
L'espadon ou le cimeterre;
Que l'on arme toute la terre,

1. Sous le règne du sultan Amurat IV l'Intrépide, plusieurs expéditions furent dirigées contre la Perse pour occuper l'esprit turbulent des janissaires. — Ce qui suit prouve que Saint-Amant fait allusion à une guerre faite en 1640.
2. A la suite du procès de Hampden, qui avoit mieux aimé

Je seray tousjours assez fort,
Pourveu qu'on m'esquippe d'un verre
Plein de muscat jusques au bort.

   Que de l'empire du lion [1]
Se desmembre la Catalongne ;
Que sa chaude rebellion
Taille à Guzman de la besongne ;
Que tout le monde s'entre-congne,
Je croiray que tout vive en pais,
Pourveu que je vive en yvrongne,
Et que Mars dorme où je repais.

   Qu'au seul nom du brave Harcourt
L'Espagnol de peur se conchie ;
Qu'il pousse ou retienne tout court
Les vains pas de sa monarchie ;
Qu'il gemisse à teste fleschie,
Ma couppe en rira de bon cœur,
Pourveu qu'elle soit enrichie
De la precieuse liqueur.

---

subir la prison que payer une taxe illégale de 20 shellings, et des tentatives de l'évêque d'Edimbourg pour introduire en Ecosse la liturgie anglicane, les Ecossois « jurèrent un *covenant* par lequel ils s'engageoient à défendre contre tout péril le souverain, la religion, les lois et les libertés du pays. Des messagers, qui se relevoient de village en village, le portèrent dans les lieux les plus reculés du pays. Les *covenantaires*, continue M. Michelet (*Précis d'hist. mod.*), reçurent des armes et de l'argent du cardinal de Richelieu, et, l'armée anglaise ayant refusé de combattre ses *frères*, le roi fut obligé de se mettre à la discrétion d'un cinquième parlement. » Ce fut le *long parlement* (1640).

1. C'est à la demande des Catalans eux-mêmes, qui l'avoient demandé au roi par l'intermédiaire du comte d'Espenan, gouverneur de Leucate, que la Catalogne fut réunie à la France. (Voy. Aubéry, *Hist. du card. de Richelieu.*)

Que Banier, bien ou mal muny [1],
Expose tout à l'avanture ;
Qu'à ce coup Picolominy
Soit deffait à platte couture ;
Qu'il demeure en bonne posture,
Il ne m'importe nullement,
Pourveu qu'il plaise à la nature
Que je boive eternellement.

Que le Soudart de Fernambouc [2]
Se rende maistre de la baye ;
Qu'il la ravage mieux qu'un bouc
Ne fait les tendrons d'une haye ;
Que par tout l'on chante dandaye [3],
Je ne m'en estonneray point,
Pourveu que dans une humeur gaye
Je me rembourre le pourpoint.

Que du faux oracle d'Arras [4]
Madrid à la Flandres se pleigne ;

---

1. Banier commandoit les troupes suédoises pendant la période suédoise de la guerre de Trente-Ans. Il passa en Thuringe en 1640 pour joindre les Veimarois, Hessiens, François. Piccolomini, lieutenant de l'archiduc Léopold, fut battu. (Voy. Parival, *Hist. de ce siècle de fer*, p. 375.)

2. La capitainerie de Fernambouc ou Pernambouc, capitale Olinde ou Fernambouc, étoit située dans le Brésil et arrosée par le fleuve Saint-François. — Au sud étoit la capitainerie de la Baye, capitale San-Salvador, arrosée par le Rio-Reale. (Voy. Gueudeville, *Atlas hist.*, t. 6, in-folio.)

3. Refrain très commun dans les chansons du temps : daye dandaye, laire lanlaire, etc.

4. Sur les portes d'Arras on lisoit ces deux vers, que nos succès vinrent démentir :

> Quand les Français prendront Arras,
> Les souris prendront les chats.

Que devant nos diables de ras
Ses matoux quittent son enseigne ;
Que mesme nos souris on creigne,
J'en escriray le bel effet,
Pourveu que ma plume se teigne
Dans l'encre rouge d'un buffet.

Qu'on epouvente les aisez [1]
Du rude mot de subsistance ; .

Voici, d'ailleurs, un passage d'Aubéry, dans sa *Vie du card. de Richelieu*, qui explique cette allusion : « Quelques années auparavant, dans un bourg de la province, il fut vérifié par le rapport de tous les habitants du lieu qu'une chatte avoit rendu office de mère, ou au moins de nourrice, à des souris qui ne faisoient que de naistre, et qu'oubliant ainsi son instinct naturel, elle n'avoit pas dénié à ses contraires le plus grand secours qu'elle leur pouvoit donner. »

1. Deux ordonnances, datées l'une du 24 octobre 1640, l'autre de novembre, expliquent ces deux vers de Saint-Amant :

24 octobre 1640.—*Declaration portant que tous les beneficiers de France payant decimes payeront un sixième de la valeur de leur revenu par chacune des deux années, presente et prochaine ; et, ce faisant, seront dechargez de fournir declaration de leurs biens, pour raison du droit d'amortissement par eux dû.*

Novembre 1640. — *Edit portant revocation des anoblissements accordez depuis trente ans, ensemble des privileges et exemptions de taille des officiers commensaux de la maison de Sa Majesté, et autres generalement quelconques* :

« Louis, etc. ; — Nous avons assez de connoissance des grandes charges que supporte notre pauvre peuple, tant du principal que de la taille, crues y jointes, crues de garnisons, subsistances de nos troupes pendant le quartier d'hiver, qu'autres impositions extraordinaires, ensemble les logements de nosdites troupes, et que le faix d'icelles charges est uniquement porté par les plus foibles ; que les plus puissants de nos sujets, lesquels ont le plus d'interêt à la conservation de notre Etat, leurs personnes, charges, offices et biens en faisant partie, sont ceux qui contribuent le moins aux charges d'iceluy,

Que nos tresors soient epuisez
Pour des affaires d'importance ;
Qu'on rongne aux moines la pitance [1],
J'en nommeray l'arrest divin,
Pourveu qu'à la noble assistance
L'on ne retranche point le vin.

Qu'en Portugal un nouveau Jean [2]
Chastre le sceptre de Philippe ;
Que la Seine domte en un an

les uns s'en exemptant par les priviléges et concessions attribuez à leurs charges et offices, les autres ayans obtenu de nous des lettres de noblesse, sans nous avoir rendu, depuis l'obtention d'icelles, aucun service... : d'où vient que, sur les impositions de nos tailles, crues et subsistances..., il arrive tant de non-valeurs..., ce qui n'arriveroit *si tous les corps de notre Etat portoient selon leurs forces les charges d'icelui*...

« A quoi voulant pourvoir et *faire contribuer tous nos sujets egalement auxdites charges*, comme étant les seuls moyens certains et assurez pour la subsistance de nostredit Etat et soulagement de nos sujets...

« A ces causes, nous avons, par ce present *edit*, *perpetuel et irrevocable*, dit, statué et ordonné, disons, statuons et ordonnons..., etc. » — Louis XIII, on le voit, entroit en pleine révolution : la suppression des priviléges, l'égalité perpétuelle et irrévocable des charges. — 1789 n'est pas allé plus loin, sinon en fait.

1. « Le cardinal de Richelieu eut, avant de mourir, la satisfaction de voir la pluspart de ses abbayes dans la reforme... ayant mandé ses intentions là-dessus à chaque couvent dans les termes les plus exprès qu'il put : « Le desir que j'ay de purger toutes mes abbayes des desordres et licences qui s'y sont glissés... » m'a porté à « y etablir les peres religieux reformez. » (Aubéry, *Hist. du card. de Richelieu.*)

2. Les Portugais, après l'échec des Espagnols à Arras, se révoltèrent, et prirent pour roi Jean de Bragance, sans aucune effusion de sang.— On voit combien fut par là châtré, comme dit Saint-Amant, le sceptre de Philippe IV.

Le Rhin, le Necar et la Lippe;
Que le lis morgue la tulipe[1],
J'en siffleray la gloire aux cieux,
Pourveu que je trempe ma lippe
Dans ce jus qui rit à mes yeux.

Que le barreau reçoive ou non[2]
Les reigles de l'Academie;
Que, sur un verbe ou sur un nom,
Elle jaze une heure et demie;
Qu'on berne *adonc*, *car* et *m'amie*,
Nul ne s'en doit estomaquer,
Pourveu qu'on sauve d'infamie
Crevaille, *piot* et *chinquer*.

1. Le Lis de France, la Tulipe de Hollande.
2. Saint-Amant, élu parmi les premiers membres de l'Académie, s'occupoit assez peu des travaux de la société. Pour se dispenser du discours que devoit chaque académicien, il avoit promis de recueillir tous les mots grotesques, comme on disoit alors, ou burlesques, comme on dit depuis. Ainsi essayoit-il de sauver d'infamie *crevaille*, *piot* et *chinquer*. Comme l'Académie devoit s'occuper de faire un dictionnaire, elle avoit souvent de ces sortes de discussions, qui retardoient l'achèvement de l'œuvre et faisoient dire à Bois-Robert :

> Et le destin m'auroit fort obligé
> S'il m'avoit dit : Tu vivras jusqu'au G.

Les mots anciens, si ardemment défendus par Mlle de Gournay, tels que *adonc*, *pource que*, *d'autant*, etc., sembloient devoir attirer les foudres de l'Académie ; et, en effet, Gomberville le puriste prétendoit n'avoir jamais employé *car*. On accusoit la docte compagnie de les proscrire. Mais Pellisson affirme qu'elle ne craignoit pas de les employer, et cite des exemples tirés du *Jugement de l'Académie sur le Cid*. Les académiciens en particulier étoient plus sévères que réunis en corps. Il faut lire, à ce sujet, de curieux passages de *la Requête des dictionnaires* de Ménage, et, dans Saint-Evremont, la comédie des *Académistes*, que l'on a attribuée même à Saint-Amant.

Qu'un tarif, maintesfois changé [1],
Mette au rouet l'arithmetique;
Qu'un artisan presque enragé
En renasque dans sa boutique;
Que cent nouveautez on pratique,
J'en gausseray les mal-contens,
Pourveu qu'à la façon antique
Chacun de nous hausse le tens.

Qu'un superbe et gros maltotier
Erige en palais ses rapines;
Que son jeune fou d'héritier
S'abandonne aux garces poupines;
Qu'il en ressente les espines,
J'auray des roses à souhait,
Pourveu qu'à l'ombre des chopines
Je me trouve sain et de-hait.

Qu'un endebté, qu'un criminel,
Trompe une barriere en sa chaise;
Qu'un autre, en plein jour solennel,
S'y coule chez dame Gervaise;
Qu'un autre y dandine à son aise,
Je trouveray cela fort bon,
Pourveu qu'en celle-ci j'appaise
Ma soif qui naist de ce jambon.

---

1. En 1640, en effet, les pistoles ou louis d'or furent augmentés de 20 sols, ce qui est de dix pour cent. L'ordonnance fameuse de 1640 donne un tarif de l'or et de l'argent, qu'on trouve expliqué à la suite du *Traité des monnoyes* de Boizard (Paris, 1714, 2 vol. in-12), dans un chapitre anonyme, mais qui est de Hindret de Beaulieu, inspecteur général des monnoies : *Traité pour l'instruction des directeurs et des ouvriers des monnoyes de France...* p. 7-9.

2. Peut-être Saint-Amant fait-il allusion ici aux maisons bâties par Gorge ou Monléron, ou autres héros des *Caquets de l'Accouchée*. (Voy. *Caquets de l'Accouchée*, Bibl. elzev., *passim*.)

Que nos cocqs, sur l'aigle acharnez,
Excitent les chants de nos cygnes ;
Que nos princes determinez
Aient fait rage au combat des lignes[1] ;
Que de mes vers leurs noms soient dignes,
Je trouveray cela fort beau,
Pourveu que Dieu garde nos vignes
De la gresle du renouveau.

Que nos petits oisons de cour
Usent de fausses railleries ;
Qu'ils soient ineptes en amour
Et sots en leurs galanteries ;
Qu'ils ayment les friponneries,
Je les tiendray pour gens bien nez,
Pourveu que dans nos beuveries
Ils ne fourrent jamais le nez.

Qu'à leur honte nos demy-dieux
Ne fassent rien pour ma fortune ;
Que je tracasse, pauvre et vieux,
Ou sur Cibelle ou sur Neptune ;
Qu'un dur creancier m'importune,
Je n'en auray point de soucy,
Pourveu que je trinque et petune
Avec les drosles que voicy.

Que Lysidor soit obsedé[2]
Du demon de l'inquietude ;
Qu'ayant plus qu'un Paule raudé,
Il s'obstine en cette habitude :

1. A Cazal.
2. Cette stance et la dernière n'ont paru que dans la 4ᵉ partie, avec cette indication : « deux couplets à insérer dans les Pourveus bachiques, dont le premier doit estre mis devant le dernier et le second après pour en estre le dernier. »

Qu'il joigne la guerre à l'estude,
Je trouveray cela fort bien,
Pourveu qu'exempt de servitude
Je frippe et hume tout mon bien.

Je n'aspire plus aux lauriers
Qu'on cueille au bout d'une conqueste;
Bren de ces preux avanturiers
Qui dans le choq se font de feste;
Que cent palmes on leur appreste,
Je m'en mocque à gozier ouvert,
Pourveu qu'on m'honore la teste
D'un bouchon fait de pampre vert.

Que l'on me parle d'aller voir
Balets, tableaux, filles de joye;
Que de livres pleins de sçavoir
Les rares presents on m'octroye;
Que le Cours ses graces deploye,
Je tiendray cela pour veu,
Pourveu qu'à table je me voye
De vin d'Espagne bien pourveu.

LE CIDRE.

A Monsieur le comte DE BRIONNE[1].

CAPRICE.

Comte, puis qu'en la Normandie
Pomone fait honte à Bacchus,
Et qu'en cette glace arondie
Brille une lumiere esbaudie
De la couleur de nos escus :

---

[1]. Gentilhomme normand. Il faut lire Briosne. Cet ami de

LE CIDRE.

Chantons, à la table où nous sommes,
A la table où le roy des hommes
Nous traitte en chers et francs voisins,
Que le jus delicat des pommes
Surpasse le jus des raisins.

Je le confesse, qu'on le croye,
Saint-Amant le dit, c'est assez :
Mon cœur, mon poulmon et mon foye,
A son esclat sautent de joye,
Et tous les soins en sont chassez :
C'est le doux honneur de septembre ;
Il m'attire dans cette chambre
Par une secrette vertu,
Et mon corps auprès de cet ambre
S'esmeut et passe pour festu.

Je ne me puis lasser d'en boire ;
Ma soif renaist en s'y noyant ;
Du muscat je pers la memoire,
Et mon œil est comblé de gloire
De le voir ainsi flamboyant.
Qu'il est frais ! qu'il est delectable !
De moy, je tiens pour veritable,
Lors que j'en trinque une santé,
Que le seul cidre est l'or potable
Que l'alchymie a tant vanté.

Page, remply-moy ce grand verre,
Fourby de feuilles de figuier,
Afin que d'un son de tonnerre
Je m'escrie à toute la terre :
Masse à l'honneur du grand SEGUIER !

Saint-Amant étoit cousin du baron de Melay, à qui Saint-Amant dédie la pièce suivante. Le comte d'Harcourt porta aussi le titre de comte de Brionne.

Je le revere, je l'admire ;
Il m'a fait avec de la cire
Une fortune de cristal [1],
Que je feray briller et lire
Sur le marbre et sur le metal.

C'est par luy que dans ma province
On voit refleurir depuis peu
Cet illustre et bel art de prince
Dont la matiere fresle et mince
Est le plus noble effort du feu ;
C'est par luy que de sable et d'herbe,
Dessus les champs bruslée en gerbe,
Des miracles se font chez moy,
Et que maint ouvrage superbe
Y pretend aux levres d'un roy.

Que d'industrie et de vitesse,
Quand, animé d'un souffle humain,
Un prodige en delicatesse
S'enfle et se forme avec justesse
Sous l'excellence d'une main !
Que de plaisir quand on le roue,
Quand un bras desnoué s'en joue,
Soit dans Venize ou dans l'Altar !
Et que d'ardeur mon ame advoue
Pour ce vase où rit ce nectar !

Mais cependant que je m'amuse
A caqueter de la façon,
Je ne voy pas que je m'abuse,
Que mon goust de longueur m'accuse,
Et que je fasche l'eschanson.

---

1. Saint-Amant avoit obtenu du chancelier Séguier le privilége d'une verrerie, et cette verrerie, au temps du comte de Boulainvilliers, étoit encore d'une grande importance.

LE CIDRE.

Baille-moy, baille-moy la couppe;
Or, sus donc, vertueuse trouppe!
Que d'un toppe gay, pront et clair,
On fende, on perce, on entre-couppe
Toutes les regions de l'air!

Ha! que ce bruit m'est agreable!
Voilà respondu comme il faut;
J'en esprouve une aise incroyable,
Et nostre desbauche est louable
D'esclater pour un nom si haut.
Aux graces qu'on desire en elle,
La retenue est criminelle;
La froideur offence Themis.
Bref, pour la rendre solennelle,
L'excez mesme nous est permis.

O mon cher! o mon rare Conte
Dont les vertus charment nos cœurs,
Que dois-je dire, au bout du conte?
On ne peut faire assez de conte
De cette reine des liqueurs.
Elle est aux muses consacrée,
Elle est douce, elle me recrée
Mieux que la figue ou l'abricot,
Et la Nimphe la plus sucrée
Pourroit estre de nostre escot.

EPISTRE[1]

A Monsieur le baron DE MELAY[2],
gouverneur du Chasteau-Trompette[3], *à Bordeaux.*

Grand chastelain de qui la preud'homie
Excite au los ma haute chalemie,
Amy sans fard, cher et noble MELAY,
Point je ne veux t'escrire un piteux lay,
Ny te dépeindre, avecque des fleurettes,
D'un vieux ribaut les tendres amourettes,
D'un jeune fou l'agreable langueur,
Ny d'un bel œil l'innocente rigueur.
   Ma Melpomene, en verve sans pareille,
Ne veut non plus lanterner ton oreille
De graves traits, de sublimes discours,
De la morale utile à mon secours,
Des elemens, de leur paisible guerre,
Du bransle rond qu'avec nous fait la terre,
Du flux marin, des orbes empennez,

---

1. On remarquera que cette épître est écrite en vieux langage.
2. Le baron de Melay, ami de Saint-Amant, avoit été le Silène du comte d'Harcourt, selon Saint-Amant lui-même.
3. Cette forteresse étoit à l'entrée du quai et commandoit le port. C'étoit une citadelle ancienne qui datoit de 1454. Vauban la répara et l'augmenta. Il y avoit un état-major de place.

Des noirs porreaux qu'on leur voit sur le nez,
Si l'on en croit nos derniers télescopes,
De leurs aspects, de leurs tristes sincopes,
De leur pouvoir sur un moment natal,
Des biens certains, de l'arbitre fatal,
Des faux honneurs, du benest qui s'y fie,
Des loix, des arts, de la géografie,
Ny du mestier où les durs matelots
Par les Tritons sont bernez sur les flots,
Qui, leur servant de castelongne bleue
Pour s'en jouer à tremoussante queue,
Servent aussi, selon nos beaux abbus,
De courte-pointe au grand lit de Phebus.
  Point je ne t'offre, en de funestes carmes
Rudes conflits, effroyables vacarmes,
Sieges, estours[1], meurtres, ny horions
Drû descochez sur tests[2] à morions,
Quand de Henry[3] l'intrépide alumelle
Brillant dans l'air en foudre qui grommelle
Rosse, chamaille, et pourfend jusqu'aux dents
Soudarts et chefs au choq les plus ardents :
Tesmoin les coups qu'en Sainte Marguerite
Ce branc[4] d'acier, qui des vertus hérite
De Durandal, et de Flamberge[5] encor
Par des exploits digne de vivre en or,

---

1. Choc, combat, attaque.
2. Têtes à casques. — Le *test* étoit la partie chevelue de la tête ; l'autre partie, c'est la face. — Le *morion*, c'étoit le casque, le pot, comme dit Furetière, dont les fantassins se couvroient la tête ; les cavaliers avoient le *haume*.
3. Le comte d'Harcourt, Henri de Lorraine.
4. *Branc*, épée, de l'ital. *branca*.
5. Durandal est l'épée de Rolland. — Flamberge est l'épée de Renauld de Montauban, l'aîné des quatre fils Aymon.

Fit ressentir à la gent bazanée,
Du sort des lys ores si mal-menée,
Que son lion, perturbé du cerveau,
Changeant de notte, en mugit comme un veau :
Tesmoin de Quiers la fameuse retraite [1]
Qu'avec du sang le Vieux [2] nous a portraite
Le rare Vieux, nostre cher et feal,
Qui point n'en conte en hableur ideal,
Mais en vray sire, en homme qu'on peut croire,
Lorsque d'un cas il debite l'histoire,
Et qu'il fait voir que l'esprit de Faret
A d'autres soins que ceux du cabaret :
Tesmoin, enfin, tant de fieres merveilles,
Tant de sujets de nos illustres veilles,
Qu'ont admirez et Casal et Turin,
Et que l'effort du plus hardy burin
Entre les doigts de la plus noble Muse
Qui sur Parnasse aux eloges s'amuse,
Qui les cizelle et nous fait renommer,
Au gré de Mars ne sçauroit exprimer.

 Je laisse à part, pour reprendre mon stile,
Tant d'autres faits de ce second Achile,
Dont les bons dieux, o mon brave baron !
Pour nostre bien te firent le Chyron,
Comme, peut-estre, ils m'en feront l'Homère,
Si la vertu, ma fidelle commere,

1. Le combat de Quiers en Piémont (1639).
2. « Le comte d'Harcourt..., en sa jeunesse, a fait une espèce de vie de filou ou du moins de goinfre. Il avoit fait une confrérie de monosyllabes (c'est ainsi qu'ils l'appeloient) où chacun avoit une épithète, comme lui s'appeloit *le Rond* (il est gros et court); Faret, *le Vieux*. C'est pourquoi Saint-Amant l'appeloit toujours ainsi. Pour lui, il se nommoit *le Gros*. » (Tallemant des Réaux, édit. in-18, t. 6, p. 157.)

EPISTRE. 341

Ne me trahit, ou si dame Atropos
Ne rafle en bref ma vie entre les pots.

   Retournant donc sur mes premieres erres,
Je te diray, sans plus parler de guerres,
Qu'en ce papier barbouillé plaisamment,
Pour t'ebaudir en ton esloignement,
Tes yeux vitrez n'apprendront point les choses
Qui font en cour tant de metamorphoses,
Et que ta voix, en voulant estre aussy,
D'un ton nazard ne lira point icy,
Sous la faveur de tes bezicles vertes,
Par quels moyens on les a decouvertes ;
Quel soin il faut à regir les estats,
A les sauver des lasches attantats,
Si de Themis la juste diligence
En un tel fait peut user d'indulgence,
Ou si la mort, douce comme un chardon,
Doit bien-tost dire : Ingrat, point de pardon.

   Cela n'est point du gibier de ma rime :
Le blanc outil dont mon pouce s'escrime
N'ouvre le bec, n'en crache rien de noir,
Que pour t'offrir en ton vaste manoir,
En ton antique et fort Chasteau-Trompette,
Où pend au croc mainte vieille escopette,
Cent grand-mercis de la part de mon goust
Pour un present cher et de peu de coust,
Pour un morceau l'effroy des sinagogues[1],
Pour un jambon que d'une ame en ses gogues,
D'une main franche et d'un cœur deployé,
Jusqu'à Paris tu nous as envoyé.
Je dis nous as, car l'auguste princesse[2],
Que d'exalter tout le monde ne cesse,

---

1. On sait que les Juifs évitent de manger la viande de porc.
2. Sans doute la comtesse d'Harcourt. Elle étoit, quand elle

Le doux soucy de nostre grand heros
Qui des neuf preux fait autant de zeros,
Le saint miroir des vertus et des graces,
L'objet qui rend mes hyperboles basses,
Le rare honneur du sexe feminin,
La gloire mesme, au front chaste et benin,
Ayant receu sous un daiz venerable,
Ce Basque lourd, chose assez admirable,
Daigna soudain par un Suisse leger
D'un Normand rond la chambre en obliger.
  De quels cadeaux te pourrois-je decrire
L'aise que j'eus, lorsqu'en me venant dire :
« Pon chour, Mansieur [1] », ce franc Colintampon
Me dit encor : « Fous mon tame un champon
T'enfoye icy, dasticot pour ton foire ;
Ché suis grand chaut, paille à moy rien [2] pour boire?»
Le bon Hardot suoit dessous le faix,
Comme en jouant au trique-trac tu fais,
Quand contre moy quelque traistre de sesnes [3]
D'un pesant coup te donne mille gesnes,

épousa le comte, veuve d'Antoine de l'Age, duc de Puy-Laurens. Elle se nommoit Marguerite-Philippe du Cambout. Elle mourut le 9 décembre 1674. On trouve son éloge dans le *Panégyrique du comte d'Harcourt*, de François de Meaux. (Voy. ci-dessus.)

1. Ce langage défiguré est quelquefois employé comme source de comique dans nos comédies. On trouve un curieux exemple d'un « récit à la Suisse » dans *les Fleurs, fleurettes et passe-temps* d'Alcide de Saint-Maurice, Paris, J. Cottin, 1666, 1 vol. in-12, p. 321. Le Suisse raconte le sacrifice d'Abraham, et commence en ces termes : « Vou li sabre point conetre ly bon pere Albran... etc. »

2. Quelque chose. — Et ce Suisse parloit bien *Rien*, qui vient de *res*, a toujours un sens positif, à moins d'être précédé de la particule *ne*, qui lui donne le sens négatif.

3. Au jeu de trictrac on connoît le sesne ou senne (double-six).

Te fait pester, brouille ton jugement,
Et sans mercy t'enfile nettement.
Si tost, enfin, que son eschine large
Eut jetté là sa monstrueuse charge,
Qui de son poids estonnant le plancher
Fit plus de bruit qu'un flot contre un rocher,
Ou qu'une horrible et foudroyante bombe
Quand sur un toit il avient qu'elle tombe ;
Si tost qu'il eut, s'essuyant d'une main,
Harpé de l'autre, avec un ris humain,
La piece blanche, en nouvelle monnoye,
Dont mon gousset voulut faire sa joye,
Je me levay, fis trembler tout le lieu,
Et m'habillant receus son bel : Atieu.

Or, cher Melay, voy comme la fortune,
Que de mes vœux gueres je n'importune,
Toute bizarre et farouche qu'elle est,
A m'obliger par fois songe et se plaist ;
Voy comme au monde où cette aveugle roule,
Par fois les biens nous arrivent en foule,
Et comme l'heur les voulant departir
Par fois encor tasche à les assortir :
Mon drosle à peine estoit hors de ma chambre,
A peine avois-je admiré ce grand membre,
Ce mont de chair, ce prodige de lard,
A qui la suye avoit servi de fard,
Qu'un crocheteur courbé sous vingt bouteilles,
Grosses du jus des plus exquises treilles
Dont la Cioutat porte sa gloire aux cieux,
Avec ahan[3] vint s'offrir à mes yeux,
Et qu'un laquais, d'une belle entre-suite,

---

1. En haletant. Le seizième siècle avoit le verbe *ahanner*.
Voy. Joachim du Bellay, *D'un vanneur de blé, aux Vents* :

    Ce pendant que j'ahanne.

Chantant : Lampons³, à gueule mal instruite,
Vint sur ses pas me presenter au nez
Un roquefort, mais des plus raffinez.
    Si tu sçavois les carresses muettes
Que ces amours des friandes luettes
Se firent lors, ou qu'on eust dit au moins
Qu'ils se faisoient, ravissant les temoins ;
Si tu sçavois leurs agreables signes,
Leurs longs regars, les uns des autres dignes,
Ton cœur, emeu de leur pronte amitié,
Se trouveroit plus gay de la moitié.
Il est bien vray que l'aspre jalousie
Sema soudain devant la malvoizie
Quelque grabuge entre les deux amans
Qui se montroient si doux et si charmans,
Et qu'à l'aspect de ces vingt belles fées
Beaucoup plus d'eux que d'estoupes coiffées⁴,
Peu s'en falut qu'on ne vist ces rivaux
Prests à monter dessus leurs grands chevaux ;
Mais d'un glou-glou, l'une des mieux aprises,
Craignant enfin qu'ils n'en vinssent aux prises,
Sembla crier : Tout beau, vieux Rocquefort !
Contente-toy que l'on t'estime fort ;
Et toy, l'espoir d'une superbe table
Où se doit faire un banquet delectable,
Puissant ragoust, heroïque jambon,
Sois asseuré qu'on te tient bel et bon.
Refrenez donc vos injustes coleres,

1. C'étoit un refrain alors très connu que celui-ci :
    Lampons, camarades, lampons.

2. C'est-à-dire, avec un calembour, beaucoup plus amoureuses, plus coiffées d'eux (du fromage et du jambon), que coiffées (bouchées) d'étoupes. Au lieu de boucher les bouteilles avec du liége, en Italie, on préserve le vin du contact de l'air avec de l'huile qu'on verse dessus, et qui surnage, et avec de l'étoupe.

Embrassez-vous, aimez-vous comme freres;
Et vostre sel, tant chery de mes sœurs,
Sera conjoint à nos pures douceurs³.
A ces beaux mots, qui d'un goulet sortirent,
Mes champions leur fureur amortirent ;
La paix fut faite, et moy, de tous accords,
Je resolus de m'en traiter le corps.

  Sur ce dessein je commanday qu'en haste
On fist bastir un grand palais de paste,
Pour avec l'ail, l'anchoye au teint vermeil,
Le poivre blanc et le clou nompareil,
Loger en roy ce jambon que je prosne,
Ce digne mets qui des mets tient le trosne,
Et par qui seul, les juifs estant morguez,
Les bons chrestiens des Turcs sont distinguez :
Car, quand au jus que l'Alcoran prohibe,
Des moins nigaux la lippe s'en imbibe ;
Ils en sont fous, et n'observent ce poinct
Qu'en leur dormir ou lors qu'ils n'en ont point.

  Dès que le four eût accompli l'ouvrage,
Dès que chés moy, tout chaud et sans naufrage,
Ce beau jambon, cet illustre pasté²,
Couronne en chef, fut en pompe apporté,

---

1. Dans *les Jeux de l'Inconnu*, recueil facétieux attribué au comte de Cramail, on trouve (p. 162, édit. de 1645) une curieuse pièce intitulée *Nopces, Nopces, Nopces*. Là est résolue l'alliance du bœuf et de la moutarde, de l'orange et de la perdrix. — « Sçachant avec quelle fidelité le jambon ayme la bouteille, faisons-les coucher ensemble, afin qu'elle puisse soulager le feu de son amant et la soif des beuveurs. » Ce passage se complète par les vers où Saint-Amant parle de leurs « caresses muettes, de leurs agréables signes, de leurs longs regards. » — Voy. aussi les *Fleurs, fleurettes et passe-temps*, indiqués note 1, p. 342.

2. On a vu plus haut Saint-Amant loger son jambon dans

J'en fus ravy, j'en admiray la gloire,
Et, retrouvant au sein de ma memoire
L'humide oracle issu du long gozier
De la Sibille à la robbe d'ozier [1],
Je connu bien par la table predite
Que du joyau sur lequel je medite
Il convenoit enrichir les treteaux
Du magnifique et grand Des-Yveteaux [2],
De ce demon qui, dans la solitude,
Gouste en repos tous les fruits de l'estude,
Et dont le cœur abandonne les sens
Aux doux excez des plaisirs innnocens.
 Pour mettre fin, tu sçauras donc en somme
Qu'au beau sejour de ce rare et digne homme [3],

---

un palais de pâte, avec de l'ail... etc. — Voici comment P. de la Varenne comprend le pâté de jambon : « Faites-le bien détremper, et, lorsqu'il sera assez dessalé, faites-le bouillir un bouillon, et ostez la peau d'autour que vous appelez la coine ; puis le mettez en paste bise, comme la venaison, et l'assaisonnez de poivre, clou et persil. Si vous me croyez, vous le larderez aussi de mesme que la venaison. Faites-le cuire à proportion de sa grosseur : s'il est gros, pendant cinq heures ; s'il est moindre, moins de temps. Estant froid, servez-le par tranches. » *Le Cuisinier françois*, par le sieur de la Varenne, escuyer de cuisine de M. le marquis d'Uxelles, 2ᵉ édit., Paris, P. David, 1652, p. 146.

1. De la bouteille clissée d'osier.

2. Vauquelin Des Yveteaux, dont les œuvres ont été récemment réunies et publiées, fut successivement précepteur de M. de Vendôme et du Dauphin, depuis Louis XIII. — Il mourut à 90 ans, en 1649. Voy. sa curieuse historiette dans Tallemant des Réaux (t. 2, p. 9, édit. in-18), et les *Mémoires-anecdotes* de Segrais. — Saint-Amant parle, quelques vers plus loin, de la *vieillesse auguste*, sinon morale, de Des Yveteaux. En effet, le bonhomme avoit bien alors 80 ans.

3. Sa maison étoit située dans la rue des Marais, au faubourg

Je fis marcher en pas de pain benit
Ce don royal que de fleurs on garnit,
Faisant, de plus, cheminer à ses ailes
En bel arroy les mistes demoiselles,
Que le fromage accompagnoit de près
Comme feru[1] de leurs liquides traits,
Et que si tost qu'on l'eut mis en posture
D'en faire aux yeux la celebre ouverture,
Ma grosse main si bien s'en acquitta,
Qu'un prompt essay ma bouche en merita.
   J'entreprendrois de supputer le nombre
Des cloux de feu qui dorent la nuit sombre,
J'entreprendrois, en un temps chaud et clair
Les vains calculs des freluches[1] de l'air,
Si maintenant je voulois faire dire
Aux nerfs fameux de ma grotesque lyre
Tous les transports, les cris admirateurs,
Les mots goulus et les gestes flateurs
Dont on forma les insignes louanges
De ce jambon, de ses charmes estranges,
De son beau teint, de son goust, de l'apprest
Et du parfum qui me tue et me plaist.
L'un proferoit d'une voix aiguisée :
Il est, parbleu ! tendre comme rosée ;
L'autre, coulant un long trait de muscat
Sur le morceau friand et delicat,

Saint-Germain, vers la rue des Petits-Augustins. Elle confinoit à l'hôtel de Liancourt, et Mme de Liancourt (née Jeanne de Schombert) lui avoit offert 200,000 livres de cette maison et de ses deux jardins, et encore elle lui en laissoit la jouissance sa vie durant.

1. Frappé. — Du vieux verbe *férir*, latin *ferire*.
2. Manière de petits fils qui volent en l'air au cœur de l'été. (Richelet.) — Ce mot ne se trouve pas dans Furetière, 1re édition.

Faisoit ouïr : Ha! qu'ils sont doux ensemble!
Que leur vertu s'accorde et se ressemble!
Et l'echo mesme, au grand mot de *jambon*,
De tous costez redisoit : Bon, bon, bon.
Là les couteaux, brusques à leur office,
S'entr'enviant l'honneur du sacrifice,
Sembloient debatre à qui le toucheroit,
Ou pour mieux dire, à qui le trencheroit;
Et toutefois, à le voir sous les playes
Que luy faisoient nos mains libres et gayes,
On auroit creu qu'en ces doux accidens
Sa gentillesse eust dit entre les dents :

Chers ennemis, je benis mes blessures,
Je suis heureux d'eprouver vos morsures,
Puis que le sort m'ordonne noblement
De vous servir d'agreable aliment;
Ma chair de beste en chair d'homme changée
Sera tantost à vos dents obligée.
Poursuivez donc et ne m'epargnez pas :
En vos fureurs je trouve des appas.
J'ose vous faire une seule demande :
C'est qu'un de vous, d'une plume gourmande,
Et d'une estime à qui l'on preste foy,
En quelque lieu daigne parler de moy,
Afin, au moins, que n'estant plus en estre,
Par son caquet on me puisse connestre,
Non point, Messieurs, non point comme un morceau
Qui soit venu d'un vulgaire pourceau,
Mais, pour certain, comme l'enorme fesse
D'un grand sanglier[1] que Diane confesse

---

1. Ce mot est maintenant de trois syllabes. Voy., au sujet des mots comme *bouclier, sanglier*, etc., devenus trissyllabes, l'excellent *Traité de versific. franç.* de Quicherat.

EPISTRE.

Avoir esté la terreur de ses bois,
Avoir reduit tous ses chiens aux abbois,
Nargué les traits des nimphes ses compagnes,
Couru les monts, arpenté les campagnes,
Et fait fuïr des sauvages destours
Les leopars, les tigres et les ours,
Bref, que le coup d'une balle ramée
Parmy le feu, le bruit et la fumée
Portant la mort, put seul en trahison
Après vingt ans ranger à la raison.
Ces vieux rochers, ces naturelles bornes
Qui jusqu'au ciel osant lever les cornes,
Servent d'obstacle aux desseins trop hardis,
Me plegeront des choses que je dis.
Ouy ces hauts rocs, ces barres des offences,
L'ont veu cent fois esmoudre ses deffences
Contre leur flanc difficile à gruger,
Pour faire teste au lion estranger,
Et, d'une hure horrible et furieuse,
Faisant paslir sa trongne imperieuse,
Le mettre au poinct de crier, non debout :
Brave Gascon, je me rends, dague et tout.

Ainsi finit sa jactance gaillarde
Le bon muet à l'humeur babillarde ;
Ainsy, Melay, fus-je sans voix requis
De celebrer un morceau tant exquis ;
Mais, cher Baron, pour toute sa harangue
Qu'en un palais on ouyt de la langue
Et que le goust fit comme un president,
Nul n'en perdit le moindre coup de dent.
Ton grand cousin, le genereux Brionne,
Qui de vertu s'arme et se gabionne
Pour soustenir les frasques du malheur,
En cet assaut exhiba sa valeur.

Bien secondé du patron de la case,
Qu'avecque gloire on a veu sur Pegase,
Qui mesme encor monté sur ce destrier
Sans avantage et sans aide d'estrier,
Et dont le corps, en sa vieillesse auguste,
Tesmoigne avoir l'estomac si robuste,
Que, Dieu mercy, quoy que j'œuvre assez bien,
Son appetit a triomfé du mien.
La belle Iris, la reine de la harpe[1],
Jambette au poing franchit la contr'escarpe,
Força les murs, et des dents se fit voir
Une amazone habile à son devoir;
Bref, nostre ardeur n'auroit fait nulle treve
Entre ce mets, la maschoire et le glaive;
Nul lendemain n'en eust esté servy,
Si le fromage, honorant à l'envy
La riche nappe aussi blanche que neige,
N'eust dit aux yeux : Et moy, que deviendray-je?
Mot qui nous plut et qui, bien addressé,
Fut par la trouppe aussi-tost exaucé.
  Que veux-tu plus? Maints confreres notables
Virent ce basque orner diverses tables,
Et c'estoit faire un splendide festin
Que d'en offrir une trenche au matin;
Mais entre tous, ce franc cœur, ce bon Pitre[2]

---

1. Cette femme, que Tallemant nomme la Dupuis, « étoit fille d'un homme qui jouoit et a joué jusqu'à sa mort de la harpe dans les hôtelleries d'Etampes. Elle en jouoit aussi... aussi bien que personne. » Elle devint maîtresse souveraine chez le vieillard.

2. Nous avons déjà vu ce nom :

> Plus enfumé qu'un vieux jambon
> Ou que le bœuf salé de Pitre.

Le marquis de Marigny-Mallenoē se nommoit Pierre. — Peut-être est-ce lui que ce nom désigne.

Qui de vray gros me ravira le titre,
Et l'effectif, l'aymable Saint-Laurens[1],
Pareils en mœurs, en taille differens,
Que je cheris, que j'estime, que j'ayme,
Et l'un et l'autre, à l'esgal de moy mesme,
Par friandise en lecherent leurs doigts,
Et ta santé s'y but plus d'une fois.
   Sois donc soigneux de satisfaire aux masses
Que tes amis font à tes bonnes graces,
En attendant que j'aille quelque jour
Choquer le verre en ton noble sejour ;
Car je veux joindre, auprès de ta cuvette,
Le vin de Grave aux huistres de gravette ;
Je veux enfin voir ton quay spacieux,
Ton large fleuve aux bords delicieux,
Ton beau chasteau, ton grand port de la Lune
Qui pour couronne a mainte riche hune,
Ta belle ville où mon corps ne fut onc,
Tes capdebious[2] qui dardent un : Et donc !
Roullent les yeux, s'embaument les moustaches
D'oignons et d'aux en guise de pistaches,
S'arment le flanc de quinze pieds de fer
A chaque pas font tressaillir l'enfer,
Morguent le ciel et, haussant les espaules,
Semblent tous seuls estre l'appuy des Gaules,
Et d'un regard, d'un penser seulement,
Devoir remplir la mort d'estonnement.
   Mais sçais-tu bien, de ces beaux morte-payes
Ne pense pas m'aller faire deux hayes

---

1. Saint-Laurent a fait précéder d'un avant-propos de 4 pages la première édition des *Chevilles de maître Adam*, Paris, Quinet, 1644, in-4.—Voy. Daniel de Cosnac, *Mémoires*, passim.

2. Les vers qui suivent rappellent les matamores si plaisamment mis en scène par Corneille et par Cyrano de Bergerac.

Pour recevoir mon illustre embonpoint;
Son gras honneur n'en veut ny peu ny point.
Armes à part, je crains la salve en diable;
Quelque estourdy, cuidant m'estre agreable,
Pourroit d'un coup me noircir le museau,
Ou de ma vie achever le fuseau,
Et puis aprés croiroit en estre quitte
Pour s'escrier d'une voix interdite :
Perdon, quauqu'autre a cargat lou mousquet [1];
Et cependant j'aurois eu mon paquet.

 Fay mieux, Baron, fay que de ta cuisine
La batterie effrayant la lesine,
Sorte en parade au devant du bon Gros;
Fay qu'un chacun se saisisse de bros,
De poislons clairs, de lechefrites noires,
De pots, de grils, de broches, de lardoires,
Et d'instrumens qui sur un air connu
Chantent tout doux: Tu sois le bien venu!
Ordonne encor, pour accomplir la feste,
Que ton Champagne un tel morceau m'apreste
Qu'estoit celui dont avecques splendeur,
Ma muse a peint et le goust et l'odeur,
Et sur lequel, sous le tan qui la pique,
Elle a pensé faire un poeme epique,
Car, en sa fougue, et qui la pousseroit,
Sur un ciron un livre elle feroit.

 C'est trop; adieu, je te baise les pattes
Dont, plein de soins, bien souvent tu te grattes,
Depuis le jour qu'embrené d'Espagnols,
Mis dans ta cage ainsi que rossignols,
Tu fais le guet et voy ta bource en peine
De leur fournir, non d'eau pure ou de greine,
Mais du meilleur que Bacchus et Cérès

---

1. Pardon, quelqu'autre a chargé le mousquet.

Facent tirer des monts et des guèrets,
Souffre qu'icy le cher et gris Poyane [1],
Qui point n'en dort du vespre à la diane,
Soit de ma part salué comme il faut;
Et si ma plume ose voler plus haut,
Si le bon-heur quelque chemin t'en fraye,
Presente au duc, au noble sainct de Blaye [2],
Pour ton varlet, cent fois plus d'humbles vœux
Que sur ma teste on ne voit de cheveux;
Puis à la fin, m'applaudissant en prose,
Dy qu'il fait bon me donner quelque chose;
Prens en gré l'œuvre, et j'espere qu'en vers
Ton nom, par moy, vivra jusqu'aux pois vers.

1. Ce personnage nous est connu par sa mère, sans doute, vrai gendarme, dit Tallemant, qui battit un jour Mlle du Tillet, belle-sœur du président Séguier. Cette lutte a inspiré à Sigogne sa pièce du *Combat d'Ursine et Perrette*, dans la 2e partie du *Cabinet satyrique*. Motin a fait à cette pièce une réponse qui figure à la suite.

2. Le duc de Saint-Simon étoit alors gouverneur du château de Blaye. C'est sans doute à lui que Saint-Amant fait présenter ses vœux.

SONNET.

uand je la voy, cette gorge yvoirine
Où l'oyseau-dieu souvent se va nicher,
Comme un goilan qui sur quelque rocher
Fait ses petits au bord de la marine;

Quand je la voy, cette main qui burine
D'un trait aigu ce nom qui m'est si cher,
Dessus mon cœur, j'ars [1], ainsi qu'un buscher,
D'un feu qui plaist à ma gente Corine.

Son poil, son œil, son tant aymable vis [2]
Accompagné d'un gracieux devis,
Plonge mes sens dans un doux fleuve d'aise;

Et quand je songe à tout le demeurant
Que sous sa robe en mon ame je baise,
De trop d'amour j'expire en soupirant.

1. Je brûle.
2. Visage.

DIZAIN[1].

Sur une mazette à quintaine
Que je fouette comme un sabot,
Au detriment de mon jabot,
Je cours icy la pretantaine;
Ceux qui me treuvent en chemin
Pensent que quelque parchemin
M'appelle à cette diligence.
Mais ils ne s'y connoissent pas,
Car toute mon intelligence
Ne tend qu'aprez un grand repas.

---

1. Cette épigramme, qui s'applique si bien à la gravure représentant Montmaur à cheval en quête d'un dîner, a été oubliée par Sallengre dans son *Histoire de Pierre de Montmaur* (La Haye, 1715, 2 vol. in-8). C'est la traduction libre de cette épigramme qui se trouve dans le premier volume, page 175 :

In Petrum Montmaurum parasito-grammaticum.

Hic, quem togatum cernitis, hominem longum
Latera caballi calcibus fatigantem,
Non est patronus properus ad forum tendens :
Non municeps emtum ambiens magistratum...
Non pædagogus, nunc quidem. Quis est ergo ?
Parasitus ad convivium ire festinans.

EPISTRE HEROI-COMIQUE

A Monseigneur le Duc d'Orleans, *lors que Son Altesse estoit au siege de Gravelines.*

Tandis, Gaston, qu'un beau desir de gloire
Te porte aux coups, t'anime et te fait boire,
Chaud comme braize et parmi cent perils
D'un noir breuvage enclos dans des barils
Non de merrain, mais d'un metal qui tonne,
Qui fume, esclaire, siffle, crache et donne
Au plus hardy quelque attainte d'effroy,
S'il n'a le cœur aussi ferme que toy;
Tandis qu'armé tu fais reduire en cendres
Le dur pourpoint des bastions de Flandres,
Et que tu vois secouer le jarret
A maint soudart comme à quelque gorret,
Qui crie au meurtre et se demeine en diable,
Quand le tranchant d'un fer impitoyable
Le sacrifie à l'honneur d'un festin,
Et pour la gueule esgorge son destin;
Bref, cependant que de ta large bource
Tu fais couler ainsi que d'une source
Un long ruisseau de qui les flots dorez
Charment la soif des drilles alterez,
Ton gros Virgile, ayant au poing le verre,
Fait mille vœux au demon de la guerre
Pour ton salut et ta prosperité,
Et jour et nuict s'empifre à ta santé.
  Ha! royal Duc, si sur tes riches armes
Quelqu'autre Alcine experte aux plus grand charmes

Avoit redit des mots assez puissans
Pour te sauver des boulets mugissans ;
Si par sa main ton corps à toute espreuve
Avoit esté plongé dans quelque fleuve
Qui l'eust pu rendre invulnerable aux coups,
Que mon sommeil en seroit bien plus doux !
Mais la terreur de quelque aigre nouvelle
Tousjours m'agite et me tient en cervelle,
Et la Gazette, aux ailes de papier,
Jamais ne vole autour de mon clapier,
Qu'en la voyant je ne me la figure
Un triste oiseau de mal-heureuse augure,
Qu'un chant fatal je ne craigne d'ouir,
Et ne me trouble au lieu de m'esjouir.

Vrayement, Achille et toute la cohorte
Des vieux guerriers fabriquez de la sorte
Bien à leur aise entroient dans les estours,
Ou d'une place alloient morguer les tours ;
Vrayment Cesar, Alexandre et Pompée,
Qui se faisoient tout blanc de leur espée
Dans les assauts, pour un rempart esmus,
En ce temps-cy se verroient bien camus.
Je voudrois bien que devant Gravelines,
Avec leurs traits, leur dars, leurs javelines,
Ces beaux messieurs, en leur peau retournez,
Comme nos preux vinssent montrer le nez.

Que diroient-ils en oyant cette foudre,
De qui l'effort met les villes en poudre ?
Sauf ton respect, GASTON, je ne croy pas
Que leur valeur, bronchant à chaque pas,
N'en fist glisser quelque secrete haleine
Qui d'un vil trou jaunist l'obscure laine,
Ou que du moins un pasle estonnement
Dessus leur front n'apparust laschement.
Quand je relis ce long et fameux siege

Où le faux Grec prit le Troyen au piege ;
Quand à mes yeux Tyr vient à repasser,
Où tant d'engins l'assaillant fit dresser ;
Quand Alexie[1] on me rameine en livre,
Et tant d'exploits que la plume a fait vivre,
Il m'est advis qu'au prix de nos combats
Je ne voy rien que joustes et qu'esbats,
Que jeux d'enfans, chocqs de marionnettes
Qui chantent clair leurs petites sornettes ;
Que l'on me berse, ou qu'après maint rebus
On m'estourdit d'un conte de bibus.

Tous ces beliers, ces bruyans catapultes,
Dont les creneaux redoutoient les insultes,
N'estoient que fleurs mis en comparaison
Des fruits mortels de cette aspre saison.
Les abricots, les grenades, les prunes,
Que maintenant autour des demy-lunes
On sert à Mars, sur sa table de fer,
En des bassins apportez de l'enfer,
Sont bien d'un goust plus friand à la Parque
Que les morceaux qu'un Vegece remarque
Dans les banquets dont on la regalloit
Lors que la fleche ou le caillou voloit.

En ce temps-là, ces braves que je choque
Estoient un siecle à prendre une bicoque :
Car, en effet, quoy qu'Homere en ait dit,
Ce mur sacré que Priam deffendit,
Cet Ilion, ce grand sujet d'histoire,
Qui par le feu vit esteindre sa gloire,
Onc ne fut digne en son haut appareil
De dechausser le chasteau de Corbeil.

En ce temps-là, dame Mathematique
N'avoit point mis dans le monde en pratique

---

1. Le fameux siége d'Alesia, sous César.

Les derniers cours de sa dure leçon.
On se rossoit, mais sans trop de façon;
L'art de tuer estoit bien plus commode :
Chaque mutin en usoit à sa mode,
Et la fureur, qui fait arme de tout,
Prenant tantost des pieux bruslez au bout,
Tantost des fleaux[1], des pierres ou des haches,
Tantost des plats en guise de rondaches,
Selon l'urgence ou le point debatu,
Mettoit au jour sa guerriere vertu.
   Mais aujourd'hui la finesse homicide
Fait qu'un pagnotte ose attendre un Alcide,
Qu'il en triomphe, et, d'un rot de mousquet
Le terrassant, l'envoye au bourniquet.
   Soit à jamais aux flames condamnée
L'inique main du second Salmonée,
Que l'Allemagne en nos siecles porta,
Et dont l'orgueil le tonnerre imita
Bien mieux que l'autre avec sa poix raisine,
Avec le bruit d'une horrible machine,
D'un char de bronze à deux fois deux chevaux,
Où, se flattant d'inutiles travaux,
Il pretendoit en sa folle arrogance,
En son impie et vaine extravagance,
Jetter ainsi de la poussiere aux yeux
A l'immortel qui tonne dans les cieux.
   O! que le monde est une estrange beste!
Que d'arts maudits il tire de sa teste,
Et qu'à son gré le sage en parle bien!
Pour faire l'homme on ne sçait qu'un moyen,
Et l'on en sçait mille pour le defaire,
Tant l'homme mesme est à l'homme contraire,

---

1. Régnier a fait aussi le mot *fléau* monosyllabe. En Anjou, a conservé cette prononciation.

Tant il s'en veut, et tant l'homme, en un mot,
A son dam propre est un habile sot !
Faloit-il donc qu'un monstre en sa celulle
Nous preparast une telle pilulle !
O ciel ! ô dieux ! ne suffisoit-il pas
Qu'on eust ouvert le chemin du trespas
Avec l'acier qu'en lames on alonge,
Qu'au sang humain la mort abbreuve et plonge !
Encore un coup, n'estoit-ce pas assez
Que la fureur des hommes insensez
S'armast d'un fer dont par un soin barbare
Nostre costé s'enrichit et se pare,
Sans qu'un demon nous vint à mettre en jeu
L'effet cruel de ces tuyaux à feu !
 Par ces outils il n'est point de campagne
Qu'en estrillant ou l'Empire ou l'Espagne,
Quelque heros, quelque preux resolu
N'ait quelque tappe ou ne nous soit tollu [2].
Nous pourrions bien t'en nommer plus de quatre
Que le destin eut très-grand tort d'abatre,
Si dans ces vers il nous estoit permis
D'employer l'encre à pleurer nos amis.
 Or, après tout, quelque danger extresme
Que je me forme en ta personne mesme,
Quelque hazard que tu puisses courir
Autour des murs que tu dois conquerir,
Prince, une gloire en beauté sans pareille,
Un vent d'honneur me sifflant à l'oreille,
Flatte ma crainte, et me dit toutesfois
Qu'un heritier du grand Gaston de Fois,
Qu'un digne fils du plus noble monarque

---

1. Le moine Schwartz ou Le Noir, à qui la tradition attribue l'invention de la poudre.

2. Enlevé. — Du latin *tollere*.

EPISTRE.

Qui de la France ait gouverné la barque,
Pour luire au monde et se rendre fameux,
Est obligé de chamailler comme eux.
  Ensuy-les donc, frotte nos adversaires;
Ruïne-moy ce grand nid de corsaires,
Ce vain Donquerque, et ne t'arreste pas
Aux simples mets de cet autre repas :
Car ayant pris Gravelines la belle,
Qu'on vante tant et qui fait la rebelle,
Il ne peut estre à ton auguste faim
Qu'un desjeuner de raves et de pain.
  Desjà je voy cette ville rendue,
Desjà je tiens la Flandre pour perdue ;
Et les Melos, les Picolominis,
Disent desjà: Ha! nous voilà honnis !
  Tout l'univers ne parle d'autre chose
Que des exploits où ton bras se dispose.
Tes soins, ton cœur, ta generosité,
Ta table, où luit la somptuosité,
Table splendide à tout venant ouverte,
Ton ordre exact, ton œil tousjours alerte,
Ta diligence aux desseins courageux,
A se saisir d'un poste avantageux,
A prendre un fort, à construire une ligne,
A faire tant que pas un ne rechigne
Quand on dit marche, ou qu'il est question
De se loger au haut d'un bastion ;
Tes mœurs enfin, tes fatigues, tes veilles,
Ton doux accueil, et mille autres merveilles
Qu'on sçait de toy, font icy tant de bruit,
Que quand desjà, dans la plus calme nuit,
Tous les canons que l'arsenac t'appreste
Celebreroient ta divine conqueste,
Et de trois pas nous viendroient esblouir,
Au diable l'un qui les pourroit ouir !

EPISTRE.

Nostre Pont-Neuf, qui pourtant a de l'age,
Et sous qui gronde, au detriment du Tage,
La riche Seine, agreable en son cours,
De tes vertus s'entretient tous les jours ;
Là, son aveugle, à gueule ouverte et torse,
A voix hautaine et de toute sa force,
Se gorgiase à dire des chansons
Où ton bon-heur trotte en mille façons ;
Là, sa moitié, qui n'est pas mieux pourveue
D'habits, d'attraits, de grace ny de veue,
Le secondant, plantée auprès de luy,
Verse au badaut de la joie à plein muy ;
Bref, ce beau couple, en rimant saincte Barbe,
Dit que dans peu tu prendras à la barbe
De l'Espagnol et du brave Sienois
Ce qui t'oblige à porter le harnois.

    Le grand portrait de ton auguste pere,
Sçachant par là comme tout te prospere,
Et que son fils est son imitateur,
N'est point lassé d'estre leur auditeur ;
Ains au contraire, à ce qu'on en raconte,
Souventesfois Sa Majesté de fonte [1]
S'en emeut d'aise, en sousrit doucement,
Et semble dire en ce ravissement :

« Voylà, GASTON, voylà, ma geniture,
Le noble estat, la superbe posture
Où de long-temps je desirois te voir.
Ce que tu fais s'accorde à ton devoir,
Et bien qu'un sort, bien qu'une noire envie
Ait presque esteint la splendeur de ta vie,
J'ay tousjours creu que tu luirois un jour
Comme un flambeau digne de mon amour.

---

1. Le roi de bronze Henri IV.

EPISTRE.

Mon esperance enfin n'est point trompée;
Aux hauts projets ton ame est occupée;
Ton sang bouillonne et ton bras vigoureux
Va foudroyer l'ennemy malheureux.
C'est là, c'est là le degré legitime
Par où l'on monte au faiste de l'estime;
C'est le chemin qu'autresfois j'ay tenu
Pour parvenir où je suis parvenu.
Les durs combats, d'eternelle memoire,
Qui dans ce lieu font revivre ma gloire;
Les chefs dontez, l'orgueil que sans mercy
D'un pied vainqueur je foule encor icy,
Et tant d'exploits, tant d'illustres exemples,
Sont à tes yeux des preuves assez amples
De cette belle et claire verité
Que je consacre à ma posterité.
 « Ha! qu'à mon goust un prince de ta taille
A bonne grace au front d'une bataille!
Qu'un fer brillant luy sied bien à la main
Contre l'Ibere ou contre le Germain!
Il m'est advis que je m'y trouve encore;
Il m'est advis que le soleil redore
Mon noble glaive au milieu des dangers,
Et qu'à l'aspect d'un fier gros d'estrangers
Qui m'ose attendre, et qu'à la mort je voue,
Un gay zephire à mes plumes se joue;
Que mon coursier aux trompettes respont,
Et que la charge on sonne sur ce pont.
 « Sus donc avant! pousse ton entreprise;
Fay qu'en l'ardeur dont ton ame est esprise
Tout corresponde au rang d'un fils de roy.
Estre à cheval jour et nuit comme moy,
Coucher armé, tenir un si bel ordre
Que les jaloux n'y treuvent rien à mordre,

Gagner les cœurs, secourir les blessez,
Voir par ton soin les bons recompensez,
Prendre conseil, executer toy-mesme,
Avoir recours à l'arbitre supresme,
Et de l'honneur suivre le beau sentier,
En peu de mots, c'est faire son mestier.
 « Quand au surplus, puisque le ciel ordonne
Que du beau chef qui porte ma couronne,
Et dont l'esclat est si tendre et si fort,
Ton cœur loyal soit le ferme support,
Sers-luy de pere, embrasse sa deffance,
Ayde si bien à son aymable enfance
Qu'il brille un jour sur les roys les meilleurs,
Comme ses lys font sur les autres fleurs.
Aide à sa mere, à cette auguste reine,
A soustenir la charge souveraine ;
Seconde-la dans ses nobles projets ;
Que ses vertus te soient autant d'objets
A t'enflamer au bien de cet empire ;
Jamais ton ame autre ardeur ne respire,
Jamais soucy, jamais autre dessein
N'entre en ta teste et ne vive en ton sein.
Tu sçais assez ce que peut la concorde,
Sans qu'en ce lieu je touche cette corde ;
Tu sçais assez qu'elle est dans les estats
Le seul bouclier contre les attentats :
Voilà pourquoy je te la recommande.
C'est un sujet digne de ma demande,
Et qui fera que, comblé de bonheur,
Du cher LOUIS tu maintiendras l'honneur.
Dieu ! qu'il me plaist ! que son front a de grace !
Jamais icy ce bel astre ne passe
Suivy d'un autre admirable en clarté,
Que de douceur je ne sois transporté.

Aux beaux rayons de ses yeux pleins de charmes
Souvent les miens d'aise jettent des larmes ;
Je m'en esbranle, et, tout tel que je suis,
Pour le flatter je fais ce que je puis. »

Ainsi par fois semble en sa grande image
Parler ce prince à qui tout fit hommage,
Et son Bayard, quand il vient à finir,
Semble se mettre en humeur de hanir.
En fin, Gaston, pour reprendre mon theme,
Je te diray que tout Paris, qui t'ayme
Plus qu'un friand un bon melon d'Anjou,
Ou qu'une belle un precieux bijou,
Ne songe plus qu'à trouver quelque voye
De tesmoigner son excessive joye,
Lors qu'un courrier crotté jusques au cu
Fera sçavoir que ton bras a vaincu,
Que tout est pris, que cette demoiselle
Qui maint brave homme a fait mourir pour elle
Est renversée, ouvre enfin les genous,
Bref chantera que la beste est à nous.
Dejà l'on tient l'affaire si certaine
Que l'on ne voit coureur de pretantaine
Piquer mazette, en tourmenter le flanc
D'un esperon yvre et rouge de sang,
Que le bourgeois tout aussi tost ne die,
Heures au poing : Viste, qu'on psalmodie !
Gaston, sans douté, est maistre du rempart,
Et ce nazin vient icy de sa part.
Je le croy mesme, et le terme s'approche
De brimbaler la venerable cloche
De Nostre-Dame, appellant d'un haut ton
Toute la ville à l'honneur de Gaston.
En ce dessein elle promet merveille :
Il ne sera sourdaut qu'elle n'esveille

Ni pié tortu qui sous son grand batail[1]
N'aille tout droit vers le sacré portail.
Le roy, la reyne et le senat auguste
Rendront pompeux un *Te Deum* si juste,
Et chaque temple, en son particulier,
Dira le sien d'un plaisir singulier.

   Mais entre tous desjà je m'imagine
O noble Duc de celeste origine !
Que ton soucy, ta princesse, ton cœur,
Ravie en soy de ton destin vainqueur,
Ayant changé la priere en louange,
Benit le ciel avec une voix d'ange,
Et que desjà, consolant Luxambourg,
Fleur des palais et de nostre fauxbourg,
Elle fait voir dans ce bel edifice
Sa vraye amour par un feu d'artifice,
Qui, bien que rare et montant jusqu'aux cieux,
Ne luira point au prix de ses beaux yeux.

   Ton autre bien, la royalle pucelle[2],
Ce cher tresor dont la moindre estincelle
Vaut plus que l'astre au beau front argentin
Qui fait l'honneur du soir et du matin ;
Ta fille, dis-je, en vertus sans seconde,
Comme en attraits incomparable au monde,
Fera briller, ainsi que ta moitié,
Nostre heur, ta gloire et sa vive amitié.

   Qui depeindroit combien tes aventures
Leur font souffrir de cruelles tortures ?
Qui pourroit dire avec combien d'ennuits
En ton absence elles passent les nuits ?
Tout les émeut, et ton propre courage

---

1. Pièce de fer suspendue au milieu d'une cloche pour faire sonner. (Furetière.)
2. Mademoiselle de Montpensier.

De leurs pensers est le plus rude orage;
Leur espoir craint et tremble à touts propos,
Et ton travail les prive de repos.
 Mais la victoire, et riante et soudaine,
Graces au ciel, les va tirer de peine;
Desjà ta main de la palme jouit,
Et leur tristesse en l'air s'esvanouit.
J'entr'oy d'icy mille belles harangues
Qu'à ton retour les plus disertes langues
Te batiront par toutes les citez
Où pour nous voir tes pas seront portez.
Là, d'une trongne honorable et civile,
Maint magistrat, enflé d'un corps de ville
Et revestu comme en un jour pascal,
Mettra ton los en son point vertical;
L'un te plaira, l'autre te fera rire;
L'autre, esgaré sur la mer du bien dire,
Et ne sçachant en quel havre surgir,
Te fera mesme et suer et rougir;
Voire, en chemin tu ne verras hostesse
Se presenter à ta royale altesse,
Qui, bredouillant maint terme saugrenu,
Ne t'en fagotte un compliment cornu;
Et je ne sache aucun curé champestre
Qui de caquet ne te vueille repaistre,
Ni gros consul, ni petit eschevin,
Qui pour le moins ne t'apporte du vin.
 Hé donc! bons dieux! Hé! bons dieux! que sera-ce
Lors que Paris (tousjours en mesme place)
Tu reverra de gloire environné,
Et de lauriers dignement couronné!
Que d'allegresse et de cris agreables!
Que de saluts en respect incroyables!
Que de regars! que d'applaudissemens!
Que de rumeurs et de tremoussemens!

Je ne croy pas que tout Paris ne sorte
Hors de Paris par une seule porte,
Dans le dessein de t'aller recevoir,
De t'honorer, te benir et te voir.
  Je laisse à part les honneurs militaires
Qu'on te rendra comme à toy tributaires ;
Je laisse à part ton triomphe attendu
Et la ferveur de l'accueil qui t'est du ;
Mais je diray qu'en contemplant ta pompe
Quelque ame sage, ou mon esprit se trompe,
Tiendra peut-estre (à ta gloire s'entend)
Ce beau discours que ma plume t'estend :

  Si tous les grands, à la vertu dociles,
Sçavoient au vray combien leur sont faciles
Tous les moyens de se faire admirer,
Que d'avantage ils en pourroient tirer !
Il ne leur faut qu'un acte magnanime
Pour s'en promettre une histoire sublime ;
Un brave mot dit avecques chaleur,
Un air, un signe, une ombre de valeur
Jusques au ciel fait resplendir leurs gestes,
Destourne d'eux cent orages funestes,
Et d'un renom vert, florissant et beau,
Pousse leur vie au delà du tombeau ;
En tous endroits, pour peu d'effort qu'ils facent
Des autres feux les clartés ils effacent ;
Pour peu de soin qu'ils ayent de leur devoir,
Pour peu d'honneur qu'ils tesmoignent avoir,
Leur dignité, leur esclat, leur puissance,
Les nobles dons d'une haute naissance,
Leur font en terre aisement acquerir
Les rares biens que l'homme doit cherir.
  Ouay ! qu'est-ce cy ? la morale m'emporte :
De mon sujet il semble que je sorte,

Et mon caprice un peu trop glorieux
Trenche du docte et fait le serieux?
　Achevons donc cette epistre fantasque,
Il en est temps, puisque sans pot ni casque
Mon œil te voit, au moins l'œil du penser,
Dans Luxembourg un chacun caresser.
　Que de plaisirs le soir de ta venue!
Tout l'arsenac en pette et esternue [1],
Et le bourgeois, s'escrimant des ergots,
Enceint de chant les flames de fagots.
De tous costez les masses retentissent,
De tous costez les verres s'engloutissent;
Gaston resonne, et ce nom entonné
Rend par son ton maint flacon estonné.
　Laissons le vin; dejà comme il me semble,
Au bord de l'eau tout le peuple s'assemble,
Pareil en nombre à ses grains areneux,
Pour voir monter cent dragons lumineux,
Qui, se crevans en paisibles estoiles,
De l'air serain dorent les sombres voiles,
Et tost après tombent tranquillement
Sur le liquide ou le sec element,
Ou quelquefois font leur chutte embrasée
Au beau milieu de la tourbe amusée,
Dont maint badin, qui craint pourtant sa peau,
Rit d'en voir une empaumer un chapeau.
　Dans les transports de tant de testes yvres
Je feray tout, je brusleray mes livres,
Ou mes cottrets, pleins d'une gaye ardeur,
Feront en rue esclater ta grandeur!
Et les cayers de mon Moyse mesme,
Qui d'Apollon briguent le diadesme,

---

1. De semblables hiatus sont extrêmement rares dans Saint-Amant, dont la versification est toujours si soignée.

Courront fortune et se verront de loin
Si le denier me manque en ce besoin.
    De peu de chose aussi bien ils me servent,
Et si mes soins en coffre les conservent
C'est seulement pour plaire à ton desir,
Quand de les voir tu prendras le loisir,
    Les entendus n'en font pas peu de conte;
Ils disent tous qu'enfin c'est une honte
Qu'un tel ouvrage, après un si grand bruit,
Au gros autheur ne rapporte aucun fruit,
Et dès qu'un autre un benefice attrappe,
Pour moy soudain leur despit gronde et jappe,
Leur front s'allume, et qui les en croiroit,
Bien-tost la crosse à mon poin s'offriroit [1].
Je ne dis pas que ma main le merite,
Quoy que par elle ait esté l'œuvre escritte,
Et qu'un vers saint sembleroit inferer
Qu'au bien d'eglise on eust droict d'aspirer;
Mais, ô bon Dieu! combien en voit-on d'autres
Pourveus de mitre et d'amples patenostres,
Vivre entre nous avec auctorité
Qui l'ont peut-estre aussi peu merité!
    A tout le moins chacun dit à ma mine
Qu'un long habit de sarge ou d'estamine
Ne sierroit point tant mal dessus mon corps.
Soit faux, soit vray, je suis de tous accors.
    Au reste, Prince à qui l'honneur commande,
Ce que j'en dy n'est pas que je caymande:
J'ay trop de cœur, je ne gueuzay jamais,
Et m'en rapporte au grand prelat de Mets [2].

---

1. Saint-Amant, dit Tallem. des Réaux, « a prétendu pour son *Moïse* une abbaye et même un évêché, lui qui n'entendroit pas son breviaire. »

2. Saint-Amant, dit encore Tallem. de Réaux, « s'attacha à

D'un seul bien-fait ma Clion te supplie,
Et pour ce cas le genouil elle plie :
C'est que de grace il te plaise ordonner
Aux plats rimeurs qui t'iront lanterner,
A ton retour, de carmes ridicules,
Bernes, soufflets, taloches et bacules,
Ou pour le moins croquignoles sur front,
Pour reparer la vergongne et l'affront
Que ces faquins aux viles cornemuses
Font au noble art des neuf honnestes Muses,
Et j'en seray mille fois plus content
Que d'un brevet ou d'un acquit patent,
Ou de l'affaire au bon Goulas[1] commise,
Lors qu'un matin en prenant ta chemise,
Tu luy crias : « Expediez le Gros !
« Je l'ayme bien, car il ayme les bros. »

M. de Metz ». — L'évêque de Metz était alors Georges d'Aubusson de la Feuillade.

1. Le sieur de Goulas étoit secrétaire des commandements de Monsieur, frère du Roi, avec 4,800 liv. de gages. Mlle de Montpensier ne l'aimoit, dit-elle, ni ne l'estimoit. Un jour qu'elle reçut une lettre de lui, elle « la fit passer par dessus le feu, de crainte qu'il n'y eût quelque poison subtil ». — Pure grimace. M. de Goulas étoit d'ailleurs un personnage important. (Voy. Mém. de Retz.)

LES ŒUVRES
DU SIEUR DE
SAINT-AMANT

TROISIESME PARTIE

A MONSEIGNEUR
LE COMTE D'ARPAJON[1] ET DE RHODES
MARQUIS DE SEVERAC

Conseiller du Roy en ses conseils, chevalier de ses ordres [2]
et lieutenant general en ses armées.

ONSEIGNEUR,

Encore que ce me soit une espece de honte de vous presenter un recueil où il n'y ait rien à vostre gloire, je ne laisseray pas de vous offrir cettuy-cy, tant pour tesmoigner en quelque sorte le ressentiment des puissantes obligations que je vous ay que pour me faire justice à moy-mesme, et donner quelques marques à tout le monde de l'ardente et veritable inclination qui m'a porté toute ma vie à vous honorer. Si j'estois

---

1. De la maison d'Arpajon, originaire du Rouergue; on en trouve des titres dès le XIIe, mais surtout au XIIIe siècle. — Il portoit écartelé, au premier, de gueule à la croix de Toulouse d'or; au second, d'or à quatre pals de gueule, qui est Aragon-Severac; au troisième, de gueule à la harpe d'or, qui est Arpajon; au quatrième, d'azur à trois fleurs de lis d'or, qui est de France, un bâton d'argent, qui est Bourbon-Roussillon. — Il épousa successivement 1° une fille du marquis de Thémines, Gloriande de Lauzières; 2° Marie-Elisabeth de Simiane; 3° Catherine-Henriette d'Harcourt de Beuvron. — Il fut créé duc et pair en 1651, et mourut en 1679 à Severac.

2. Il fut reçu chevalier de l'ordre du Saint-Esprit à la promotion de 1633.

un faiseur de panegyriques et que mon talent s'estendist aussi bien sur la prose que peut-estre il se peut vanter par dessus le commun de s'estendre sur les vers, je tascherois, MONSEIGNEUR, de reparer en ce lieu l'injurieux silence de mes muses; et quand toutes les regles des epistres liminaires s'en devroient plaindre, je vous en ferois icy une dont le volume seroit de beaucoup plus gros que celuy mesme que je vous dedie. La France[1], l'Alsace[2], la Flandre[3], la Lorraine, l'Italie[4] et le Roussillon[5], où vos vertus heroïques ont eclaté avec tant de succès glorieux, et pour le bien de cet Estat et pour l'honneur propre de cette grande et illustre maison dont vous estes descendu, et dans laquelle vous pouvez conter entre vos ayeux des roys d'Arragon et des comtes de Thoulouze[6], y fourniroient de superbe theatre à vostre valeur. Je ferois voir que la pluspart de tous ceux qui commandent aujourd'huy dans nos armées vous ont obey, et tiennent encore à gloire d'avoir esté les apprentifs d'un si digne maistre. Je dirois que le retardement dont on a usé jusques icy à vous conferer le grade militaire[7] qui vous est dû est plustost une judicieuse consideration que l'on fait de son peu de prix à l'esgard de vos services qu'un refus ingrat aux merites de vostre personne. Je m'y estendrois sur vostre fameux voyage de Malte[8], et, sans mettre en jeu ny les exagerations, ny les hyperboles, je monstrerois que le seul bruit de vostre nom et la seule crainte qu'eut le

---

1. Au combat de Pelissant, il reçut neuf blessures, leva en 1621 un régiment d'infanterie, et se distingua en 1622 au siége de Montauban. Il fut fait maréchal de camp au siége de Tonneins.

2. Gouverneur de Nanci et de la Lorraine, il prit Lunéville au fort de l'hiver.

3. Il contribua à une défaite des Espagnols à Saint-Omer.

4. Il se distingua à Casal, dans le Montferrat et dans le Piémont.

5. Il y prit Elne et Salce, et protégea notre armée occupée au siége de Perpignan.

6. V. note 1, l'explication des armes du comte.

7. Le comte d'Arpajon, déjà lieutenant-général, ne pouvoit prétendre alors qu'à la dignité de maréchal de France : il ne l'obtint jamais; seulement, en 1651, deux ans après cette épitre, il fut nommé duc et pair. « M. d'Arpajon mouroit d'envie d'être maréchal de France, et pesta fort quand Gassion le fut. » — V. Tallemant, IV, 186.

8. En 1645, il partit volontairement pour défendre Malte, attaquée

Turc de vostre courage, de vostre conduite et de vostre longue experience au mestier de la guerre, l'empescherent d'assieger cette isle-là, et possible de reduire sous le joug ce ferme et noble rempart de la chrestienté : de sorte que l'on peut dire, par une reflexion agreable, que vostre propre reputation s'opposa en quelque maniere à elle-même, et que la grandeur de vos actions passées vous interdit alors la grandeur de vos actions à venir. Permettez-moy, s'il vous plaist, MONSEIGNEUR, que je vous die, sur ce propos, combien je vous suis redevable en mon particulier de cette genereuse entreprise[1], et, pour parler en poete, souffrez que je mesle ici quelques uns de mes cyprès parmy vos lauriers.

Je n'avois que deux freres, que les armes des Mahometans m'ont ravy : le premier[2] fut tué en un furieux combat qui se donna à l'embouchure de la mer Rouge, entre un vaisseau malabare qui revenoit de la Meque et un vaisseau françois qui s'en alloit aux Indes orientales, sur lequel, tous deux poussez de la belle curiosité de voir le monde et de l'honorable ambition d'acquerir de la gloire, ils s'estoient embarquez ensemble au sortir des estudes. Le second[3], après avoir receu cinq ou six playes en ce combat, dans le navire ennemy qu'ils avoient abordé; après avoir fait tout ce qu'un genereux desespoir, ou, pour mieux dire,

> Tout ce que la fureur, mesprisant tout obstacle,
> Inspire au sein d'un frère irrité du spectacle;

après avoir esté renversé d'un coup de pique dans la mer; après s'estre sauvé plus d'une lieue à la nage, tout blessé qu'il

---

par des forces turques considérables. Son heureuse intervention lui valut, de la part du grand-maître, Jean-Paul Lascaris, le privilége pour lui et ses descendants de porter sur le tout de leurs armes celles de l'ordre, avec l'écu posé sur la croix octogone, les extrémités saillantes. Un de ses fils, à son choix, devenoit chevalier en naissant, et prenoit le titre de grand'croix à l'âge de seize ans.

1. Les contemporains n'ont pas été sans voir ici un peu d'outrecuidance de la part de Saint-Amant. — Tallemant le trouve « fier à un point étrange, qui se loue jusqu'à faire mal au cœur. »

2. Ce premier frère de Saint Amant nous est inconnu.

3. Ce cadet de Saint Amant paroît avoir été le sieur de Montigny, qui commandoit *la Licorne* dans l'escadre du comte d'Harcourt.

estoit; après s'estre veu en mille autres perils devant que de revenir d'un voyage si long, si hazardeux et si penible; après avoir servy dans la cavalerie sous le renommé comte Mansfeld [1]; après avoir eu l'honneur d'estre cornette colonelle d'un regiment françois sous cet admirable roy de Suede [2], en ses plus fameuses expeditions, et pour qui j'ay fait ces vers, tirez d'une piece que j'ay perdue :

> C'est cet astre du Nort, ce prince glorieux
> Qui mesme dans la tombe entre en victorieux;
> C'est ce flambeau de Mars, dont l'ardeur consommée
> Triomphe en s'esteignant, et laisse une fumée
> Qui, ne valant pas moins que sa vive splendeur,
> Embausme et remplit tout d'une eternelle odeur;

enfin, dis-je, pour achever ma narration, ce brave et pauvre cadet, dont on me pardonnera bien en ce lieu ce petit mot pour luy servir d'histoire, d'eloge et d'epitaphe, après avoir commandé plusieurs campagnes navales un des vaisseaux de nostre puissant monarque LOUIS LE JUSTE, d'immortelle et precieuse memoire, sous la charge de cet invincible heros, Monseigneur le comte de Harcourt, avec qui vous estes lié d'une amitié si parfaite, finit glorieusement ses jours par les mains des Turcs en l'isle de Candie [3], il y a deux ans, estant colonel d'un regiment d'infanterie françoise au service de la serenissime republique de Venise, qui l'a trouvé digne de ses regrets, et qui m'a fait l'honneur de m'en faire escrire avec des termes et des louanges capables de me consoler de sa mort; et l'encre illustre qu'elle a daigné employer à cet effet paye avec une usure très-avantageuse pour moy et très-reconnoissante pour

---

1. Le comte de Mansfeld, fils naturel de P. Ernest III, légitimé par l'empereur Rodolphe II, de catholique se fit calviniste, et se déclara alors contre la maison d'Autriche. Il mourut, peut-être empoisonné, le 20 novembre 1626.

2. Gustave-Adolphe.

3. En 1645, les Turcs, feignant d'attaquer Malte, se jetèrent à l'improviste sur Candie et s'en emparèrent. Chassés, ils la bloquèrent pendant 24 ans, et ne la forcèrent à capituler qu'en 1669. Le pape Clément IX fournit chaque mois 30,000 écus pour les frais de la guerre. A sa sollicitation, les François partirent en grand nombre pour la défense des Vénitiens et de la foi chrétienne.

luy le sang qu'il a respandu pour elle. Mais, Monseigneur, la perte de mes deux freres n'est pas la seule cause qui m'oblige à vous faire cette digression, que la douleur et la nature ne rendent que trop excusable et trop legitime. J'ay encore d'autres raisons de ressentiment à joindre à celle-là. Feu mon pere, qui commanda autresfois, par l'espace de vingt-deux années, une escadre des vaisseaux d'Elisabeth, reyne d'Angleterre, en fut trois toutes entieres prisonnier dans la Tour-Noire à Constantinople ; et, comme s'il y avoit quelque fatalité barbare secrettement affectée à la destruction de nostre famille, peut-estre parce qu'elle porte le nom de ce grand Gerard qui fut le celebre instituteur de ce bel ordre des chevaliers de Saint-Jean de Jerusalem, ordre si redoutable à ceux qui professent l'infidelle secte de Mahomet, un de mes oncles gemit long-temps sous les cruelles chaisnes des Turcs, et deux de mes cousins germains ont perdu la vie en combattant genereusement contre eux. Cela, Monseigneur, n'est-il pas assez remarquable et assez estrange pour estre escrit en quelque lieu que ce soit, et surtout à vous, qui aymez les hautes avantures, et qui les iriez chercher par mer et par terre jusques au bout du monde? Et n'ay-je pas sujet de dire encore une fois, en reprenant mon discours de vostre voyage de Malthe, combien je vous suis obligé plus que tous les autres d'avoir entrepris avec tant d'ardeur et tant de resolution la deffence d'une place que menaçoient d'attaquer ceux qui ont persecuté ou fait perir la pluspart de mes parens, et desquels il semble que, par un dessein officieux et par un chastiment anticipé sur le dernier outrage mesme, vous eussiez voulu prendre la vengeance pour moy? Au reste, le noble gré qu'on vous sceut d'une action si pieuse et si esclatante ne s'estendit pas seulement jusques en mon cœur, il passa bien plus avant : il fit naistre au sein du roy de Pologne, du grand et magnanime Ladislas[1], une impatiente envie de vous voir, et comme il en eut fait sous main pressentir quelque chose par deçà, et que l'on fut bien aise qu'il se

---

1. Casimir-Ladislas-Sigismond, roi de Pologne, mourut le 29 mai 1648. Sa veuve, Louise-Marie de Gonzague, près de laquelle Saint-Amant avoit le titre de gentilhomme de la chambre, et à qui il dédia son *Moïse*, épousa Jean-Casimir frère de Ladislas.

presentast quelque belle occasion de se revancher des secours dont cet excellent prince avoit obligé cette couronne, outre que c'est une maxime d'Estat et une prudence politique de n'envoyer aux ambassades importantes que des personnes choisies et desirées des princes mesmes à qui on les envoye, on se servit du pretexte d'une ambassade extraordinaire pour vous envoyer avec plus d'apparat et plus d'honneur auprès de luy, qui vous souhaittoit avecque passion, et qui, sans doute, vouloit appuyer sur la solidité de vos graves et hardis conseils le beau projet que l'on tient qu'il avoit conceu de porter la guerre jusques dans le siege mesme des Ottomans. Mais, helas! ô Monseigneur! la Mort fit avorter tous ses justes et formidables desseins; elle vous donna le change, et, au lieu de trouver sa royale espouse, ma rare et divine maistresse, dans la pompe et dans la magnificence d'un trosne, vous la trouvastes, sous un voile malheureux et funeste, auprès d'un tombeau; vous la trouvastes dans une maladie que le regret et l'estonnement d'une perte si sensible et d'une separation si cruelle avoient causée; vous trouvastes cette chaste tourterelle, cette merveille de vertus, de graces et de beautez, toute preste à suivre son grand et cher mary, et, sans les remedes qu'apporta vostre consolation à ses douleurs, la seule fidelité de son amour auroit fait ce que toutes les trahisons de la mort n'ont pû faire. De vous dire icy ce que vous fistes depuis en l'eslection de l'auguste prince Casimir, qui occupe si dignement la place de son predecesseur, ce seroit tomber dans une faute où tombent presque tous les escrivains: je vous dirois ce que vous sçavez mieux que moy-mesme, et que peu de gens ignorent; mais ce que je sçay mieux que personne, puisque c'est à nous seuls à respondre de l'interieur de nostre conscience, c'est que celuy qui vous fait le don de ce livre, sur lequel je reviens après un assez long destour, est plus que tous les hommes du monde ensemble,

Monseigneur,

Vostre très-humble, très-obeïssant et très-passionné serviteur.

Saint-Amant.

LES OEUVRES
DU SIEUR DE
SAINT-AMANT

TROISIESME PARTIE.

EPISTRE
A Monsieur le baron DE VILLARNOUL.

HERE moitié[1] (si le Gros qui t'adore
De ce doux nom t'ose appeller encore),
Grand Villarnoul, ouy grand, quoy que pe-
Est-il donc vray que lors que tout rostit, [tit,
Que quand l'air mesme estouffe et se consume,
Que quand ycy l'onde mesme s'allume,
Et que la terre expire sous l'ardeur[2],
Toy seul pour moy vives dans la froideur?
Le dois-je croire? ay-je commis un crime

---

1. C'estoit nostre mot d'alliance. (S.–A.)
2. Cette piece fut faitte l'an 1646, où la chaleur fut extresme, et je m'y plains de ce que mon amy estoit arrivé à Paris sans m'estre venu voir. (S.–A.)

Qui rende au jour ta glace legitime?
Je n'en sçay rien : j'ay tout veu, tout cherché,
Brin après brin je me suis espluché ;
J'ay pris le soing, j'ay pris la patience
D'examiner ma propre conscience,
Et quelquesfois plus cruel et plus chaud
Qu'un lestrigon, qu'un tigre, qu'un brachaud,
J'ay fait souffrir torture sur torture
A l'innocente et pauvre creature,
Sans que jamais mon cœur ait pû sçavoir
Rien qui blessast ta gloire et mon devoir.

    Dy-le-moy donc, au moins fay que je sache
Si par malheur j'ay honny d'une tache
Le beau minois du service eternel
A toy promis sous maint vœu solennel ;
Escry-le-moy, ne laisse plus en peine
Un franc esprit qui t'accuse de haine ;
Je dy de hayne, ayant quelque soupçon
Qu'il y va plus que d'un simple glaçon :
Car autrement, seroit-il bien possible
Que ta vertu, si prompte et si sensible
Aux saints respects qu'on doit à l'amitié,
Eust consenty, trahissant ta pitié,
A me priver de l'honneur de ta veue,
Sans qui la mienne est presque despourveue
De ce plaisir nompareil et divin
Qu'elle goustoit au pur esclat du vin ?

    Fay-moy citer pour ouyr des reproches ;
Assembles-y tes parens les plus proches
Appelles-y, qui vaut bien des parens,
Nostre effectif, nostre cher Sainct-Laurens ;
Et si tu veux, pour augmenter ma honte,
Fay que ses sœurs, dont je fay tant de conte,
Avec leur niece au front si plein d'attraits,
Aux yeux si beaux, soient presentes aux traits,

Aux traits aigus, traits empennez de blame,
Qui de ta langue entreront dans mon ame,
A mesme temps que d'un charme vainqueur
Un doux traict d'œil entrera dans mon cœur;
Un doux trait d'œil! mais, pour me mettre en poudre,
Peut-estre, helas! sera-ce un trait de foudre
Que le desdain et le ressentiment
Dessus mon chef lanceront justement.
   Aussi bien suis-je un ingrat, je l'advoue,
Un paresseux, digne qu'on me rabroue;
Qu'on me condamne, à peine du bouleau,
A ne trinquer de six mois que de l'eau,
D'avoir esté presque une année entiere
En mon logis comme en un cimetiere,
Sans avoir fait chez elles un seul jour
Pour leur chanter ou bonsoir ou bonjour.
   Mais, quant à toy, je ne sçaurois comprendre
Qui t'a fasché, quel sujet t'a pu rendre
Si mol, si dur, lequel il te plaira,
Envers celuy qui t'ayme et t'aymera.
Tiendrois-tu point la raison offensée
De ce qu'un homme, aveugle en sa pensée,
N'a pu prevoir, comme auroit fait un dieu,
A point nommé ta venue en ce lieu?
Si c'est cela, ma faute je confesse,
De deviner je n'eus jamais l'adresse;
Je suis vaincu, j'ay tort d'estre un mortel;
Mais quel remede? un pere m'a fait tel.
   Il est bien vray que, si quelque bon ange
M'eust adverty par un moyen estrange
Que tu devois arriver chés Monglas [1],

1. M. Monglas, ancien hôte de Saint-Amant. Il mourut vers le 22 décembre 1661, et Saint-Amant mourut dans sa maison le 29 décembre de cette année. (Voy. la Notice.)

Chez ce cher hoste, aussi froid que verglas,
J'aurois esté des premiers à sa porte
Pour t'embrasser d'une estreinte si forte,
Qu'un mois après tes deux petits costez
En eussent dit : Of! nous sommes gastez.
Et tant s'en faut que dans cette demeure
J'eusse manqué de te rendre à toute heure
Ce que l'amour exige d'un amy,
Qui comme moy n'ayme point à demy ;
Tant s'en faut, dis-je, ame par trop changée,
Que ta presence eust esté negligée.
L'aspre desir de sa possession
Faisoit alors ma seule passion
Je m'en allois jusqu'en cette province
Où plein d'honneur tu vis en petit prince,
Où ta fortune au gré de ta vertu,
Brille et te traitte à bouche que veux-tu.
J'allois te voir en ton noble mesnage,
Où l'on m'a dit qu'ardent au jardinage,
Tu ne fais plus que fouyr, que planter,
Qu'arbre sur arbre en la saison enter;
Qu'en bonne terre espandre la semence;
Qu'un travail fait, soudain l'autre commence,
Et qu'en cela prenant ton seul deduit,
Il t'en revient maint agreable fruit.
Je voulois voir en ton sejour champestre
Comme des soins une ame se depestre;
Je voulois voir cet antique palais
Où bien-heureux, tu connois que tu l'es;
Où ton repos se fonde et s'ediffie
Sur le rocher de la philosophie,
Où l'on t'adore, où tu manges ton bien,
Non comme un fat qui ne parle que chien,
Mais comme un homme à qui dans maint beau livre,
Maint sage mort aprend l'art de bien vivre;

Où ta raison fait la nique à la cour,
Où la trompette et le bruit du tambour,
Qui t'ont jadis enchanté les oreilles,
Sont postposez aux douceurs nompareilles
Des rossignols, du murmure des eaux
Et des zephirs qui flattent les roseaux;
Bref, où, content de ton bonheur extresme,
Tu fais ton sort, tu jouys de toy-mesme,
Et peux par là dire que tu jouys
D'un bien qui vaut cent caques de louys.
Ouy, tu les vaux, et c'est ce qui me greve,
C'est ce qui fait que de despit je creve,
De perdre un cœur des Graces advoué,
Et je ne l'ay ny trahy ny joué.
Plustost mourir, tous les dieux j'en atteste;
Plustost me vienne et le cancre et la peste,
Que, d'un venin emprunté des serpens,
On vist ma langue agir à tes despens;
Car, ô Baron! bien que je puisse dire
Qu'onc ce ne fut (encore faut-il rire)
Pour tes beaux yeux que ma raison t'aima,
Pour ton beau nez que mon cœur s'enflama,
Non plus que toy pour ma grosse bedaine,
Ou pour ma trongne ample, bachique et saine,
Si m'a-t'on veu te depeindre tousjours
Comme un objet digne de mes amours.
Je t'ay fait grand, j'ay relevé ta mine,
J'ay dit qu'en foy ton ame est une hermine,
J'ay celebré tes gentilles humeurs,
Ton bel esprit, ton courage, tes mœurs,
Et n'ay menty qu'en parlant de ta taille;
Le reste est vray : je donneroy bataille
A coups de poing, voire à coups de canon,
Contre l'enfer, s'il me disoit que non.

    Mais revenons à ta metamorphose.

Enfin mon œil en descouvre la cause ;
Je suis au but, j'ay la clef du secret,
Et vay l'ouvrir avec un tel regret
Qu'entre les dents j'en dy ma patenostre ;
Une Moitié t'a fait oublier l'autre ;
J'ay tout compris : c'est, c'est ce bel hymen,
Pour qui ma bouche oncques n'a dit amen ;
C'est ce beau nœu, c'est ce bel androgine
Qui de mon mal est la seule origine.
L'amour du corps vainq l'amour de l'esprit,
Et l'on me rend ainsi que l'on me prit,
Non pas ainsi, non pas, de par le diable !
Dix ans de plus me font moins agreable ;
Mais sçais-tu bien si je me reprendray,
Et si de moy moy-mesme je voudray ?
Crois-tu, cruel, que de nos deux genies,
Dont on voyoit les volontez unies,
Et dont chacun prisoit l'affection,
J'aille signer la separation ?
L'esperes-tu ? penses-tu que par force
Ma loyauté consente à ce divorce ?
Tu pers ton temps : non, je n'en feray rien,
Et malgré toy je seray tousjours tien.
 Tu me diras que pour reluire au monde
Il te falloit une moitié feconde,
Qui t'enrichist d'enfans et doux et beaux
Plus que le ciel n'est riche de flambeaux.
Le vain pretexte ! ô qu'il est puerile !
Viens ça, perfide ! et moy, suis-je sterile ?
Et mon esprit ne t'en produit-il pas
Qui sont pourveus de graces et d'appas ?
 Dès qu'ils sont nez, ils causent, ils se jouent ;
Ils vont tous seuls, ils censurent, ils louent,
Il ne leur faut nourrice ny valet,
Il ne leur faut ny fraize ny colet ;

Quoy que tous nuds, ils semblent estre braves;
Leurs libres pieds haïssent les entraves;
Du sot vulgaire ils detestent l'erreur;
Ils ont sur tout la bassesse en horreur;
Pour leur fortune aucun grand ils ne prient;
Ils ne sont point de ces oiseaux qui crient :
Fay-moy du bien et j'en diray de toy;
Tous gueux qu'ils sont, ils ont un cœur de roy :
Ils dancent droit, ils chantent sans se feindre;
Le penser mesme ils se meslent de peindre;
Ils font briller la rime et la raison ;
La flatterie est un lasche poison
Que leurs papiers ne souffrent ny ne baillent;
Ils sont hardis, ils gourmandent, ils raillent,
Mais noblement et tousjours à propos,
Et quelquefois ils discourent des pots.
 Tantost enflez des sciences infuses,
Ils vont si haut sur le Bayard des muses,
Que ce destrier, leur bon et cher amy,
Paroist sous eux moindre qu'une fourmy.
Tantost plus pronts que le vent sur la vague,
Aux yeux des sœurs courans sur luy la bague,
Ils font merveille, et par cent beaux dedans
Frustrent l'espoir aux autres pretendans :
Tantost en lice, et contre Appolon mesme,
Qui fait par fois, pour le prix du poëme,
Mettre la selle à quelqu'un des chevaux
Dont il se sert au char de ses travaux,
Ces paladins osent baisser sa lance,
Font chanceler sa roide corpulence;
Et d'autres jours, à l'honneur du pasquin,
Deffiants Môme, ils rompent au facquin[1];
Tantost leur bouche annonce des oracles,

---

[1]. Cette phrase métaphorique fait allusion à un exercice de

Tantost leur voix recite des miracles,
Et ces beaux fils, de gloire accompagnez,
Ne sortent point qu'ils ne soient bien peignez.
En fin de conte ils parlent de la guerre,
Du feu, de l'air, de l'onde et de la terre;
Leur cœur ne craint ny le temps, ny le sort,
Et, qui plus est, ils incaguent la mort.
   Regarde un peu si ta moitié nouvelle
Fait des enfans comme fait ma cervelle,
De beaux enfans qu'il ne faut point nourrir
Et dont le corps ne peut jamais pourrir.
Plust au bon Dieu, pour le bien de ta race,
Chere à mes soins, quelque tort qu'on me face,
Que ton amour, t'espargnant mille ennuis,
T'en fist de tels en ses secondes nuicts!
J'en benirois l'injurieuse flame,
Et l'on verroit et ta bourse et ton ame
Hors d'un soucy qui n'est pas tant leger;
Mais ces fruicts-là sont d'un autre verger
Que de celuy que la nature humaine
Plante et cultive avec plaisir et peine.
La chair perit, et l'immortalité
A l'esprit seul donne sa qualité;
Elle la donne à ses labeurs encore;
Elle permet qu'au beau nom qu'il honore,
Comme sans fard Saint-Amand fait le tien,
Il communique un si celeste bien;
Et si, Baron, mon espoir ne se trompe,
Quoy que le temps toute chose corrompe,
Mon Villarnoul en mes vers brillera
Tant que la terre ou le ciel tournera,
Ou que tous deux ils tourneront ensemble.

---

carrousel. Courir le faquin ou rompre des lances à la quintaine avoient même sens.

Lequel crois-tu ? dy-moy ce qu'il t'en semble,
Puis que la mort, d'un tragique laurier,
A couronné nostre cher Du Maurier [1],
Nous a ravy, dans un aspre meslée,
Ce grand second du fameux Galilée,
Qui seul pouvoit nous regler là-dessus
Par ses discours si fortement conceus,
Que l'œil du jour et les autres planettes
Sembloient n'oser dementir ses lunettes,
Et qu'on eust dit, à ses vives raisons,
Qu'il eust desjà logé dans leurs maisons.
 Or comme un pape il y loge à cette heure,
Il rit là-haut cependant qu'on le pleure ;
Il void sans yeux ce qu'il a debité,
Sçait si la lune est un orbe habité
De farfadets ou de cocquesigrues,
Connoist au vray si l'on nous prend pour grues
De nous chanter des taches au soleil ;
Sçait si ce globe, en vertu sans pareil,
Fixe et mobile est au centre du monde,
Où sur un point, faisant en soy la ronde,
L'on tient qu'il donne aux autres la splendeur,
Le mouvement, l'influence et l'ardeur ;
Cette belle ame enfin est esclaircie
De cent erreurs dont la nostre est farcie ;
Elle sçait tout, elle ne doute plus,
Et nos regrets sont vains et superflus.
 Puissions-nous avec elle un jour boire
Du doux nectar que lui verse la gloire !
Et puisses-tu si bien te repentir
Qu'en mes soupçons tu me fasses mentir !
Ce rare amy, que d'encens je parfume,

---

1. Nous ne connoissons aucun ouvrage de « ce grand second du fameux Galilée », plus connu par ses ambassades.

S'est par hazard rencontré sous ma plume ;
J'en suis bien aise, et peut-estre qu'aux cieux,
Sa joye en forme un sousris gracieux.
   Saches au reste, à l'honneur de mon stile,
Que ma vieillesse est encor si fertile,
Que tous ces vers, fabriquez brusquement,
Sont les efforts d'un seul accouchement.
   C'est trop escrit, c'est trop, cher infidelle :
Il faut finir avecques la chandelle ;
J'ay fait binet pour me rendre en ce lieu
Il va s'esteindre, il tombe, il meurt. A Dieu.

LE PRINTEMPS DES ENVIRONS DE PARIS[1].

SONNET.

Zephire a bien raison d'estre amoureux de Flore;
C'est le plus bel objet dont il puisse jouyr ;
On voit à son eclat les soins s'esvanouyr,
Comme les libertez devant l'œil que j'adore.

Qui ne seroit ravy d'entendre sous l'aurore
Les miracles volans qu'au bois je viens d'ouyr !
J'en sens avec les fleurs mon cœur s'espanouyr,
Et mon luth negligé leur veut respondre encore.

L'herbe sousrit à l'air d'un air voluptueux ;
J'apperçoy de ce bord fertile et tortueux
Le doux feu du soleil flatter le sein de l'onde.

Le soir et le matin la Nuict baise le Jour ;
Tout ayme, tout s'embraze, et je croy que le monde
Ne renaist au printemps que pour mourir d'amour.

[1]. Scudéry a fait de même quatre sonnets sur les quatre saisons.

L'ESTÉ DE ROME.

SONNET.

Quelle estrange chaleur nous vient icy brusler ?
Sommes-nous transportez sous la zone torride,
Ou quelque autre imprudent a-t'il lasché la bride
Aux lumineux chevaux qu'on voit estinceler ?

La terre, en ce climat, contrainte à pantheler,
Sous l'ardeur des rayons s'entre-fend et se ride ;
Et tout le champ romain n'est plus qu'un sable aride
D'où nulle fresche humeur ne se peut exhaler.

Les furieux regards de l'aspre canicule
Forcent mesme le Tybre à perir comme Hercule,
Dessous l'ombrage sec des joncs et des roseaux.

Sa qualité de dieu ne l'en sçauroit deffendre,
Et le vase natal d'où s'écoulent ses eaux,
Sera l'urne funeste où l'on mettra sa cendre.

L'AUTONNE DES CANARIES.

SONNET.

Voycy les seuls côtaux, voycy les seuls valons
Où Bacchus et Pomone ont estably leur gloire ;
Jamais le riche honneur de ce beau territoire
Ne ressentit l'effort des rudes aquilons.

Les figues, les muscas, les pesches, les melons
Y couronnent ce dieu qui se delecte à boire ;
Et les nobles palmiers, sacrez à la victoire,
S'y courbent sous des fruits qu'au miel nous esgalons.

Les cannes au doux suc, non dans les marescages,
Mais sur des flancs de roche, y forment des boccages
Dont l'or plein d'ambroisie eclatte et monte aux cieux.

L'orange en mesme jour y meurit et boutonne,
Et durant tous les mois on peut voir en ces lieux
Le printemps et l'esté confondus en l'autonne.

L'HYVER DES ALPES.

SONNET.

Ces atomes de feu qui sur la neige brillent,
Ces estincelles d'or, d'azur et de cristal
Dont l'hyver, au soleil, d'un lustre oriental
Pare ses cheveux blancs que les vents esparpillent;

Ce beau cotton du ciel dequoy les monts s'habillent,
Ce pavé transparant fait du second metal [1],
Et cet air net et sain, propre à l'esprit vital,
Sont si doux à mes yeux que d'aise ils en petillent.

Cette saison me plaist, j'en ayme la froideur;
Sa robbe d'innocence et de pure candeur
Couvre en quelque façon les crimes de la terre.

Aussi l'Olympien la void d'un front humain;
Sa collere l'espargne, et jamais le tonnerre
Pour desoler ses jours ne partit de sa main.

1. L'argent. L'âge d'or fut suivi de l'âge d'argent.

ODE HEROI-COMIQUE

Pour Monseigneur LE PRINCE, *lors Duc d'Anguien, Son Altesse s'en retournant commander l'armée d'Allemagne, l'an 1645*[1].

uis que le brave DUC D'ANGUIEN [2]
Retourne encore en Allemagne,
Nous l'allons voir en moins de rien
Monter plus haut que Charlemagne.

Il a desjà fait des exploits
Qui volent par toute la terre,
Et dans l'honneur des beaux emplois
Il brille en fier astre de guerre.

Rocroy [3] l'a veu le glaive en main,
Grand de cœur, d'adresse et de taille,
Faire enyvrer de sang humain
Le champ caché sous la bataille.

---

1. Voiture a fait une très longue épître sur le même sujet. — Voy. aussi les *Vers héroïques* du sieur Tristan l'Hermite.

2. Né en 1621, le prince de Condé avoit alors vingt-cinq ans. Il porta le nom de duc d'Enghien jusqu'à la mort de son père, en 1646.

3. « François de Melo alla assiéger Rocroy (1643) avec une très belle armée ; mais, ayant déclaré un certain jeune seigneur portugais, appelé Albuquerque, general de la cavalerie, (il) la depita tellement (cette armée), que, les François estant survenus, elle ne voulut pas faire son devoir, mais prit la fuite,

ODE HEROI-COMIQUE.

Tel qu'on voit un torrent forcer
Ce qui s'offre à ses eaux rapides,
Tel on l'a veu rompre et percer
Cent gros de reistres intrepides.

On l'a veu, comblant tout d'effroy
Par sa fureur jeune et guerriere,
Ouvrir aux triomphes d'un roy
L'honorable et longue carriere.

On a veu ce prince hardy
Faire en ce lieu plus de ravages
Que tous les lions du Midy
N'en font en leurs plaines sauvages.

La terreur, l'audace et la mort,
Y marchoient devant la victoire;
Sa seule teste en fit le sort,
Et son seul bras en fut la gloire.

Fontaines, le vaillant goutteux [1],
Afin de perir à son aise,

tellement que toute l'infanterie fut defaite par le duc d'Anguien, maintenant prince de Condé. » (Parival, *Hist. de ce siècle de fer*, p. 417.) — Ce récit, peu flatteur pour le vainqueur, est contredit, on le sait, par Bossuet, dans l'oraison funèbre du prince, son ami. Selon lui, Condé auroit dormi la veille de la bataille; mais les nuits suivantes, selon La Calprenède, il les auroit consacrées à la lecture de *Cassandre* : « Mon precedent ouvrage doit sa plus grande reputation au bonheur qu'il a eu de vous divertir. On vous a veu plusieurs fois passer des heures dans la tranchée avec un volume de *Cassandre*, et vous avez donné à sa lecture une partie des nuits qui ont succédé à ces grandes journées que vous avez rendues fameuses par vos victoires. » (La Calprenède au duc d'Anguien, *Epître dédicatoire* en tête de la *Cléopâtre*, 1re partie, 1653.) — Voy. aussi Voiture, lettre CXL.

1. Le marquis de Fuentès ou Fontaines, qui se fit porter en

Loin de Melo[1], lasche et honteux,
Y rendit l'ame dans sa chaise.

Albuquerque, au front des chevaux,
S'en sauva plus viste qu'un lievre,
Et, fatigué de ses travaux,
Six mois après en eut la fievre.

Cependant l'illustre Bourbon
De qui je veux estre l'Orphée,
Sur la bouteille et le jambon
En ordonna le beau trophée.

Puis, pour recueillir l'ample fruit
D'un coup d'essay si profitable,
Il s'en alla, sans faire bruit,
Assieger un mur indontable.

Battre le fer tant qu'il est chaud
Est un des points de sa science,
Et son courage noble et haut
Brusle tousjours d'impatience.

Il connoist qu'un moment perdu
Ruïne toute une entreprise,
Et qu'au seul temps est souvent dû
L'honneur de mainte belle prise.

Aussi que n'a-t'il pas fait voir
Par son ardente prontitude !
Mainte cité le peut sçavoir,
Et c'est de Mars la fine estude.

---

chaise et assista malade à la bataille. Bossuet lui-même fait l'éloge de ce noble adversaire.

1. Don Francisco de Melos « fut tellement decredité, dit Parival, que le roy fut contraint de le rappeler. »

Thyonville[1], après le combat,
Fut investy, fut pris au piege,
Et jamais horrible sabat
N'effraya l'air comme en ce siege.

Le fer que le bronze vomit
En globes bastards de la foudre
Tonna si fort qu'en bref il mit
Les roches de l'enceinte en poudre.

La Mozelle en eut des frissons
Dessous sa liquide simarre,
Et les oyseaux et les poissons
Firent gile à ce tintamarre.

Enfin on heurta tant de coups
Et re-heurta de telle sorte,
Qu'on vit la clef tourner pour nous
Et d'elle-mesme ouvrir la porte.

Nostre vainqueur entra dedans,
D'un air triomfant et superbe,
Sur un grand barbe aux yeux ardans,
Qui trespignoit sans gaster l'herbe.

L'or remasché de son beau frain
S'argentoit d'une fresche escume;
Il prestoit l'oreille à l'airain
Et hannissoit sous mainte plume.

Il sembloit des-jà presager
De Fribourg[2] la haute avanture,

---

1. Thionville fut pris à la suite de la bataille de Rocroy. — Voiture adresse sa CXLIV^e lettre au marquis de Pisani, qui avoit perdu au jeu, pendant le siége de cette place, tout son argent et son équipage de guerre.
2. Le baron de Mercy, général autrichien, avoit assiégé Fri-

Et faisoit luire et voltiger
Sa gloire et presente et future.

Dieu ! quelle bouche exprimeroit
Cette aspre et tragique journée !
Et quelle main couronneroit
La valeur qui l'a couronnée !

Tout ce dont jamais on parla
D'affreux, de sanglant et d'horrible,
Le doit ceder à ce jour-là,
Où mon heros fut si terrible.

Pié contre pié, front contre front,
Les brusques troupes se heurterent,
Et d'un acier cruel et pront
Leur vive rage executerent.

Plusieurs mousquets des deux partis,
Après le grand feu de l'approche,
En leviers furent convertis
Pour escrazer mainte caboche.

L'ardeur ostoit le temps au temps,
Les poings mesmes devenoient armes,
Et les battus et les battans
Confondoient leurs cris et leurs larmes.

Un bruit formé de cent rumeurs,
Que renforçoit nostre tonnerre,
Etouffoit les aigres clameurs
Des mourans qui mordoient la terre.

L'un, d'une picque outrepercé,
Hurle, s'enfile encor, s'allonge,

---

bourg en 1644. Condé et Turenne, après deux attaques désastreuses, l'emportèrent à la troisième. On vit rarement combat plus meurtrier.

Et, rougissant le bois poussé,
Son glaive au sein de l'autre plonge.

L'un, que foudroye à bout portant,
Par le chef, la mort allumée,
Rend par la bouche au mesme instant
D'espais tourbillons de fumée.

Il en rend par le nez aussy,
Il chancelle, il tombe, il se pame,
Il sanglotte en l'air obscurcy,
Et semble petuner son ame.

L'autre dessus le serpentin
En tremblant ajuste sa mèche,
Et tandis est fait le butin
D'une ardente et viste flamèche.

L'un, prenant martre pour renard,
Tue Antoine au lieu d'Alexandre,
Et l'autre esquive, en fin canard,
Le fer qu'il voit sur luy descendre.

L'autre, insultant sur le vaincu,
Luy met le pié dessus la gorge,
Le fouille, en tire maint escu,
Puis se monte comme un saint George.

L'autre, obstiné quoy que tout seul,
Tombant sur ses propres entrailles,
De son drappeau fait son linceul
Et s'honore en ses funerailles.

L'autre meurt de peur d'estre atteint,
L'autre expire en nommant Silvie,
Et l'autre feignant d'estre esteint
Sauve le flambeau de sa vie.

Coups orbes, fiers estramassons
Y pleuvent aussy dru que gresle

On s'y massacre en cent façons,
Et tout y charge pesle-mesle.

   Les hommes foulent les coursiers;
Les coursiers sur les hommes passent,
Et de soldats et d'officiers
Maints corps dessus maints corps s'entassent.

   La fureur, l'animosité,
L'orgueil, l'ire et la turbulence,
De l'un et de l'autre costé
Monstrent leur cruelle insolence.

   L'enorme spectre du trespas
Y troubloit les uns et les autres;
Mais la victoire aux doux appas,
Rioit pourtant aux yeux des nostres.

   Et, quoy que l'assiette du lieu
A l'ennemy fust favorable,
Mon grand et noble demy-dieu
En fit un meurtre deplorable.

   Ce fameux prince estoit par tout,
A droit, à gauche, en queue, en teste,
Et sa valeur, tousjours debout,
Portoit la foudre et la tempeste.

   Un seul trait de ses yeux brillans
Mettoit l'adversaire en desordre,
Faisoit trembler les plus vaillans
Et ranimoit les siens à mordre.

   Son aspect changeoit en vigueur
Leur haletante lassitude,
Et du laurier plein de rigueur
Son fer tranchoit l'incertitude.

   Sa furieuse esmotion
Valoit à tous une harangue;

Il excitoit par l'action,
Et sa main parloit pour sa langue.

Il avoit l'eclat et le port
D'un formidable et jeune Alcide,
Et son bras ne faisoit effort
Qui ne fist un noble homicide.

Pieux arrachez, monts debatus,
Forts conquis malgré tous obstacles,
Furent de ses fieres vertus
Les spectateurs et les spectacles.

Il est vray qu'en ce rude chocq,
Si l'aigle fut mis en desroutte,
De nostre part maint brave cocq
Versa du sang à grosse goutte.

Il en fut occis plus de trois;
Mais toute ame aux combats experte
Dira qu'en guerre quelquesfois
C'est une espargne qu'une perte.

Un homme à propos hazardé
Souvent en sauve une centaine,
Et qui n'entend ce coup de dé
Ignore l'art de capitaine.

En suitte rien ne coustera,
Ny rempars, ny murs ceints de fleuves;
Philipsbourg, Spire, et cætera[1],
En sont les incroyables preuves.

---

1. Ce dernier mot désigne Mayence, et annonce la bataille de Nordlingue, où le duc d'Enghien faillit être pris, mais d'où cependant il sortit vainqueur. — La retraite de Mercy le Preux, comme l'appelle Saint-Amant, fait le plus grand honneur à ce général.

Quelle merveille que ces tours,
Qui valent bien celles de Troye,
En l'heureux terme d'onze jours
De mon prince ay'nt esté la proye

Mercy le Preux et Jean de Vert [1],
Privez de force et de courage,
S'estans reduits loin à couvert,
N'oserent retenter l'orage.

Le rusé duc dont le bon-heur
Depuis tant d'ans regne en Baviere [2],
Dolent de voir leur deshonneur,
Fit de ses yeux une riviere.

Le Danube, à qui l'on conta
Du Rhin sousmis [3] l'estrange histoire,
Blesmit de crainte et se hasta
De l'aller dire à la mer Noire.

L'Ocean l'apprit aussi-tost
Par la bouche du vaincu mesme,
Et, dans l'abysme qui l'enclost,
Trembla pour son grand diadesme.

Il craignit nos bras trionfans,
Et qu'après qu'un heur si prospere
Auroit donté tous les enfans,
On ne voulust donter le pere.

---

1. Célèbre général au service de l'Empire pendant la guerre de Trente Ans.

2. Wolfgang-Guillaume, duc de Bavière-Neubourg, né en 1578, catholique en 1614, mourut en 1653. — Il fut mêlé aux affaires d'Allemagne.

3. Quand le duc d'Enghien passa le Rhin, Voiture lui adressa une lettre singulière, *La commère la Carpe à son compère le Brochet.*

Il eut peur que, quand mon heros
Auroit pris la vieille Cybelle,
Il ne luy vint presser le dos
Pour en chercher une nouvelle.

Ha! que mes sens sont resjouys
Quand j'oy parler de ses miracles!
Et que cet auguste Louys
Doit encore accomplir d'oracles!

Tous les guerriers du temps passé
Pourroient venir à ses escoles;
Et ses exploits ont effacé
L'antique honneur de Cerisoles[1].

Les Gustaves[2] et les Veimars[3]
En sont jaloux en l'autre monde;
Achile en boude, et le dieu Mars
L'envie, encor qu'il le seconde.

Mais desjà cet emulateur,
Fier du beau train qui l'accompagne,
L'invite aux coups d'un ton flateur
Et le r'appelle à la campagne.

Va, noble prince, va-t'en donc,
Pousse ton illustre fortune,
Et souffre à mon chant assez long
Que d'un desir je t'importune

1. La victoire de Cérisolles fut remportée le 14 avril 1544 par le duc d'Enghien, alors âgé seulement de 22 ans, sur les troupes de Charles-Quint.
2. Gustave-Adolphe.
3. Le duc Bernard de Saxe-Weimar, célèbre général au service de Louis XIII. Après ses conquêtes sur le Rhin, il devint suspect à Louis XIII, qui lui avoit déjà donné l'Alsace, mais n'en resta pas moins fidèle à la France. Il mourut à Neubourg le 18 juillet 1639, laissant au maréchal de Guébriant, comme

Rasfle-moy Heydelberg[1] d'abord;
Le sein en cache une merveille
De qui le beau renom m'endort
Et dont la grandeur me resveille.

C'est ce prodige des vaisseaux
Qui porte une mer dans un antre,
Une mer dont les doux ruisseaux
Du bon Bacchus enflent le ventre.

Il faut avant que d'en partir
Gagner cette reine des tonnes,
Qui seule pourroit engloutir
Tout le nectar de dix autonnes.

Quand tu l'auras gagnée à toy,
Ne doute plus de tes conquestes;
Chacun des tiens deviendra roy,
Et tous tes jours seront des festes.

Elle est de l'empire germain
La deesse et garde fatale,
Et qui la tiendra sous sa main
Tiendra sa force capitale.

Puisse l'ennemy galopé
Fleschir sous tes loix militaires
Sans estre jamais detrompé
Du vain bruit de tes carractaires!

marque de son estime, son épée, ses pistolets, ses armes et son cheval de bataille.

1. La ville est célèbre par le tonneau qui y est conservé, tonneau qui contient, dit-on, environ 350 barriques de vin. Ce fameux tonneau, gâté pendant les guerres du XVIIe siècle, fut reconstruit par l'électeur Charles-Louis, et orné de riches sculptures. Il est toujours entretenu plein du meilleur vin. Au dessus est une plate-forme entourée de balustres, à laquelle on parvient par un escalier de quarante marches. — Ce tonneau existe encore.

SONNET

Pour Monseigneur le Duc d'Anguien.

nguien, à quels efforts obliges-tu ma plume?
Il faut que de ton glaive elle imite l'ardeur,
Et qu'empruntant de toy la gloire et la splendeur
Elle face briller un illustre volume.

Les foudres que Vulcan fit bruire sur l'enclume
Pour armer autres fois l'immortelle grandeur
Furent lancez sur Phlegre avec moins de roideur
Que les tiens sur le Rhin, dont la campagne fume.

Toutes fois le besoin y r'appelle tes pas;
Un demon, asseuré que tu n'y luisois pas,
D'obscurcir nostre sort a pris quelque licence.

Mais tu feras, ô Duc! comme l'astre du jour :
Le temps noir et fascheux causé par ton absence
Deviendra clair et beau par ton divin retour.

SONNET

Pour la Serenissime Reine de Pologne[1], *devant son mariage, l'an* 1645.

es beaux yeux de Louyse, au trône destinée,
L'eclat doux et puissant a passé jusqu'au Nort,
Le plus grand roy du pole en a senti l'effort,
Et l'amour se prepare à leur noble hymenée.

Quoy que par ses vertus elle fust couronnée
D'un honneur immortel, qui ne tient rien du sort,
Toutesfois le ciel mesme eust cru luy faire tort
Si d'un or souverain sa teste il n'eust ornée.

Je voy des-jà parer ses illustres cheveux,
Et desjà la fortune, au saint gré de nos vœux,
Appreste à son merite un bonheur sans mesure.

O qu'en ce digne estat ses esprits sont contens,
Et qu'en elle aujourd'huy, d'une agreable usure,
Le temps, par sa main propre, est bien payé du temps!

---

1. Louise-Marie de Gonzague, fille de Ch. de Gonzague, duc de Nevers et de Mantoue, et de Catherine de Lorraine, née en 1612, mourut à Varsovie le 10 mai 1667. Elle épousa, en 1646, Uladislas VI, roi de Pologne, et, après la mort de celui-ci, en 1649, Jean-Casimir, son beau-frère, successeur de son premier mari.

EPISTRE A L'HYVER

Sur le voyage de SA SERENISSIME MAJESTÉ
en Pologne.

A toy, demon, qui fais que la nature,
Lasse d'agir, est comme en sepulture
Dans un lict froid, où sa fecondité
S'eschauffe et dort sous la sterilité
Qui l'enlaidit pour la rendre plus belle,
Qui sa vigueur irrite et renouvelle,
Et qui luy sert à reproduire au jour
Le gay printemps, les graces et l'amour;
A toy, vieillard; à toy, prudent genie
Sous qui l'année, utillement finie,
Reprend son cours, et sur qui nos raisons
Fondent l'espoir des trois autres saisons,
Ma plume addrese une juste requeste,
Qu'avec ardeur un humble vent s'appreste
A te porter jusques sur ces climas
Où tu regis l'empire des frimas,
Où, haut monté sur un trosne de gloire
Fait de tes mains, au lieu d'or ou d'yvoire,
De pure neige et de riche cristal,
Tu ranges tout sous ton sceptre fatal.

 Le but de grace où ma priere vise
Est qu'il te plaise, ô prince de la bise!
Suspendre un peu l'aspre et dure vertu

Dont aujourd'huy ton bras est revestu.
Cette faveur non sans cause j'implore :
Un rare objet, que le ciel mesme adore,
Une deesse, un miracle charmant,
Dont sur la terre est le seul digne amant
Le plus auguste et le plus grand monarque
Qui sous l'arctique ait fait luire la marque
Qu'au front des roys grave le roy des dieux,
En ton sejour va monstrer ses beaux yeux.
 Mais, tu le sçais, des-jà la Renommée
En a partout la nouvelle semée ;
Des-jà le bruict de ton proche bon-heur,
Des-jà l'eclat d'un si sublime honneur,
A disposé, par sa fameuse course,
Le pole mesme à donner à son ourse
Une autre forme, un plus benin aspect,
Et la nature approuve son respect.
 Donc, ô demon qui regnes sur la glace,
Puis qu'un devoir porte à changer de face
Les feux du ciel, dont tu reçois la loy,
On n'en peut pas attendre moins de toy.
Aussi des-jà, flatté de cet exemple,
Je me prepare à te bastir un temple
Si magnifique et si noble en autels,
Qu'il ravira tous les cœurs des mortels.
Là de cristal ton image formée
Rendra la veue esblouye et charmée ;
Là sur ton chef cent vigoureuses fleurs
Qui de l'esté dedaignent les chaleurs
Feront en rond voir leur lustre superbe,
Et sous tes pieds mainte feuille et mainte herbe
Que le froid garde afin de te parer ;
Diront aux yeux qu'on te doit reverer
Comme le seul qui couve et fortifie
Les biens qu'aux champs le laboureur confie,

A L'HYVER.

Comme le seul qui donne ame à Cerès,
Qui rend l'air sain, qui purge les guerets,
Et qui fabrique en un moment sur l'onde
Des chemins secs, les plus riches du monde.
Du grand Ronsard l'hymne s'y chantera,
Et de mes vers peut-estre on y lira,
Vers qu'autrefois, en un passage estrange,
Ma chere muse a faits à ta louange ;
Vers qu'on estime, et qui, sans vanité,
Meritent bien que je sois escouté.
  Escoute donc, escoute ma demande,
Rends-toy plus doux, fay qu'Eole commande
Aux vents mutins, durs fleaux de ta saison,
De vivre en paix dans sa noire prison ;
Que, si Borée en obtient la sortie,
Son front soit tel qu'il fut pour Orithie,
Lorsque l'amour vit cet audacieux,
Pour la gagner prendre un air gracieux
Banir de soy l'orage et la tempeste,
Ployer l'orgueil qui couronne sa teste,
Et d'un maintien et soumis et vainqueur
Forcer la nymphe à luy donner son cœur.
  Or, noble Hyver, ne crois pas que Neptune
Doive pourtant, au gré de la fortune,
Porter ma reine où pour la recevoir
Tout le Nort brille et se range au devoir.
Ne pense pas que l'on vueille commettre
Ce beau tresor, cher suject de ma lettre,
A l'avanture, à la foy des dangers
Que sur les flots courent les pins legers.
Les grands perils de l'illustre ambassade,
Sauvée à peine au doux sein d'une rade,
Monstrent assez que l'infidelité
Est de la mer la belle qualité.
Et toutesfois, qu'aucun ne s'en estonne,

Ce fut sans doute un des traits de l'Autonne,
Qui, de despit de ce que tu detruits
Sa pompe verte, et son regne, et ses fruits,
Du fier Midy sollicitant la rage,
Tascha soudain, par quelque insigne outrage,
De se vanger et du Nort et de toy
Sur les vaisseaux envoyez de ton roy.
Ouy, c'en fut un, ce fut sa violence,
Ce fut sa noire et jalouse insolence,
Qui, prevoyant qu'on t'alloit obtenir
Le plus grand bien qui te puisse avenir,
Fit ses efforts, arma le vent et l'onde
Contre la trouppe auguste et vagabonde,
Pour t'empescher d'estre un jour honoré
Du plus bel œil qu'Amour ait adoré.

   Mais sa fureur fut impuissante et vaine :
L'affection triompha de la haine ;
Elle prit terre, et, preste à retourner,
Desjà Louise elle veut emmener.

   Ha ! qu'en ce point la France est combatue !
Que ce depart qui nous plaist et nous tue,
Par des effets l'un à l'autre opposez,
Confond en nous de pensers divisez !
Nos cœurs, induits à se livrer en proye
Tantost au dueil et tantost à la joye,
Sont suspendus entre ces passions,
Et nostre chois retient ses fonctions :
Car d'un costé, quand sa gloire immortelle
Nous entretient du trosne qui l'appelle,
Quand nous songeons à sa propre grandeur,
A sa fortune, à sa haute splendeur,
Tous nos esprits penchent vers l'allegresse ;
Nostre raison blasme nostre tendresse,
L'aise l'emporte, et le moindre moment
Nous semble injuste en son retardement.

A L'HYVER.

Mais d'autre part, lors que la Seine mesme
Nous represente, en son regret extresme,
Que sans malheur on ne peut esperer
De la revoir sa belle onde esclairer,
Que la pensée en est illegitime,
Que le desir n'en peut estre sans crime;
Nous ne sçavons qu'eslire en ce milieu ;
Et cependant elle nous dit adieu.

Ce brave train dont la superbe entrée
Vole en discours de contrée en contrée ;
Ce somptueux, ce royal appareil [1]
De qui l'esclat a vaincu le soleil,
De qui la pompe et la magnificence,
Ont fait du luxe admirer la licence,
Et dont l'orgueil pacifique et guerrier,
A sur tout autre emporté le laurier ;
La trouppe, dis-je, et triomphante et leste,
Conduit desjà cette reine celeste,
Cette merveille et d'honneur et d'appas,
Aux nobles lieux destinez à ses pas.
Toute la cour, où sa vie adorable
Laisse une odeur divine et perdurable,
L'a desjà mise au chemin desiré,
Et tout Paris en revient esploré.
Ses sentimens ne sont plus dans le doute,
Son interest nulle raison n'escoute;
Il la regrette, il commence à sentir

---

1. L'ambassade des Polonois fut magnifique, dit Tallemant. L'hôtel de Vendôme fut préparé pour recevoir l'ambassadeur et sa suite. On trouve dans les mémoires du temps de nombreux détails sur leur entrée, leur séjour à Paris, etc. — Voy., entre autres, Mlle de Montpensier, un peu jalouse de « cette reine d'un jour », dans ses *Mémoires*, Maestricht, 1776, in-12, 1, 135.—Voy. aussi Mme de Motteville, et surtout Le Laboureur.

D'un si grand don l'indigne repentir ;
Et la plaignant, mesme à peine sa veue
De son aspect se trouve despourveue,
Qu'il en gemit, comme si le tombeau
Avoit enclos tout ce qu'il eut de beau.
 Il est bien vray que nos torrens de larmes
Procedent moins de perdre ainsi les charmes
D'un si doux astre au front si glorieux,
Que de penser, en ce temps furieux,
Aux longs travaux du penible voyage
Où, sous les loix de son saint mariage,
Amour l'oblige avec quelque rigueur,
Quand tu fais voir ta plus rude vigueur,
Quand les forests, sous tes froides bruines,
De leurs beautez deplorent les ruines ;
Quand tu transis l'onde, la terre et l'air ;
Quand le feu mesme, estincelant et clair
Fremit, petille et ne semble qu'à peine
Se garantir de ta cruelle haleine,
Et quand, enfin, tous tes bruyans suppos,
De l'univers bannissent le repos.
Apprens, au reste, et soit dit sans menace,
Que si bien tost on ne voit la bonace,
Si pour deux mois tu ne laisses en paix
L'air agité de tourbillons espais,
Ce beau soleil pour qui ton roi souspire
D'un seul rayon destruira ton empire ;
Te montrera combien tu luy desplus,
Et de l'hyver on ne parlera plus.
 Sois donc plus doux ; montre, s'il t'est possible,
Qu'aux justes vœux tu n'es point insensible ;
Suspens ta force, et pour ton propre bien,
En ce besoin ne me refuse rien.
 Or en tout cas, si ta fureur ne cesse,
Contente toy de voir cette princesse

De quelque mont si loin au bout du Nort,
Que nul vivant n'en esprouve l'effort ;
Contente-toy de sçavoir par ma plume
Qu'elle a des yeux où la gloire s'allume,
Que ses attraits ravissent tous les sens,
Que ses vertus sont dignes de l'encens ;
Que son esprit n'ignore rien d'illustre,
Que son renom verra le dernier lustre,
Que son merite esgale son bon-heur,
Et que son ame est l'ame de l'honneur.
Ne pense pas venir au devant d'elle
En vassal mesme et discret, et fidelle,
Mais fay luy voir avec tranquilité,
La courtoisie en l'incivilité.

SONNET

A feu Monsieur Desyveteaux.

ue de ton beau jardin les merveilles j'admire!
Que tout ce qu'on y voit, que tout ce qu'on y sent
A d'aymables rapports avec le doux accent
De ce divin oyseau qui chante et qui souspire!

Qu'après ces rares sons dont triomphe ta lire,
Mon oreille se plaist au tonnerre innocent
Que l'on oit dans ta voulte où ravy l'on descent,
Pour monter en un lieu que seul tu peux descrire!

Que les tresors fueillus de ces rameaux divers,
Formant un beau désordre en leurs ombrages vers,
Me charment les esprits et me comblent de joye!

Et combien la nature on me verroit benir
Si par un heureux sort, qu'aux arbres elle octroye,
En vieillissant comme eux tu pouvois rajeunir!

SONNET

Sur la moisson d'un lieu proche de Paris.

laisirs d'un noble amy qui sçait cherir ma veine
Meslanges gracieux de prez et de guerets,
Rustique amphitheatre, où de sombres forests
S'eslevent chef sur chef pour voir couler la Seine.

Delices de la veue, aymable et riche pleine!
On s'en va mettre à bas les tresors de Cerès,
Que l'on voit ondoyer comme un vaste marests
Quand il est agité d'une legere haleine.

L'or tombe sous le fer; desjà les moissonneurs,
Despouillant les sillons de leurs jaunes honneurs,
La desolation rendent et gaye et belle.

L'utile cruauté travaille au bien de tous,
Et nostre œil satisfait semble dire à Cybelle:
Plus le ravage est grand, plus je le trouve dous.

SONNET

A la Serenissime Reine de Pologne, *en lui envoyant une partie de mon* Moyse, *l'an* 1647.

Reine dont les vertus hautes et genereuses
Sur un trosne sacré brillent plus vivement
Que ces feux immortels qui, dans le firmament
Marquent en chiffres d'or les fortunes heureuses ;

Tandis que sous ton Mars[1] cent trouppes valeureuses
Repoussent de l'Euxin le fier desbordement,
Voy les sœurs d'Appollon qu'un noble sentiment
Excite à se montrer de ta gloire amoureuses :

Elles ont peint pour toy Moyse dessus l'eau ;
Mais si tes yeux divins n'esclairent ce tableau,
Ses traits auront le sort du plus commun ouvrage.

Et si pour ce héros le Nil fut sans escueil,
L'onde du Boristene en verra le naufrage,
Et son berceau flottant deviendra son cercueil.

1. Allusion à la guerre que soutint contre les Turcs Uladislas VI, déjà vainqueur des Moscovites.

EPISTRE DIVERSIFIÉE[1]

A Monsieur DESNOYERS[2], *secretaire des commandemens de la Serenissime reine de Pologne.*

De l'un des bouts où les hauts Pyrénées[3],
Portans au ciel leurs testes couronnées
De pins, de neige et de vieux chesnes vers,
Font un meslange et d'estez et d'hyvers,
Et dans leurs pieds, qui triomfent des ondes,
Offrent un sein aux planches vagabondes,
Un sacré port où Venus autrefois
Eut des autels et fit cherir ses lois,
Je te salue, et de moy je m'eslongne,
Par le souhait, pour te voir en Pologne,
Cher Des Noyers, aymable et franc amy,
Qui pour mon bien n'es jamais endormy,
Qui des faveurs de nostre auguste reine
Me fais sentir la vertu souveraine,

---

1. Cette pièce répond assez à l'idée qu'on peut se faire du coq-à l'âne, la satire du XVIe siècle.
2. Le secrétaire des commandements de la reine de Pologne ne doit pas être confondu avec de Noyers, le secrétaire d'Etat, ou des Noyers, le valet de chambre du cardinal de Richelieu. (Voy. Menagiana, Chevræana, et *Mémoires* de Marolles.)
3. Cette piece a esté faite l'an 1647 à Colioure, dite par les Espagnols Colibre, en la comté de Roussillon. (S.-A.)

Qui de mes vers luy parles tous les jours,
Qui le premier entames le discours
De cet ouvrage où ma plume hardie
Le grand Moyse à sa gloire dedie,
Et qui sans fin excites ses bontez
A m'accabler de generositez.
   Les traits charmans de tes nobles missives
M'en font bien voir les graces excessives !
Ils servent bien d'infaillibles tesmoins
Que mon nom regne en tes fideles soins,
Et que l'oubly, ce noir fils de l'absence,
N'a peu porter son ingrate licence
Jusques au point d'esteindre le flambeau
D'une amitié qui doit vivre au tombeau !
   Tu m'en promis la douceur perdurable
Quand ce bel astre au monde incomparable,
Ce rare objet de gloire et de vertu,
Ce don du ciel de cent dons revestu,
Ce clair prodige où brillent les merveilles
Qui desormais exerceront mes veilles,
Ce cœur, cette ame, aux doux charmes vainqueurs,
Les seuls plaisirs des ames et des cœurs ;
Quand, dis-je enfin, ces beaux yeux nous quitterent,
Et de Paris Paris mesme emporterent,
Laissans la cour en un estat pareil
A l'hemisphere au depart du soleil.
   Combien alors d'yeux changez en fontaines
Firent rouler de larmes incertaines !
Combien de cris, à double fin aigus,
Furent meslez de souspirs ambigus !
Il m'en souvient, nostre perte, et la gloire
De cet objet si cher à la memoire,
Rendent encor mes sentimens douteux,
Et ma raison vacille devant eux.
Mais ces propos hors de propos je trace :

C'est allier l'orage à la bonace ;
Nostre interest doit ceder tout au sien,
Et nostre mal s'esjouïr de son bien.
Elle est heureuse, et le saint hymenée
Fait resplendir sa belle destinée ;
Elle est contente, et ce grand roy du Nort
En ses liens n'a pas un moindre sort.
  Les beaux lauriers qu'en tant d'actes illustres
Ce Mars cueillit dès ses plus jeunes lustres
Prennent plaisir à voir sous l'œil du jour
Briller entre eux les mirtes de l'amour ;
Ils leur font place en la verte couronne
Qui dignement ses temples environne,
Et leur esclat est si vif et si doux
Que sur son chef l'or mesme en est jaloux.
  Ha ! cher amy, que je te porte envie,
Lorsque je songe au bon-heur de ma vie !
Que la fortune est affable pour toy,
Et que les dieux ont beny ton employ !
Tu vois brusler d'une ardeur conjugale
Ce noble couple, à qui rien ne s'esgale ;
Tu vois leur front, où luit la majesté,
Comme en un trosne à l'honneur affecté ;
Tu vois fleurir l'union de leurs ames ;
Tu vois l'accord de leurs pudiques flames ;
Tu vois leur foy, leurs respects mutuels,
Leurs saints desirs, leurs biens perpetuels,
Leurs doux transports, leurs loyales caresses,
Leur amitié, leur grace, leurs tendresses ;
Et moy, chetif, je ne voy rien icy
Qui de les voir m'allege le soucy.
  Je ne voy rien en ces bords maritimes
Osté les cieux, les monts et les abimes,
Que le theatre ondoyant, vaste et bleu,
Du fier Neptune, où maint terrible jeu

Se represente au dommage des voiles,
Qui des enfers sautent jusqu'aux estoiles,
Lors que les vents, ces rapides demons,
Pour l'agiter grossissent leurs poulmons,
Renversent tout, gagnent de pleine en pleine,
Et ne font pas, sous leur bruyante haleine,
Transir d'effroy seulement les nochers,
Mais les vaisseaux, les flots et les rochers ;
Si qu'on diroit, aux efforts de leur rage,
Qu'avec la nef près de faire naufrage,
Et qu'en vain l'art essaye à secourir,
Le propre escueil craint mesme de perir.
Là quelquesfois, quand le paisible calme
Sans les combattre a remporté la palme,
Et que la nuict n'estale aucun flambeau,
Je voy des feux se promener sur l'eau,
Des feux rusez, qui de mainte chaloupe
Font en des fers luire au dehors la poupe
Pour attirer les poissons au trespas,
Les aveuglant d'un lumineux appas[1].

  A ce beau piege, à l'embusche brillante,
Des innocens la presse fourmillante
Donne soudain dans le filet tendu,
Et leur plaisir leur est bien cher vendu.

  Ainsi voit-on, aux clairs et doubles charmes
De deux soleils où l'amour prend ses armes,
Les simples cœurs s'engager dans les rets,
Et de cent morts subir les durs arrests.

  Tantost, des airs prevoyant la colere,
En ce rivage aborde une galere,
Ou pour mieux dire un enfer de vivants,
Une prison qui flotte aux gré des vents,
Qui marche et vole, et rampe, et nage, et glisse,

---

[1]. Pesche de sardines au feu, la nuit. (S.—A.)

Qui sous maint bois, des bras l'aspre supplice,
De-hache, rompt, fend le dos de la mer,
La pousse au loin, blanchit l'azur amer,
Le fait fremir à l'entour de la proue;
L'onde en murmure, et le timon qui joue
Voit cent bouillons tournoyer après soy,
Comme enragez qu'il donne aux flots la loy.

A l'arriver, les antennes ailées,
Par mille mains sont aussy-tost calées;
L'ancre s'abisme, et le salut naval
Tonne et s'enfuit au creux d'un sombre val.
D'un mesme ton nostre bronze le paye;
L'echo repart, et mugit et s'effraye,
Et tous ces bruits ensemble confondus
Rendent bien loin les Tritons esperdus.

Au mesme instant cet illustre que j'ayme
Jusqu'au degré fraternel et supreme,
Ce cher Tilly, ce noble gouverneur,
Qui dans les coups s'est acquis tant d'honneur,
Et qui d'un fort tant soit peu raisonnable
Feroit tout seul une place imprenable,
Apprend qui c'est, et s'en va recevoir
Un bon amy qui s'en vient au devoir.
L'accueil se fait d'une ame ouverte et libre,
Et tost après, dans ce port de Colibre,
Nous allons tous, en un certain batteau,
Voir à loisir le mobile chasteau.

[1] De tous costez les membres s'y remuent,
L'argent y siffle, et les forçats qui suent
Des durs travaux, et presens et souffers,
Font à ce bruit sonner leurs tristes fers.

---

1. Description de ce qui se fait dans une galere quand elle arrive dans quelque port et que quelqu'un la va visiter. (S.-A.)

Leur sourde voix, encore qu'effroyable,
Tasche à nous faire un bon-jour agreable,
Et selon l'ordre, en accent de hybou,
Frappe l'oreille avec un triple hou !
L'airain creusé de la claire trompette
En mesme temps un autre son repette;
Le canon tire, et des mousquets amis
Les feux sans plomb dans les airs sont vomis.

    Tout aussi-tost un ouvrage superbe,
Un tissu blanc, qui jadis fut de l'herbe,
Orne en carré les ais où l'appetit
Dans les ragous s'enflame et s'amortit;
De mets divers on l'honore, on le couvre;
Chacun s'y range, et, cependant qu'on ouvre
La pronte bouche au manger froid ou chaut,
Près du pilote, assis en un lieu haut,
Mille yeux beants qui d'avidité luisent
Tous nos morceaux jusqu'à nos dents conduisent,
Voire plus outre, et d'un maigre plaisir
La maigre chourme irritte son desir.

    Comme par fois, proche de quelque table,
Le morne dogue au front espouventable,
Après maint geste, après avoir en vain
Dans ses regards fait eclater sa faim,
Sans qu'un aboy l'ait pourtant osé dire,
Obtient enfin, sous la chaisne qu'il tire,
Soit de son maistre ou de quelque estranger,
Avec ardeur quelque chose à ronger;
Ainsy quelqu'un d'entre l'esclave trouppe
Qui nous observe, et jeusne quand on souppe,
Reçoit quelque os par l'un de nous jetté,
Et le savoure en grande volupté.

    Là pour nous plaire, un des braves de Malte,
Dont la franchise est digne qu'on l'exalte,

Et qu'en mes vers on voye un Chastelus[1],
Veut qu'un accord, non de voix, ni de luts,
Mais d'instruments turquesques et sauvages,
Face à l'entour retentir les rivages ;
Et cet estrange et barbare concert
Ne laisse pas d'esgayer le dessert.
 Tandis, de l'œil remarquant tout le monde,
En ce beau gouffre où la misere abonde,
Où dans l'horreur d'un devoir inhumain
On voit agir et la corde et la main,
Où le plus foible abbat le plus robuste,
Où la justice enfin devient injuste,
Et par l'excès d'un severe tourment
Fait voir un crime au lieu d'un chastiment,
Je dis en moy, par maniere d'estude :
O merveilleuse ! ô puissante habitude,
De la nature ou la fille ou la sœur,
Qui convertis l'amertume en douceur,
Et dont la force acquert un tel empire
Sur les humeurs de tout ce qui respire,
Qu'elle regit les sens et la raison,
Et fait qu'un corps peut vivre de poison !
Que ton secours est grand, est admirable !
Que c'est une aide utile au miserable !
Et qu'à l'endroit mesme des animaux
Cette aide est propre à soulager les maux !
Par ce moyen, ô changement estrange !
L'anthipatie en amitié se change ;
Par ce moyen les cerfs et les lyons
Sans repugnance au joug nous allions ;
Par ce moyen nos bestes domestiques,

---

1. Cet ami de Saint-Amant avoit fait partie de l'expédition des îles de Lérins sous le comte d'Harcourt. Il commandoit, dans l'escadre de Normandie, *la Marguerite*, de 200 tonneaux.

De l'aigre haine oubliant les pratiques,
Ne font qu'un plat, et repos sur repos
Dans le sommeil s'entreprestent le dos;
Par ce moyen un homme sous les chaisnes
Semble en ce lieu triomfer de ses gesnes;
Bref, par cet aide il souffre sans gemir,
Vit sans manger, travaille sans dormir,
Rit, chante, joue, et dans son banc endure
Le vent, le chaud, la pluye et la froidure,
Sans que la honte ou la rigueur du sort
Excite en luy le souhait de la mort.

Mais, ô l'honneur des graves secretaires,
Que de ces bords marins et solitaires
Ma main salue, et pour qui mon esprit
Passe en ma plume et forme cet escrit !
C'est trop parlé d'une matiere infame,
Et je craindrois de meriter la rame
Si plus long-temps j'entretenois tes yeux
Sur un sujet à moy-mesme ennuyeux.

Qu'y feroit-on? le caprice m'emporte,
Et quelques-fois l'ardeur en est si forte,
Que tout ainsy qu'un coursier indonté,
De quelque coup brusquement irrité,
S'est veu souvent, malgré son propre maistre,
Aller hanir où tonne le salpestre,
Et l'engager aux perils evidents
Des belliqueux et nobles accidents,
D'où par bon-heur il revient plein de gloire,
Et fait après haut sonner sa victoire,
Quoy qu'en son ame il en donne au hazart
La plus illustre et la meilleure part:
Tel ce demon, ce superbe genie,
Picqué du tan de la belle manie
Qui le saisit, le possede et l'esmeut,
Se precipite où l'aspre fougue veut,

Et m'engageant, contre mon dessein mesme,
En des desseins d'une hauteur extresme,
Où les dangers s'offrent de tous costez,
Où les honneurs aussy sont apr estez,
Me fait souvent, en despit que j'en aye,
Paroistre brave, essuyer mainte playe,
Et revenir le laurier sur le front
D'où je pouvois recevoir quelque affront.

 Laissons-nous donc transporter à la verve,
Mais toutesfois d'un air qui se conserve
Dans l'agreable et le majestueux,
Et qui rapporte un plaisir fructueux.

 Ne pense pas que, pour te faire rire,
En libres vers j'aille icy te descrire
Les Catalans, ces terribles poulets,
Leurs grands chapeaux, leurs estranges colets,
De leurs habits la matiere et la forme,
De leurs moitiez le guard'infant[1] enorme,
Leurs actions, leurs coustumes, leurs mœurs,
Ny de leur foy les bizarres humeurs ;
Ne pense pas que je vueille depeindre
Leurs lits infects, au sommeil mesme à craindre,
Ny de leur table et de ses beaux ragousts
L'appareil chiche, ou soit aigre ou soit dous.

 Quand j'ay tout veu, je trouve, à le bien prendre,
Que peu de chose au monde est à reprendre,
Et que l'usage en chaque nation
Porte avec soy son approbation.
Qu'il ne soit vray, je t'en donne un exemple
Assez plausible, assez fort, assez ample
Pour le prouver et faire consentir
Qui sur ce point m'oseroit desmentir.

1. Guard'infant, c'est une espece de vertugadin monstrueux. (S.-A.)

L'œil peut-il voir rien de plus ridicule
Qu'un de nos preux à la taille d'Hercule,
Avec sa teste, autresfois non à luy,
Teste qu'on oste et serre en un estuy,
Teste de poil qui, de poudre couverte,
Assez souvent couvre une teste verte,
Et couvre encore et laine, et soye, et lin,
De plus de fleur qu'il n'en sort d'un moulin,
Et que tant d'art, tant de soin accompagne,
Que si l'honneur d'estre fait grand d'Espagne
A l'ajusté se daignoit mesme offrir,
Je ne croy pas qu'il voulust le souffrir?

Est-il enfin quelque objet plus estrange
Que de le voir mandier la louange
De la beauté, des graces, des appas?
Que de le voir, mesme dans le repas,
Pour contempler et ses lys et ses roses,
Faire partout miroir de toutes choses,
Et, sans respect ny des roys ny des dieux,
Insolemment se peigner en tous lieux [1]?
Que de le voir, dis-je, mettre en usage
La mousche feinte en son fade visage [2]?

1. Les courtisans fanfarons ont toujours un peigne à la main, dit Furetière en manière d'exemple. — « C'est une très grande indecence de se peigner dans l'eglise.. Il faut sortir pour cela. » (*Traité de la civilité qui se pratique en France parmy les honnestes gens.*)

2. « Il sera encore permis à nos galands de la meilleure mine de porter des mouches rondes et longues, ou bien l'emplastre noire assez grande sur la temple, ce que l'on appelle l'enseigne du mal de dents. Mais, pource que les cheveux la peuvent cacher, plusieurs ayans commencé depuis peu de la porter au dessous de l'os de la joue, nous y avons trouvé beaucoup de bienseance et d'agrement. » *Les Loix de la galanterie*, dans le *Nouveau recueil des pièces les plus agreables de ce temps*, in-8, Paris, Sercy, 1644.)

Que de le voir traisner ses beaux canons[1],
Ses pointcouppez[2] à cent sortes de noms,
Qui, sous l'amas de six rangs d'esguillettes[3]
Dont les fers d'or brillent comme paillettes,
A cent replis bouffent en s'eslevant
Sur le beau cuir apporté du levant[4];
Et pour marcher font qu'à jambe qui fauche
Il meut en cercle et la droite et la gauche,
Non sans hazard de maint casse-museau,
Peine bien deue au miste damoiseau!
Bref, qui voudroit esplucher bien nos modes,

1. Le canon étoit un ornement de toile rond, large, bordé de dentelle, qui, attaché au dessous du genou, descendoit jusqu'à la moitié de la jambe. Furetière, dans son *Dictionnaire*, s'en moque, et prétend que la mode des canons est de l'invention des cagneux. — Molière s'est raillé aussi

> De ces larges canons où, comme en des entraves,
> On met tous les matins ses deux jambes esclaves.

« Quant aux canons de linge qu'on porte au dessus (des bottes), nous les approuvons bien dans leur simplicité quand ils sont fort larges et de toile baptiste bien empesée, quoyque l'on ait dit que cela ressembloit à des lanternes de papier, et qu'une lingère du palais s'en servit ainsi un soir, mettant sa chandelle au milieu pour la garder du vent. Afin de les orner davantage, nous voulons aussi que d'ordinaire il y ait double et triple rang de toile soit de baptiste, soit de Hollande, et d'ailleurs ce sera mieux encore s'il y peut avoir deux ou trois rangs de points de Gênes, ce qui accompagnera le jabot, qui sera de même parure. » (*Les Loix de la galanterie*, dans le *Nouveau recueil des pièces les plus agréables de ce temps*, Paris, Sercy, 1644, in-8, p. 22.)

2. Sorte de dentelle à jour.

3. « Le cordon et les esguillettes s'appellent la petite-oye. » (*Loix de la galanterie.*) — Les aiguillettes étoient des cordons ferrés aux deux bouts, parfois avec des ferrets d'or.

4. Les bottes des galands étoient faites de ce cuir.

Nos vestemens, nos gestes, nos methodes,
Qu'est-ce, ô l'amy! que tous les estrangers
Ne diroient pas en nous disant legers?
　Et cependant, à nous autres qui sommes,
A nostre advis, les plus parfaits des hommes,
Nos manteaux courts[1], nos bottes aux pieds lons[2],
Aux bouts lunez, aux grotesques talons;
Nos fins castors qui du divers Prothée
Semblent avoir l'inconstance empruntée[3],
Tantost pointus, tantost hauts, tantost bas;
Le simple tour de nos simples rabas,
Notre façon d'estaler sur les hanches
L'exquise toile, ainsi qu'au bout des manches;

1. Le manteau étoit un vêtement de dessus que l'on portoit l'été comme l'hiver, l'été par ornement, l'hiver pour se garantir du froid. Les séculiers portoient le manteau court; les gens en grand deuil, des manteaux longs de drap noir.

2. « Si un autheur (La Mothe Le Vayer, dans ses *Opuscules*, Paris, Courbé, 1643, in-8, p. 256, dans le *Traité des habits*) a dit aussi qu'il se formalise de ce rond de botte fait comme le chapiteau d'une torche, dont l'on a tant de peine à conserver la circonference, qu'il faut marcher en escarquillant les jambes, c'est ne pas considerer que des gens qui observent ces modes vont à pied le moins qu'ils peuvent. D'ailleurs, quoyqu'il n'y ait gueres que cela ait esté escrit, la mode en est desjà changée, et ces genouilleres rondes et estallées ne sont que pour les grosses bottes, les bottes mignonnes estans aujourd'huy ravallées jusques aux esprons, et n'ayans qu'un bec rehaussé devant et derriere... Pour revenir aux bottes, il faut les avoir à long pied. » (*Les Loix de la galanterie.*)

3. « L'on sçait bien qu'au mesme temps que les longs pieds ont esté mis en usage, l'on a aussi porté des chapeaux fort hauts et si pointus qu'un teston les eust couvers. Neantmoins, la mode de ces chapeaux s'est changée soudain en forme plate et ronde, et les bottes et souliers à long pied sont demeurez. L'on ficha bien une fois un clou à quelqu'un dans ce bout de botte

D'ouvrir en foux par devant, en hyver,
L'habit qui vient du mouton ou du ver,
Pour faire voir, ô mole bagatelle !
Le vain esclat d'une large dentelle[1]
Riche à merveille et dressée à ravir[2],
Termes proprets dont il se faut servir ;
Nos sots pourpoints[3], nos brimbalantes chausses[4],
Nos beaux rubans que salissent nos sauces,
Et tout le reste, en ce genre compris,
Flattent nos yeux et duppent nos esprits.
   Voilà pourquoy je renonce à la veine
Qui, moins d'aigreur que de caprices pleine,
M'a fait passer, sinon pour mesdisant,
Pour satirique agreable et cuisant ;
Non que je vueille abandonner la guerre
Que tout mortel, tant qu'il est sur la terre,

cependant qu'il estoit attentif à quelque entretien, en telle façon qu'il demeura cloué au plancher... Si le pied eût été jusqu'au bout de la botte, le clou eust pu le percer de part en part. Et voilà à quoy cela servit à ce galand. » (*Les Loix de la galanterie*, 1643.)

1. « L'on appelle un jabot l'ouverture de la chemise sur l'estomach, laquelle il faut tousjours voir avec ses ornements de dentelle : car il n'appartient qu'à quelque vieil penard d'estre boutonné tout du long. » (*Les Loix de la galanterie.*)

2. Chaque époque a eu de ces mots à la mode. Le livre de de Caillières est curieux pour la fin du XVIIe siècle ; les divers ouvrages de Somaize, pour le commencement de la deuxième moitié. Bary, dans sa *Rhétorique*, en cite aussi un grand nombre.

3. Le pourpoint, qui couvroit le corps du cou à la ceinture, et n'avoit pas de manches en été, a été remplacé par le gilet. Les pourpoints étoient taillados ou fermés, faits en toile, en drap, en satin ou en peau de senteur.

4. Peut-être parle-t-il de ces chausses ou culottes si larges que leurs plis formoient comme des tuyaux d'orgue : d'où leur nom, chausses à tuyaux d'orgue.

Doit faire au vice avecque fermeté
Sous l'estendard de la severité,
Mais pour drapper desormais les coustumes,
Pour en grossir desormais des volumes,
Belles ou non, je m'en garderay bien,
Et fay serment de n'y censurer rien.
 Tout au contraire, il m'entre en la pensée,
Si vers le Nort ma fortune est poussée,
Si la Vistule à mes yeux se fait voir,
Comme le ciel m'en a donné l'espoir,
De me vestir, en noble et fier Sarmate,
D'un beau velours dont la couleur esclate,
Qui grave et long, sur un poil precieux,
Rende mon port superbe et gracieux;
D'armer mon flanc d'un courbe et riche sabre,
De m'agrandir sur un turc qui se cabre,
De transformer mon feutre en un bonnet
Qui tienne chaud mon crane razé net,
De suivre en tout la polonoise mode,
Jusqu'à la botte au marcher incommode,
Jusqu'aux festins où tu dis qu'on boit tant,
Et dont l'excès m'estonne en me flatant;
Bref, jusqu'aux mœurs, et mesme je m'engage
Jusqu'à ce point d'apprendre le langage,
De le polir, de m'y traduire en vers
D'un stile haut, magnifique et divers;
Si que de tous, en la cour florissante
De nostre reine adorable et puissante,
Et pour qui seule au monde je nasquy,
Je sois nommé le gros Saint-Amantsky.
 Quand tu m'auras, par quelque heureuse voye,
Fait accorder ce grand sujet de joye,
Et que sa bouche, où luisent tant d'atraits,
Où les rubis vivent en leurs portraits,
Aura formé le cher mot où j'aspire,

Cher mot à moy bien plus cher qu'un empire,
Et dont l'attente et m'ennuye et me plaist,
Et par l'espoir m'affame et me repaist,
J'yray soudain, à ces douces nouvelles,
Plus promptement que si j'avois des ailes,
Revoir la Seine aux bords tous defleuris
De ne voir plus LOUISE dans Paris;
J'yray descendre en l'aymable demeure
Du rare abbé qui languit et qui pleure
Pour mesme cause, et de qui la vertu
Contre son dueil en vain a combatu.
 Tu m'entens bien, c'est en peu de paroles,
Le grand, le bon, le genereux Maroles[1],
Qui par sa plume, et par ses hauts discours,
Ravit les cœurs, et s'acquert tous les jours
Tant de renom, tant d'estime et de gloire,
Que feu son pere, admirable en l'histoire,
N'en eut pas tant, lors qu'en ce grand duel,
Pour l'ennemy dur, tragique et cruel,
Sa main poussa l'horrible coup de lance
Qui, d'une roide et brusque violance,
Le fier armet perça de part en part,
Et du triomfe honora son rempart.
 Ainsi, party d'un arc avec justesse,
L'ailé roseau, qui bruit en sa vitesse,
Va transpercer par un effort aisé
Le fresle blanc en un but opposé :
Ainsy plustost un aigu trait de foudre

---

1. Michel de Marolles, abbé de Villeloin, un des amis et des bienfaiteurs de Saint-Amant, qu'il assista à ses derniers moments. — Mauvais traducteur d'ouvrages qu'il fait suivre souvent de curieux commentaires, l'abbé de Marolles a donné quelques ouvrages précieux, entre autres ses *Mémoires*, ses *Quatrains* et son *Livre des peintres*, publ. dans cette collection.

Perce une vitre et la reduit en poudre
Quand, dans l'humide et bruslante saison.
Par la fenestre il entre en la maison,
Y va percer quelque orgueilleuse teste
Qui despitoit l'orage et la tempeste,
Et de droit fil, avec sa pointe d'or,
Perce en sortant une autre vitre encor.

   Mais je m'esgare en mes belles saillies :
C'est trop d'ardeur pour des muses vieillies ;
Retournons donc chez cet homme excellent
Qui pour LOUISE a le cœur si dolent.

   Après la vive, après la longue estreinte
D'une embrassade et joyeuse et sans feinte,
Après cent mots et francs et gays aussy,
J'yray de là voir la nimphe d'Issy[1],
L'aymable nimphe et si noble, et si rare,
Dont la sagesse est un celebre phare,
Qui, dans la nuit du temps deffectueux,
Fait un beau jour de rayons vertueux,
Et sert de guide au sexe qu'on adore
Pour en former d'autres phares encore,
Le retirant des flots des passions
Par la splendeur de ses perfections.

   De ma venue elle sera bien aise ;
Et comme au monde il n'est rien qui luy plaise
Ny qui la touche à l'esgal des esprits
Qui de l'honneur sont ardemment epris,
Et qui sur tout l'entretiennent sans cesse
De nostre grande et divine princesse,
D'un doux accueil elle m'honorera,
Et de Pologne aussy-tost parlera,

---

1. Le prince de Conti avoit à Issy, près de Paris, une maison magnifique.

M'en fera voir quelque royale lettre
Qu'en son beau sein l'estime luy fait mettre,
Ne voulant pas serrer en moindre lieu
Un bien divin qu'où regne encore un Dieu ;
Puis, m'invitant d'une affable maniere
A voir tracer une nouvelle orniere
De son beau char, tiré par six chevaux
Qui des chemins dontent tous les travaux,
M'enmenera, sur le sable et sur l'herbe,
En son palais et rustique et superbe,
Où nous verrons un corps dont la vigueur
Presque d'un siecle a vaincu la longueur,
Où nous verrons la vieillesse honorable
Du bon Lisis, dont le front venerable
Cent et cent fois a sous le firmament
Veu changer tout, horsmis son jugement,
Et qui, fuyant l'indigne multitude,
Pourroit jouir en cette solitude
D'un heur parfait, si, sain et sans deffaut,
En luy le bas correspondoit au haut.
Nous yrons voir ces obscures allées
Qui, pour l'honneur d'avoir esté foulées
Des nobles pieds de ce celeste objet
Que nos discours auront pour seul sujet,
Nous raviront, nous plairont plus sans doute,
Que ne feroit l'estincelante route
Par où la Fable asseure que les dieux
Viennent en terre et remontent aux cieux.
Nous connoistrons ce bel air, cette grace
Qu'imprime et laisse en quelque endroit qu'il passe
Cet abregé des plus riches tresors
Qui facent luire et l'esprit et le corps.
 Aussy ne veux-je autre guide, autre addresse,
Pour aller voir cette auguste maistresse,
En son haut trosne où sa fortune rit,

Que de me rendre au sentier qu'elle prit
Quand, dans la pompe et dans l'esclat de reine,
Elle quitta l'inconsolable Seine,
Qui s'arrachoit ses cheveux de roseaux,
Et de ses pleurs enfloit ses propres eaux ;
Sachant de plus, par le rapport fidelle
Des doux zephirs qui furent avec elle,
Et, dans l'hyver, firent en son chemin
Croistre l'œillet, la rose et le jasmin,
Qu'en tous les lieux qu'elle orna de sa veue,
De tant d'amours et de charmes pourveue
(Miracle estrange, et qui pourtant à moy
Est de facile et de plausible foy),
Il est resté je ne sçay quoy d'aymable,
De lumineux, de doux, d'inexprimable,
De vif, de pur, d'odorant et de beau,
Qui tireroit mon ame du tombeau,
Et me pourroit guider en Varsovie
Pour aller là, de ma seconde vie,
Remercier l'illustre deité
Dont les seuls pas m'auroient ressuscité.
Mais, mon très-cher, avant que je me rende
Au beau chemin que ma gloire demande,
Avant qu'au gré du voyage permis
Pour voir les dieux je quitte les amis,
J'yray revoir une belle voliere,
D'une façon rare et particuliere,
Où les oyseaux dans la captivité
Ont toutesfois une ample liberté,
Et, croyans estre en leurs propres boccages
Après l'horreur de leurs estroittes cages,
Poussent leurs airs sous l'air à descouvert,
De vol en vol sautent de vert en vert,
Se font l'amour, s'appellent, se respondent,
Sont dispersez, se joignent, se confondent,

Puis seuls à seuls, et faisans les cruels,
Charment les yeux de leurs petits duels.
Tantost ensemble, et privés et farouches,
Ils viennent prendre ou des vers ou des mouches
Qu'à leur beau bec offre une chere main,
Et puis des doigts se desrobent soudain
Pour les porter à leur douce nichée
Dans les rameaux evidente et cachée,
Que ce regal esmeut et resjouit,
Et dont enfin sa tendre faim jouit ;
Tantost, pendus au fil qui les enserre
Et qui par haut regne sur le parterre
D'un beau jardin où tiennent lieu de fleurs
Des vifs tresors de leurs riches couleurs,
Mille plaisirs ilz donnent et reçoivent ;
Ils branlent l'aile, et, bien qu'ils s'apperçoivent
De leur prison par un fil mis sur eux,
De voir le ciel ils s'estiment heureux ;
Tantost dans l'onde, où brille leur image,
Noyans leur soif et baignans leur plumage,
Ils meurent d'aise, et pensent en ces eaux
Sein contre sein baiser d'autres oyseaux ;
Tantost surpris d'une approche indiscrete
Qui les effraye en leur loge secrette,
Ils gagnent l'air d'un vol pront et bruyant,
Et tout le gros alarment en fuyant ;
Tantost en file ils passent et repassent,
Tantost en globe à l'instant ils s'amassent,
Et font ainsi tout autour des buissons
Un tourbillon de plumes et de sons.
Bref, j'ay trouvé la voliere si belle,
Que sur le lieu j'en prendray le modelle,
Et suis certain qu'il ne desplaira pas
Au grand objet où viseront mes pas.

   Pleust aux bons dieux qu'il fust aussi facile

De luy porter en son grand domicile
Des doux muscats, des figues, des melons,
Qui font ycy la gloire des valons !
Pleust au soleil, qui de ces fruits est l'ame,
Que je luy pusse envoyer de sa flame
Pour embellir de nobles orangers
Ses champs, ses bois, ses parcs et ses vergers !
    Mais qu'ay-je dit? D'erreur je suis coupable :
Son œil divin, son bel œil, est capable
D'en faire naistre avec le moindre effort,
Et de produire un midi sous le nort.

SONNET

Sur le tombeau du Marquis DE GESVRES[1], *tué d'un eclat de pierre de la mine devant Thionville.*

Lugubres monumens d'une eternelle gloire,
Marbres que l'art fait vivre à l'honneur de la mort,
Durs et tendres tesmoins d'un lamentable sort
Qui rend un beau succez funeste à la memoire;

Pierres de qui l'amas forme une pompe noire,
Où la pieté brille, où la vaillance dort;
Grands tresors de sculpture, où, par un noble effort,
Le fer industrieux a r'animé l'histoire;

Merveilles qu'on descouvre en ce riche cercueil,
Où l'albastre gemit, où le jaspe est en dueil,
Que vous reparez bien un insigne dommage!

Gesvres revoit le jour, à tort nous en doutons,
Et vous me semblez dire, en son auguste image:
Si nous l'avons tué, nous le ressuscitons.

1. Il s'étoit déjà signalé au siége d'Arras, sous le commandement des maréchaux de Chaulnes, de Chastillon et de La Meilleraye (3 juin—10 août 1640), et il y avoit été fait prisonnier.

SONNET

A la Santé, pour le second mariage de la Serenissime reine de Pologne.

Gracieuse Santé, deesse de la vie,
Qui tiens seule en ta main le sceptre des appas,
Avance vers le Nort tes secourables pas,
Avecques tous les biens dont ta gloire est suivie.

Un zele ardent et juste en larmes t'y convie,
Pour de l'honneur du trosne esloigner le trespas ;
Hymen y joint ses vœux : ne les refuse pas,
Ou l'on t'accuseroit et de haine et d'envie.

Ce dieu des saints liens n'attend plus qu'après toy
A renouer Louise, à faire sous sa loy
D'une royale sœur une royale espouse.

Consens au grand destin de cette autre Junon ;
Exauce un Jupiter ; vaincq la Parque jalouse,
Et sur l'azur du pole en or luira ton nom.

SONNET

Sur les mouvemens de Paris[1].

Qu'on ne compare point les troubles de la Seine
A ceux de la Tamise, où l'orgueil mesme agit ;
C'est un fleuve brutal qui sans cause mugit,
Mais l'autre avec raison murmure en voix humaine.

Paris ayme le roy, Paris ayme la reyne ;

1. En 1648. (Voir *les Nobles triolets.*)

Son auguste senat pour leur bien le regit ;
Et mon œil est trompé si sa nef ne surgit
Dans le port où la gloire est promise à la peine.

Ces rebelles complots de ligue, d'union,
N'y ressuscitent point la perfide Enyon [1]
Qui fit du dernier siecle un siecle d'insolence.

On n'y voit point fremir cette rage d'enfer,
Et Themis aujourd'huy, dans sa propre balence,
Pour deffendre son droit peze son propre fer.

SONNET

A la Renommée, sur la mort du roy d'Angleterre [2].

ue me viens-tu de dire, estrange Renommée?
As-tu bien avec soin remarqué les objets?
Un roy si bon, si doux, si juste en ses projets,
Voir son dernier espoir s'exhaler en fumée !

Un roy voir sous les fers sa grandeur opprimée !
Un roy se voir juger par ses propres sujets !
Par des hommes sans nom, vils, infames, abjets,
Qui sur leur tribunal n'ont qu'une rage armée,

Un roy passer ainsy du trosne à l'eschafaut !
Faire un si dur chemin, un si tragique saut !
Ha ! c'est un coup du sort que je ne puis compendre.

Mon esprit suspendu se confond en ce lieu,
Et toute la raison que tu m'en sçaurois rendre
C'est qu'on ne peut sonder les abysmes de Dieu.

1. Enyon pour Ennyo, une des Furies.
2. Charles Ier, mort sur l'échafaud le 10 février 1649, victime de la longue révolution qui porta Cromwell au pouvoir.

AUTRE SONNET

En forme d'epitaphe pour luy.

oycy, princes, voycy l'estonnante victime;
Voycy l'enorme affront fait à la royauté;
Voycy dans le tombeau Charles decapité
Par une main qui tient tout sceptre illegitime.

Tous les crimes du monde, assemblez en un crime,
N'ont rien de comparable à cette impieté,
Et tous les mots sanglans d'horreur, d'atrocité,
Sont des termes flateurs quand il faut qu'on l'exprime.

Irritez-vous, mortels; liguez-vous, potentats;
Fondez sur cet estat avec tous vos estats;
Faittes par tout la paix pour luy faire la guerre.

Ne pardonnez à rien; il n'est point d'innocent,
Il n'est point de cœur juste en toute l'Angleterre:
On commet le peché lors que l'on y consent.

AUTRE SONNET

Pour son epitaphe.

i-gist le corps tronqué d'un prince miserable
Qui, vray martyr des roys, sous un temps furieux,
Rendit par sa prison l'infamie honorable,
Et par son noble sang l'eschafaut glorieux.

En cet acte cruel, long et misterieux,
Fairfax donna le coup, ce monstre inexorable.

SONNET.

Qui l'auroit jamais dit, ô passant curieux !
Que ce corps de son chef eust esté separable ?

Cependant ce bourreau, pour faire agir sa main,
Voilant aux spectateurs ce qu'il avoit d'humain,
Massacra ce grand roy que l'horreur environne ;

Et pour rendre ce crime encor plus solennel,
Ce chef, qui porta l'or d'une triple couronne,
Couronna mesme un fer honteux et criminel.

AU LECTEUR.

Comme il est de la puissance des roys d'ennoblir quiconque il leur plaist de leurs sujets, ainsi a-t'il plu à Appolon, roy du Parnasse, d'ennoblir le pauvre petit Triolet, pour avoir chanté en sa presence, sur le theatre d'Helicon, quelque chose au dessus de sa portée ordinaire. Mais, comme les gentilshommes ont leurs lacquais qui les devancent ou qui les suivent, ainsi ces nouveaux nobles que je te donne ont-ils les leurs, et tu les verras accompagnez de quelques uns de leurs parens mesmes, qui ne peuvent pretendre à leur qualité, parceque je ne l'ay pas voulu ou que la matiere ne l'a pas requis. Ce nom de Triolet leur a esté donné, à ce que je pense, tant à cause qu'ils se chantoyent à trois, à la maniere des vieux trios de nostre scene comique, qu'à cause du vers qui s'y repette par trois fois et des trois rimes qui en composent le milieu. C'est un jeu de la Muse où il y a des tours de souplesse et de passe-passe qui ne sont pas tant faciles à faire qu'on s'imagineroit bien, pourveu que l'on y garde l'ordre que j'ay observé en ceux-cy, je veux dire qu'il y ait tousjours un sens contenu et achevé dans chaque triolet sans les repetitions, qu'elles y r'entrent de bonne grace par quelque mot, et qu'elles n'y soient ny absolument necessaires ny absolument inutiles; autrement, il n'y a ny gentillesse ny esprit, et j'en dirois bien davantage si le sujet en valoit la peine. Au reste, dans cette histoire trioletique de ce qui s'est passé à Paris durant ces mouvemens, où l'indisposition m'avoit reduit à une neutralité forcée [1], tantost c'est moy qui

---

[1]. Dans un sonnet à M. de Bruslon-Deageant, à propos du blocus de Paris, il dit :

Encor, si j'estois sain, je prendrois un espieü;
Mais je languis d'un mal qui l'os me cauterise.

parle, tantost c'est le tiers et le quart, tantost c'est le bourgeois qui dit de bons mots à sa mode, tantost il y a quelque suite, et tantost il n'y en a point du tout. Que si, contre mon dessein, il s'y estoit glissé quelque heresie d'Estat, je la desavoue ; je suis tout prest de m'en retracter, et me sousmets ingenument à la censure de ceux qui en sont les justes et veritables correcteurs. Adieu.

LES NOBLES TRIOLETS.

Pour construire un bon triolet,
Il faut observer ces trois choses,
Sçavoir : que l'air en soit folet,
Pour construire un bon triolet ;
Qu'il r'entre bien dans le rolet,
Et qu'il tombe au vray lieu des pauses ;
Pour construire un bon triolet
Il faut observer ces trois choses.

Ceux d'Albiran m'ont chatouillé,
J'en ay la ratte espanouye ;
Jusqu'en mon timbre tout brouillé
Ceux d'Albiran m'ont chatouillé ;
D'ennuy me voilà despouillé
Par leur gentillesse inouye ;
Ceux d'Albiran m'ont chatouillé
J'en ay la ratte espanouye.

Puis qu'il n'est point de mardy-gras
Il ne sera point de caresme ;
Je n'en feray jour en mes dras
Puis qu'il n'est point de mardy-gras ;
Je veux me refaire le bras,
En deust crever le jeusne mesme ;
Puis qu'il n'est point de mardy-gras,
Il ne sera point de caresme.

La riviere, avec sa hauteur,
A fait un desordre incroyable;
Tout craint, en son cours destructeur,
La riviere avec sa hauteur;
Et j'en voy, d'un œil scrutateur,
Le pont Rouge et quelqu'un au diable;
La riviere, avec sa hauteur,
A fait un desordre incroyable.

On a veu noyer des poissons,
Ce m'a dit Perrette la fauve;
Ouy, dans sa rue en cent façons
On a veu noyer des poissons;
Il s'en est pris sans hameçons
Qui sembloient crier : Sauve ! sauve !
On a veu noyer des poissons,
Ce m'a dit Perrette la fauve.

A force d'estre soufreteux,
Les quatre mendiants nous manquent;
Plusieurs ont l'air maigre et honteux
A force d'estre soufreteux.
Voire en ce temps calamiteux
Les Celestins mesmes s'esflanquent;
A force d'estre soufreteux,
Les quatre mendiants nous manquent.

Il n'est ny figue ny raisin,
Il n'est amande ny noizette;
Chés l'espicier nostre voisin
Il n'est ny figue ny raisin,
On a vuidé le magasin.
Quoy qu'en rapporte la Gazette,
Il n'est ny figue ny raisin,
Il n'est amande ny noisette.

Du ris, helas ! il n'en est plus,

Soit avec ou sans equivoque ;
Pois, febve et lentille ont fait flus.
Du ris, helas ! il n'en est plus ;
J'en voy pleurer jusqu'aux reclus.
Ne croyez pas que je me moque.
Du ris, helas ! il n'en est plus,
Soit avec ou sans equivoque.

Foin et paille sont achevez,
On n'en treuve pas pour un double ;
D'avoine nous sommes privez.
Foin et paille sont achevez ;
Mes chevaux s'en sont mal trouvez.
Cela me despite et me trouble.
Foin et paille sont achevez,
On n'en treuve pas pour un double.

On pourra manger de la chair,
Les curez l'ont permis au prosne ;
Cela fait rire le boucher,
On pourra manger de la chair ;
Dieu sçait comme il la vendra che'
Quand il se verra sur son trosne !
On pourra manger de la chair,
Les curez l'ont permis au prosne

De l'asne du catholicon [1]
Revivra peut-estre l'histoire ;
On en rira sur le bacon [2]
De l'asne du catholicon,
Et l'on vuidera le flacon.
Se rafraischissant la memoire
De l'asne du catholicon
Revivra peut-estre l'histoire.

1. Voy. *Sat. Ménippée*, Ratisb., 1712, t. 1er, p. 215.
2. Bacon, vieux mot qui signifie du lard fumé. (S.-A.)

TRIOLETS.

Un pain qui couste deux escus !
Ha ! ma foy, c'est un mauvais ordre.
La peste creve le blocus !
Un pain qui couste deux escus !
Recompensons-nous sur Bacchus,
Puis qu'à Cerès on n'ose mordre.
Un pain qui couste deux escus !
Ha ! ma foy, c'est un mauvais ordre.

Dès qu'il vient du grain au marché,
Il est aussy-tost invisible ;
Pour le grand tout est ensaché
Dès qu'il vient du grain au marché ;
Et, comme à tout autre peché,
A l'uzure tout est loisible,
Dès qu'il vient du grain au marché,
Il est aussy-tost invisible.

Les commissaires des quartiers
Ont part à la regraterie ;
Ils font leur bourse des setiers,
Les commissaires des quartiers ;
Les orfevres sont leurs pintiers ;
Ils ont de bonne argenterie.
Les commissaires des quartiers
Ont part à la regraterie.

Quelque chose qu'on m'en eust dit,
Je n'aurois jamais creu ce siege ;
Mon cœur en est tout interdit,
Quelque chose qu'on m'en eust dit.
Je n'y donnois point de credit ;
Cependant je suis pris au piege.
Quelque chose qu'on m'en eust dit,
Je n'aurois jamais creu ce siege.

Si j'avois esté bon devin

J'eusse bien-tost plié bagage ;
Je humerois l'air poitevin
Si j'avois esté bon devin,
Et, pour avoir et pain et vin,
Mes gregues n'yroient pas en gage.
Si j'avois esté bon devin
J'eusse bien-tost plié bagage.

 Ce gouverneur que j'ayme tant
Au point du jour troussa ses quilles ;
Il ne me put voir en partant,
Ce gouverneur que j'ayme tant ;
Or près de l'onde, au sein flottant,
Je croy qu'il cherche des coquilles.
Ce gouverneur que j'ayme tant
Au point du jour troussa ses quilles.

 Le diable emporte les tambours
Qui m'estourdissent la cervelle !
Dans la ville et dans les fauxbours,
Le diable emporte les tambours !
Ces maraux font tout à rebours
Avec leur main sotte et nouvelle.
Le diable emporte les tambours
Qui m'estourdissent la cervelle !

 Ouy, je voudrois estre au Japon
Quand j'entens tout ce tintamarre ;
Ce n'est pas parler en fripon,
Ouy, je voudrois estre au Japon.
Mon hoste en renasque en jupon,
Et sa femme en hurle en simarre.
Ouy, je voudrois estre au Japon
Quand j'entens tout ce tintamare.

 Au lieu de prier à l'autel,
On caquette à langue affilée ;

On chapitre monsieur un tel
Au lieu de prier à l'autel ;
Et de ce temps aspre et mortel
Chascune dit sa ratelée.
Au lieu de prier à l'autel,
On caquette à langue affilée.

Le cas se met sur le tapis
Dès que deux badauts sont ensemble ;
Soyent debout ou soyent accroupis,
Le cas se met sur le tapis ;
L'un dit : Tant mieux; l'autre : Tant pis ;
Et moy je dy ce qu'il me semble.
Le cas se met sur le tapis
Dès que deux badauts sont ensemble.

L'espoir nous en est donc osté[1]
De la foire et de ses negoces !
On perdra donc cette beauté !
L'espoir nous en est donc osté !
Et l'on verra d'un seul costé
Charlatans et bestes feroces !
L'espoir nous en est donc osté
De la foire et de ses negoces !

---

1. La foire Saint-Germain ouvroit le 3 février et duroit jusqu'au dimanche des Rameaux. Elle se tenoit sous des halles que l'on pourroit comparer aux halles actuelles du Temple; dans l'enceinte se trouvoient deux rues tirées au cordeau qui se coupoient à angle droit et la partageoient en vingt-quatre parties. Ces allées étoient garnies de marchands de toutes sortes d'objets, excepté de livres et d'armes. La foire étoit franche, et les marchands du dehors, comme les marchands de l'intérieur, même qui n'étoient pas maîtres, y étoient reçus. Dames et gentilshommes s'y rendoient à l'envi, et l'on s'y faisoit des cadeaux. Voy. les Mémoires de Mlle de Montpensier, et le *Roman bourgeois* (Bibliothèque elzevirienne).

Chacun se trouve pris sans vert
En cette estrange conjoncture.
De Janus le temple est ouvert ;
Chacun se trouve pris sans vert.
C'est jouer à qui gaigne pert
Exposant tout à l'adventure.
Chacun se trouve pris sans vert
En cette estrange conjoncture.

Les partisans sont estonnez,
Ainsy que des fondeurs de cloches ;
De se voir par tout mal-menez
Les partisans sont estonnez ;
A bon droit, ils sont condamnez
De rendre gorge par les poches.
Les partisans sont estonnez
Ainsi que des fondeurs de cloches.

Pour m'eriger en amiral,
J'entens en amiral d'eau douce,
L'ordre a bien esté liberal
Pour m'eriger en amiral.
J'en rendrois grace au general ;
Mais on n'a pas joué du pouce
Pour m'eriger en amiral,
J'entens en amiral d'eau douce.

Il se voit en ce regne-cy
Bien des sottises d'importance !
J'en suis tout confus et transy ;
Il se voit en ce regne-cy,
Maistre Destin le veut ainsy
Pour exercer dame Constance,
Il se voit en ce regne-cy
Bien des sottises d'importance.

Que n'en disent les estrangers

De nostre horrible tripotage ?
Se peut-il voir plus de dangers
Que n'en disent les estrangers ?
Ha! François! Ha! monstres legers!
Mais n'en disons pas davantage
Que n'en disent les estrangers
De nostre horrible tripotage.

 Aux armes, ô pauvres bourgeois!
On trouve cent sujets de larmes;
On meurt de froid au bout des doigts :
Aux armes, ô pauvres bourgeois!
Et Mars mesme, en son propre mois,
Met par force la main aux armes.
Aux armes, ô pauvres bourgeois!
On trouve cent sujets de larmes.

 Par la mort de nos bons soudars
Nostre party souffre une injure;
Nous replions nos estendars
Par la mort de nos bons soudars;
Mais fussions-nous percez de dars,
Il ne faut pas pourtant qu'on jure :
Par la mort de nos bons soudars
Nostre party souffre une injure.

 Lors que l'on parle de Clanleu[1],
Chascun aux plaintes je convie :
Quelle pitié de dire feu
Lors que l'on parle de Clanleu !
Il perdit la main et le jeu,
Et je voudrois perdre la vie.

1. Le marquis de Clanleu périt lors de l'attaque de Charenton par le prince de Condé, qui alors soutenoit le parti de Mazarin. — Voy. les détails dans les *Mém. de Retz*, 1, 303, éd. de Genève.

Lors que l'on parle de Clanleu,
Chascun aux plaintes je convie.

 La fin du brave Chastillon [1]
A mon grand regret nous en paye;
Elle est dure à maint bataillon
La fin du brave Chastillon,
 Et sa belle, en noir cotillon [2],
La pleure à Saint-Germain-en-Laye.
La fin du brave Chastillon
A mon grand regret nous en paye.

 Cette rare et triste beauté
Au desespoir s'en abandonne;
Elle en est dans l'impiete
Cette rare et triste beauté,
Et non plus qu'au sort detesté
A soy-mesme elle ne pardonne.
Cette rare et triste beauté
Au desespoir s'en abandonne.

 Pardonne-moy pourtant, lecteur,
Si contre mes regles je peche;
Ces vers sentent le grave autheur;
Pardonne-moy pourtant, lecteur.

---

1. Le duc de Châtillon, qui combattoit dans l'armée de Condé, fut tué à ce même combat de Charenton. En lui s'éteignit la branche aînée de Coligny. — 9 février 1649.

2. La duchesse de Châtillon étoit belle comme un ange, disent les *Mémoires de Mademoiselle*, qui lui est assez peu favorable. Après la mort de son mari, elle fit la coquette avec le prince de Lorraine, qui la dédaigna. On trouve son portrait par elle-même à la fin des *Mémoires de Mademoiselle*, Maestricht, 1776, t. 8, p. 302. Elle se donne un singulier éloge : « On ne peut pas, dit-elle, avoir la jambe ni la cuisse mieux faite que je l'ai, ni le pied mieux tourné. »

TRIOLETS.

Je suis un habile docteur,
A mon propre mur je fay breche.
Pardonne-moy pourtant, lecteur,
Si contre mes regles je peche.

Je n'offence ny Dieu, ny roy,
Car devant eux je m'humilie ;
Peu le diront, comme je croy.
Je n'offence ny Dieu, ny roy ;
Je suis sage en despit de moy
Au beau milieu de ma folie ;
Je n'offence ny Dieu, ny roy,
Car devant eux je m'humilie.

Je ne me vante point ycy
D'estre homme, et grec, et philosophe ;
Quoy que plein d'un noble soucy,
Je ne me vante point ycy ;
Je me connoy bien, Dieu mercy :
Si je ne suis de bonne estoffe,
Je ne me vante point ycy
D'estre homme, et grec, et philosophe.

Qu'un chascun l'imite en ses pas,
Le digne prelat de Corinthe[1] ;
Bien que chez luy plus de repas,
Qu'un chascun l'imite en ses pas ;
Son fil ne nous manquera pas
Pour sortir de ce labyrinthe.
Qu'un chascun l'imite en ses pas,
Le digne prelat de Corinthe.

Si l'hyver nous estoit plus dous,
L'estat courroit bien plus de risque ;

---

1. Le cardinal de Retz. Saint-Amant s'étoit attaché à lui comme à toute sa famille.

Leopolde[1] fondroit sur nous
Si l'hyver nous estoit plus dous,
Ou du moins, nous tastant le pous,
Sur un fort il prendroit sa bisque.
Si l'hyver nous estoit plus dous,
L'estat courroit bien plus de risque.

La neige conserve les lys,
Leur blancheur commune la touche ;
En nos jardins ensevelis
La neige conserve les lys ;
Ils n'en seront pas moins jolis.
J'en ay tousjours ces mots en bouche :
La neige conserve les lys,
Leur blancheur commune la touche.

Courage ! voycy des convois[2]
Et de la Beauce, et de la Brie !
Cela tonne de vois en vois.
Courage ! voycy des convois !
Voisin, compere, tu le vois,
Enfin le bon Dieu nous abrie.
Courage ! voycy des convois
Et de la Beauce, et de la Brie !

Il vient avecques force veaux,
Force asnes chargez de farine,
Des choux, des oignons, des naveaux ;
Il vient avecques force veaux.
Ce nous seront des fruits nouveaux,
Dit une bonne pelerine.

1. L'archiduc Léopold, généralissime de l'armée des Impériaux depuis 1640.
2. La *Gazette burlesque* de la guerre de Paris donne à chaque page des détails sur ces convois sans cesse attaqués, disputés, pris et repris.

Il vient avecques force veaux,
Force asnes chargez de farine.

On voit entrer de toutes pars
Quantité de bestes à corne ;
Porcs et moutons, aux champs espars,
On voit entrer de toutes pars ;
On en dance sur nos remparts.
Il ne faut donc plus estre morne :
On voit entrer de toutes pars
Quantité de bestes à corne.

Le capitaine, en les voyant,
Saute et rit sous son beau pennache ;
Il en a l'œil tout flamboyant.
Le capitaine, en les voyant,
Est d'un appetit foudroyant ;
Il dit : Bon, bon pour ma ganache.
Le capitaine, en les voyant,
Saute et rit sous son beau pennache.

Les braves Normans sont pour nous,
Ils ne s'en veulent point desdire ;
Ne craignons plus tigres ny lous,
Les braves Normans sont pour nous.
On en boira du sidre dous
A la grandeur de nostre sire.
Les braves Normans sont pour nous,
Ils ne s'en veulent point desdire.

Les rares chansons du Pont-Neuf
Espousent les rares libelles.
On les oit entre huit et neuf,
Les rares chansons du Pont-Neuf ;
Leur papier est moins blanc qu'un œuf,
Mais mon laquais les trouve belles.

Les rares chansons du Pont-Neuf
Espousent les rares libelles.

Pour maintenir sa liberté,
Paris souffre ses propres chaisnes ;
Il se porte à l'extremité
Pour maintenir sa liberté ;
Et, respectant la Majesté,
A sa bouche il lasche les resnes.
Pour maintenir sa liberté,
Paris souffre ses propres chaisnes.

Par ce juste et sage moyen
Aux Masaniels [1] on fait la nique
Le chanoine ronfle en doyen
Par ce juste et sage moyen ;
Et chez le riche citoyen
On berne la terreur panique ;
Par ce juste et sage moyen
Aux Masaniels on fait la nique.

Quand on amene un espion [2],
On croit avoir fait des merveilles ;
On dit : Le vaillant champion !
Quand on amene un espion ;
C'est donner eschec d'un pion,
C'est meriter mille bouteilles.
Quand on amene un espion,
On croit avoir fait des merveilles.

Un courrier d'Espagne est venu [3],

---

1. Masaniels, à cause de Masanielo, autheur des premiers mouvemens de Naples. (S.-A.)
2. La plus importante de ces arrestations fut celle du partisan La Rallière, 26 janvier. — Voy. *Gazette burlesque.*
3. La *Gazette burlesque*, au vendredi 19 février, rapporte

Mais il ne tient rien, le faux draule ;
On va voir nostre cœur à nu.
Un courrier d'Espagne est venu,
Et tout sera bien-tost connu
Du costé de la vieille Gaule.
Un courrier d'Espagne est venu,
Mais il ne tient rien, le faux draule.

   Il n'est plus, l'enfant incertain [1] ;
Sa mort est seure et veritable ;
Soit la mere ou d'or ou d'estain,
Il n'est plus, l'enfant incertain ;

longuement l'arrivée de l'agent espagnol envoyé par l'archiduc. Voy. sa harangue dans le *Journal de tout ce qui s'est passé au Parlement*, p. 201.

1. Saint-Amant désigne ici Tancrède de Rohan. On sait le scandaleux procès soulevé contre Mme de Rohan au sujet de cet enfant, que Patru, dans son plaidoyer, regarde « comme un vil garçon de boutique, et peut-être le fruit du libertinage de quelque valet », supposé par sa mère « sans autre dessein que de perdre sa propre fille, dont le mariage, agreé du roy, de la reyne et de M. le duc d'Orleans, applaudi de toute la cour, avoit perverti en elle toutes les affections d'une mère, et lui avoit inspiré toute l'amertume d'une marâtre. » — Voy. dans Tallemant, éclaircie par de curieuses notes, toute l'histoire de *Tancrède*. Sa vie a été écrite par le P. Griffet. — La *Gazette burlesque* en parle longuement. Voici, à ce sujet, quelques vers, que nous croyons inédits, de Mme de Sévigné ; ils se trouvent dans la collection Maurepas, année 1649, f° 139 :

Chanson sur l'air : Il a battu son petit frère, *par Mme de Sévigné, sur Tancrède, à Mme de Rohan.*

    Ouy, vous étiez de la partie
    Lorsque l'on fit cette sortie,
    Et l'on peut dire avec raison
    Que pour terminer cette affaire
    Vous payâtes la garnison
    Qui tua votre petit frère.

Il n'estoit ny bas, ny hautain.
Est-ce une chose lamentable ?
Il n'est plus, l'enfant incertain ;
Sa mort est seure et veritable.

Tous les grans semeurs de billets[1]
Ont mal espandu leur semence ;
Ils n'ont pas cueilly des œillets
Tous les grans semeurs de billets,
Et pour leurs severes fueillets
Ils ont eu besoin de clemence.
Tous les grans semeurs de billets
Ont mal espandu leur semence.

Les maux croissent de jour en jour,
Les choses vont de pire en pire ;
En l'une comme en l'autre cour
Les maux croissent de jour en jour.
Garde[1] quelque diable de tour
Au detriment de cet empire !
Les maux croissent de jour en jour,
Les choses vont de pire en pire.

Aux bons François des deux costez
La propre palme est une ortie ;
Les secours sont des cruautez
Aux bons François des deux costez ;

---

1. Peut-être s'agit-il de billets comme ceux dont parle Guy Patin dans sa 231ᵉ lettre :

« Il court ici un bruit que l'on a semé quelque billet dans la chambre du cardinal Mazarin, qui contient ces paroles : « Vous estes prié d'assister aux convoy, service et enterrement « de feu monseigneur l'eminentissime cardinal Mazarin. » Il me semble que ces gens-là sont bien hardis ; je ne voudrois point m'exposer à un tel hazard : il n'en peut arriver que du mal. »

2. Gare!

Mais Mars, en termes effrontez,
Dit : Qui bien ayme bien chastie.
Aux bons François des deux costez
La propre palme est une ortie.

Le mot d'ennemy se suspent,
On confond les leurs et les nostres ;
Dès qu'il eschape on s'en repent,
Le mot d'ennemy se suspent ;
Cependant est rougy l'arpent
Et par les uns et par les autres.
Le mot d'ennemy se suspent,
On confond les leurs et les nostres.

Battre celuy qui n'en peut mais,
Vrayment, c'est une belle affaire !
Il ne le faut plus desormais
Battre celuy qui n'en peut mais.
Soit pour un car, soit pour un mais,
La raison deffend de le faire.
Battre celuy qui n'en peut mais,
Vrayment, c'est une belle affaire !

Autant qu'un autre en sa maison,
Louys en la sienne doit estre ;
Il veut Paris, il a raison :
Autant qu'un autre en sa maison,
Et ce grand mot est de saison,
Il faut que le roy soit le maistre.
Autant qu'un autre en sa maison,
Louys en la sienne doit estre.

C'est assez, noble Parlement,
Faisons la paix, je vous en prie ;
Saint-Germain parle doucement[1].

1. A la suite d'une première conférence tenue à Ruel, du 28

C'est assez, noble Parlement.
Beuvons ensemble vistement ;
Aussy bien tout le peuple crie :
C'est assez, noble Parlement,
Faisons la paix, je vous en prie.

De peur d'estre en plus mauvais point,
Rendons-nous au roy qu'on adore ;
Je tremble sous mon vieux pourpoint
De peur d'estre en plus mauvais point.
Ne disons plus tant : Point, point, point ;
Clion vous en conjure encore.
De peur d'estre en plus mauvais point,
Rendons-nous au roy qu'on adore.

En doit-on esperer du bien,
De cette illustre conference ?
Parlez, vous ne respondez rien ?
En doit-on esperer du bien ?
Chascun sera-t'il sur le sien ?
Y voyez-vous quelque apparence ?
En doit-on esperer du bien
De cette illustre conference ?

Mais cela s'entend sans parler,
L'œil sert d'oreille en cette enqueste ;
Vostre voix le voudroit celer,
Mais cela s'entend sans parler.
Tout yra bien, il faut baler,
Vous en respondez de la teste.
Mais cela s'entend sans parler,
L'œil sert d'oreille en cette enqueste.

Avec les grimaces d'esprit

février au 14 mars, une deuxième conférence, ouverte à Saint-Germain-en-Laye le 16 mars et close le 2 avril, amena la fin de la première période des guerres de la Fronde.

TRIOLETS.

Fardez-vous point ce qui se couve?
Le siecle cet art nous apprit,
Avec les grimaces d'esprit;
La morale vous en reprit,
Mais la politique l'approuve.
Avec les grimaces d'esprit
Fardez-vous point ce qui se couvre?

Non, non, fideles deputez,
Le vray s'estale en vostre mine;
A tout de l'œil vous repartez :
Non, non, fideles deputez.
Les bons frondeurs sont bien traitez,
Et l'on ne craint plus la famine.
Non, non, fideles deputez,
Le vray s'estale en vostre mine.

Nostre olive est nostre laurier,
La paix triomphe de la guerre;
Adieu le fol avanturier,
Nostre olive est nostre laurier;
Adieu le bruit de l'armurier,
Puisque l'on chante au son du verre.
Nostre olive est nostre laurier,
La paix triomphe de la guerre.

Quand l'an qui court se fermera [1]
J'ouvriray mon douziesme lustre.
J'ignore ce qu'on tramera
Quand l'an qui court se fermera;
Mais je sçay qu'à qui rimera
Je pourray passer pour illustre.
Quand l'an qui court se fermera
J'ouvriray mon douziesme lustre.

1. Ces vers sont l'acte de naissance de Saint-Amant ; ils autorisent à placer sa naissance à la fin de 1593.

Du monde que j'ay veu partout,
Ma foy, je ne sçay plus que dire;
Parlons-en pourtant jusqu'au bout
Du monde que j'ay veu partout.
L'un est....., l'autre me.....;
L'un me fait pleurer, l'autre rire.
Du monde que j'ay veu partout,
Ma foy, je ne sçay plus que dire.

SONNET

A Monsieur l'abbé DE VILLELOIN.

are et fameux abbé, qui sur tout l'univers
Avec un soin moral exerces ton estude,
Et dont l'ame heroïque et la franche habitude
Reparent les deffauts de ce regne pervers,

Verrons-nous ycy-bas cent changemens divers,
Soit au particulier, soit dans la multitude,
Sans qu'il arrive enfin quelque vicissitude
Favorable aux besoins des grands forgeurs de vers?

L'or et les diamans brillent dans leurs ouvrages;
Ils morguent, en discours, les indignes outrages
Du temps, de la fortune et de l'adversité;

Cependant, en effet, ces messieurs les sublimes,
Parmy leurs vains tresors sechent de pauvreté,
Et les plus gras d'entr'eux ne sont riches qu'en rimes.

SONNET

A Monsieur DE BRUSLON-DEAGEANT.

ui diantre auroit pensé que la guerre en ce lieu
Eust allumé sa torche aux glaces de la bise?
A Paris un blocus? ô l'estrange surprise!
J'en suis aussy penaut qu'un coche sans essieu.

Encor, si j'estois sain, je prendrois quelque espieu;

Mais je languis d'un mal qui l'os me cauterise,
Et pourrois triompher aux portes d'une eglise,
Montrant en pauvre diable une jambe de Dieu.

 Illustre et cher Bruslon, cœur que ma peine touche,
Je ne puis plus pourtant faire la femme en couche
Dans le jeusne forcé dont j'ay suby les lois;

 Et malgré les douleurs que je souffre en ce membre,
La faim, qui, comme on dit, chasse le loup du bois,
Obligera le mien à sortir de ma chambre.

LE VOL NOCTURNE.
SONNET.

La nuit derniere, ayant la pance pleine
Du bon piot que j'ay tousjours chery,
Sur mon gousset on a fait la soury,
Le desenflant de sa gloire mondaine.

 Cette action cauteleuse et vilaine
De mon tresor le fonds jaune a tary,
Et le beau lustre en est si desfleury
Que mon pauvre œil le reconnoist à peine.

 Il est bien vray que j'en tenois un peu;
Et que, pour m'estre eschauffé sur le jeu,
Je suis au bout de ma philosophie.

 Dieux, qui voyez qu'on m'excroque en dormant,
Auquel de vous faudra-t'il qu'on se fie,
Puis que Bacchus a trahy Saint-Amant?

AUTRE SONNET

Sur le mesme vol.

e n'aymois gueres l'Angleterre,
Mais je l'ayme aujourd'huy bien moins,
Et voudrois voir en tous ses coins
Luire le flambeau de la guerre.

C'est un vray pays à catherre ;
Le ciel n'y pleut que sur des foins,
Et les plus agreables groins
Y rottent à l'ombre du verre.

Ce n'est pas que je sois fasché
D'y voir le beau sexe entaché
Du vice de l'yvrongnerie ;

Mais c'est que j'enrage en mon cœur
D'y trouver ma bourse tarie
Pour avoir pris trop de liqueur.

LE BARBEROT,

CAPRICE[1].

J'ay mis aujourd'huy ma vie
Entre les mains d'un Anglois,
Et j'ai cru plus de cent fois
Qu'elle alloit m'estre ravie.
Un barberot maladroit,
Me charcutant par l'endroit
Où s'entonne le breuvage,
Vers l'onde au morne rivage
M'a presque envoyé tout droit.

Jamais horrible fantosme
Ne me donna tant d'effroy ;
Jamais aucun tant que moy
Ne s'en dut plaindre à saint Cosme.
Ce tiercelet d'assassin,
Propre comme un marcassin
Qui parmy l'ordure grongne,
A fait, pour laver ma trongne,
D'un pot de chambre un bassin.

Sans estaler en bel ordre
Bons peignes, ni bons ciseaux,

---

1. Cette pièce et les deux sonnets précédents furent faits en Angleterre, l'an 1643, lorsque Monseigneur le comte de Harcourt y étoit en ambassade extraordinaire. (S.-A.)

Mon roy des vilains museaux
A l'ouvrage a voulu mordre.
Un vieux haillon de mouchoir,
Fidele amy du trenchoir,
Et tout tacheté de sausses,
Dans la fente de mes chausses
La lessive a laissé choir.

 La puante savonnette
Dont le ladre m'a servy
Me honnissoit à l'envy
De l'eau qui n'estoit point nette.
Ses doigts, qui m'ont fagotté,
Surpassoyent en aspreté
Ceux d'un meneur de charrue,
Et mainte noire verrue
En relevoit la beauté.

 Quiconque a veu la peinture
D'un singe qui raze un chat
Peut avecques du crachat
Nous peindre en cette posture.
Mes petits yeux, estonnez,
Par des regars contournez
Lorgnoyent mon tondeur de laine,
Et le musc de son haleine
Me faisoit tordre le nez.

 D'une jambette esbrechée,
Comme d'un vil Jean-Flactin,
Ce faux et sale mastin
M'a la gorge de-hachée.
En ce moment, j'avois beau
Jurer sur un escabeau
Dont l'assiette estoit desjointe,
Il poussoit tousjours sa pointe,
Et rioit de mon tout beau.

Mais ç'a bien esté le pire
Quand ce Précontat d'enfer
A fait approcher le fer
Des trous par où je respire :
Mes moustaches au poil vieux
Le disent à tous les yeux
D'une façon miserable,
Et leur orgueil venerable
Ne menace plus les cieux.

Las! elles s'en vont en poudre
Dès que j'y porte les doigts,
Et sentent comme autrefois
Phlegre sentit sous la foudre ;
Les bigottes[1] des mutins,
Aux fiers membres gigantins,
Qui grillerent dessus l'herbe,
En leur dessein trop superbe
Eurent les mesmes destins.

Quand je voy mon pauvre garbe[2]
Si malement accoustré,
Je voudrois estre chastré,
Et donne au diantre la barbe ;
Je dis que nature a tort
De m'avoir chargé si fort
De cette bourre inutile,
Et clabaude en pietre stile
Des humains et de leur sort.

Courage! il faut que j'imite
Neuf-Germain[3] par le menton,
Laissant croistre ce coton

1. Moustaches. — 2. Visage.
3. « Neuf-Germain, pauvre hère de poëte, depuis long-temps porte une grande barbasse. » Un jour, je ne sais quel filou lui

Comme feroit un hermite ;
Il faut que doresnavant
Il m'ombrage le devant
Et me vienne jusqu'aux cuisses,
Afin que parmy les Suisses
On me revere en beuvant.

Ha! qu'il vaudroit bien mieux estre
Avec eux le verre au poin
Que de prendre ycy le soin
Et du ministre et du prestre !
Qu'il vaudroit bien mieux, sans dez,
Crier masse en possedez,
Au moins avecques des hommes,
Que d'estre comme nous sommes
Parmy des oysons bridez !

Je pers tout en Angleterre,
Poil, nippes et liberté ;
J'y pers et temps et santé,
Qui vaut tout l'or de la terre ;
J'y perdy mon cœur, que prit
Un bel œil dont il s'eprit,
Sans espoir d'aucun remede ;
Et je croy, si Dieu ne m'ayde,
Qu'enfin j'y perdray l'esprit.

Brave prince dont la gloire
Vole par tout l'univers,
Voy de mes malheurs divers
L'estrange et falote histoire :
Je n'ay pas un quart d'escu,

arracha la barbe tout d'une pièce. Un savetier la ramassa avec soin et la porta chez M. de Rambouillet, où Neuf-Germain la trouva, « bien surpris de voir que sa barbe avoit fait plus grande diligence que lui. » (Tallemant des Réaux, hist. n° 120.)

La tristesse m'a vaincu,
Je ne fay plus rien que geindre,
Et, pour m'achever de peindre,
Un froncle me vient au cu.

EPIGRAMME A PHILIS.

Si je fuy tes beaux yeux, c'est avecques raison ;
Mes jours entrent desjà dans l'infirme saison
Où l'homme pour l'amour n'a plus rien d'estimable.
En vain donc, ô Philis ! tu me veux enflamer :
Car, comme il faut aymer tant que l'on est aymable,
Quand on n'est plus aymable il ne faut plus aymer.

EPIGRAMME

Sur un escrivain de Gascogne.

Ce petit fanfaron à l'œillade eschapée,
Qui fait le grand autheur et n'est qu'un animal,
Dit qu'il trenche sa plume avecques son espée :
Je ne m'estonne pas s'il en escrit si mal.

EPIGRAMME

Sur le cher THIRSIS *esborgné.*

hirsis, après sa perte amere,
Doit bien garder l'autre œil d'un autre coup felon :
Il ne seroit plus qu'un Homere,
Au lieu qu'en le gardant il est un Appolon.

EPIGRAMME
Sur une servante.

Pour me servir boire et manger,
Je n'ay qu'une souillon plus laide que le diable;
J'ay tousjours à mes yeux cet objet effroyable,
Et, ce qui me fait enrager,
C'est qu'elle est bonne et serviable,
Et qu'elle pense m'obliger.

EPIGRAMME.

Un sot railleur à teste grise
Me demandoit, chés Alcindor,
Si les cornes de mon Moyse
Je n'avois point faites encor.
Non, mais j'en ay fait beaucoup d'autres,
Luy dis-je, sans conter les vostres.

EPIGRAMME

On dit de l'affaire du temps :
Elle n'est pas encore meure ;
L'issue en ce lieu j'en attens
De jour en jour et d'heure en heure.
Ma crainte ne se peut guerir,
Quelque espoir dont on la nourrisse,
Et j'ay peur que tout ne pourrisse
Auparavant que de meurir.

EPIGRAMME ENDIABLÉE

Sur Fairfax[1].

Je crois qu'il doit bien estre en peine,
L'execrable tyran qui preside aux enfers,
Quand, dans les feux et dans les fers,
Il songe au noir objet des foudres de ma haine.
Son vieux sceptre enfumé tremble en sa fiere main;
Il redoute Fairfax, ce prodige inhumain;
Il craint que ce monstre n'aspire
Au degré le plus haut de son horrible empire.
Le degré le plus haut est celuy le plus bas;
C'est où ce prince des sabats,
Des endroits les plus clairs aux endroits les plus sombres,
Tomba pour regner sur les ombres;
C'est là, dis-je, qu'il craint que par quelque attentat,
Que par quelque moyen oblique;
Fairfax n'aille du moins renverser son estat
Pour en faire une republique.
Et voilà les raisons qui l'ont fait hesiter
Jusqu'à cette heure à l'emporter.

EPIGRAMME.

Paul, cet admirable chantre,
Et Guy, vendeur de tabac,
Mettent plus d'argent en sac
Qu'il n'en pourroit dans un antre.
Ils accroissent tous les jours

---

1. Fairfax s'est assez distingué dans la guerre civile d'Angleterre, où il servit contre le roi.

TRIOLET.

Et la ville et les fauxbours,
En palais de renommée,
Et semblent certifier
Que le son et la fumée
Se peuvent petrifier.

EPIGRAMME

Pour Maistre Adam[1].

On peut dire en tout l'univers,
Voyant les beaux escrits que maistre Adam nous [offre,
Qu'il s'entend à faire des vers
Comme il s'entend à faire un coffre.

EPIGRAMME.

J'ay chanté sur la cornemuse
Maint dizain, voire maint onzain ;
Mais jamais l'effort de ma muse
Ne m'a pu produire un douzain[2].

TRIOLET

Pour un jour des Roys.

Le roy boit de très-bon cœur ;
Faisons ainsi, je vous prie.
De cette aymable liqueur
Le roy boit de très-bon cœur ;

1. Le menuisier de Nevers a inspiré à Saint-Amant un impromptu qu'on trouvera plus loin, tome II.
2. Pièce de monnoie.

Beuvons tous à ce vainqueur,
Et qu'en disant : Toppe! on crie :
Faisons ainsy, je vous prie.

RONDEAU

Pour le mesme sujet.

Le roy boit du vin qu'on trie
Non sur ceux de ma patrie;
Mais il en boit par compas,
Estant sobre en ses repas
Comme la nonnain flestrie.

Bien que Jeanne en soit marrie,
Il faut qu'on boive et qu'on rie.
Pourquoy ne boiroit-on pas?
Le roy boit.

Beuvons à luy, je vous prie,
Sur ce fromage de Brie
Dont vous sentez les appas.
Je feray le premier pas.
Aussy bien partout on crie :
Le roy boit!

RONDEAU COUPPÉ.

Qu'un bon cheval, entre gens resolus,
Soit pour la chasse, où jadis je me plus,
Soit pour le choc, dont l'âge me dispense,
Vaut à mon gré bien plus que l'on ne pense,
L'estimast-on cent mille carolus!

RONDEAU COUPPÉ.

N'en choisy point aux paturons velus;
Prens-les de prix, encor qu'ils soyent goulus,
Car un mauvais fait autant de despence
   Qu'un bon.

Les grans jumeaux, et Castor et Polus,
Des escuyers les maistres absolus,
Ont mesme escrit comme il faut qu'on les pence:
Ils les tenoyent pour haute recompence !
J'en avois deux, mais, las ! je n'en ay plus
   Qu'un.

FIN DU TOME PREMIER.

TABLE DES MATIÈRES

CONTENUES DANS CE VOLUME.

NOTICE v

PREMIÈRE PARTIE.

A M. le duc de Retz. 3
Preface, par Faret 7
Avertissement au lecteur 11
Elegie à M. le duc de Rets, sur *la Solitude* 17
La Solitude à Alcidon 21
Le Contemplateur 29
L'Andromede. 44
La Metamorphose de Lyrian et de Sylvie. 63
L'Arion 73
Les Visions 83
La Pluye 92
La Nuict 95
Elegie pour Damon, à Philis. 99
Plainte sur la mort de Sylvie. 103
Elegie à Damon. 104
Le Bel œil malade 108
La Jouyssance 110
Elegie à une dame, pour M. L. C. D. H. . . . 116
Sur un depart, à la mesme dame 118
Le Palais de la Volupté. 119
Bacchus conquerant. 127

Junon à Pâris 129
Le Sorcier amoureux 130
Inconstance 131
Sonnets 132
Épigrammes 133
RAILLERIE A PART. — La Debauche. 135
Les Cabarets. 138
La Chambre du debauché 144
Le Fromage 153
La Berne 157
La Gazette du Pont-Neuf 161
La Vigne 167
Cassation de soudrilles. 173
Imprecation 176
L'Enamouré 177
La Naissance de Pantagruel 178
La Remonstrance inutile 179
Chanson à boire. 181
Sonnets 182
Épigrammes 185
Sonnets 188

SUITE DES ŒUVRES DE SAINT-AMANT.

A M. de Liancourt 192
Le Soleil levant 193
Le Melon. 198
Le Poëte crotté 209
La Crevaille 237
Orgye 239
Le Tombeau de Marmousette. 240
Le Paresseux. 243
Les Goinfres 244

SECONDE PARTIE.

A M. le comte de Harcourt 247
L'Amaranthe. 251
Ode à LL. SS. MM. de la Grand'-Bretagne. . 256

DES MATIÈRES. 479

Élegie	262
Regrets	266
Epigramme	267
La Plainte de Tirsis	267
Élegie	269
Madrigal imité du cavalier Marin	270
Cazal secouru	270
Arras pris	271
Stances sur les yeux de Mlle de Vré	272
Chanson	274
Caprice	274
Le mauvais logement, caprice	276
Le Cantal, caprice	280
Preface du Passage de Gibraltar	284
Le Passage de Gibraltar, caprice heroï-comique	290
Sonnet	314
Dizain	315
La Petarrade aux Rondeaux, caprice	316
L'Avant-satire, caprice	323
Les Pourveus bachiques, caprice	326
Le Cidre, caprice	334
Epistre à M. le baron de Melay	338
Sonnet	354
Dizain	355
Epistre heroï-comique à M. le duc d'Orléans	356

TROISIÈME PARTIE.

A M. le comte d'Arpajon	375
Epistre à M. le baron de Villarnoul	381
Le Printemps des environs de Paris	391
L'Esté de Rome	392
L'Automne des Canaries	392
L'Hyver des Alpes	393
Ode heroï-comique pour M. le Prince	394
Sonnet pour M. le duc d'Anguien	405
Sonnet pour la reine de Pologne	406
Epistre à l'Hiver sur le voyage de S. M. en Pologne	407

TABLE DES MATIÈRES.

Sonnets	414
Epistre diversifiée à M. Desnoyers	417
Sonnets	437
Au Lecteur	442
Les nobles Triolets	444
Sonnets	463
Le Barberot, caprice	466
Épigrammes	470
Triolet	473
Rondeau	474
Rondeau coupé	474

FIN DE LA TABLE DU 1er VOLUME.

www.ingramcontent.com/pod-product-compliance
Lightning Source LLC
Chambersburg PA
CBHW071617230426
43669CB00012B/1964